全国中等职业技术学校汽车类专业教材

汽车电气设备

（第 二 版）

人力资源和社会保障部教材办公室组织编写

中国劳动社会保障出版社

简介

本书的主要内容包括：蓄电池、交流发电机及其电压调节器、起动系统、点火系统、照明与信号系统、电气仪表、汽车空调系统、其他电气设备、汽车电气设备总线路等。

本书由刘锋主编，何春琴副主编，花秀銮、李峰、薛烨、吴哲参加编写；段德军主审。

图书在版编目(CIP)数据

汽车电气设备/人力资源和社会保障部教材办公室组织编写. —2版. —北京：中国劳动社会保障出版社，2015

全国中等职业技术学校汽车类专业教材

ISBN 978-7-5167-2114-8

Ⅰ.①汽… Ⅱ.①人… Ⅲ.①汽车-电气设备-中等专业学校-教材 Ⅳ.①U463.6

中国版本图书馆CIP数据核字(2015)第206562号

中国劳动社会保障出版社出版发行

(北京市惠新东街1号 邮政编码:100029)

*

北京市白帆印务有限公司印刷装订 新华书店经销

787毫米×1092毫米 16开本 15.25印张 321千字

2015年9月第2版 2022年12月第11次印刷

定价：28.00元

营销中心电话：400-606-6496

出版社网址：http://www.class.com.cn

http://jg.class.com.cn

前　言

为了更好地适应中等职业技术学校汽车类专业教学要求，全面提升教学质量，人力资源和社会保障部教材办公室组织有关学校的骨干教师和行业、企业专家，在充分调研企业生产和学校教学情况、广泛听取教材用户反馈意见的基础上，对全国中等职业技术学校汽车类专业教材进行了修订和补充开发。

本次教材修订和补充开发工作的重点主要体现在以下几个方面：

第一，完善教材体系，更好地满足教学需求。

结合职业院校汽车类专业设置和办学特点，调整并完善了教材体系，与专业通用基础教材相衔接，开发了汽车维修、汽车电器维修、汽车钣金与美容、汽车检测、汽车营销等专业方向教材，构建了“通用基础平台＋不同专业方向平台”的教材体系。此外，还针对学校对电控技术、车载网络技术、新能源汽车等高新技术的教学需求，开发了相应的教材。

第二，反映技术发展，适应岗位职业能力需求变化。

随着汽车制造水平的不断提高，汽车维修的内容和工艺发生了相应变化；伴随着私家车保有量的不断增长，汽车营销、汽车美容等相关从业人员的职业能力要求也在发生相应变化。因此，本次修订工作注重在教材中增加新知识、新技术、新材料、新工艺等方面的内容，体现教材的先进性。同时，根据中级工从事相关岗位工作的实际需要，合理确定学习目标，对教材内容的深度、难度做了适当调整，同时注重综合职业能力的培养。

第三，融入先进教学理念，创新教材表现形式。

专业通用基础教材的编写以汽车及其零部件为载体，充分体现专业特色；专业方向教材的编写根据学校教学实际，充分体现一体化教学思路，增加了实训内容在教材中的比重。为了增强教材的表现效果，提高学生的学习兴趣，教材中使用了大量高质量的实物图片，部分教材采用双色或彩色印刷。

第四，开发辅助产品，提供教学服务。

为了方便教学，配套开发了习题册、教学参考书和电子课件。电子课件可通过职业教育数字资源和数字学习中心（http：//zyjy. class. com. cn）免费下载。

本次教材修订工作得到了河北、江苏、浙江、山东、山西、广东、广西、陕西等省、自治区人力资源和社会保障厅及有关学校的大力支持，在此表示诚挚的谢意。

人力资源和社会保障部教材办公室

2012年7月

目　录

第一章 蓄 电 池

§1—1 蓄电池概述

学习目标

1. 了解蓄电池的功用和分类。
2. 掌握蓄电池的基本结构。

一、蓄电池的功用

蓄电池是一种可逆直流电源，如图 1—1—1 所示。它既能将储存的化学物质所产生的化学能转换成电能输出（俗称放电），又能把电能转变成化学能储存起来（俗称充电）。

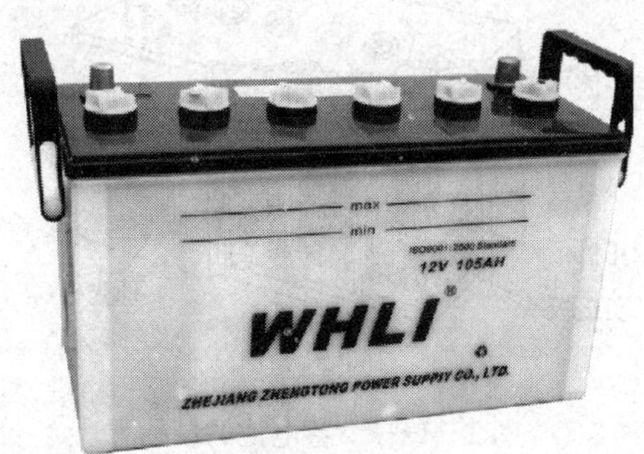

图 1—1—1 蓄电池

蓄电池是汽车的两大电源之一，在汽车上与发电机并联，共同向用电设备供电，其具体作用是:

1. 发电机启动时，向起动机和点火系统供电。
2. 发电机不发电或电压较低（低于蓄电池端电压）时，向用电设备供电。
3. 发电机过载时，协助发电机向用电设备供电。
4. 发电机电压高于蓄电池端电压时，将发电机多余的电能转化为化学能储存起来。
5. 保持汽车电网电压的相对稳定，保护用电设备及电子元器件。

二、蓄电池的结构

蓄电池在汽车上的位置如图 1—1—2 所示。现代汽车上使用的蓄电池，一般由 6 个单格串联而成，每个单格电池的电压约为 2 V，6 个单格串联后对外输出电压为 12 V。目前国内外汽油发动机汽车，均选用 12 V 蓄电池。

图 1—1—2 蓄电池在汽车上的位置

普通蓄电池主要由正负极板、隔板、电解液、外壳、联条和电极柱组成，如图 1—1—3 所示。

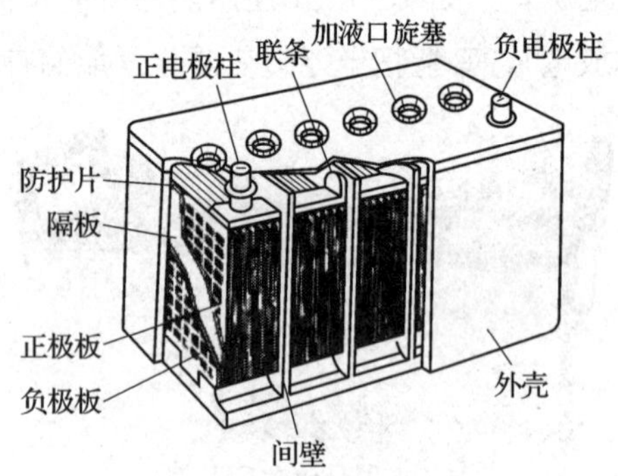

图 1—1—3 蓄电池的结构

1. 极板

蓄电池的极板分为正极板和负极板，极板由栅架和活性物质组成，如图 1—1—4 所示。

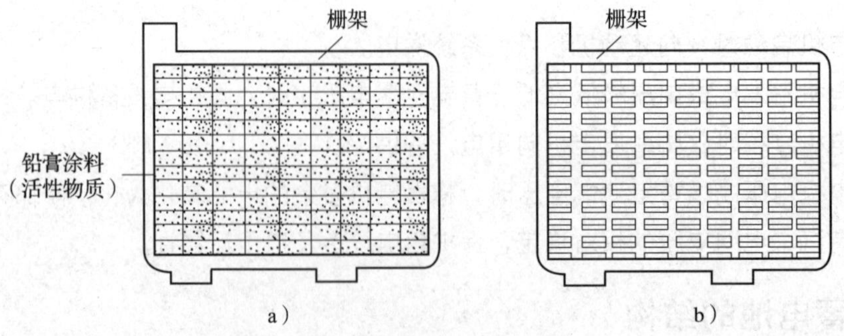

图 1—1—4 蓄电池的极板和栅架

(1) 栅架。由铅锑合金浇铸而成，为了降低蓄电池的内阻，改善起动性能，采用放射型栅架，如桑塔纳轿车的蓄电池。

（2）活性物质。正极板上的活性物质为二氧化铅（PbO_2），呈深棕色，负极板上的活性物质为海绵状纯铅（Pb），呈青灰色。

（3）极板组。把正、负极板各一片浸入标准密度电解液中，便可获得2.1 V左右的电动势，但是为了增大蓄电池容量，常将多片正、负极板用汇流条分别焊接起来组成正、负极板组。汇流条上浇铸有极柱，各片极板之间留有空隙。安装时，各片正负极板相互嵌合，中间插入隔板后装入电池槽内形成单格电池。由于正极板上的化学反应比负极板剧烈，将正极板夹在负极板之间，可使其两侧放电均匀，防止活性物质体积变化不一致而造成极板拱曲，因此每个单格电池中，负极板总比正极板多一片。国产正极板的厚度一般为2.2 mm，负极板的厚度为1.8 mm。国外大多采用厚度为1.1～1.5 mm的薄型极板（正极板比负极板的厚度大），薄型极板对提高蓄电池的比容量（极板单位尺寸所提供的容量）和改善起动性能都十分有利。

2. 隔板

为了减小蓄电池的内阻和体积，正负极板应尽量靠近，但又不能彼此接触，以防短路，所以要在相邻的正负极板间插入绝缘隔板。隔板要多孔，以便电解液渗透，还要具有良好的耐酸性和抗氧化性。

3. 电解液

电解液由蓄电池专用硫酸和蒸馏水按一定比例配制而成，加入每个单格电池中，在25℃常温下，其密度一般为1.24～1.30 g/cm^3。

电解液密度对蓄电池的性能和使用寿命都有影响。密度大些可以减少结冰的危险，并提高蓄电池的容量。但密度过大时，由于电解液粘度增加，流动性变差，不仅会降低蓄电池的容量，还会由于腐蚀作用增强而缩短极板和隔板的使用寿命。因此，选用电解液密度的大小应按地区、气候条件和制造厂的要求而定，同时可参照表1—1—1选用。

表1—1—1　　不同地区和气候条件下电解液的密度　　单位：g/cm^3

地区气候条件/℃	冬季	夏季
<−40	1.31	1.27
−40～30	1.29	1.26
−30～20	1.28	1.25
−20～0	1.27	1.24
>0	1.24	1.24

应注意：所有蓄电池第一次注入标准电解液后，在使用过程中绝不要再注入额外的电解液。因为蓄电过程会损失一些水，但硫酸的量不会改变，如果加入电解液，会增加硫酸的含量，使蓄电池的使用寿命缩短，因此在必要时必须添加蒸馏水。

提示

电解液的腐蚀性极强，溅到皮肤或眼睛里会使人受伤。如果接触了蓄电池电解液，要立即用苏打水冲洗（苏打可以中和酸），酸液溅到眼睛要立即用凉水或医用冲眼器冲洗，然后请医生处置。

4. 外壳

蓄电池外壳用来盛装电解液和极板组。外壳应耐酸、耐热和耐振动冲击。

蓄电池外壳为整体式结构，壳内分成 6 个互不相通的单格，底部制有凸起的肋条，用来搁置极板组。肋条之间的空隙可以积存极板脱落的活性物质，防止正、负极板短路。为了减小蓄电池内阻，单格与单格之间的极板组采用穿壁式连接。

蓄电池在每个单格顶部都设有加液口，以便加装电解液、补充蒸馏水和检测电解液密度。每个加液口上都设有旋塞，旋塞上有通气孔，应保持畅通，以便随时排除水被电解和化学反应产生的氢气和氧气，防止外壳胀裂，发生事故。

5. 联条

联条的作用是将单格电池串联起来，一般由铅锑合金浇铸而成。

6. 电极柱

普通铅蓄电池首尾两极板组的横板上焊有电极柱，电极柱分成孔式、圆锥式、L 形三种，为了便于区分，在正电极柱上通常标有“+”或“P”记号，负电极柱上标有“−”或“N”记号。

三、蓄电池的分类

蓄电池可分为免维护蓄电池、混合型蓄电池、复合蓄电池和微电子控制蓄电池。

1. 免维护蓄电池

(1) 结构

现在汽车上使用的大多为免维护蓄电池。免维护蓄电池和普通蓄电池在结构上有两大不同之处：极板机构（格栅）和水的利用。免维护蓄电池除需要保持表面清洁外，不需要做其他维护。

(2) 优点

1) 在极板上部能储存更多的电解液。

2) 有极大的抗过充电能力。

3) 存放寿命长。

4) 可带电解液大量装运，减少了发生事故和人员伤害的可能性。

5) 冷起动额定电流高。

(3) 缺点

1) 蓄电池在高温下工作时，其格栅会变厚，使极间距离变小。

2) 不能承受深度放电（深度放电是指彻底放完电后再充电）。

3) 存储容量较小。

4) 预期寿命较短。

2. 混合型蓄电池

混合型蓄电池也称为可深度放电蓄电池，它综合了免维护蓄电池的优点，并能在多次深度放电后仍然保持100%的初始储备容量。混合型蓄电池的正极板格栅包含约2.75%的锑合金，而负极板格栅则由钙合金组成。这样就使蓄电池能够经受深度放电而保持储备容量不变，从而改善了汽车的起动性能。

混合型蓄电池和其他蓄电池不同的是其格栅上边缘中间位置有一个小凸起，格栅竖条为放射状，从公共的中心点向四周发散。这样的构造能使电流阻力减小，同时缩短了电流流向小凸起的路径，电池就能以更快的速度提供更大的电流。

3. 复合蓄电池

(1) 结构

复合蓄电池是一种比较先进的蓄电池，它用含胶状物质的隔板替代了液态的电解液。隔板放在格栅板之间，其电阻非常低，因此，复合蓄电池的输出电压和电流比一般蓄电池要高。

(2) 优点

1) 不含酸液，即使外壳破裂也不会有酸液泄漏。

2) 能够以任何状态安放。

3) 因为无电解液，所以基本不用维护。

4) 可以经受过度放电。

5) 冷起动额定电流大，可以超过800 A。

6) 使用寿命比一般蓄电池长4倍。

4. 微电子控制蓄电池

近年来，汽车市场上又出现了一种微电子控制蓄电池。在具有相同输出功率的情况下，微电子控制蓄电池的自重比传统电池轻约40%，低温时的工作可靠性更高，充电速度更快。

随着汽车电子化的不断发展，汽车蓄电池也逐步向智能化发展。这种智能化的汽车蓄电池上装有传感器和集成电路块，前者负责探测电池的物理环境和工作条件参数，后者以此为基础去控制和监视电池的化学反应过程。电池外壳是隔热效果极好的泡沫盒，结合使用温度调节系统（可使电池工作的环境达到恒温状态），微电子控制系统可使蓄电池的充电能力、冷起动能力及使用寿命大大提高。此外，通过数据总线或电源线，蓄电池可与发电机、车载计算机或汽车故障诊断系统进行信息交流。

§1—2　蓄电池的工作原理及特性

学习目标

1. 掌握蓄电池的工作原理和充放电特性。
2. 了解蓄电池容量和影响容量的因素。

一、蓄电池的工作原理和特性

蓄电池属于辅助电源，它的工作过程就是化学能与电能的相互转化过程。当蓄电池将化学能转化为电能而向外供电时，称为放电过程；当蓄电池与外界直流电源相连而将电能转化为化学能储存起来时，称为充电过程。蓄电池的基本工作原理如图 1—2—1 所示。

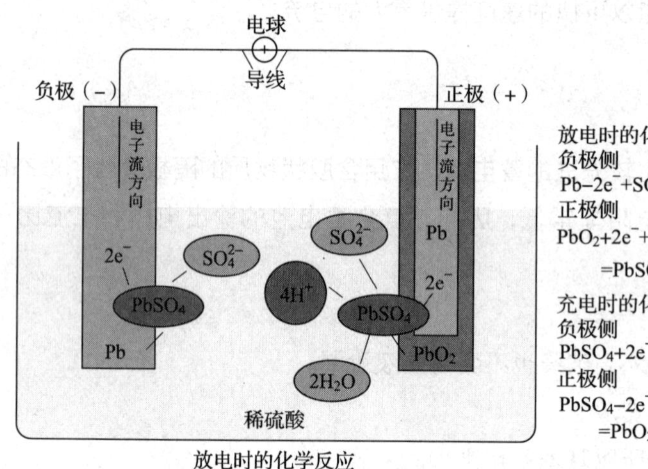

图 1—2—1　蓄电池充放电的化学反应

1. 充电过程的电化学反应

充电过程就是电能转变为化学能的过程。具体来说，就是在外加电场作用下，正极板上的硫酸铅被氧化成二氧化铅（PbO_2），负极板上的硫酸铅被还原为海绵状铅（Pb），电解液中的水（H_2O）转变为硫酸的过程。化学反应式为：

$$2PbSO_4+2H_2O=Pb\ (\text{负极})\ +PbO_2\ (\text{正极})\ +2H_2SO_4$$

充电时蓄电池的两极板接通直流电源，其电压 U 高于蓄电池的电动势 E，于是充电电流从正极进入，负极流出。而电子以相反方向由正极板经外部电源流往负极板。

所以说，充电就是电解液中的电子在充电电源的“帮助”下，从正极流向负极，使正极电位抬高，负极电位降低，从而形成一定的电动势。

2. 放电过程的电化学反应

铅蓄电池的放电过程就是化学能转变为电能的过程。其化学反应式为：

$$Pb\text{（负极）}+PbO_2\text{（正极）}+2H_2SO_4=2PbSO_4+2H_2O$$

当充电反应完成后，蓄电池正负极之间的电动势（开路电压）E 约为 2.1 V。外电路接通后，电动势 E 使电路内产生电流，电子从负极板通过外电路流往正极板，生成难溶于稀硫酸的硫酸铅（$PbSO_4$）沉附在正极板上。由于电子的流入，使正极板电位降低。

在负极板处，电子被"带走"，形成 Pb^{2+} 离子，与 SO_4^{2-} 结合，生成硫酸铅而沉附在负极板上，放电过程中（即外电路继续有电流流通），正负极板上的活性物质 PbO_2 和 Pb 都将不断地转变为 $PbSO_4$，电解液中 H_2SO_4 逐渐减少，而 H_2O 逐渐增多，所以电解液密度下降。由于电子的流出，负极电位升高。

理论上，这种反应过程将进行到极板上的所有活性物质都转变为硫酸铅为止，但实际上不可能达到这种情况，因为电解液不能渗透到极板活性物质的最内层去。在使用中所谓放完电的蓄电池，极板上的活性物质只有 20%～30%转变成为了硫酸铅。

所以说，放电就是电解液中的电子在蓄电池电动势的"推动"下，通过负载，从负极流向正极，使正极电位降低，负极电位升高，从而使蓄电池的电动势不断降低。

蓄电池充电过程和放电过程如图 1—2—2 所示。

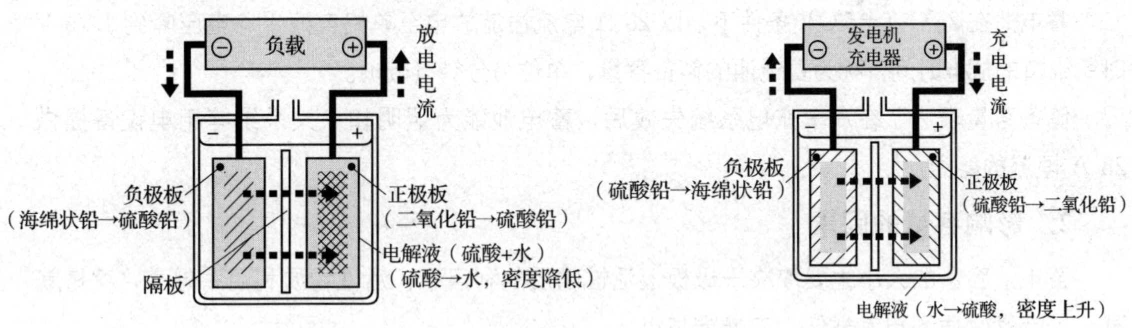

图 1—2—2 蓄电池的充放电过程

3. 蓄电池的充放电特性

由蓄电池充放电时的电化学反应过程可得出以下结论：

（1）蓄电池的电化学反应虽然是可逆的，但它并不是永久性电源。实际上，它受制造和使用等因素影响，一般使用寿命为 2 年。

（2）蓄电池在放电时，电解液中的硫酸逐渐减少而水增多，电解液密度下降；充电时恰恰相反，电解液的密度升高。故可通过测量电解液密度的方法来判断蓄电池充放电的程度。

（3）蓄电池放电终了时，实际极板上只有 20%～30%的活性物质转变为硫酸铅，极板上尚有 70%～80%的活性物质没有起作用。所以要减轻铅蓄电池的质量，提高其供电能力，应设法提高活性物质的利用率。在结构上则应提高极板的多孔性，减小极板的厚度。

二、蓄电池的容量及其影响因素

1. 容量

蓄电池在规定条件下（规定放电温度、放电电流和终止电压）放出的电量称为蓄电池的容量，单位为安时（A·h）。目前，汽车上常用的蓄电池的容量标定方法有两种：

(1) 额定容量

蓄电池的额定容量是用 20 h 放电率来标定的。根据国家标准《起动用铅酸蓄电池　第 1 部分：技术条件和试验方法》（GB/T 5008.1—2013）规定，将充足电的新蓄电池在电解液温度为 25℃（±5℃）条件下，以 20 h 放电率的放电电流，连续放电至单格电池的平均电压降到 1.75 V 时，输出的电量称为蓄电池的额定容量，表示方法为放电电流乘以放电时间，单位为安时（A·h）。

额定容量是衡量蓄电池质量的重要指标，新蓄电池必须达到该指标，否则为不合格产品。例如，新产 6—Q—60 型蓄电池以 3 A 电流连续放电，当单格电池电压降到 1.75 V 时，若放电时间维持了 20 h，说明该蓄电池为合格产品；若放电时间少于 20 h，说明该蓄电池为不合格产品。

(2) 储备容量

蓄电池在 25℃（±5℃）条件下，以 25 A 电流恒流放电至单格电池平均电压降到 1.75 V 时所维持的放电时间，称为蓄电池的储备容量，单位为分钟（min）。

储备容量表达了在汽车充电系统失效后，蓄电池能为照明和点火系统等用电设备提供 25 A 恒流的能力。

2. 影响容量的因素

蓄电池容量的大小主要取决于极板上活性物质的利用率，活性物质利用率越高，容量就越大；活性物质利用率越低，容量就越小。

影响极板活性物质利用率的因素有构造因素和使用因素两个方面。

(1) 构造因素对容量的影响

极板表面积越大，输出的容量也就越大。提高表面积的方法有两种：一种方法是增加单格极板组的极板片数；另一种方法是提高活性物质的多孔性。

(2) 使用因素对容量的影响

影响蓄电池输出容量的使用因素有放电电流、电解液温度和电解液密度。

1) 放电电流对容量的影响。在放电过程中，放电电流越大，蓄电池的端电压和容量越小。因此，在使用起动机起动发动机时，每次接通起动机的时间不允许超过 5 s，两次起动时间要间隔 15 s 以上，使电解液有充足的时间渗入极板内层，以增大蓄电池输出容量，提高使用寿命。

2) 电解液温度对容量的影响。电解液温度降低，蓄电池输出容量降低。由于电解液温度对蓄电池容量的影响给我国北方冬季汽车运行带来一定的困难，因此冬季应该注重蓄电池的保温工作。

3）电解液密度对容量的影响。适当增大电解液密度，可以提高电解液的渗透速度和蓄电池的电动势，并可使其容量增大。但密度超过某一值时，又会使电池容量减小。综合考虑电解液密度对蓄电池性能的影响，要对不同用途的蓄电池，采用不同密度的电解液。汽车起动用蓄电池因电池内部容积所限，电解液量不能太多，故一般使用较高密度（1.26～1.28 g/cm^3）的电解液。

§1—3　蓄电池的使用

学习目标

1. 掌握蓄电池的使用和维护方法。
2. 了解蓄电池的固定方法。
3. 能对蓄电池进行正确充电。

一、蓄电池的正确使用与维护

1. 正确使用起动机

起动机每次起动的时间不得超过 5 s，如果一次未能起动，应停顿 15 s 以上再做第二次起动，连续三次起动不成功时，应查明原因，排除故障后间隔 15 min 再起动。

2. 正确拆装和搬运

拆装蓄电池前，首先关闭点火开关和所有电气元件，先拆蓄电池负极，再拆蓄电池正极；安装蓄电池时，要先装蓄电池正极，再装蓄电池负极。安装和搬运蓄电池时，应轻搬轻放，不可敲打或在地上拖拽。蓄电池在汽车上应固定牢靠，以防行车时振动和移位。

3. 检查液面高度

要经常检查蓄电池电解液的液面高度情况，如发现电解液不足，要及时补充电解液。

4. 及时充电

放完电的蓄电池，应尽快进行补充充电，在用蓄电池或要存放的蓄电池每月应补充充电一次。蓄电池放电程度冬季达 25%、夏季达 50%时即应充电，必要时要进行补充充电。

5. 保持清洁

蓄电池外有灰尘、油污或溢出的电解液时要及时清除，否则会造成蓄电池放电和极柱的腐蚀氧化。

6. 冬季使用注意事项

(1) 冬季使用蓄电池时，应特别注意保持其处于充足电状态，以免电解液相对密度降低而结冰。

(2) 冬季补加蒸馏水应在充电前进行，以使蒸馏水较快地与电解液混合而不致结冰。

(3) 冬季蓄电池容量降低，必要时在起动冷态发动机前，要进行预热，以降低起动阻力矩。

(4) 冬季气温低，充电较困难，因此可以适当调高调节器的调节电压，以改善蓄电池的充电状态，但仍需避免过量充电。

二、蓄电池的固定

汽车上的蓄电池必须安装牢固，汽车的正常颠簸震动也可能会导致蓄电池极板上的活性物质脱落，降低蓄电池的容量及缩短使用寿命。蓄电池的固定也是保障汽车安全性的重要工作，当汽车发生碰撞时，没有固定好的蓄电池会造成短路。蓄电池常用固定方式为底座固定、夹紧框式固定。蓄电池的底座固定方式如图 1—3—1 所示。

图 1—3—1　底座固定的蓄电池

三、蓄电池的充电

1. 充放电完成的标志

蓄电池是将化学能和电能进行相互转换的一种能量转换装置，为使蓄电池保持一定的容量和延长蓄电池的使用寿命，必须及时地对蓄电池进行充电。

(1) 蓄电池充电完成的标志

1) 蓄电池内产生大量气泡，即出现“沸腾”现象。

2) 端电压上升至最大值，且 2 h 内不再上升。

3) 电解液密度上升至最大值，且 2 h 内不再上升。

(2) 蓄电池放电结束的标志

1) 单格电池电压下降至终止电压(例如铅酸电池电压下降至 1.75 V)。

2) 电解液密度下降至最小允许值(约 1.11 g/cm³)。

蓄电池单格的端电压下降至一定值(如 1.75 V)时，如果继续放电，就是过度放电。过度放电对蓄电池是非常有害的，易造成极板的损坏。

2. 充电方法

(1) 恒流充电

恒流充电是指蓄电池在充电过程中，保持其充电电流恒定不变，即随着蓄电池电动势的上升，同步上升充电电压。当蓄电池单格电压升至 2.4 V 时，以一半电流继续充电，直至充电结束。

恒流充电的特点为:

1) 具有较大适应性，适用于初充电等。

2) 充电时间长，易发生过充电。

(2) 恒压充电

蓄电池在充电过程中，保持其充电电压恒定不变，充电电流随着充电的进行逐渐减小。

恒压充电的特点为:

1) 由于充电初期充电电流大，因此，充电速度快。

2) 充电结束时，充电电流自动减小为“0”，操作方便且不会发生过充电。

(3) 脉冲快速充电法

充电初期，采用大电流充电，当电量达到额定容量的 60%，单格电压升至 2.4 V，电解液开始冒泡时，在控制电路的作用下进行脉冲充电，即先停止大电流充电 24～42 ms，然后放电(或反充)，使电池通过一个大的反向电流，以消除电解液浓度差别过大和极板孔隙形成的气泡，再停放 25 ms，如此反复循环直至充电结束。脉冲快速充电法通常是通过脉冲快速充电器的自动控制完成的。

脉冲快速充电法的特点为:

1) 充电速度快。

2) 对极板的冲刷力强，因而对极板的使用寿命有一定的影响。

提示

不宜采用脉冲快速充电法的蓄电池有:

- 新电池。
- 液面高度不正确的蓄电池。
- 单格电解液密度差别较大的蓄电池。
- 电解液浑浊、带有褐色的蓄电池。
- 极板硫化严重的蓄电池。
- 电解液温度超过 50℃的蓄电池。

(4) 铅蓄电池的充电

为保证蓄电池的正常工作，新蓄电池或更换极板后的蓄电池必须进行初充电，使用中的蓄电池必须及时进行补充充电。

铅蓄电池的充电分初充电、补充充电和快速脉冲充电 3 种。

1) 初充电　对普通型新蓄电池进行的首次充电称为初充电。初充电的目的在于恢复蓄电池在存放期间由于极板部分活性离子缓慢放电和硫化而失去的电量，因此，初充电对蓄电池的使用性能影响极大。若初充电不彻底，将导致蓄电池永久性的充电不足，使容量减小，使用寿命缩短。初充电的特点是充电电流小，充电时间长，这是因为新极板总是难免受到潮湿空气的氧化，其电阻相对增大，采用小电流充电则可防止温升过高而影响充电质量。

初充电的设备与器材包括：①不同容量、电压、放电程度的蓄电池若干个；②充电机 4～5 台；③蓄电池用电解液若干瓶；④玻璃管；⑤温度计；⑥密度计。

初充电的步骤如下：

先按蓄电池制造厂的规定，加注一定相对密度的电解液（电解液加入前温度不得超过 30℃）静置 6～8 h，再将液面调整到高于极板 10～15 mm，待电解液温度低于 25℃时才能进行充电。接通充电电路后，为避免过热，第一阶段应选用 C_{20} /15（C_{20} 为蓄电池的额定容量）的电流，充电到电解液中开始冒气泡，单格电压上升到 2.4 V 为止；第二阶段将充电电流减半，继续充电到电解液剧烈放出气泡（沸腾），单格电压达到 2.7 V，且相对密度和单格电压连续 2～3 h 稳定不变为止，全部充电时间为 60～70 h。

充电过程中应经常测量电解液温度，若温度上升到 40℃，应将电流减半，如继续上升到 45℃，应立即停止充电，并采用人工冷却，待温度降至 35℃以下时再充电。充电过程中，如减小充电电流，则应适当延长充电时间。

初充电临近完毕时，应测量电解液的相对密度，如不符合规定，应用蒸馏水或相对密度为 1.40 g/cm^3 的电解液进行调整。调整后，应再充电 2 h，若相对密度仍然不符合要求，应再调整并充电 2 h，直至相对密度符合要求为止。最后将加液口旋塞拧上，并清理蓄电池表面。

2) 补充充电　正常使用中的蓄电池，因放电过多需要及时充电称为补充充电。蓄电池装在汽车上使用时，尽管由充电系统进行恒定电压充电（每个单格 2.4 V），但为了防止硫化，应每隔两个月从车上取下，接在充电机上进行补充充电。

使用中的蓄电池出现下列现象之一时，应及时进行一次补充充电：

①起动无力（并非机械故障）时。

②前照灯暗淡，电力不足时。

③冬季放电达到 25%，夏季放电达到 50%时。

恒定电压充电方法如下：

①将蓄电池与充电电源连接。

②将电压调至规定值，观察充电电流，如果电流超过 0.3C_{20} A，应适当降低电压，待蓄

电池电动势升高后再将电压调至规定值。

③充电电流在连续 2 h 内变化不大于 0.1 A，且电解液密度无明显变化，则可以认为充电结束。

3）快速脉冲充电　快速脉冲充电前，应先检查电解液的相对密度，并根据其全充电状态时的密度值计算蓄电池的剩余容量，以确定充电时间，并将充电设备上的定时器调到相应的时间上。多数快速充电设备都装有温度传感器，将其插入到蓄电池加液口中，当电解液温度超过 50℃时，设备会自动停充。

注意

下列铅蓄电池不可进行快速脉冲充电：

- 未经使用的新蓄电池。
- 液面高度不正确的蓄电池。
- 电解液相对密度各单格不均匀的蓄电池，各单格电压差大于 0.2 V 的蓄电池。
- 电解液浑浊并带褐色的蓄电池。
- 极板硫化的蓄电池。
- 充电时电解液温度超过 50℃的蓄电池。

3. 蓄电池充电注意事项

（1）充电前必须拧下所有的加液口旋塞。

（2）充电场所必须保持通风，严禁明火。

（3）在充电过程中，应密切关注电解液的温度，达到 40℃时，应将充电电流减半；达到 45℃时，应立即停止充电。

（4）初充电应连续进行，不能长时间间断。

（5）配置和灌装电解液时，要严格遵守安全操作规则和器皿的使用规则。

（6）充电时应先接好导线，再开电源开关；停止充电时则应先关断充电电源。

（7）导线连接务必可靠，防止产生火花，引发事故。

（8）充电设备不应与蓄电池放置在同一工作间。

（9）充电时，要常备有冷水、质量分数为 10%的苏打溶液或氨水溶液。

§1—4　蓄电池的技术状况检查与常见故障诊断

学习目标

1. 能对蓄电池的技术状况进行检查。
2. 掌握蓄电池常见故障的诊断与排除方法。

一、蓄电池的技术状况检查

1. 蓄电池电解液液面高度的检查

在正常使用条件下，蓄电池几乎不需要进行维护，在高温条件下则应定期对蓄电池电解液液面高度进行检查。检查时，应拆掉蓄电池上的搭铁线，然后再根据情况选择下面三种方法之一进行检查。

(1) 玻璃管检测法

如图 1—4—1 所示，将一空心玻璃管插入蓄电池内极板的上平面位置，用拇指按紧玻璃管上端管口，提起玻璃管检查管内液面高度，应为 10～15 mm，如液面过低则应补充蒸馏水，使其达到标准值。

(2) 液面高度指示线检测法

如图 1—4—2 所示，对透明工程塑料壳的蓄电池可通过观察其外壳壁上的两条高度指示线“MAX”和“MIN”来检查液面高度。正常液面高度应在两线之间，低于下线则应补充蒸馏水。

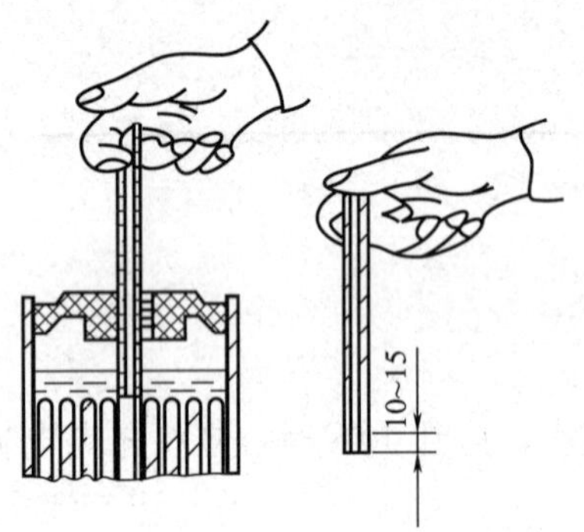

图 1—4—1　玻璃管检测法

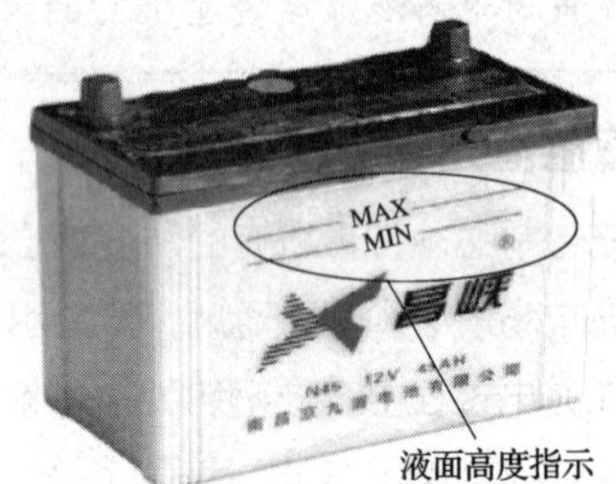

图 1—4—2　液面高度指示线检测法

(3) 加液孔观察检测法

如图 1—4—3 所示，对于加液孔内标准液面位置处有方型孔的蓄电池，当液面与方孔平齐时说明液面高度符合标准值。在方孔之上或之下时则表示电解液过多或过少，应根据实际需要加减蒸馏水。

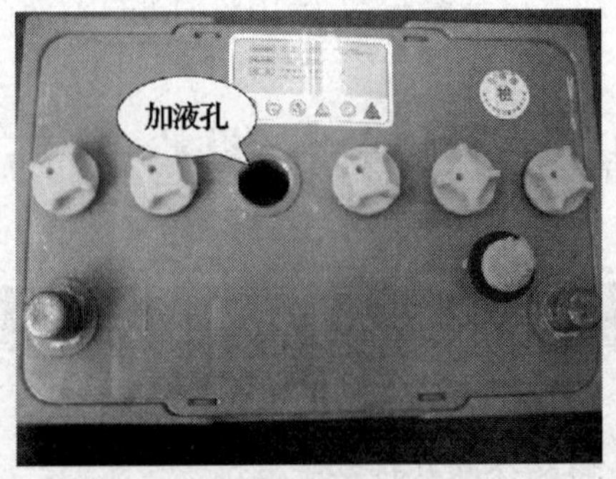

图 1—4—3　加液孔观察检测法

提示

电解液不足只能用蒸馏水补充，绝不能随意添加补充液或其他不干净的水。除确知液面降低是由电解液溅出所导致才能添加补充液，但不允许补充硫酸溶液。

2. 蓄电池端电压的测量

(1) 用高率放电计测量蓄电池的端电压

高率放电计由一个 12 V 电压表和一个负载组成，可以测量干荷式蓄电池及免维护蓄电池的放电程度，如图 1—4—4 所示。测量时，稍用力将放电计的测试针与蓄电池极柱紧密连接，并保持 3～5 s，如果蓄电池的电压能保持在 9.6 V 以上但低于 10.6 V，说明蓄电池性能良好，但存电不足；如果电压稳定在 10.6～11.6 V，说明存电很足；如果电压迅速下降，说明蓄电池已经损坏，必须维修或更换。

(2) 用万用表测量蓄电池的端电压

用万用表测量蓄电池的端电压是检测蓄电池充电状态的简单方法，如图 1—4—5 所示。这种测试方法又称蓄电池开路电压测试，因为它既没有电流通过，又没有被加上负载。就车测试时，将发动机及所有电气系统关闭，万用表设置在直流电压挡，将红表笔与蓄电池正极柱连接，黑表笔与蓄电池负极柱相连，接通前照灯远光并保持 1 min，以消除表面充电现象，然后关闭前照灯，等到电压稳定时，记录电压值。充足电的 12 V 蓄电池电压应在 12.6 V 以上。一般情况下测得 12 V 蓄电池电压为 12.4 V，说明蓄电池充电 75%；测得电压为 12.2 V，说明蓄电池充电 50%；测得电压为 12 V，说明蓄电池充电 25%。

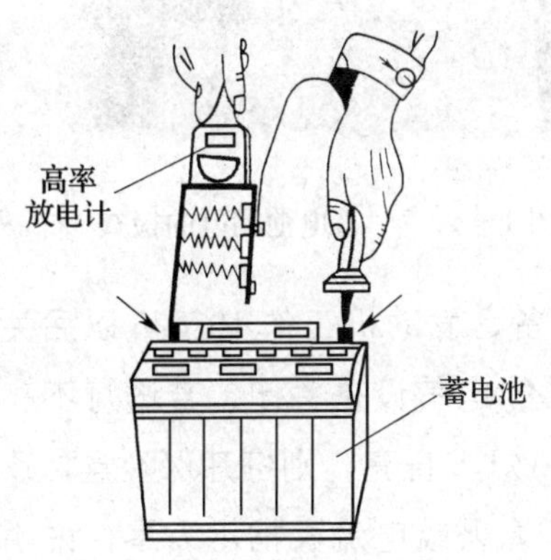

图 1—4—4 高率放电计测量蓄电池的端电压

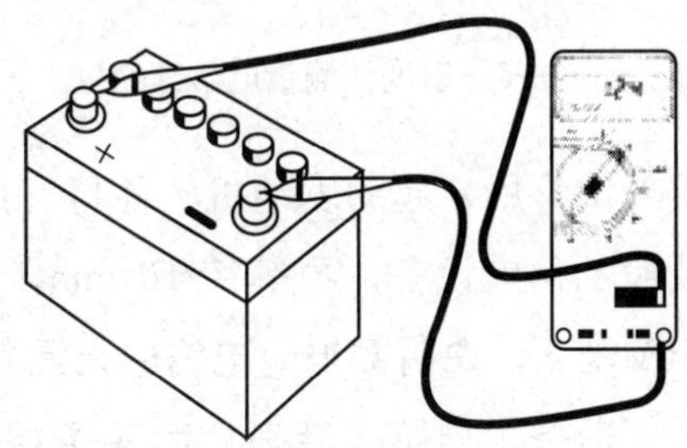

图 1—4—5 万用表测量蓄电池的端电压

3. 蓄电池放电程度的检查

一般采用密度计测量电解液密度来估算或用高率放电计测量电池电压的方法来判定蓄电池的放电程度。电解液密度每下降 0.01 g/cm³，相当于蓄电池放电 6%。当判定蓄电池在夏季放电超过 50%、冬季放电超过 25%时，蓄电池不宜再使用，应及时进行充电，否则会使蓄电池过早损坏。

采用密度计测量电解液密度的方法适用于干荷式蓄电池，免维护蓄电池通过“电眼”可观察放电情况。

采用密度计测量电解液密度如图 1—4—6 所示，打开蓄电池加液口旋塞，将密度计的吸管放入电解液中，捏一下密度计上部的橡皮球，再慢慢放开，电解液被吸入密度计的玻璃管中，吸入的电解液要能将浮子浮起但又不顶住密度计上部。使浮子浮在玻璃管的中央，眼睛与液面在浮子上的刻度平齐，读出密度计的读数，估算蓄电池的放电程度。

4. 蓄电池漏电的检查

车辆关闭所有用电设备几小时后，又重新起动时，出现起动无力，前照灯灯光暗淡，而检查充电系统良好，各接线端子无腐蚀、无接触不良，电气元件无内部短路的情况下，应考虑蓄电池漏电。

检查蓄电池漏电的方法如图 1—4—7 所示，关闭点火开关及其他用电元件，断开蓄电池负极，在蓄电池负极柱和搭铁线之间接一只 LED 试灯或串接一只 0～200 mA 的直流电流表。

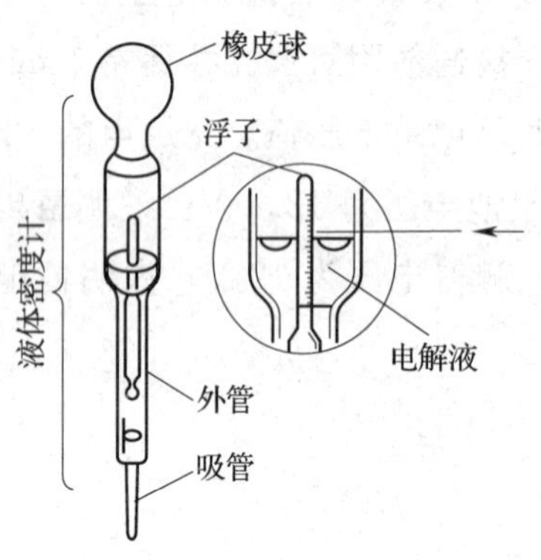

图 1—4—6　密度计测量电解液密度

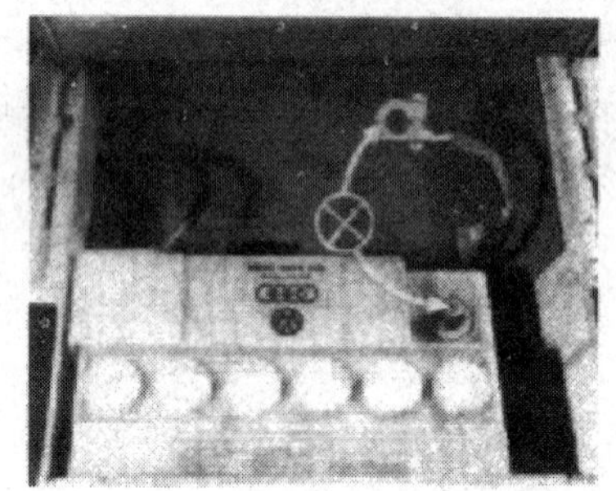

图 1—4—7　蓄电池漏电的检查

连接好试灯后，起动发动机，并打开所有用电设备，发动机工作 10 min 以后关闭发动机和所有的用电设备，再等待 10 min，让延迟工作的电气设备关闭，若试灯不亮或电流在 3 mA 以下，说明蓄电池电路中无漏电现象；若试灯一直亮，则打开保险盒，逐个拔去熔丝，切断各个电路，若在切断某条熔丝时，试灯熄灭或电流表指示为零，说明故障在此电路。

二、蓄电池常见故障的诊断与排除

1. 极板硫化

(1) 故障现象

1) 电池容量降低，用高率放电计检测，电压迅速下降。

2）电解液的密度下降到低于规定的正常数值。

3）蓄电池在开始充电及充电完毕时单格电压过高，达 2.7 V 以上。

4）蓄电池在充电时过早地产生气泡，甚至一开始充电就有气泡。

5）蓄电池在充电时电解液温度上升得过快，易超过 45℃。

6）蓄电池放电时电压下降过快（用低放电率放电），过早地降至终止电压。

7）在极板上生成坚硬、不易溶解的白色大颗粒。

（2）故障原因

1）蓄电池在放电与半放电状态下长期放置时，由于硫酸铅在存在昼夜温差的情况下，在电解液中不断有溶解与结晶两个相反的过程交替发生，产生再结晶。经过多次再结晶，使在极板上形成粗大的不易溶解的硫酸铅晶体。

2）蓄电池经常过度放电或小电流深放电，从而在极板细小孔隙的内层生成硫酸铅，平时充电不易恢复。

3）电解液液面过低，极板上部的活性物质暴露在空气中被氧化，汽车行驶时电解液的波动使其接触氧化了的活性物质，生成粗晶粒的硫酸铅。

4）蓄电池初充电不彻底或使用期间不定期进行补充充电，使其在半充电状态长期使用，极板上的放电产物硫酸铅长期存在，也会通过再结晶形成粗大的颗粒。

5）电解液不纯或其他原因导致蓄电池自行放电，均会产生硫酸铅，从而为硫酸铅再结晶提供了物质基础。

（3）故障排除

蓄电池出现轻度硫化故障，可用 2～3 A 的小电流长时间充电，即过充电；或用全放、全充的充放电循环方法使活性物质还原，也可用去硫充电的方法排除。硫化严重的蓄电池，应予以报废。

2. 自行放电

（1）故障现象

充足电的蓄电池放置不用时，会逐渐失去电量。普通蓄电池由于本身结构的原因，会产生一定的自放电。如果使用中自放电在一定范围内，可视为正常现象；如果超出一定范围，就应视为故障。一般自放电的允许范围每昼夜在 1%以内，如果每昼夜放电超过 2%，就应视为故障。

（2）故障原因

1）电解液不纯，电解液中的杂质沉附于极板上产生局部放电。

2）蓄电池溢出的电解液堆积在盖板上，使正负极柱间形成回路。

3）蓄电池长期放置不用，硫酸下沉，下部密度较上部大，极板上下部产生电位差引起自行放电。

4）极板活性物质脱落，下部沉淀物过多使极板短路。

(3) 故障排除

发生自行放电故障后，应倒出电解液，取出极板组，抽出隔板，再用蒸馏水冲洗极板和隔板，然后重新组装，加入新的电解液并重新充电。

3. 蓄电池容量达不到规定要求

(1) 故障现象

1) 汽车起动时，起动机转速很快减慢，转动无力。

2) 喇叭声音弱、无力。

3) 前照灯灯光暗淡。

(2) 故障原因

1) 使用新蓄电池前未按要求静置 30 min 以上。

2) 发电机调节器电压调得过低，使蓄电池经常充电不足。

3) 经常长时间起动起动机，造成大电流放电，致使极板损坏。

4) 电解液的相对密度低于规定值，或在电解液渗漏后，只加注蒸馏水，未及时补充电解液，致使电解液的相对密度降低。

5) 电解液相对密度过高或电解液液面过低，造成极板硫化。

(3) 故障排除

1) 首先检查蓄电池的外部，看外壳是否良好，有无裂纹，表面是否清洁，极柱上是否有腐蚀及污物。如果有，则为蓄电池外部自放电故障，根据相应方法予以排除。

2) 检查蓄电池搭铁线、极柱的连接夹子有无松动或腐蚀，蓄电池接线极柱与极板连接处有无断裂，若有，则造成输出电阻过大，电压降低。

3) 测量蓄电池的电解液密度，如果电解液密度低，说明充电不足或新蓄电池未按要求进行充电，使蓄电池未达到规定的容量。

4) 检查电解液液面高度，如果液面高度不足，且在极板上有白色结晶物质存在，则可能存在极板硫化故障。

5) 蓄电池充电后检查电解液密度，如果出现两个相邻的单格电池中电解液的密度有明显差别，如在 6 个单格电池中，5 个电池的电解液密度为 1.16 g/cm^3，而剩余那一个电池的密度为 1.08 g/cm^3，则说明该单格电池内部有短路，不能使用。

6) 必要时，检查发电机电压调节器的调整电压。

§1—5 新型蓄电池简介

学习目标

了解各种新型蓄电池的特点。

一、免维护蓄电池

免维护蓄电池又叫 MF 蓄电池，它于 20 世纪 70 年代后期进入国际市场，目前已得到迅速发展。我国绝大多数汽车均采用免维护蓄电池。免维护蓄电池的结构如图 1—5—1 所示。

免维护蓄电池的优点为：

1. 在规定的使用条件下，使用过程中无须补加蒸馏水（可达 3～4 年）。所谓免维护，主要是指使用中无须补加或很少补加蒸馏水。市内短途车可行驶 8 万 km，长途车可行驶 40～48 万 km 不需维护。

2. 自放电少，仅为普通蓄电池的 1/8～1/6，因此可以较长时间（一般为 2 年）湿式储存。

3. 内阻小，具有较高的放电电压和较好的常温及低温起动性能。

4. 耐过充电性能好。实验证明，在相同的充电电压和温度下，免维护蓄电池的过充电电流比普通铅蓄电池小得多，且充满电后可以接近零。这就是说，充足电后，基本上不电解水，毫无疑问，免维护蓄电池水的消耗是很少的。

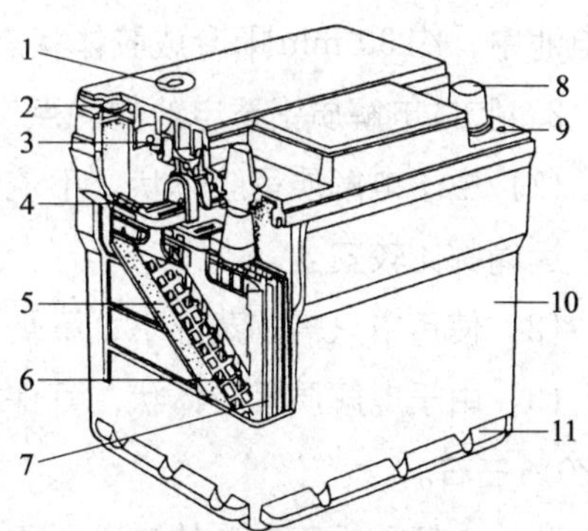

图 1—5—1　免维护蓄电池的结构

1—内装温度补偿型密度计　2—小排气孔　3—液气隔板　4—极柱接板　5—极板　6—栅架　7—隔板　8—极柱　9—代号　10—外壳　11—底座

5. 极柱无腐蚀或腐蚀极轻。

6. 耐热、耐振性好，使用寿命长。免维护蓄电池的使用寿命一般在 4 年以上，是普通蓄电池使用寿命的 2 倍多。

二、胶体电解质铅蓄电池

一般蓄电池的电解质为硫酸水溶液，而胶体电解质铅蓄电池则是用经过净化的硅酸钠溶液与硫酸水溶液混合，使之凝结成稠厚的胶体状物质作电解质，所以称之为胶体电解质铅蓄电池，其外形如图 1—5—2 所示。

图 1—5—2　胶体电解质铅蓄电池

1. 胶体电解质的配制通常有不等体积法与等体积法两种，现将等体积法的配制步骤介绍如下：

(1) 配制相对密度为1.48～1.52的硫酸电解液。

(2) 配制相对密度为1.05～1.06的硅酸钠溶液。

(3) 按体积比1∶1的比例将硫酸电解液倒入硅酸钠溶液中，搅拌30～60 s，迅速注入蓄电池中，约30 min即凝成胶体状态。两者的相对密度越大，则凝胶速度越快，凝胶越硬。

2. 胶体电解质铅蓄电池的优点

(1) 由于电解质呈胶体状，不流动，无溅出，不会形成非正常减少，且使用、维护、保管、运输都比较安全。

(2) 使用中只需加蒸馏水，不需测量与调整相对密度值。

(3) 由于电解质呈胶体状，可保护活性物质使其不易脱落，因此使用寿命比一般蓄电池长20%左右。

胶体电解质铅蓄电池的缺点主要是内阻大，起动容量小，自放电严重等，所以汽车上还未采用。

三、太阳能电池

能够将太阳能直接转变为汽车用直流电的电池称为太阳能电池。在当前世界能源紧缺的形势下，使用太阳能尤其有特殊的意义。一些发达国家都相继装用了太阳能电池试验车。

太阳能电池的最大优点是能源取之不尽，无污染，缺点是体积大、阴雨天行车不方便等，这些问题还有待进一步研究解决。

四、动力电池

汽车动力电池如图1—5—3所示，按行驶要求其必须具有充一次电行驶160～240 km的能力，同时还需功率大、质量轻、比能大（应大于140 Wh/kg），且循环次数应在800次以上。

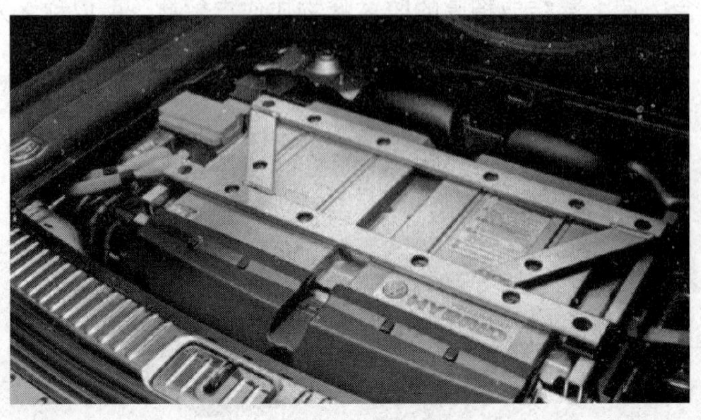

图1—5—3　汽车动力电池

目前重点研究的动力电池有改进型铅蓄电池（如采用胶质电解液、管式电极、电解液强制循环装置）、锌溴电池、铁锂电池和钠硫电池等。

新型电池还有很多，如燃料电池（如氢—氧电池、碳化氢电池、联氨电池）、锌—空气电池、锂合金二硫化铁电池等，但由于这些电池有的结构复杂，有的电化学反应烦琐，有的制造难度高，因此至今尚在实验阶段，未能推广使用。

第二章　交流发电机及其电压调节器

汽车上虽然装有蓄电池，但蓄电池储存的电能有限，并且放电以后必须及时进行补充充电。因此，汽车上除装有蓄电池以外，还必须装有发电机。发电机是汽车的重要电源，它与发电机调节器配合工作，其主要任务是当发动机转速达到一定值后，对所有用电设备供电，并向蓄电池充电。汽车用发电机分直流和交流两种，目前，汽车上装用的发电机主要是交流发电机。交流发电机是伴随着半导体整流技术的出现而发展起来的，主要有硅整流发电机和感应（无刷）发电机等几种，其中以硅整流发电机应用最为普遍。

§2—1　交流发电机

学习目标

1. 掌握交流发电机的结构及各组成部分的功用。
2. 了解交流发电机的工作原理和工作特性。

一、交流发电机的结构

如图2—1—1所示为整体式交流发电机的结构，其主要由转子、定子、整流器和机壳四部分组成。

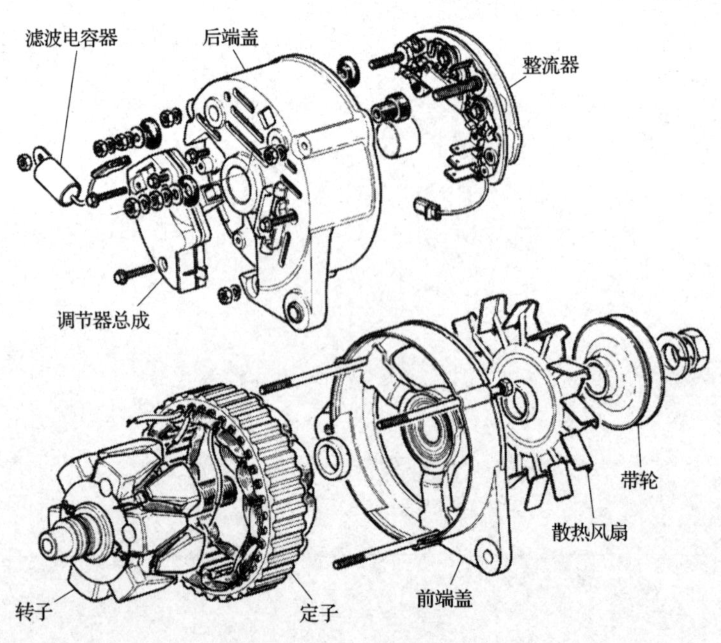

图2—1—1　整体式交流发电机的结构

1. 转子

转子的功用是产生交流磁场。交流发电机转子总成的实物图如图 2—1—2 所示，分解图如图 2—1—3 所示，它由磁极、磁场绕组、转子轴、磁轭及滑环等组成。

图 2—1—2　交流发电机转子总成

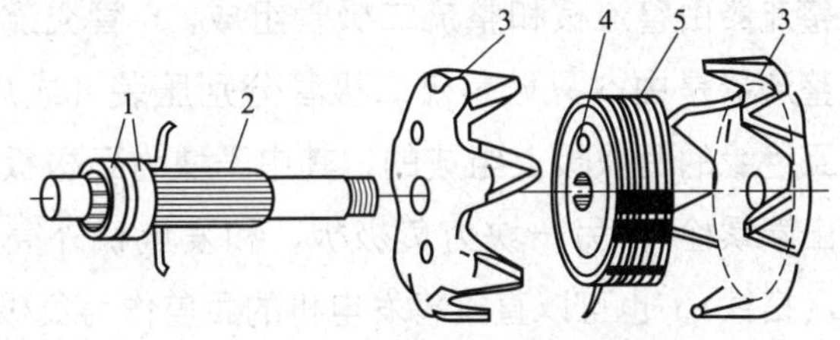

图 2—1—3　发电机转子的分解图

1—滑环　2—转子轴　3—磁极　4—磁轭　5—磁场绕组

磁极呈爪形，分成两块，由低碳钢制成。每块磁极各有 6 个爪，交错地压装在转子轴上，形成 6 对磁极。在爪形磁极侧面的空腔内装有导磁铁芯，称为磁轭。磁轭上装有磁场绕组。

磁场绕组的两端分别焊接在与轴绝缘的两道滑环上。两个炭刷装在刷架内，在弹簧压力的作用下，炭刷与滑环保持接触。两刷架的引线分别与搭铁接线柱和磁场接线柱连接，如图 2—1—4 所示。当电刷与直流电源相接时，便有电流通过磁场绕组产生磁场。磁场使一块爪极被磁化为 N 极，另一块为 S 极，从而形成 6 对相互交错的磁极。

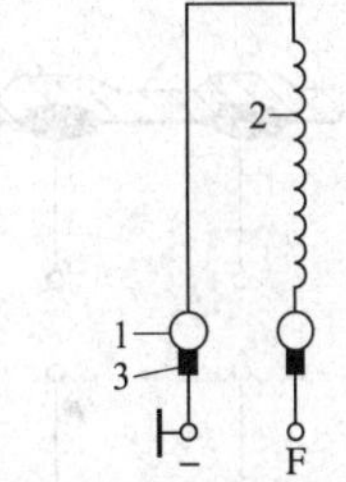

图 2—1—4　交流发电机转子接线

1—滑环　2—磁场绕组　3—电刷

2. 定子

定子的功用是产生和输出交流电。交流发电机定子总成的实物图如图 2—1—5 所示，它由铁芯和三相绕组组成。定子槽内置三相对称绕组，首端分别与元件板上的一只硅二极管和整流端盖上的一只硅二极管的引出线连接，如图 2—1—6 所示。当转子旋转时，产生旋转磁场，使定子中的三相绕组切割磁力线，感应产生三相交变电动势。

图 2—1—5　定子总成

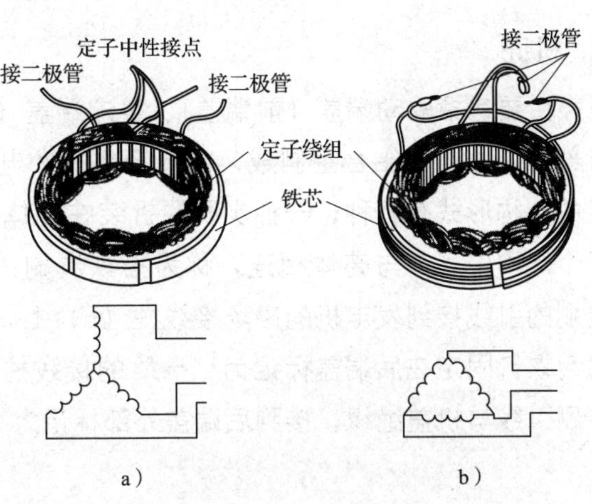

图 2—1—6　交流发电机定子总成的组成及连接方式

a）定子绕组星形联结　b）定子绕组三角形联结

3. 整流器

整流器的功用是将定子绕组的三相交流电变为直流电，实物图如图 2—1—7 所示。

整流器由整流板和整流二极管组成，6 管交流发电机的整流器是由 6 只硅整流二极管分别压装（或焊接）在相互绝缘的两块板上组成的，其中一块为正极板（带有输出端螺栓），另一块为负极板，和发电机外壳直接相连（搭铁），也可以直接将发电机的后盖作为负极板。

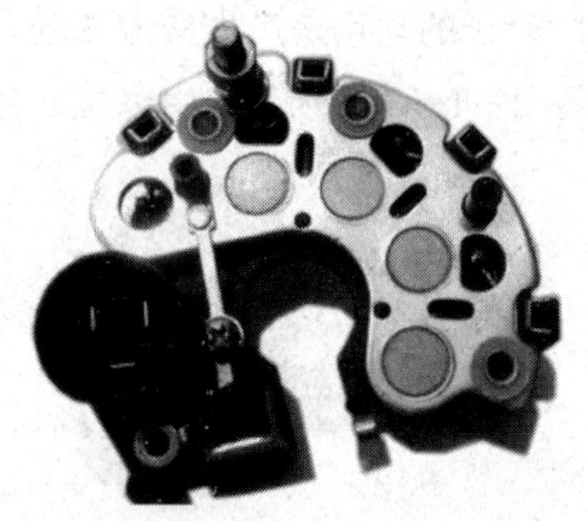

图 2—1—7 整流器

6 只整流二极管分为正极管和负极管两种，引出电极为正极的称为正极管，3 只正极管装在正极板上；引出电极为负极的称为负极管，3 只负极管安装在负极板上，也可直接安装在后盖上，如图 2—1—8 所示。

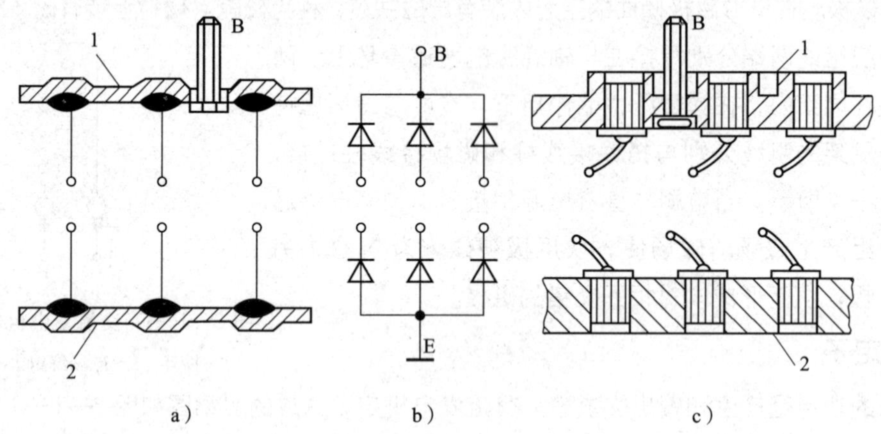

图 2—1—8 交流发电机整流二极管安装示意图

a）焊接式 b）电路图 c）压装式

1—正极板 2—负极板

4. 机壳

机壳主要包括驱动端盖（前端盖）、整流端盖（后端盖）及安装在其上的轴承、轴承盖等零部件。端盖由铝合金制成，以减轻交流发电机的质量，增强散热。整流端盖内侧炭刷架的结构形式有两种，一种炭刷的拆装在壳体内部进行，另一种拆装在壳体外部进行。两个炭刷中一个与壳体相连，称为搭铁炭刷；另一个与壳体绝缘，称为绝缘炭刷。绝缘炭刷的引线接到发电机的磁场接线柱（F）上。搭铁炭刷的搭铁方式有两种，一种是将引线用螺钉固定在后端盖标记为“一”的接线柱上，此方式俗称内搭铁；另一种是将搭铁炭刷引线与机盖绝缘，接到后端盖外部标记为“E”的接线柱上，这种方式俗称外搭铁。

发电机前端装有带轮，由发动机通过传动带带动。在带轮后面装有风扇，靠风扇给发电机强制通风散热。

二、交流发电机的工作原理

1. 发电原理

如图 2—1—9 所示为三相交流发电机的工作原理图，当转子由发动机带动旋转时，转子上磁极产生的磁力线与定子绕组做相对运动，在三相绕组中便产生了交变电动势。由于交流发电机采用爪型磁极，因此在定子绕组表面形成了近似符合正弦规律的磁场。根据电磁感应原理，此时在定子绕组中产生正弦电动势，又由于三个绕组在定子槽中是对称分布的，因而它们产生的 3 个电动势是对称的，其各相电动势大小相等，相位差互成 120°电角度，成为三相交流电。

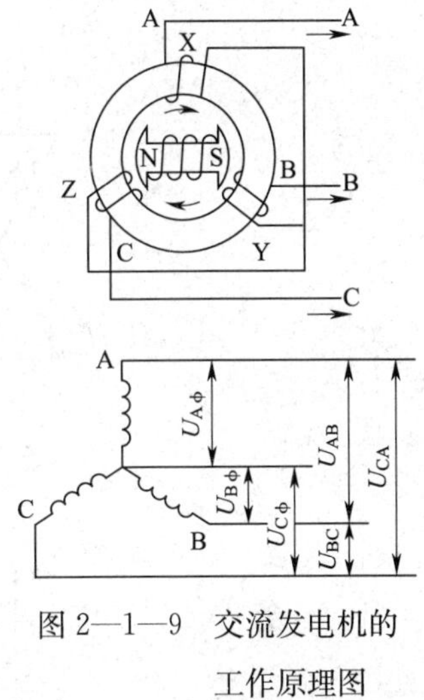

图 2—1—9 交流发电机的工作原理图

2. 整流原理

利用硅二极管的单向导电性可组成整流电路。汽车用交流发电机采用三相桥式全波整流电路，如图 2—1—10a 所示，其整流原理如下：

(1) 3 只正极管（V1、V3、V5）的正极分别接在发电机三相绕组的首端，负极同接在元件板上（见图 2—1—8）。在某一瞬间，哪一相的电压最高，则该相的正极管就获得正向电压而导通。

(2) 3 只负极管（V2、V4、V6）的负极也分别接在三相绕组的首端，而它们的正极同接在整流端盖上（见图 2—1—8）。在某一瞬间，哪一相的电压最低（相对其他两相负值最大），则该相的负极管就获得正向电压而导通。

(3) 整流电路中的二极管总是成对导通，即一只正极管和一只负极管同时导通。导通后将发电机的端电压加在负载 R_L 的两端。

发电机周而复始运转，通过整流电路，负载两端便可得到一个比较平稳的脉动直流电压，如图 2—1—10c 所示。

另外，有的交流发电机带有中心抽头（见图 2—1—11），它是从三相绕组的中性点引出的，在发电机整流器端盖上标记为“N”，其输出电压为三相桥式全波整流电路输出电压的一半。通过 3 只负极管整流后得到直流电压，常用来控制汽车上各种用途的继电器，如磁场继电器、防倒流继电器和充电指示灯继电器等。

3. 励磁方法

发电机在低速运转时，依靠自身磁场中的剩磁一般难以建立输出电压。为了使交流发电机在低速运转时的输出电压能够满足汽车上用电的需要，交流发电机在输出电压建立前后，分别采用他励和自励两种励磁方式。开始发电时采用他励方式，即由蓄电池提供励磁电流，增强磁场，使电压随发电机转速很快上升。当发电机输出电压高于蓄电池端电压时，励磁电流便由发电机自身供给，这种励磁方式称为自励。如图 2—1—12 所示为交流发电机的基本励磁回路。

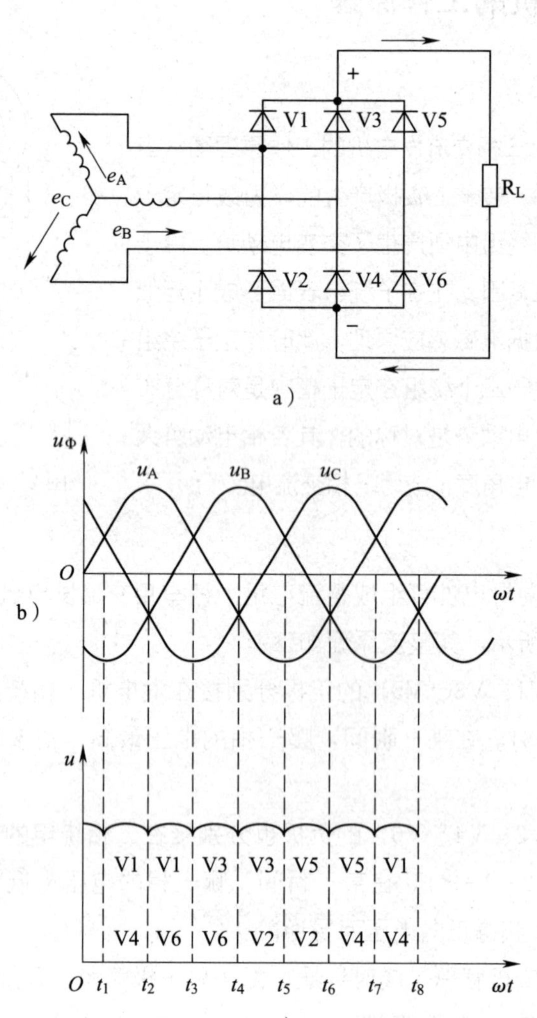

图 2—1—10　三相桥式整流电路及电压波形

a）整流电路　b）三相对称电压波形　c）平稳脉冲电压波形

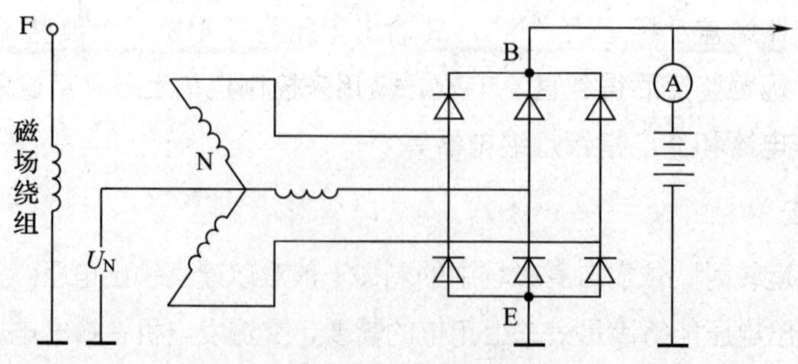

图 2—1—11　带有中心抽头的交流发电机

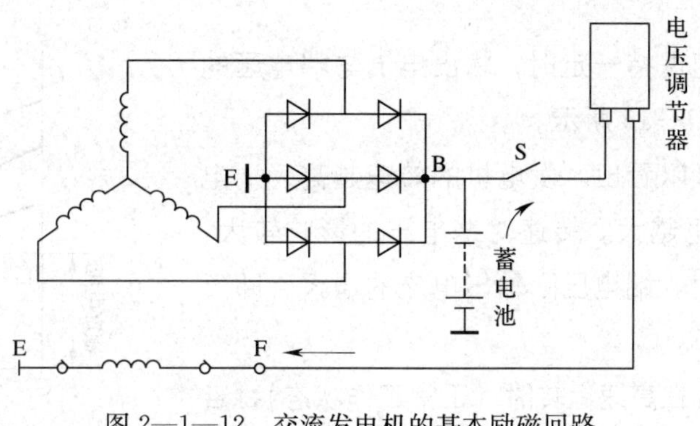

图 2—1—12　交流发电机的基本励磁回路

三、交流发电机的工作特性

所谓交流发电机的工作特性，是指交流发电机转速、电压、电流等相关量之间的相互关系及变化规律，是选用发电机的重要依据。

1. 输出特性

输出特性也称负载特性或输出电流特性，是指当交流发电机输出电压恒定时，转速与输出电流之间的关系，如图 2—1—13 所示。

这条曲线表明：交流发电机只需较低的空载转速（n_1）就可达到额定输出电压值，具有低速充电性好的优点；交流发电机转速升到满载转速（n_2）时即可输出额定电流，具有发电性能优良的特点；当转速达到某一定值后，输出电流不再随转速的升高和负载的增多而继续增大，具有自身控制输出电流的功能。

2. 空载特性

空载特性是指发电机没有带负载时，其端电压与转速之间的关系，如图 2—1—14 所示。从空载特性曲线可以看出，随着转速的升高，端电压上升较快，由他励方式转入自励方式时，即能向蓄电池补充充电。

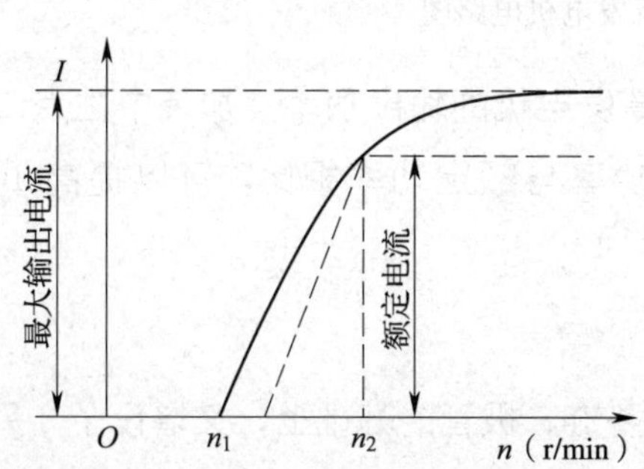

图 2—1—13　交流发电机的输出特性

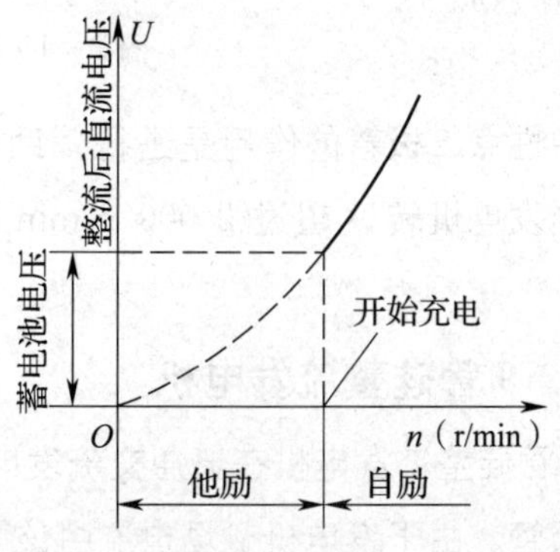

图 2—1—14　交流发电机的空载特性

3. 外特性

外特性是指转速保持一定时，输出电流与端电压的变化规律，如图 2—1—15 所示。

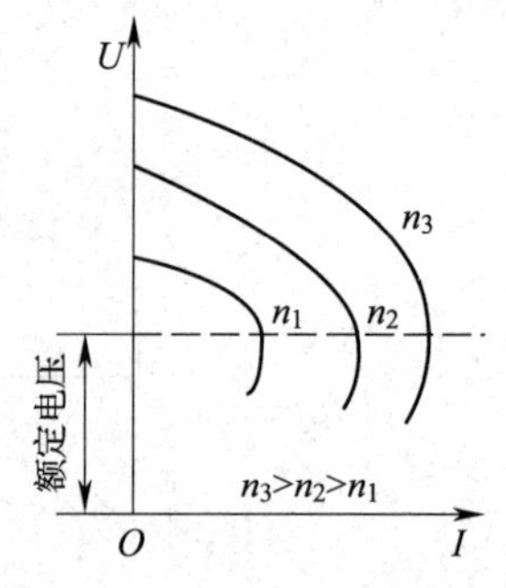

图 2—1—15 交流发电机的外特性

从外特性曲线可以看出，发电机的转速越高，端电压越高，输出电流也越大。转速对端电压的影响较大，但当转速保持恒定时，端电压随输出电流的增大（即负载增加）而相应下降。

当交流发电机处在高速运转时（正常工作状态），若突然失去负载，端电压会急剧升高，导致电气设备及电子元件的损坏，因此应避免外电路断路。

四、多管硅整流发电机的功用和特点

1. 8 管硅整流发电机

目前，新型汽车交流发电机都将星形联结的三相定子绕组的中性点引出，并加装两只中性点二极管 V7 和 V8，构成 8 管交流发电机，其目的是提高发电机的输出功率。如图 2—1—16 所示为 8 管硅整流发电机的电路图。

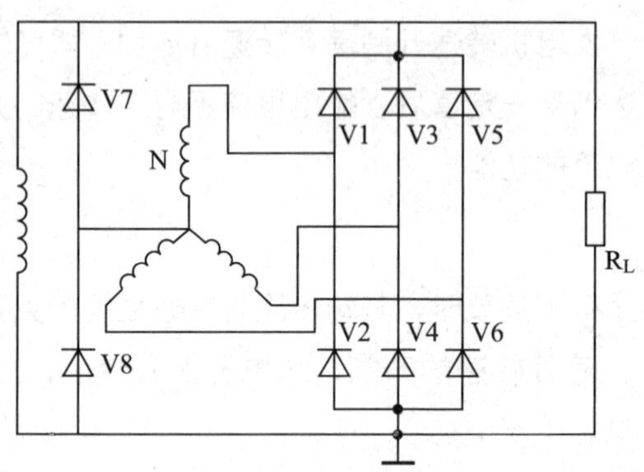

图 2—1—16 8 管硅整流发电机电路图

中性点二极管的作用是进行辅助整流，以提高发电机的输出功率。加装中性点二极管后，当发电机转速超过 2 000 r/min 时，其输出功率与额定功率相比，可以提高 10%～15%。

2. 9 管硅整流发电机

9 管硅整流发电机在普通交流发电机采用 6 只整流二极管的基础上，又增设了 3 只小功率二极管。由于发电机磁场电流由该整流电路供给，所以增设的 3 只小功率二极管被称为励磁二极管。

励磁二极管的作用有两个：一是变交流为直流，供给磁场绕组电流；二是控制充电指示灯的亮、灭，显示电源系统的工作状态。如图 2—1—17 所示为 9 管硅整流发电机充电系统的典型电路。

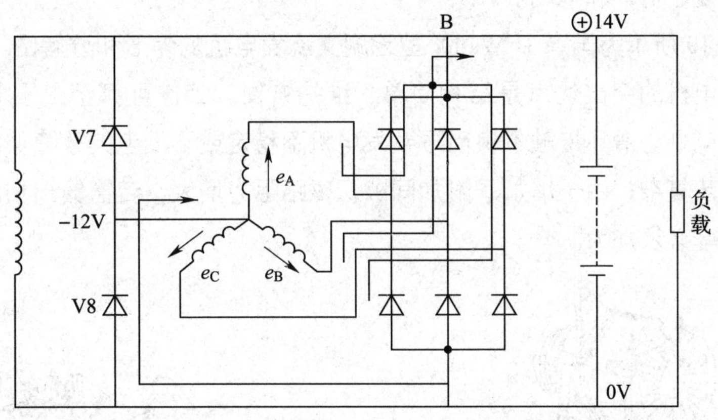

图 2—1—17　9 管硅整流发电机充电系统电路

3. 11 管硅整流发电机

8 管硅整流发电机是在原有 6 只硅整流二极管的基础上，加装了两只中性点二极管，其目的是提高输出功率；9 管硅整流发电机是在原有 6 只硅整流二极管的基础上，增加了 3 只励磁二极管，这样既能向发电机磁场绕组提供励磁电流，又能利用充电指示灯显示发电机的工作状况。而现在有不少汽车交流发电机，既加装中性点二极管又加装励磁二极管，便构成了 11 管硅整流发电机，如上海汽车制造厂生产的桑塔纳，长春第一汽车制造厂生产的奥迪等轿车均采用了 11 管硅整流发电机。如图 2—1—18 所示为上海桑塔纳轿车装用的 11 管硅整流发电机及其充电系统电路。

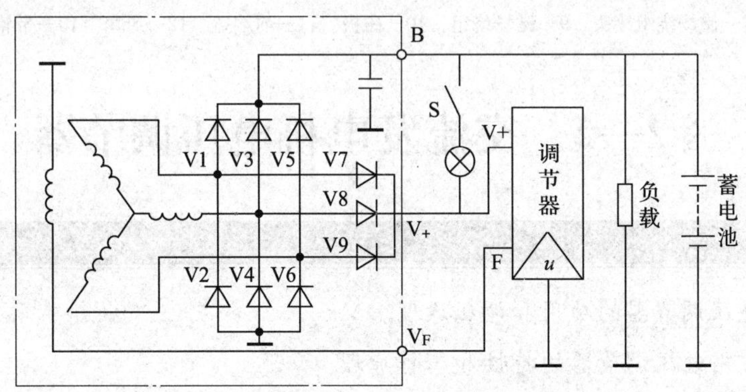

图 2—1—18　11 管硅整流发电机及其充电系统电路

五、无刷交流发电机

汽车用无刷交流发电机就是无电刷、无滑环的交流发电机，是一种性能比较先进的汽车发电机。

无刷交流发电机的结构与前述有刷交流发电机的结构基本相同，主要区别是磁场绕组静止，不随转子转动。磁场绕组仍位于两磁极的空腔内，两引出端直接接至后端盖的两个磁场接柱上，从而省去了滑环和电刷。

如图 2—1—19 所示为国产 JFW14X 型无刷交流发电机的外形和分解图。

无刷交流发电机的突出优点是结构简单、维护方便、工作可靠。由于取消了滑环和电刷，因此不存在电刷与滑环接触不良而导致发电机不稳定或不发电的故障。其缺点是：两块磁极间的连接工艺复杂，由于增加了附加间隙，磁路阻力增大，若需输出相同功率，则其磁场绕组的励磁功率必须加大。

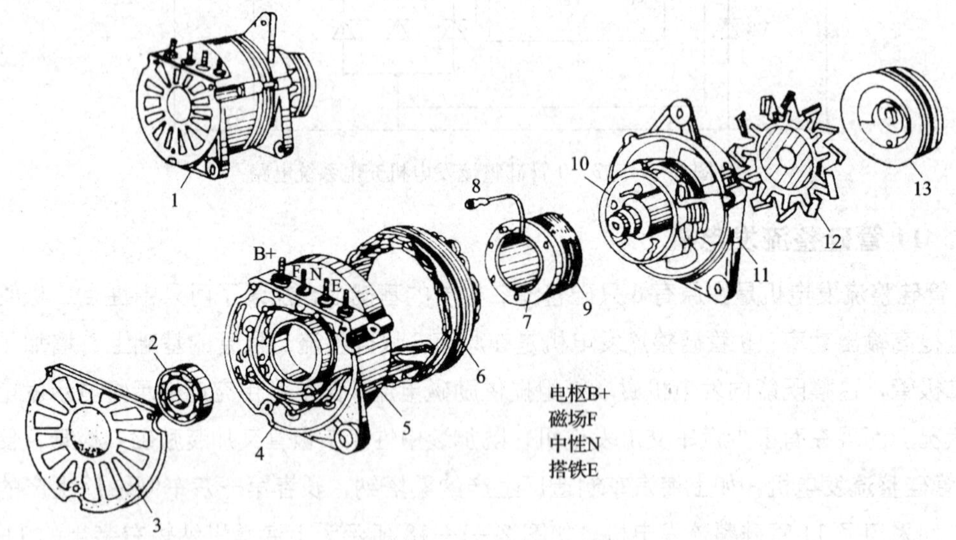

图 2—1—19 国产 JFW14X 型无刷交流发电机外形及其分解图

1—外形 2—后轴承 3—防护罩 4—整流元件组 5—后端盖 6—定子总成 7—磁轭

8—磁场绕组接头 9—磁场绕组 10—磁极 11—前端盖 12—风扇 13—带轮

§2—2 交流发电机电压调节器

学习目标

1. 了解电压调节器的功用和调压原理。
2. 掌握常用电压调节器的特性和工作原理。

一、概述

1. 电压调节器的功用

现代汽车上均装用交流发电机，因为发电机电压随着转速的升高而增大，为了保证用电设备和蓄电池正常工作而不致损坏，所以要求发电机必须具有稳定的输出电压。电压调节器的功用就是在发电机转速变化时，将发电机电压控制在规定的范围内。如对 12 V 汽油车其电压应控制在 14～15 V；对 24 V 柴油车，其电压应控制在 28～30 V。

2. 电压调节器调压原理

对于结构一定的交流发电机，其正常运转时产生电动势的大小与发电机转速和磁极的磁通成正比。可用下式表示：

$$E=C_e\varphi n$$

式中 C_e——发电机结构常数；

φ——磁极磁通；

n——发电机转速。

发电机在汽车上是由发动机驱动旋转的，其转速 n 随发动机转速变化而在很大范围内变化。若要在转速变化时维持发电机输出电压恒定，就必须相应地改变磁极磁通 φ。又因为磁极磁通 φ 的强弱取决于磁场电流的大小，所以在发电机转速变化时，只要自动调节磁场电流，就能使发电机电压保持恒定。电压调节器就是利用自动调节磁场电流使磁极磁通改变这一原理来调节发电机电压的。

3. 电压调节器的分类

汽车发电机电压调节器种类繁多、类型各异。虽然各种电压调节器都是通过调节磁场电流改变磁极磁通达到控制发电机电压的目的的，但是由于电压调节器型式不同，其调节磁场电流的方法也不同。据此电压调节器可以分为电磁振动式调节器、晶体管调节器和集成电路调节器。

二、电磁振动式调节器

1. 单级电磁振动式电压调节器

(1) 结构

如图 2—2—1 所示为现代汽车上应用的 FT111 型（12 V 电系）和 FT211 型（24 V 电系）单级电磁振动式电压调节器的结构和线路图。

单级电磁振动式电压调节器调节磁场电流的方法是通过触点开闭，使电阻串入和退出励磁电路来调节磁场电流的。触点 K 平时在弹簧拉力作用下保持闭合，调节电阻 R2 和加速电阻 R1 与触点并联，触点闭合时，电阻 R1、R2 被短路，触点张开时，电阻 R1、R2 串入发电机磁场电路。触点 K 的张开与闭合受电磁铁机构控制。电磁铁机构由铁芯和调节器磁化线圈 L1 组成。铁芯固定在支架上，磁化线圈绕在铁芯上，一端经温度补偿电阻 R3 搭铁，另一端接在 R1 与 R2 之间，磁化线圈两端的电压随发电机电压而改变。

为了提高触点振动频率，降低发电机输出电压的脉动性，设置加速电阻 R1；为了补偿温度变化对调节器工作性能的影响，设置温度补偿电阻 R3；由于交流发电机磁场电流大，转速高，为避免触点烧蚀，设置了由二极管 V、轭流圈 L2 与电容器 C 组成的保护电路。

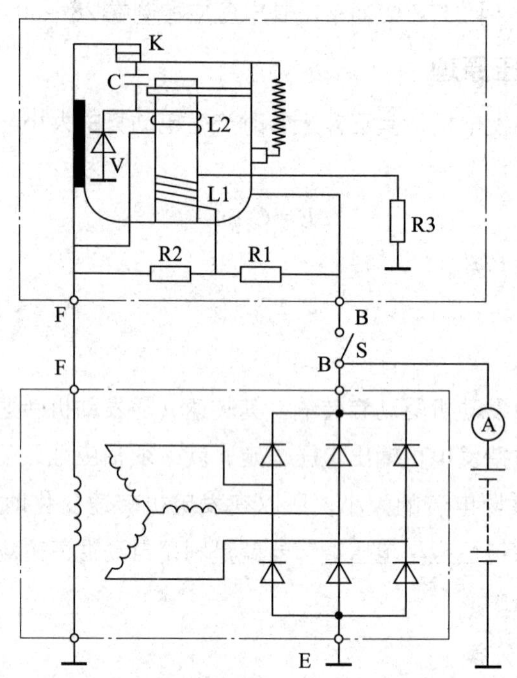

图 2—2—1　单级电磁振动式电压调节器

R1—加速电阻　R2—调节电阻　R3—温度补偿电阻　L1—磁化线圈

L2—轭流圈　V—二极管　C—电容器

(2) 工作原理

接通点火开关 S，起动发动机，交流发电机随之转动，磁场绕组中便有励磁电流流过，同时调节器磁化线圈中也有电流流过。

当发电机电压低于蓄电池电动势时，发电机磁场线圈的电流和调节器磁化线圈的电流均由蓄电池供给。由于此时调节器磁化线圈通过电流产生的电磁力矩小于弹簧力矩（事先调定），触点 K 在弹簧拉力作用下保持闭合，磁场绕组电流经触点 K 构成回路，发电机电压随磁极磁通 φ 增强和转速 n 升高而升高。此时，发电机主要迅速升压。

当发电机电压升高到高于蓄电池电动势时，发电机开始自激发电，发电机磁场绕组电流和调节器磁化线圈电流均由发电机供给，同时，发电机向用电设备供电并向蓄电池充电。

如果发电机的电压低于调节电压，调节器磁化线圈通过电流产生的电磁力矩仍小于弹簧力矩，触点 K 在弹簧拉力作用下仍保持闭合，磁场电流仍经触点 K 构成回路，发电机电压仍随磁极磁通 φ 的增强和转速 n 的升高而升高。

当发电机电压超过调节电压时，调节器磁化线圈两端的电压也随之升高，线圈中电流增大，产生的电磁力矩也随之增大。磁化线圈通过电流产生的电磁力矩超过弹簧力矩，将触点 K 吸开，加速电阻 R1 和调节 R2 串入磁场电路，使磁场电路电阻增大，电流减小，磁极磁场减弱，发电机输出电压随之下降。

调节器重复上述过程，使触点 K 不断地张开、闭合循环振动，改变磁场电路电阻值，调节了磁场电流的大小，从而将发电机电压控制在调节电压值。

2. 双级电磁振动式电压调节器

双级电磁振动式电压调节器调节磁场电流的方法是先通过一级触点开闭，使电阻串入和退出磁场电路，从而改变磁场电路电阻值来调节磁场电流，而当转速继续升高，一级触点工作失控后，再利用二级触点张开，将电阻串入磁场电路，或触点闭合，将磁场绕组短路来调节磁场电流的。

(1) 结构

如图 2—2—2 所示为 FT61 型双级电磁振动式电压调节器的结构和线路图。

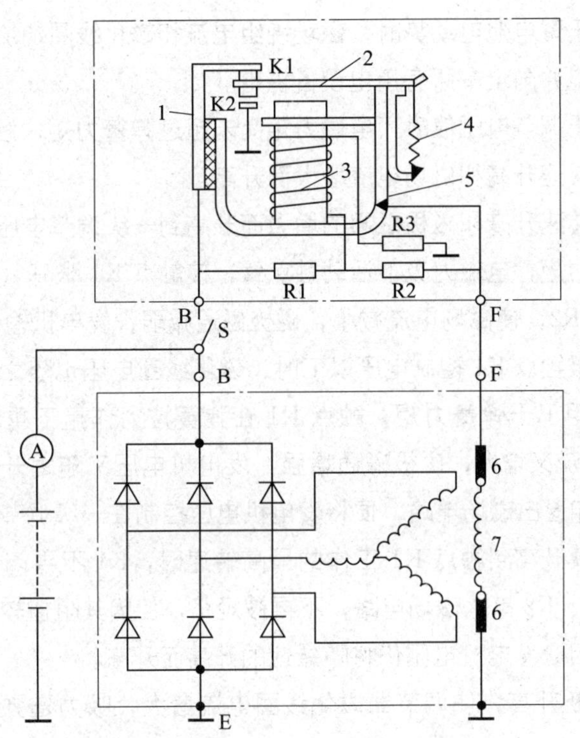

图 2—2—2　FT61 型双级电磁振动式电压调节器

K1—一级触点　K2—二级触点　R1—加速电阻　R2—调节电阻　R3—温度补偿电阻

1—静触点支架　2—活动触点臂　3—磁化线圈　4—弹簧

5—支架　6—电刷和集电环　7—磁场绕组

FT61 型电压调节器是国内汽车使用最多的一种调节器，该型调节器由触点组件、电磁铁机构和电阻 R1、R2、R3 组成。触点由 K1 和 K2 两对组成，K1 为常闭触点，平时在弹簧拉力作用下保持闭合；K2 为常开触点，平时在弹簧拉力作用下保持打开，间隙为0.25 mm，间隙不当时，可扳动 K2 的固定触点支架进行调整。K1 又称一级触点，其静触点支架经导线与调节器接线柱 B 相连；K2 又称二级触点，其静触点支架经导线与调节器底座相连而搭铁，活动触点臂经弹性导电片与调节器磁场接线柱 F 相连。

电磁铁机构由调节器磁化线圈和铁芯组成，铁芯固装在调节器支架上与底座绝缘，其上绕有磁化线圈，磁化线圈的一端接在 R1 与 R2 之间，另一端与 R3 串联后搭铁。因为磁化线圈的电流从接线柱 B 经 R1、磁化线圈和 R3 后流回电源负极，可知 R1 为加速电阻，R2 为调节电阻，R3 为温度补偿电阻。

(2) 工作原理

接通点火开关 S，起动发动机，交流发电机随之转动，发电机磁场绕组中便有励磁电流流过，同时调节器磁化线圈中也有电流流过。

当发电机电压低于蓄电池电动势时，磁场绕组电流和磁化线圈电流均由蓄电池供给，发电机的电压随转速的升高而升高。

当发电机电压高于蓄电池电动势时，磁场绕组电流和磁化线圈电流均由发电机供给，同时发电机向蓄电池充电并向全车所有用电设备供电。

当发电机电压低于调节电压值时，电磁力矩尚未超过弹簧力矩，触点 K1 仍保持闭合状态，发电机电压仍随转速升高和磁场电流增大而升高。

当发电机电压随转速升高和磁极磁通的增强而升高到一级调节电压值时，磁化线圈产生的电磁力矩大于弹簧力矩，电磁力吸下活动触点臂，使触点 K1 张开（K2 并不闭合），磁场电路中串入电阻 R1、R2，使磁场电流减小，磁极磁通减弱，发电机输出电压下降。

当电压下降到一级触点 K1 控制电压以下时，磁化线圈电压也随之下降，使铁芯电磁吸力减小，致使电磁力矩小于弹簧力矩，触点 K1 在弹簧拉力作用下重新闭合，将电阻 R1、R2 短路，磁场绕组电流又增大，磁极磁通增强，发电机电压又随之升高。如此不断循环振动，使 R1、R2 串入和退出磁场电路，便将发电机电压控制在一级调节电压值。

当发电机转速继续升高到触点 K1 工作的最高转速时，K1 不再闭合，活动触点臂停留在中间位置，虽然 R1、R2 串入磁场电路，不再被短路，但因其阻值较小且固定不变，不再能使磁场电流减小，因此发电机电压仍将随转速的升高而升高。

发电机电压的不断升高，使调节器磁化线圈电流增大，吸力增强，二级触点 K2 在吸力作用下闭合。K2 闭合后，磁场绕组被短路，发电机磁场电流被分流而急剧减小，发电机电压下降，同时调节器磁化线圈电压也随之下降。当发电机电压下降到低于二级调节电压值时，电磁力矩便小于弹簧力矩，触点 K2 又张开，活动触点臂又重新回到中间位置，磁场绕组中又产生经过电阻 R1、R2 后的电流，发电机电压又升高。如此反复循环，便将发电机电压控制在二级调节电压值。触点 K2 闭合、张开时的磁场电路如图 2—2—3 所示。

双级电磁振动式电压调节器由于采用两级触点 K1、K2，调节器从一级触点工作过渡到二级触点工作时，中间便产生一个过渡区，在过渡区内调节器会失控。当活动触点臂与铁芯间的气隙和触点间隙都调到最佳值时，两级调节电压值相等，调节器不会失控。

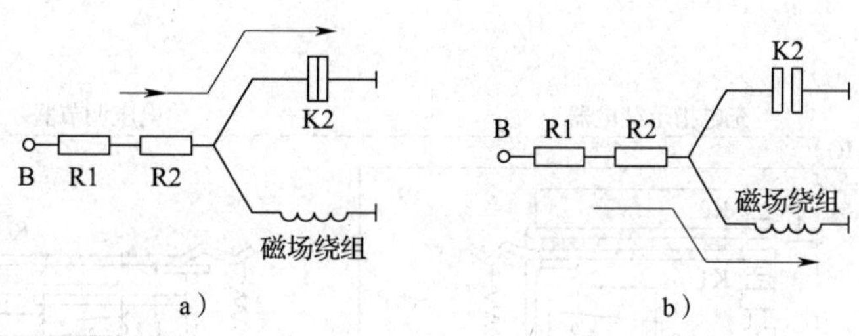

图 2—2—3　触点 K2 工作时的磁场电路

a）触点 K2 闭合时　b）触点 K2 张开时

触点 K2 的间隙为 0.25 mm 时，称其为最佳间隙，二级调节电压值将等于一级调节电压值。当触点 K2 间隙小于 0.25 mm 时，二级调节电压将高于一级调节电压；当触点 K2 间隙大于 0.25 mm 时，二级调节电压将低于一级调节电压。由于在生产和使用中很难保证触点 K2 间隙正好调整到 0.25 mm，因此允许出现级差，对 12 V 电系，允许级差为 0.5 V；对 24 V 电系，允许级差为 1 V。当级差过大时，可通过调整触点 K2 的间隙校正。

双级电磁振动式电压调节器的突出优点是触点火花小，调节范围大，缺点是调整比较困难。另外当触点 K2 间隙处夹有灰尘、脏污而使接触电阻增大时，发电机电压将会随转速的升高而失控，造成蓄电池过充电，充电电流过大，烧坏用电设备。因此双级电磁振动式电压调节器的外壳与底座之间必须有良好的密封，更不允许取掉盖子使用。

3. 双联电磁振动式电压调节器

(1) 带充电指示继电器的电压调节器

传统汽车基本上都用电流表显示电源系统的工作情况，而现代汽车大部分采用充电指示灯来显示。常用的控制充电指示灯的方法有三种：其一，利用交流发电机中性点电压，通过继电器或电子控制器进行控制；其二，利用交流发电机输出端电压，通过电子控制器进行控制；其三，利用励磁二极管输出电压变化进行控制。

用来自动接通或断开蓄电池充电指示灯电路的继电器（或控制器），称为充电指示继电器（或控制器）。由于充电指示继电器一般都与电压调节器制作在一起，因此称为带充电指示继电器（或控制器）的调节器。下面以国产 FT126 型双联调节器为例，说明其工作原理。

1）结构。该型调节器由电压调节器和充电指示继电器两部分组成，其结构和线路如图 2—2—4 所示。

电压调节器为带有保护电路的单级电磁振动式电压调节器，其构造和工作原理与 FT111 型单级电磁振动式电压调节器基本相同，故不再赘述。

充电指示继电器的磁化线圈 L3 一端搭铁，另一端通过导线与发电机中性点“N”相连，直接承受发电机中性点电压，以控制两对触点 K1、K2，其中 K2 为常闭触点，与充电指示灯串联；K1 为常开触点，控制电压调节器磁化线圈 L1 的电路。

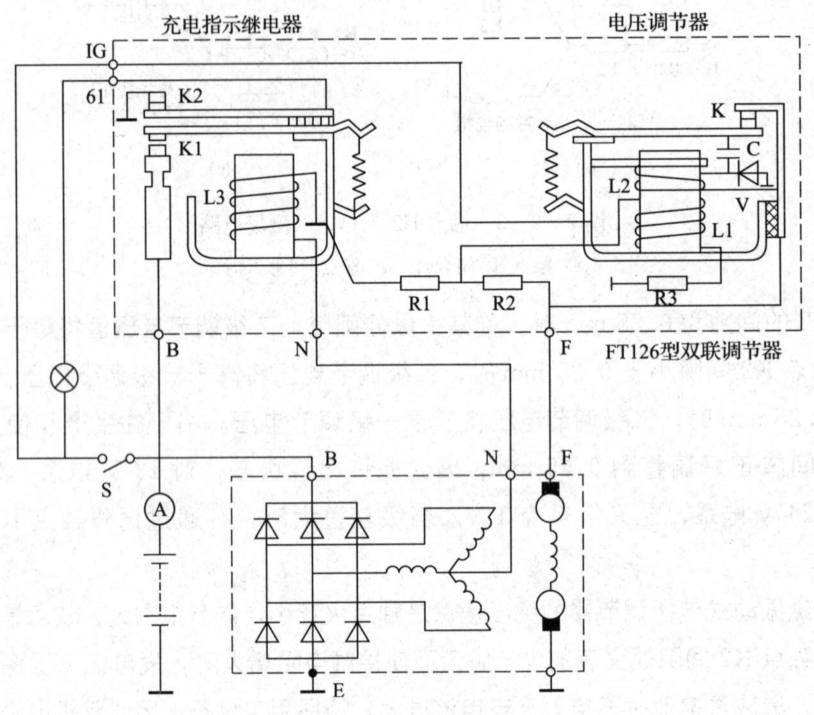

图 2—2—4 FT126 型双联调节器

2）工作原理。接通点火开关 S，充电指示灯亮，指示蓄电池放电。与此同时，发电机磁场电路接通，磁场绕组中有电流流过，磁极磁通增强，发电机转动，其电压随转速的升高而升高。

当发电机电压升高到充电电压时，中性点电压使充电指示继电器线圈 L3 产生电磁吸力，使触点 K2 张开，K1 闭合。触点 K2 张开后，充电指示灯电路切断，指示灯熄灭，指示发电机自激发电并向蓄电池充电，同时向用电设备供电。如果充电系统有故障，发电机不会正常发电，中性点无电压输出，线圈 L3 无电流，触点 K2 始终闭合，则充电指示灯中始终有电流通过而发亮，以指示充电系统有故障。

触点 K1 闭合后，电压调节器磁化线圈 L1 电路接通。

当发电机电压随转速升高和磁极磁通增强而升高到调节电压时，电压调节器触点振动工作，通过在磁场电路中加入和隔出电阻，调节磁场绕组中励磁电流的大小，改变磁极磁通的强弱，从而控制发电机电压。

(2）带磁场继电器的电压调节器

在装用汽油发动机的汽车上，通常都是利用点火开关来控制交流发电机的磁场电流通路和电压调节器的磁化线圈电路。发动机熄火后点火开关断开，即可切断上述两条电路，防止蓄电池向其供电而烧坏磁场绕组。

而装用柴油发动机的汽车的上述两条电路是由单独的电源开关控制的，如果发动机熄火后忘记切断电源开关，蓄电池则会长时间向发电机磁场绕组放电，不仅造成蓄电池亏电，而且会烧坏发电机磁场绕组。为此，在柴油发动机汽车上，大都装有磁场继电器，根据需要自动接通和断开交流发电机磁场电路。一般将磁场继电器与发电机电压调节器组合在一起，称为带磁场继电器的电压调节器。下面以国产 FT61A 型双联调节器为例，说明其工作原理。

1）FT61A 型双联调节器的组成。该型调节器由电压调节器和磁场继电器两部分组成，其结构和线路如图 2—2—5 所示。

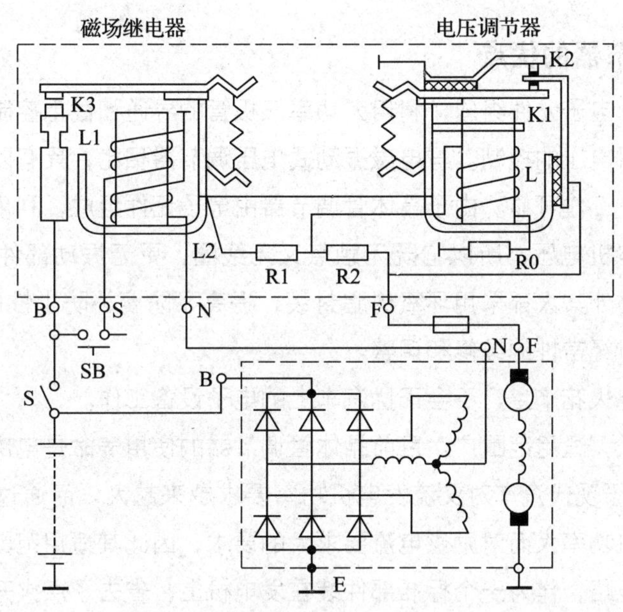

图 2—2—5　FT61A 型双联调节器

图 2—2—5 中电压调节器的结构和工作原理同 FT61 型调节器，这里不再重述。磁场继电器由电磁铁机构和触点组件两部分组成。电磁铁机构的铁芯上绕有起动线圈 L1 和维持线圈 L2，其中起动线圈 L1 直接承受蓄电池电压，维持线圈 L2 直接承受发电机中性点电压。磁场继电器触点 K3 串联在交流发电机磁场电路中，触点 K3 闭合时，发电机磁场电路和电压调节器磁化线圈电路才接通，触点 K3 张开时，上述两电路被切断。

2）FT61A 型双联调节器的工作原理。接通电源开关 S，按下起动按钮 SB 起动发动机时，起动线圈 L1 的电路接通，其电流产生的电磁吸力使触点 K3 闭合，接通磁场电流通路和电压调节器磁化线圈通路。因为磁场绕组中有励磁电流流过，磁极磁通增强，发电机电压随转速升高而升高。此时尽管电压调节器磁化线圈 L 中也有蓄电池供电电流，但铁芯产生的电磁力矩小于弹簧力矩，触点 K1 仍闭合。

随着发电机转速的升高，中性点电压也升高，维持线圈 L2 中将有电流流过，铁芯产生的电磁吸力仍使触点 K3 保持闭合，此时即使松开起动按钮，起动线圈电路切断，触点 K3 也不会张开。发电机对外输出电压后，电压调节器磁化线圈 L 将由发电机经触点 K1、加速电阻 R1 供电，而后根据发电机电压的变化控制触点 K1 和 K2 的工作，将发电机电压控制在某一平均值。

当发动机停止运转时，由于发电机不发电，中性点无电压输出，磁场继电器维持线圈 L2 中无电流通过，铁芯吸力消失，触点 K3 在弹簧拉力作用下张开，将发电机磁场电路和调节器磁化线圈电路切断。这样，即使忘记切断电源开关 S，蓄电池也不会向磁场绕组放电，从而防止了蓄电池亏电和烧坏磁场绕组。

三、晶体管调节器

1. 晶体管调节器的优点

晶体管调节器由电子元件组成，利用大功率三极管的导通和截止控制磁场电路的接通和切断来实现对发电机电压的控制。与电磁振动式电压调节器相比，具有以下优点:

(1) 无须维修、工作可靠。由于晶体管调节器由电子元件组成，利用大功率三极管的导通、截止来控制发电机电压，所以它既无触点又无线圈，更无振动部件，工作中无触点烧蚀、变形等问题。另外其大都采用环氧树脂封装，提高了防腐、防尘性能，使得工作可靠，故障少，也不必进行经常性的维修和调整。

(2) 工作中无电火花产生，不会干扰汽车上的电子设备工作。

(3) 使用寿命长，适用范围广。目前晶体管调节器的使用寿命是电磁振动式调节器使用寿命的 2～3 倍。由于现代汽车对交流发电机功率要求越来越大，而通过选择不同功率的晶体管可满足因发电机功率大而对励磁电流要求大的要求，因此其适用范围更广。

(4) 采用集成电路，作为一个标准部件装在发电机上，省去了点火开关到调节器以及调节器到交流发电机的连接导线，既减少了线路损失，又可使发电机的实际输出功率提高 5%～10%。

2. JFT106 型分立元件调节器

(1) 电路和组成

JFT106 型分立元件调节器的电路及组成如图 2—2—6 所示。

该调节器由分立电子元件焊接在同一块印制电路板上，外壳上刻有 B (或“+”)、F、E (或“一”) 三个接线柱标记。

该调节器内部电路是由基本电路和辅助电路两部分组成的。基本电路由检测电路和控制电路组成。检测电路为 R2 并联 R3 又与 R1 串联后并接于发电机输出接线柱 B 和搭铁接线柱 E 之间，用来检测发电机电压的变化。

辅助电路元件包括: 两个并联连接的电解电容 C1、C2，其作用为减小管耗; 电阻 R4 为反馈电阻，用于提高管子开、关速度，以减小管耗; 二极管 V6 进行温度补偿; 二极管 V7 是一只分压二极管，以保证 V2 管可靠截止; 二极管 V8 是续流二极管，以保护 V3 管截止时不被损坏。

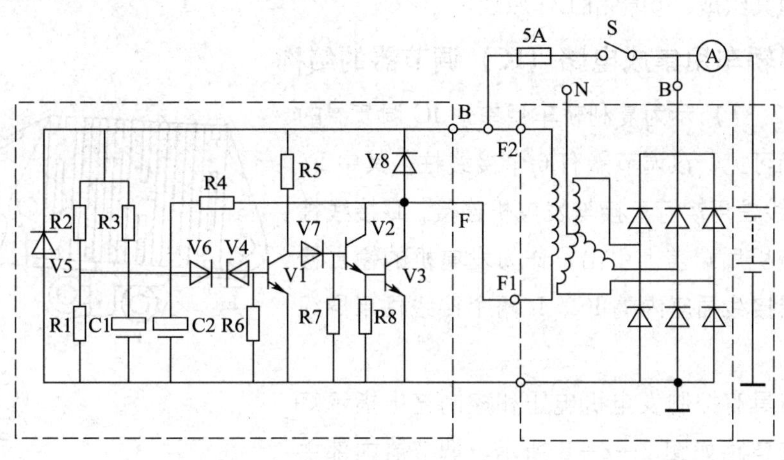

图 2—2—6　JFT106 型分立元件调节器

(2) 工作原理

接通点火开关 S，起动发动机，发电机随之转动，当发电机电压低于蓄电池电动势时，检测电路和磁场电路由蓄电池供电。

此时，调节器接通磁场电流通路，其电路为：蓄电池正极→电流表 A→点火开关 S→发电机磁场接线柱 F2→磁场绕组→发电机磁场接线柱 F1→三极管 V3→调节器搭铁接线柱 E→蓄电池负极。由于发电机磁场绕组中有励磁电流流过，磁极磁场增强，发电机电压将随其转速的升高而升高。

当发电机电压升高到高于蓄电池电动势，但小于调节电压时，检测电路和发电机磁场绕组的电流将由发电机供给，磁场电流电路为：发电机接线柱 B→点火开关 S→发电机接线柱 F2→磁场绕组→发电机接线柱 F1→三极管 V3→调节器搭铁接线柱 E→发电机负极。此时发电机对蓄电池充电，对用电设备供电，其电压仍随转速的升高而升高。

当发电机电压升高达到调节电压时，电阻 R1 上的压降 $U_{R1}=U_{V6}+U_{W}+U_{be1}$，V6、V5、V1 导通，V2、V3 失去正向偏压而截止，磁场绕组电流通路被切断，磁极磁通被减弱，发电机电压随之降低。当发电机电压下降到低于调节电压时，检测电路电压也随之下降，使 R1 上的压降 $U_{R1}<U_{V6}+U_{W}+U_{be1}$，V6、V5、V1 截止，V2、V3 导通，磁场电路被接通，励磁电流增大，磁极磁通增强，发电机电压升高。当发电机电压又升高到调节电压时，上述过程重复，从而将发电机电压控制在规定的调节电压值。JFT106 型调节器出厂时，已将调节电压调定在 13.8～14.8 V，因此在使用中不必再进行调整。

四、集成电路调节器

集成电路是指在一块微小的半导体硅片上制成许多半导体元件及其他电路和元件，从而实现所要求的调节电压等功能的，这种方式制成的调节器，称为集成电路（IC）调节器。目前在许多国产车和进口车的发电机上都采用了内装式集成电路调节器。尽管集成电路调节器型式繁多、电路各异，但具有的功能基本相同，下面以与夏利轿车发电机匹配的集成电路调节器为例说明其组成、功能和工作原理。

1. 夏利轿车用集成电路（IC）调节器的结构

如图 2—2—7 所示为夏利轿车用单片 IC 调节器的外形图。由图可见，该调节器有 6 个接线柱，其中 F、P、E 三个接线柱用螺钉直接与发电机连接，B 接线柱用螺杆从发电机后端盖上引出，作为发电机的输出接线柱，调节器接线插座内的 IC、L 两个接线柱用导线引出。

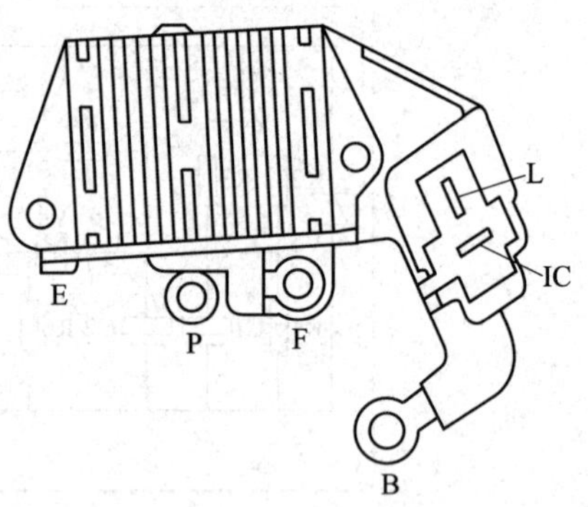

图 2—2—7 夏利轿车用单片 IC 调节器外形图

该调节器具有控制发电机电压和控制充电指示灯两种功能，其电路如图 2—2—8 所示。调节器内部主要由单片集成电路控制。该调节器调节电压具有较好的温度补偿特性，以保证温度变化时，调节电压值不受温度变化的影响。

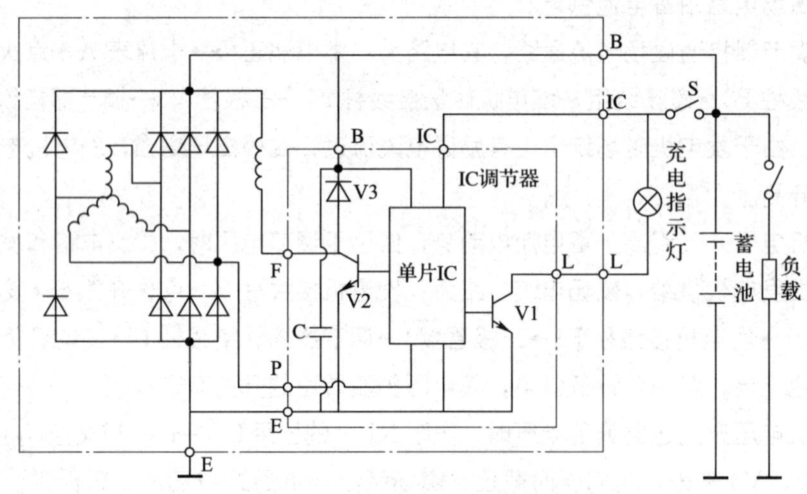

图 2—2—8 夏利轿车用单片 IC 调节器电路图

2. 夏利轿车用集成电路（IC）调节器工作原理

接通点火开关 S，起动发动机，发电机随之转动，当发电机电压低于蓄电池电动势时，蓄电池电压便经点火开关 S 作用于单片 IC 上，IC 内部电路根据发电机相抽头 P 端检测出的电压信号，控制三极管 V1、V2 都导通，同时接通磁场电路和充电指示灯电路。磁场电流通路为：蓄电池正极→发电机 B 端→磁场绕组→IC 调节器 F 端→V1→E 搭铁→蓄电池负极。充电指示灯电流通路为：蓄电池正极→点火开关 S→充电指示灯→发电机和调节器的 L 端→V2→E 搭铁→蓄电池负极。此时由于磁极磁通增强，发电机电压随着转速的升高而升高。由于充电指示灯中有电流流过，充电指示灯发亮，指示蓄电池放电。

当发电机电压上升到高于蓄电池电动势时，发电机相绕组抽头连接的 P 端电压信号使

IC 控制 V2 截止，充电指示灯电路切断，指示灯熄灭，指示发电机开始自激发电，同时向蓄电池充电，向用电设备供电。

当发电机电压升高到调节电压时，抽头 P 端的电压信号使 IC 控制 V1 截止，磁场电路被切断，磁极磁通减弱，发电机电压下降。当电压下降到调节电压以下时，IC 又控制 V1 导通，接通磁场电路，使励磁电流增加，磁极磁通增强，发电机电压重又升高。通过 IC 检测 P 端电压变化，控制三极管 V1 的导通和截止，将磁场电路接通和切断，从而控制发电机电压保持在调节电压值不变。

当磁场绕组断路或磁场电路断路使发电机不发电时，相抽头 P 端电压为零，单片集成电路得到该电压信号便控制 V2 导通，接通充电指示灯电路使灯发亮，从而告知驾驶员充电系统有故障。

§2—3　交流发电机及其电压调节器的使用与维修

学习目标

1. 熟悉交流发电机和电压调节器的正确使用方法。
2. 掌握交流发电机和电压调节器的故障检测与维修方法。

一、交流发电机和电压调节器的正确使用

1. 交流发电机的正确使用

交流发电机的结构简单，维护方便。若正确使用，则不仅故障少而且使用寿命长。若使用不当，则很快损坏。因此，在使用和维护中应特别注意以下几点：

（1）汽车用交流发电机均为负极搭铁，安装蓄电池时也必须负极搭铁。若蓄电池搭铁极性接错，交流发电机整流二极管将承受蓄电池正向电压，使整流二极管损坏。

（2）发电机正常运转时，不能用搭铁试火的方法检查发电机是否发电，否则不仅容易损坏整流二极管，还会造成蓄电池正、负极之间短路，致使蓄电池大电流放电，损坏蓄电池并烧毁线路。

（3）汽车在正常行驶中，发现发电机不发电或发电量很小时，应及时查明原因予以检修，否则发电机不仅不能正常工作，反而会导致故障越来越严重，甚至烧坏发电机及线束。

（4）发电机不可分解，绝对禁止用兆欧表（摇表）或 220 V 交流电源检查发电机的绝缘情况，否则将损坏整流元件。

（5）汽车停驶，发动机熄火后，应立即将点火开关断开，否则蓄电池经电压调节器长期对磁场绕组供电，会将磁场绕组和电压调节器烧坏。

(6) 发电机与蓄电池之间的连接导线一定要牢固可靠，而且在发动机正常运行中不能随意拆装，否则将产生瞬时过电压，损坏汽车上的电子元器件。

2. 电压调节器的正确使用

(1) 电压调节器工作电压与交流发电机输出额定电压等级必须一致，否则充电系统不仅不能正常工作，还会损坏有关器件。

(2) 电压调节器与交流发电机的搭铁型式必须匹配，即内搭铁电压调节器必须匹配内搭铁交流发电机，外搭铁电压调节器必须匹配外搭铁交流发电机，否则发电机会因磁场绕组无电流流过而不能建立电压。

(3) 匹配电压调节器时，一定要充分考虑交流发电机的功率。因为交流发电机功率越大，磁场电流也越大（如 14 V，750 W 交流发电机，磁场电流为 3～4 A；而 14 V，1 000 W 交流发电机，磁场电流为 4～5 A)。磁场电流越大，对电压调节器中控制磁场电流的大功率三极管的要求越高，成本也越高。若匹配不当，不仅造成成本过高，不经济，还会因小功率发电机的电压调节器匹配大功率发电机使用，导致超负荷工作而损坏。

(4) 线路连接必须正确。使用时应根据使用说明书所给出的接线进行线路连接，否则不仅充电系统不能工作，还会损坏电压调节器和交流发电机的有关器件。

(5) 配用双级电磁振动式电压调节器时，应特别注意在没有切断发电机与电压调节器连接线前，检查充电系统故障时，决不允许将发电机的输出接线柱 B 与磁场接线柱 F 短接，否则将会烧坏电压调节器的高速触点（短接后电压升高，使高速触点闭合，将电源直接短路)。

(6) 电压调节器电源必须受点火开关（或电源开关）控制，汽车停驶，发动机熄火后，应及时将点火开关（或电源开关）断开，否则不仅造成蓄电池亏电，更主要的是会将电压调节器和发电机磁场绕组烧坏。

二、交流发电机和电压调节器的检测与维修

1. 交流发电机主要部件的检测与维修

(1) V 形传动带松紧度的检查与调整

用大拇指下压（压力为 30～40 N）风扇传动带，其挠度应为 10～15 mm，若不符合规定，应予调整。先用扳手松开固定螺母，然后用撬棒撬动发电机外壳进行 V 形传动带松紧度（即张力）的调整，符合要求后再拧紧固定螺母。

(2) 电刷的检查与更换

如图 2—3—1a 所示，用直尺检查电刷外露的长度，一般应不小于 7 mm，否则应更换电刷或电刷弹簧。更换电刷的方法如图 2—3—1b 所示，先用烙铁将旧电刷的导线熔化（焊掉)，换上新电刷后再将引线焊好，并注意新电刷与滑环的接触面应呈圆弧形（短路或断路)。

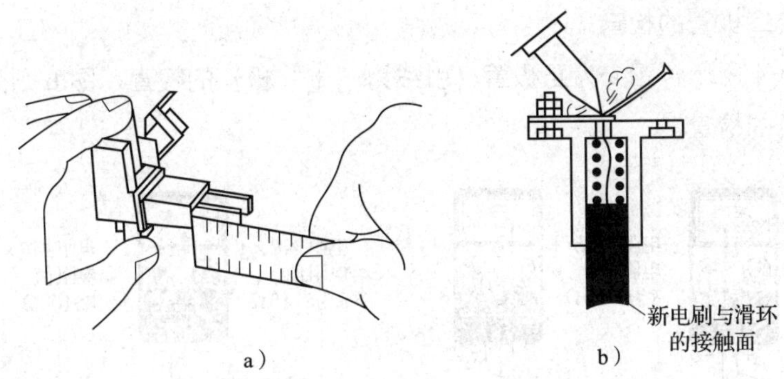

图 2—3—1 电刷的检查与更换

a）电刷外露长度的检查 b）电刷的更换

（3）内部电路的检查

如图 2—3—2 所示，将万用表置于电阻挡（Ω），红表笔（+）接 E 端，黑表笔（−）分别接发电机的 B 端和 VD 端，表的读数应为 3～21 Ω，若将红（+）、黑（−）表笔交换测量，表的读数应为∞。若上述检测的结果均为 0 或∞，则表明发电机的硅整流器损坏。

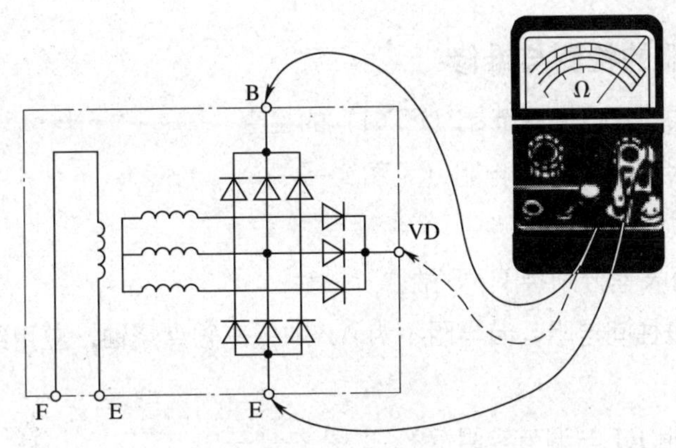

图 2—3—2 发电机内部电路的检查

（4）定子（或电枢）绕组的检查

定子（或电枢）三相绕组的电阻及其与定子铁芯绝缘状况的检查方法如图 2—3—3 所示。

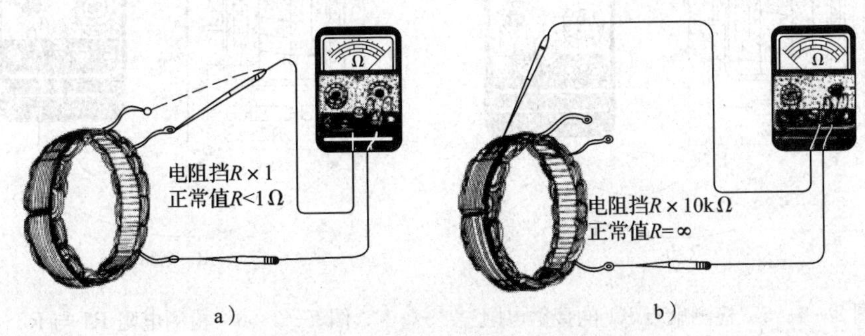

图 2—3—3 定子（或电枢）绕组的检查

a）定子绕组电阻值的检查 b）定子绕组与定子铁芯绝缘电阻的检查

(5) 硅整流二极管的检查

如图2—3—4所示，图a为正极管（引线为“+”极）的检查，图b则是对负极管（引线为“−”极）的检查。

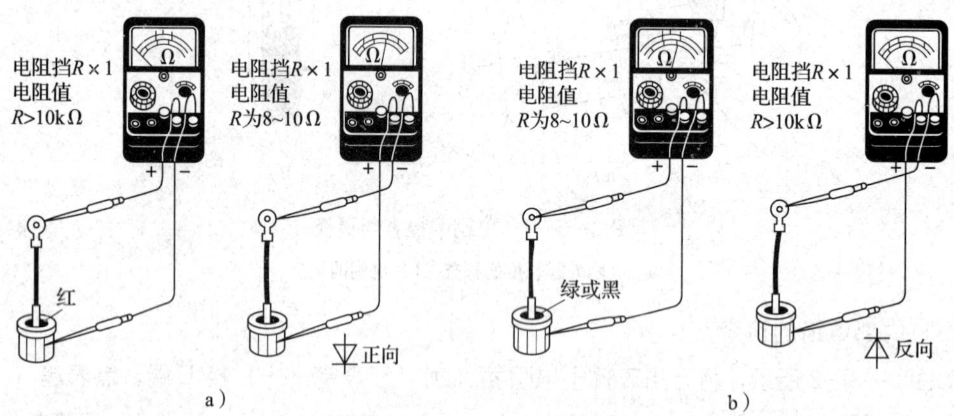

图2—3—4 硅整流二极管的检查

a）正极管的检查 b）负极管的检查

2. 电压调节器的检测与维修

(1) 双级电磁振动式电压调节器（FT61）的检查

1）检测低速触点K1的接触电阻（见图2—3—5）

①万用表置于欧姆挡。

②将万用表的两表笔分别接F、S端。

③测S与F接线柱间电阻，若电阻不为0，则低速触点烧蚀，应用细砂纸打磨，并清理干净。

2）检测加速电阻R1与调节电阻R2（见图2—3—6）

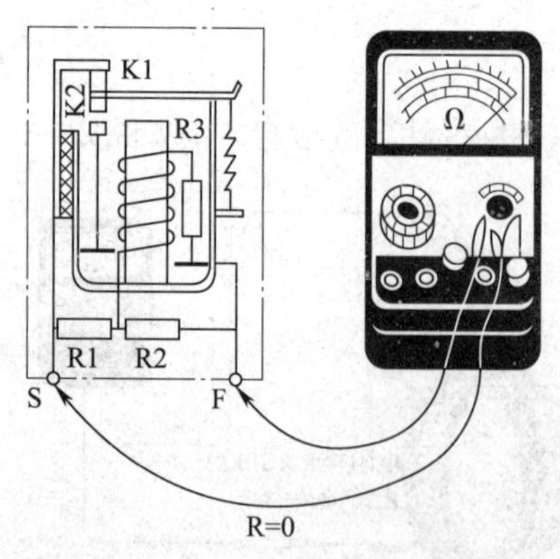

图2—3—5 检测触点K1的接触电阻

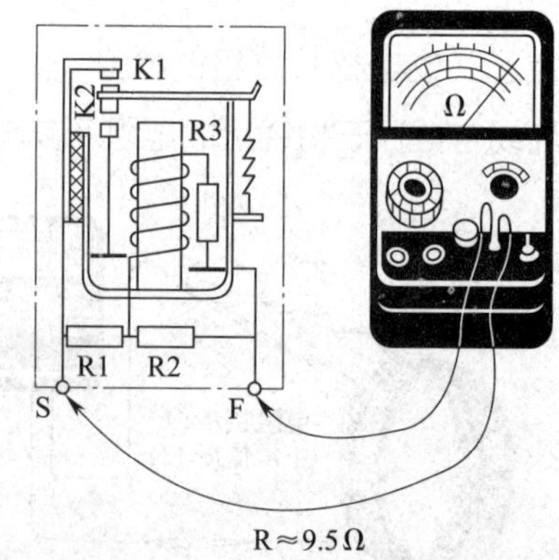

图2—3—6 检测电阻R1与R2

①用螺钉旋具压下活动触点，使K1张开。

②万用表置欧姆挡测S、F间的电阻，阻值约为9.5 Ω，电阻过大或过小表明R1或R2

损坏。

3）使 K2 闭合，测 S、F 间的电阻（见图 2—3—7）和 F 对地的电阻

①用螺钉旋具压下活动触点臂，使 K2 闭合。

②将万用表置 $R\times1\ \Omega$ 挡。

③将万用表两表笔接 S、F 端，测 S 与 F 间电阻，若仍为 9.5 Ω，表明高速触点 K2 氧化、磁化线圈或 R3 有开路。

④将万用表两表笔接 F 和接地端，如 F 与地间电阻不为 0，则为 K2 氧化。

4）电压调节器工作性能的检查与调整（见图 2—3—8）

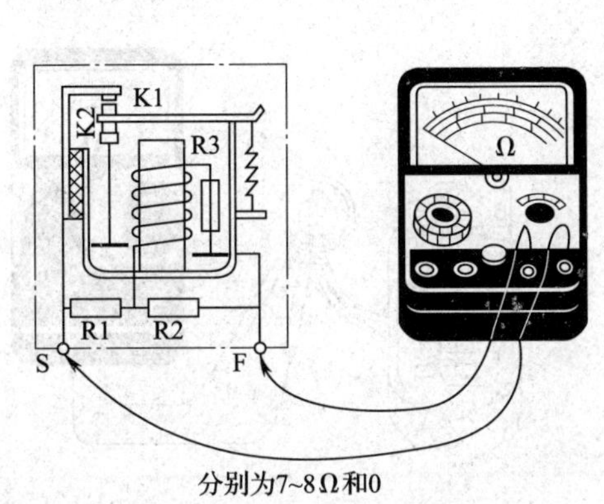

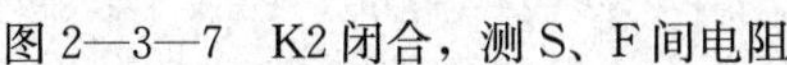

图 2—3—7　K2 闭合，测 S、F 间电阻

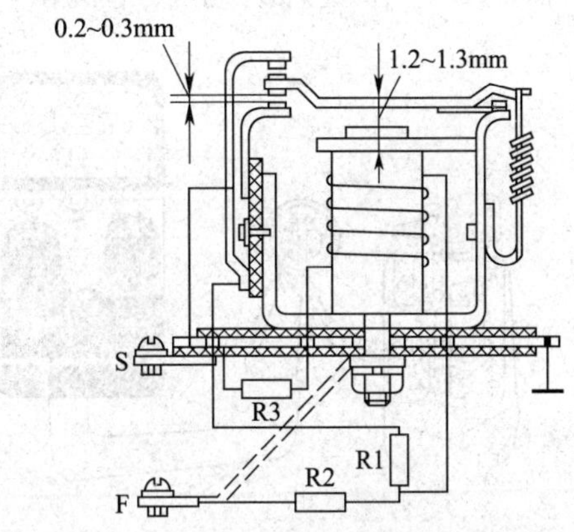

图 2—3—8　电压调节器工作性能的检查

在发电机以 3 000 r/min 运转时，发电机输出电压应为 13.8～14.8 V，否则可通过改变弹簧张力予以调整。若调整不能达到规定值，可通过适当改变铁芯气隙来解决。若负载变化或转速变化时，电压波动超过 0.5 V，应适当调小触点间隙。

（2）双联电磁振动式电压调节器的检查

1）外观检查。检查插接器的接合情况，检查各触点表面是否烧蚀。

2）测量“IG”与“F”间的电阻（见图 2—3—9）。低速触点 K3 闭合时，“IG”与“F”间的电阻不为 0，则触点 K3 氧化烧蚀或接触不良；K3 张开时，电阻应为 11 Ω，若过大或过小，则附加电阻 R 接触不良或断路。

3）测量“L”与“E”间电阻（见图 2—3—10）。充电指示继电器触点 K1 闭合时，电阻不为 0，表明充电指示继电器常闭触点 K1 氧化或烧蚀；K1 张开时，电阻应为 10 Ω，若过大或过小，则表明电压调节器的 L1 接地不良或断路、短路。

4）测量“B”与“E”间电阻（见图 2—3—11）。充电指示继电器常开触点 K2 闭合时，电阻应为 100 Ω，若过大或过小，则表明电压调节器磁化线圈 L1 或触点 K2 接触不良或短路。

5）测量“B”与“L”间电阻（见图 2—3—12）。充电指示继电器触点 K2 闭合时，电阻应为 0，若过大，则表明 K2 氧化、接触不良或接线松动。

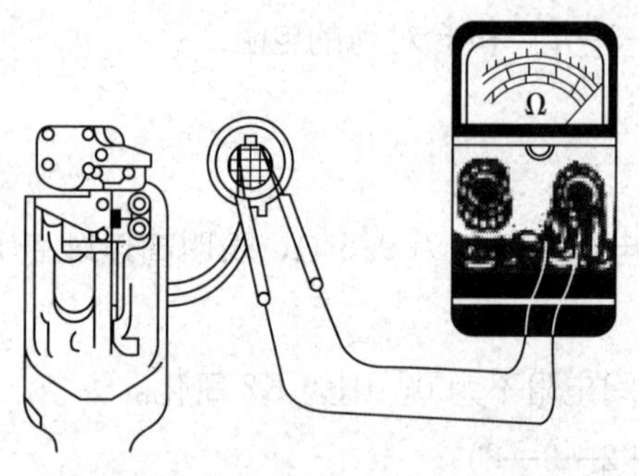

图 2—3—9 测量“IG”与“F”间电阻

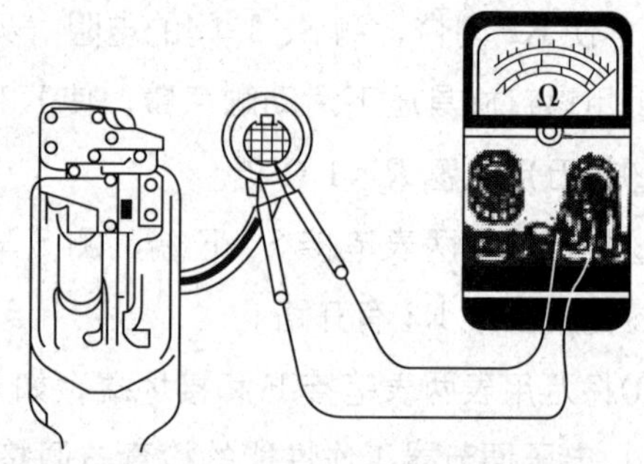

图 2—3—10 测量“L”与“E”间电阻

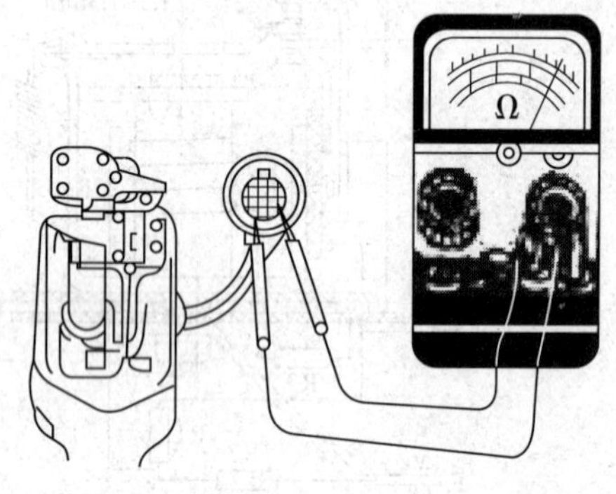

图 2—3—11 测量“B”与“E”间电阻

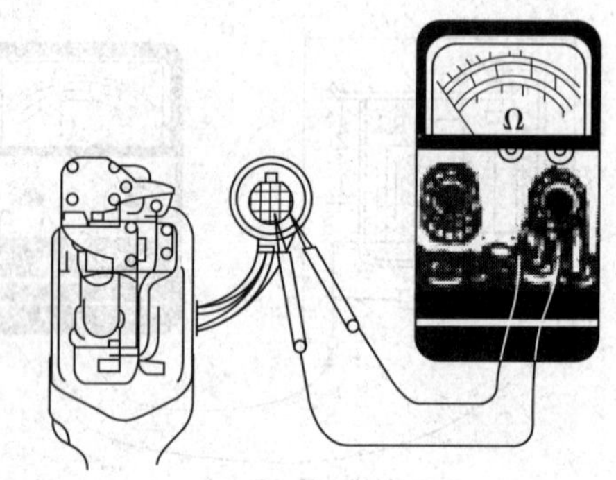

图 2—3—12 测量“B”与“L”间电阻

6）测量“N”与“E”间电阻（见图 2—3—13）。电阻应为 24 Ω，若过大或过小，则表明充电指示继电器磁化线圈 L2 接地不良或短路。

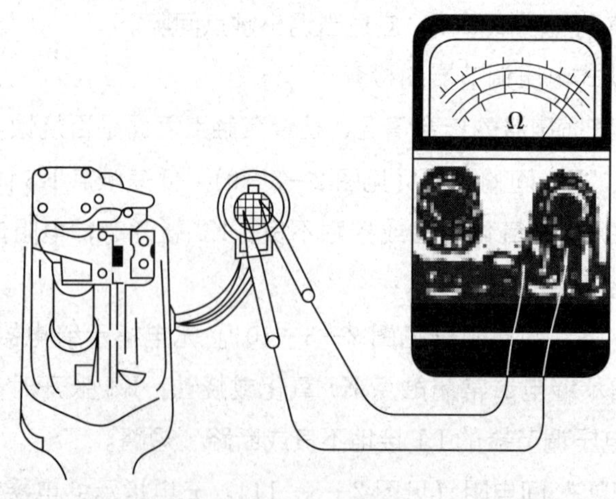

图 2—3—13 测量“N”与“E”间电阻

7）充电指示继电器闭合电压的检查调整（见图 2—3—14）。发动机运转，发电机中性点电压为 4.5～5.8 V 时，充电指示灯应熄灭。不符合规定值时，可向上或向下弯曲继电器调整臂予以调整。若弯曲调整臂仍不能达到规定值，则应对各部分间隙进行检查调整。

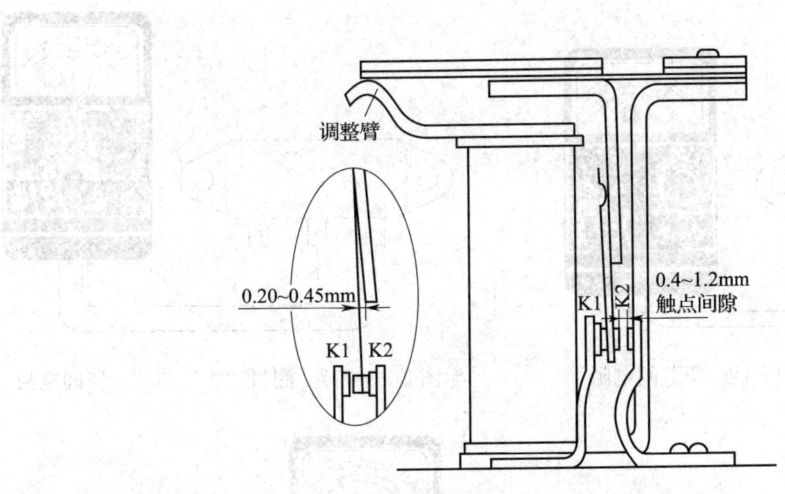

图 2—3—14　充电指示继电器闭合电压的检查

8）电压调节器调节电压的检查与调整（见图 2—3—15）。当发电机以 3 000 r/min 运转时，调节电压应为 13.8～14.8 V。若不符合规定值，可向上或向下弯曲电压调节器调整臂进行调整。若仍不能达到规定值，则应对各部分间隙进行检查调整。

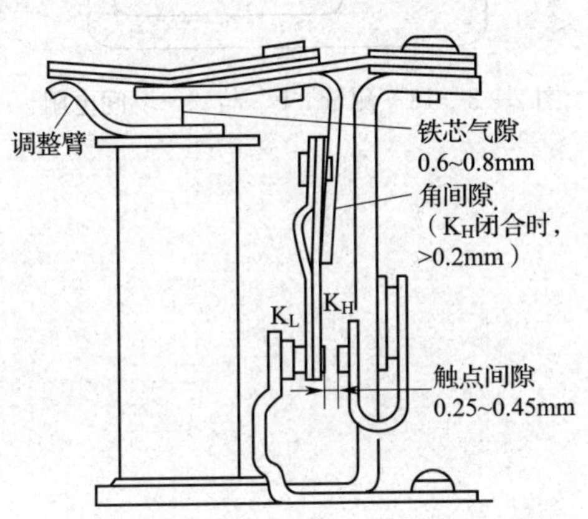

图 2—3—15　电压调节器调节电压的检查

（3）电子调压器的检查

用万用表测量各接线柱间的电阻值来判断电压调节器是否出现故障。电阻值的大小因电压调节器的型号不同而不同，应符合出厂规定，或与技术状况良好的调节器进行对比，来判断电压调节器的技术状况。检查方法如下：

1）测量“+”与“F”间电阻（见图 2—3—16）。正向电阻 R 应为 500～750 Ω，反向电阻 R 应为 5～7.5 kΩ。

2）测量“+”与“−”间电阻（见图 2—3—17）。正向电阻 R 应为 1.6～1.8 Ω，反向电阻 R 应为 3～4 kΩ。

3）测量“F”与“−”间电阻（见图 2—3—18）。正向电阻 R 应为 550～600 Ω，反向电阻 R 应为 4～5 kΩ。

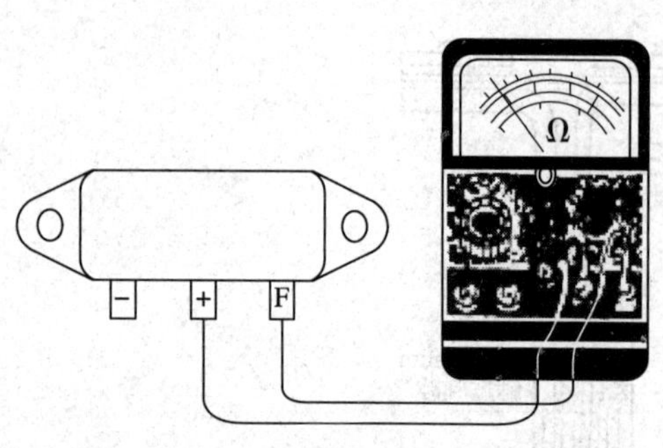

图 2—3—16 测量“+”与“F”间电阻

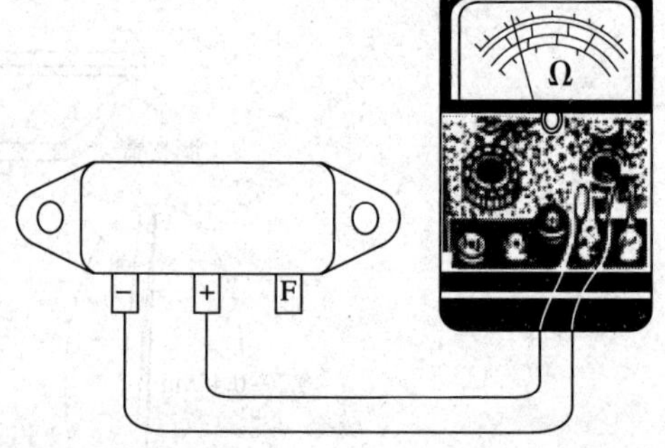

图 2—3—17 测量“+”与“−”间电阻

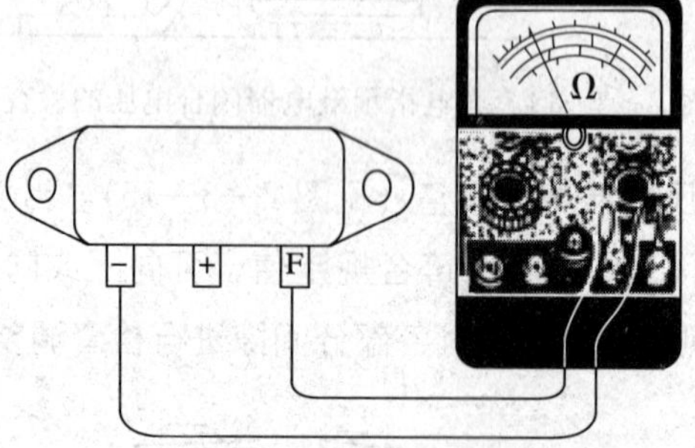

图 2—3—18 测量“F”与“−”间电阻

第三章 起 动 系 统

§3—1 起动机概述

学习目标

1. 掌握起动机的组成。
2. 熟悉起动机的类型。

汽车发动机要进入正常的工作循环必须借助外力来起动，现代汽车发动机的起动方法大都采用电起动。电起动简单可靠，操纵方便，可随时工作，便于远距离控制。汽车的起动系统主要由起动机、起动继电器（有的车没有起动继电器，而由点火开关直接控制）、蓄电池及点火开关等组成。

一、起动机的组成

电起动是以蓄电池为电源，以直流电动机为动力，通过传动机构和控制装置进行工作的。将直流电动机、传动机构和控制装置组装为一体即成为起动机，其结构及外形如图3—1—1所示，起动机的结构零件如图3—1—2所示。

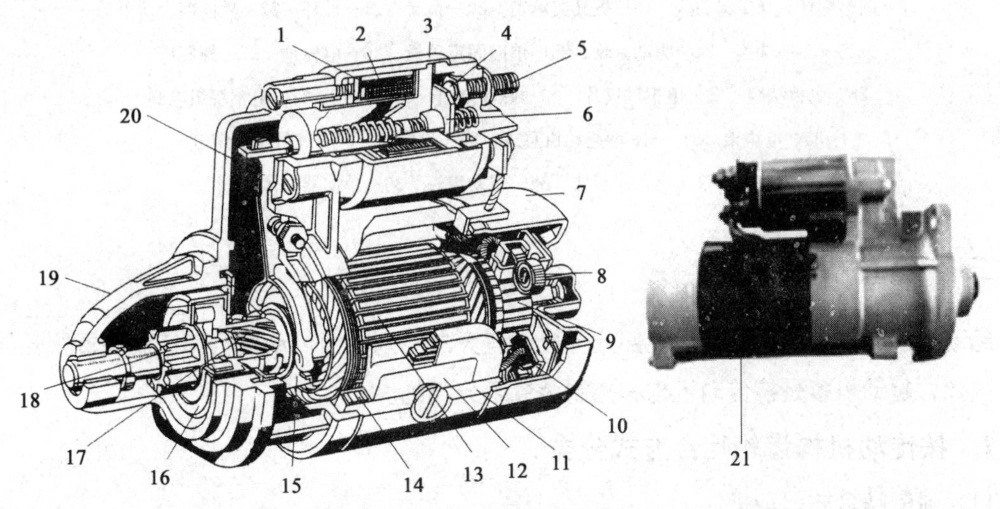

图3—1—1　起动机结构及外形

1—保持线圈　2—吸引线圈　3—电磁开关　4—触点　5—接线柱　6—活动触点　7—前端盖　8—电刷弹簧　9—换向器　10—电刷　11—外壳　12—磁极　13—电枢及绕组　14—磁场绕组　15—移动齿轮　16—单向离合器　17—电枢轴　18—驱动齿轮　19—后端盖　20—拨叉　21—起动机外形

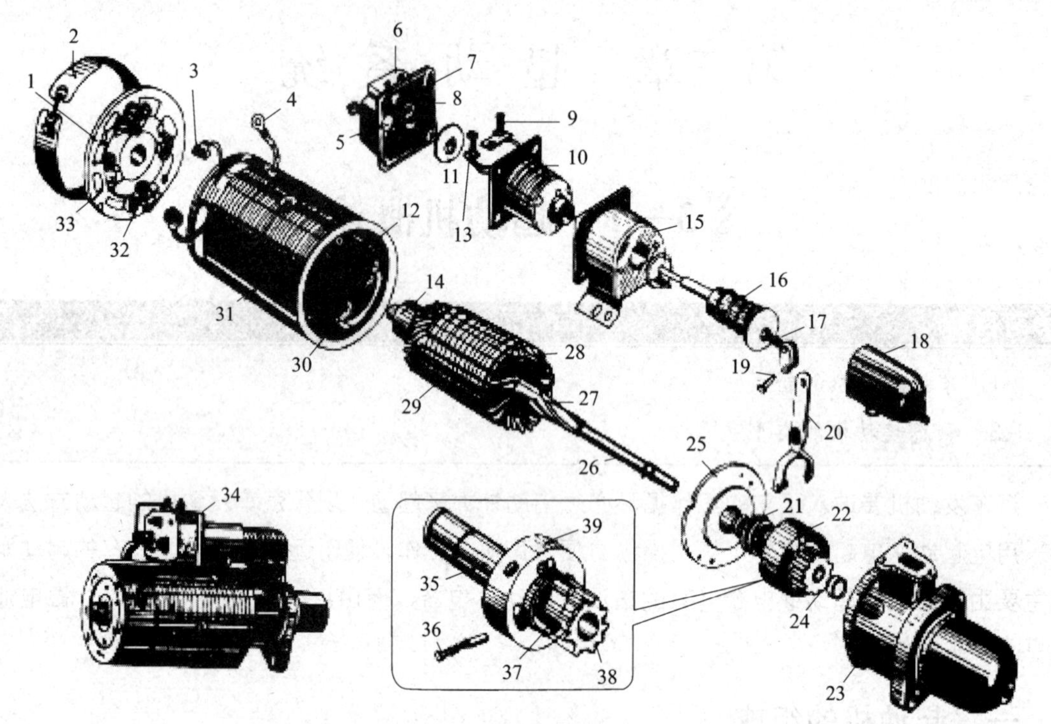

图 3—1—2 常用起动机的结构零件

1—后端盖 2—防尘箍 3—磁场绕组电刷 4—磁场绕组接头 5—触点（至蓄电池） 6—开关盒外壳 7—开关触点（至点火线圈） 8—触点（至磁场绕组） 9—连接片接线柱（至磁场绕组） 10—保持、吸引线圈 11—接触盘 12—磁极 13—起动接线柱 14—换向器 15—保持、吸引线圈外壳 16—回位弹簧、顶杆及铁芯 17—调整螺杆 18—保护盖 19—拨叉支承销 20—拨叉 21—滑环 22—单向离合器罩盖 23—驱动端盖 24—驱动齿轮 25—单向固定盖板 26—电枢轴 27—螺旋槽 28—电枢绕组 29—电枢硅钢片 30—磁场绕组 31—机壳 32—电枢绕组电刷 33—电刷架 34—318 型起动机总成 35—导向筒 36—弹簧座及铆钉 37—单向离合器滚柱 38—驱动齿轮 39—单向器壳体

二、起动机的分类

起动机的种类很多，但电动机部分一般没有大的差别，而传动机构和控制装置则差异较大。因此，起动机多是按传动机构和控制装置来分类的。

1. 按传动机构齿轮啮合方式分类

(1) 强制啮合式起动机

强制啮合式起动机靠人力或电磁力拉动拨叉，强制地使驱动齿轮啮入飞轮齿环。这种起动机结构简单、工作可靠、操作方便，所以被现代汽车广泛采用。

(2) 电枢移动式起动机

电枢移动式起动机靠电动机内部辅助磁极的电磁吸力，吸引电枢作轴向移动，使驱动齿轮啮入飞轮齿环，起动后，回位弹簧使电枢回位，驱动齿轮便与飞轮齿环脱开。这种起动机结构复杂，仅用在一些大功率柴油车上。

(3) 惯性啮合式起动机

惯性啮合式起动机起动时，其驱动齿轮是靠惯性力自动啮入飞轮齿环的，起动后，驱动齿轮又靠惯性力自动与飞轮齿环脱开。由于这种起动机工作可靠性差，现代汽车已很少使用。

2. 按控制装置分类

(1) 直接操纵式起动机——由驾驶员利用脚踩（或手拉）直接操纵机械式起动开关接通或切断起动主电路。

(2) 电磁操纵式起动机——由驾驶员借助起动按钮（或点火开关）控制起动机电磁开关(或起动继电器)，再由电磁开关电磁力控制起动主电路的接通与断开。

此外，还有齿轮移动式起动机、同轴式起动机和减速式起动机等多种。

§3—2　起动机用直流电动机

学习目标

1. 熟悉串励直流电动机的结构与工作原理。
2. 理解串励直流电动机的机械特性。

汽车起动机要用到串励直流电动机，它的作用是将蓄电池输入的直流电能转变为机械能，产生电磁转矩。

一、串励直流电动机的构造

串励直流电动机主要由机壳、磁极、电枢、换向器、电刷与电刷架、端盖等组成。

1. 机壳

机壳用钢材制成，一端开有窗口，作观察电刷与换向器之用，平时用防尘箍盖住，机壳上只有一个电流输入接线柱并在内部与励磁绕组的一端相接。壳内壁固定有磁极。

2. 磁极

磁极的作用是在电动机中产生磁场，它由磁极铁芯和励磁绕组组成。铁芯用螺钉固定在壳体的内壁，其上套有励磁绕组。磁极的数量一般为 4 个，功率超过 7.5 kW 的起动机也有用 6 个磁极的。励磁绕组用矩形截面的裸铜条绕制，外包绝缘层，按一定方式连接后使 N、S 极相间排列，并利用机壳形成磁路。如图 3—2—1 所示为 4 个励磁绕组的外形和磁极排列图，图 3—2—2 所示为 4 个磁极的磁路。

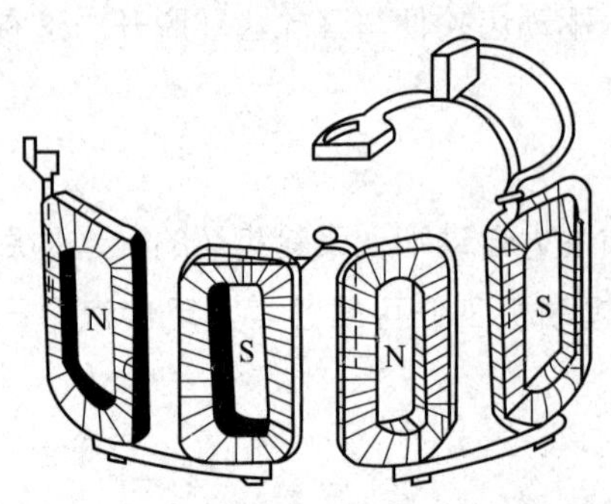

图 3—2—1　励磁绕组外形及磁极排列

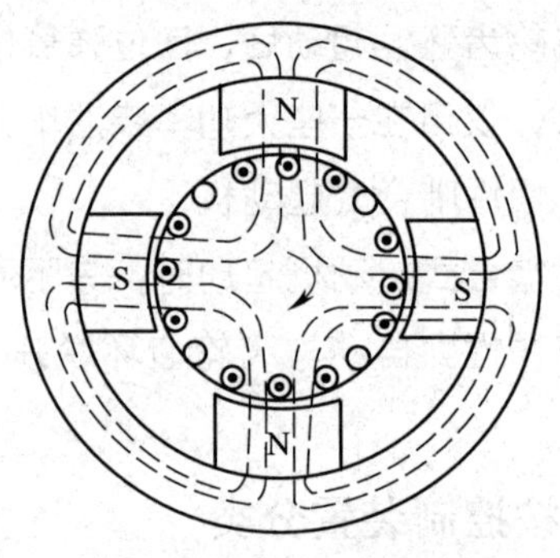

图 3—2—2　4 个磁极的磁路

励磁绕组的连接方式有两种：一种是相互串联，如图 3—2—3a 所示；另一种是两串两并，即先将两个绕组串联后再并联，如图 3—2—3b 所示。不论采用哪一种连接方式，其 4 个励磁绕组所产生的极性必须是相互交错的。

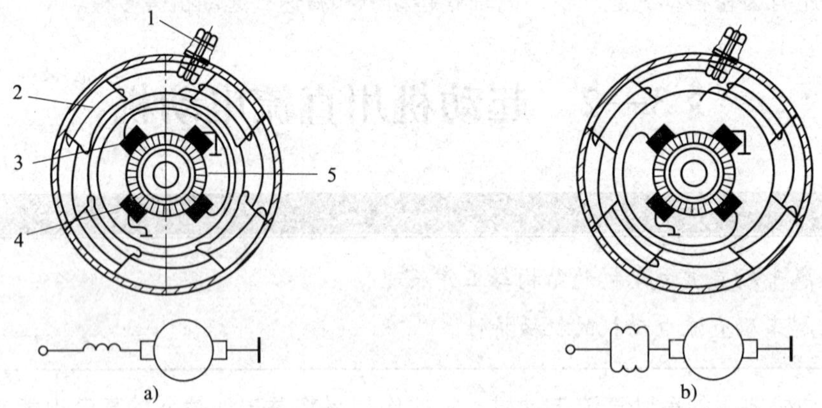

图 3—2—3　励磁绕组的连接方式

a）串联　b）两串两并

1—接线柱　2—励磁绕组　3—正电刷　4—负电刷　5—换向器

3. 电枢

电枢的作用是产生电磁转矩，其结构如图 3—2—4 所示，主要由电枢轴、电枢铁芯、电枢绕组和换向器组成。

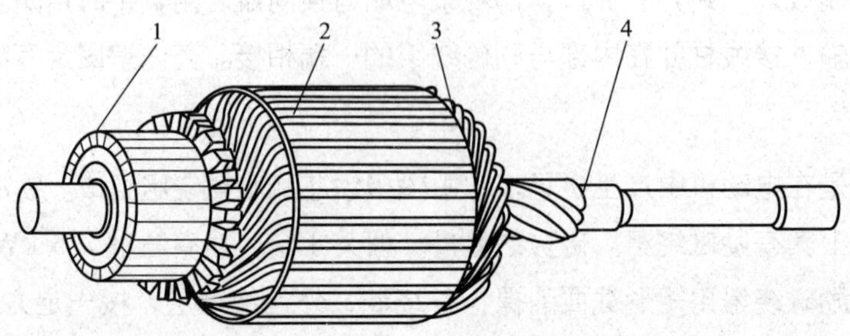

图 3—2—4　电枢

1—换向器　2—电枢铁芯　3—电枢绕组　4—电枢轴

电枢铁芯由许多相互绝缘的硅钢片叠装而成，其圆周表面有槽，用来安放电枢绕组。电枢绕组用矩形截面的裸铜条绕制而成。为了防止裸体导线短路，在铁芯与铜线之间、铜线与铜线之间均用绝缘性能较好的复合绝缘纸隔开。

4. 换向器

换向器的结构如图 3—2—5 所示，它由许多截面呈燕尾形的铜片围合而成，铜片嵌在换向器轴套和压环组成的槽中，铜片之间以及铜片与轴套、压环之间均用云母绝缘。铜片一端有焊接电枢绕组线头的凸缘。

换向器的作用是把通入电刷的直流电流转换为电枢绕组中导体所需要的交变电流。

5. 电刷与电刷架

电刷与电刷架的作用是将电流引入电动机。一般有 4 个电刷架，固定在前端盖上，其中两个电刷架与端盖绝缘，称为绝缘电刷架；另外两个电刷架与端盖直接铆合而搭铁，称为搭铁电刷架。

电刷由铜粉与石墨粉压制而成，加入铜是为了减小电阻并增加耐磨性。电刷装在电刷架中，借弹簧压力紧压在换向器上。电刷弹簧的压力一般为 12～15 N。

6. 端盖

端盖有前后两个，前端盖一般用钢板压制而成，其上装有 4 个电刷架，后端盖为灰铸铁浇铸而成。前后端盖分别装在机壳的两端，靠两个长螺栓与起动机机壳紧固在一起。两端盖内均装有青铜石墨轴承套或铁基含油轴承套，以支撑电枢轴。

二、直流电动机的工作原理

直流电动机是将电能转变为机械能的设备，它是根据载流导体在磁场中受到电磁力作用而发生运动的原理进行工作的，其工作原理如图 3—2—6 所示。

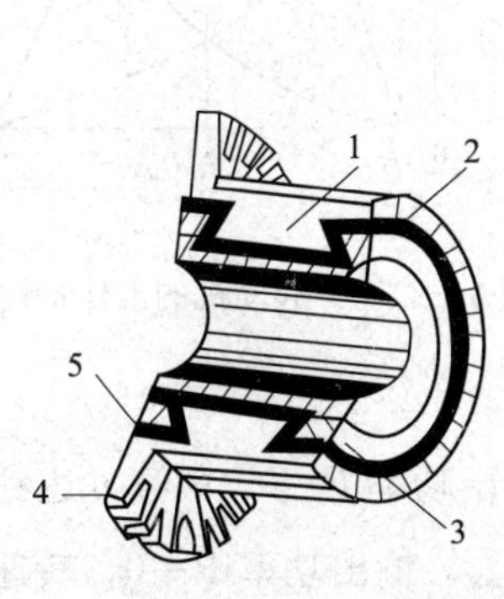

图 3—2—5　换向器

1—铜片　2—轴套　3—压环　4—接线凸缘　5—云母

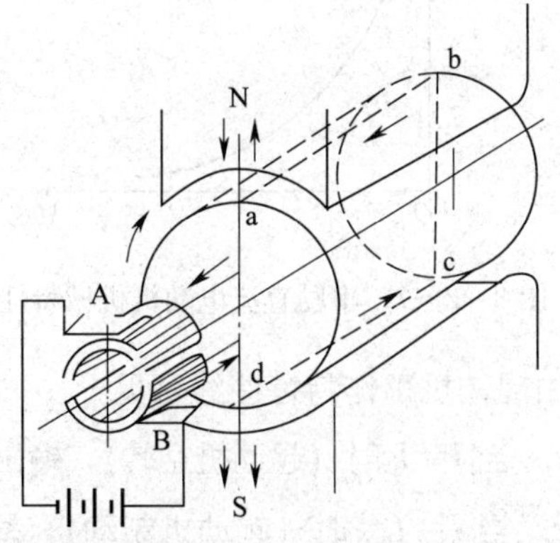

图 3—2—6　直流电动机工作原理

在直流电动机的电刷 A、B 上外加直流电源，这时线圈中将有电流流过，其电流流向由电刷 B 经 d→c→b→a 到电刷 A，于是载流导体在磁场中受到电磁力作用，从而形成力矩使线圈转动，这个力矩称为电磁转矩。

为了增大电磁转矩和提高转动的平稳性，实用电动机都采用多组线圈和相应的换向片，同时用两对或数对磁极产生磁场。

三、串励直流电动机机械特性

如图 3—2—7 所示为串励直流电动机的机械特性曲线，从图 3—2—7 中可以看到，当电枢电流增大使电磁转矩增大时，直流电动机转速急剧下降。这种转矩增大而转速急剧下降的特性称为软特性。

由于串励直流电动机具有软机械特性，即轻载时转速高，重载时转速低，制动时转矩大，因此对起动汽车发动机十分有利。但由于轻载时转速很高，会造成“飞车”的危险，因此对于功率较大的串励直流电动机，不允许在轻载或空载下运行，与它连接的工作机械一般都采用刚性连接或齿轮连接。

对于大功率起动机，为防止空载时转速升得太高，造成电动机损坏，多采用复励电动机，以限制其空载转速。

四、起动机工作特性

起动机的转速 n、转矩 M、功率 P 与电枢电流 I 之间的关系称为起动机的工作特性，其特性曲线如图 3—2—8 所示。

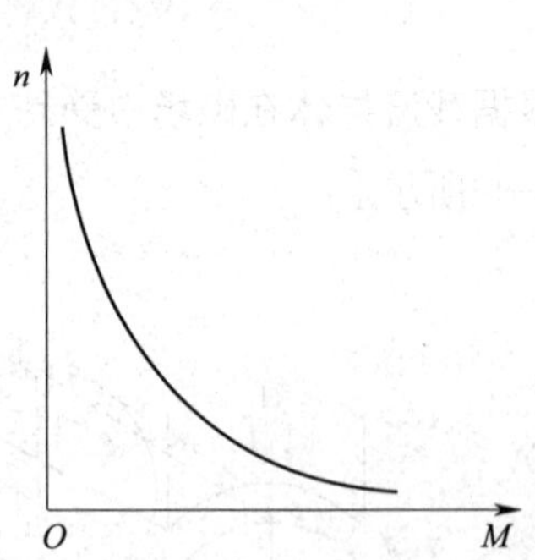

图 3—2—7　串励直流电动机机械特性曲线

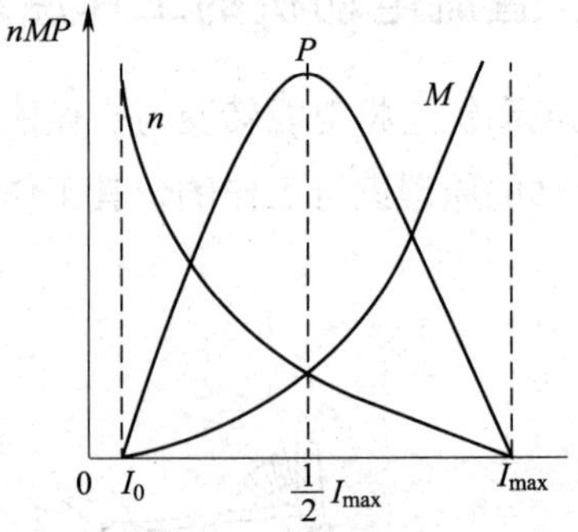

图 3—2—8　起动机的工作特性曲线

由起动机工作特性曲线可见：

1. 当 $I=I_0$ 时（起动机空转），输出转矩 $M=0$，输出功率 $P=0$，转速 n 达到最大值 n_{max}。

2. 当 $I=I_{max}$ 时（起动机制动），输出转矩 $M=M_{max}$，输出功率 $P=0$，转速 $n=0$，M_{max} 称为最大输出转矩。

3. 当 $I\approx\frac{1}{2}I_{max}$ 时，输出功率 $P=P_{max}$，P_{max} 称为最大输出功率。

起动机空转和制动两种情况下的有关参数常用来确定起动机的故障。例如，起动机作空转试验时若转速低于规定值，同时电流大于规定值，一般为机械故障（如装配过紧，轴承损坏等）；若在制动试验时，电源电压和电流一定的情况下转矩明显低于规定值，一般为电故障（如电枢绕组短路等）。

§3—3　起动机的传动机构和控制装置

学习目标

1. 理解起动机传动机构的组成与作用。
2. 理解起动机控制装置的组成与作用。

一、起动机传动机构

起动机传动机构的作用是将起动机的动力传给发动机飞轮。传动机构的型式各不相同，但是都必须满足下列要求：与齿轮啮合容易，不发生撞击现象；发动机工作时起动机的小齿轮不能再啮入飞轮齿环，以免发动机带动起动机高速旋转，造成“飞车”事故；结构简单，工作可靠。

起动机的传动机构包括拨叉、单向离合器、起动机轴及齿轮啮合装置，其主要部件是单向离合器。

1. 拨叉

拨叉的作用是使单向离合器作轴向移动，使驱动齿轮与飞轮齿环啮合或脱离啮合。现代汽车起动机多采用电磁式拨叉。

如图 3—3—1 所示为电磁式拨叉，它用外壳封装于起动机壳体上，由可动和静止两部分组成。可动部分包括拨叉和电磁铁芯，两者之间用螺杆活络地连接。静止部分包括绕在电磁铁芯铜套外的线圈、拨叉轴和复位弹簧等。

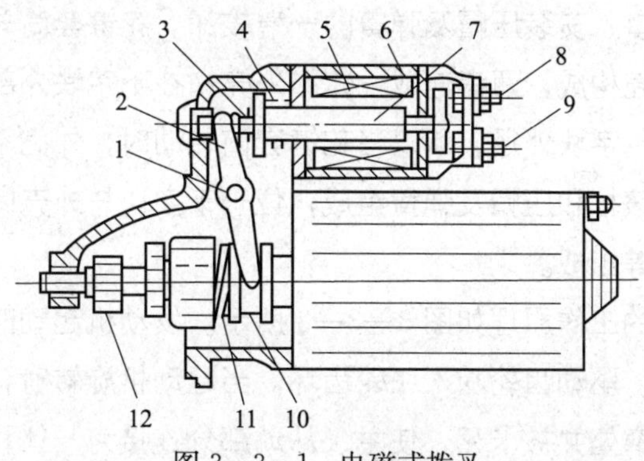

图 3—3—1　电磁式拨叉

1—拨叉轴　2—拨叉　3、4—弹簧　5—线圈　6—外壳　7—电磁铁芯
8、9—主触头　10—拨环　11—缓冲弹簧　12—驱动齿轮

起动发动机时，驾驶员只需将点火开关旋至起动（Ⅱ）挡，线圈通电产生电磁力，将铁芯吸入，于是带动拨叉转动，由拨叉下端推出单向离合器，使驱动齿轮啮入飞轮齿环。

发动机起动后，松开点火开关，点火开关便自动回转一个角度到点火（Ⅰ）挡，线圈断电，电磁力消失，在复位弹簧作用下，铁芯退出，拨叉回位，拨叉下端使驱动齿轮脱离飞轮齿环。

2. 单向离合器

汽车上常见的单向离合器有滚柱式、摩擦片式、弹簧式等。单向离合器的作用是单方向传递转矩，即起动发动机时将起动机的转矩传给发动机曲轴，而当发动机起动后，它又能自动打滑，不使飞轮齿环带动起动机电枢轴旋转，以免损坏起动机。

(1) 滚柱式单向离合器

滚柱式单向离合器是目前汽车起动机使用最多的一种，其结构如图 3—3—2 所示，主要由主动部分、从动部分、主从动连接部分和操纵部分构成。

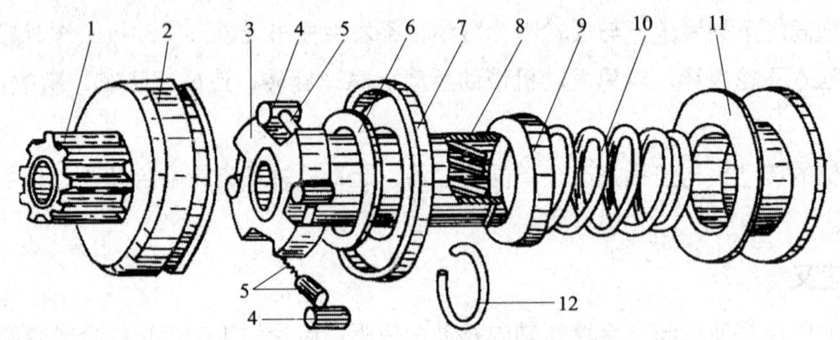

图 3—3—2 滚柱式单向离合器

1—驱动齿轮 2—外壳 3—十字块 4—滚柱 5—压帽及弹簧 6—垫圈 7—护盖 8—花键套筒 9—弹簧座 10—缓冲弹簧 11—拨环 12—卡簧

主动部分主要包括花键套筒和十字块，花键套筒制有内花键，套在电枢轴的外花键上，十字块上有 4 个楔形切口，安装压帽及弹簧的一端较深。花键套筒与十字块固连成一体。从动部分由驱动齿轮与外壳构成，两者连成一体。外壳扣在十字块外部，两者间形成 4 个楔形槽。由于外壳内径大于十字块外径，所以当花键套筒转动时，外壳不随其转动。主从连接部分为四套滚柱总成，由滚柱和压帽及弹簧组成，位于十字块与外壳间的楔形槽内。操纵部分主要由拨环和缓冲弹簧等组成。

滚柱式单向离合器的工作原理如图 3—3—3 所示。发动机起动时，拨叉推动单向离合器使其沿电枢轴花键移出，驱动齿轮啮入飞轮齿环。当起动机旋转时，十字块随电枢轴一同旋转，滚柱滚入楔形槽的窄处并被卡死，使主、从动部分连接为一体，于是电动机转矩传给外壳及驱动齿轮，带动飞轮使发动机起动，如图 3—3—3a 所示。当发动机起动后，飞轮便带动驱动齿轮转动，施加给驱动齿轮的力与起动时的方向恰好相反，且速度大于十字块转速，于是滚柱滚入楔形槽的宽处使主、从动两部分分离而打滑，如图 3—3—3b 所示。这样转矩就不能从驱动齿轮传给起动机电枢轴，从而防止了电枢超速飞散的危险。

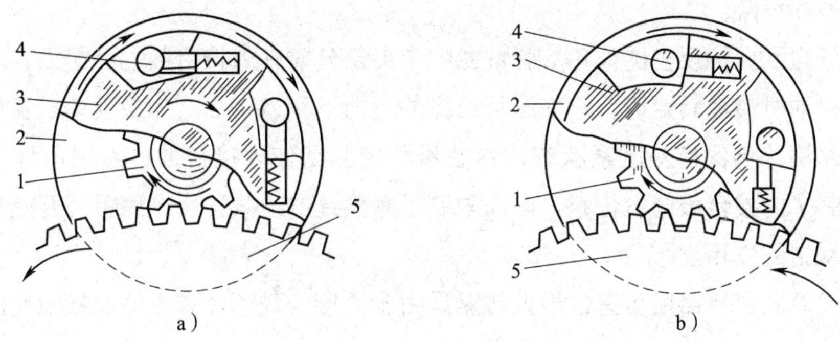

图 3—3—3　滚柱式单向离合器工作原理

a）发动机起动时　b）发动机起动后

1—驱动齿轮　2—外壳　3—十字块　4—滚柱　5—飞轮

滚柱式单向离合器结构简单，坚固耐用、工作可靠，但在传递较大转矩时容易卡住，故不能用于大功率起动机，而在中、小功率起动机中得到了广泛的应用。

(2) 摩擦片式单向离合器

大、中功率的起动机多采用摩擦片式单向离合器，它是通过摩擦片的压紧和放松来实现单向传力的，其内部结构如图 3—3—4 所示。

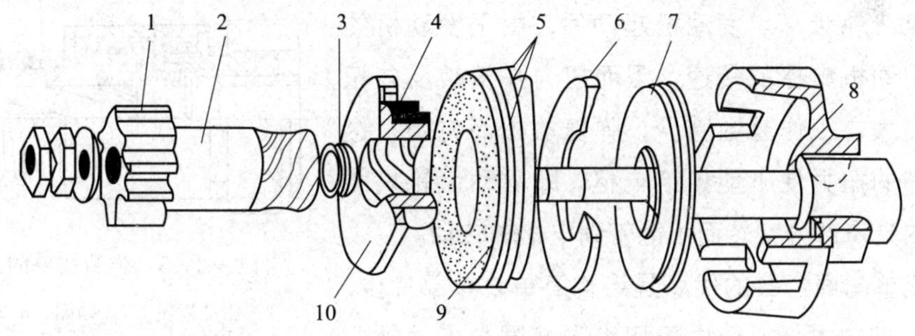

图 3—3—4　摩擦片式单向离合器

1—驱动齿轮　2—齿轮柄　3—减振弹簧　4—小弹簧　5—主动摩擦片　6—压环

7—弹性圈　8—外接合鼓　9—从动摩擦片　10—内接合鼓

摩擦片式单向离合器的外接合鼓固定在起动机电枢轴上，两个弹性圈和压环依次沿起动机轴装进外接合鼓中，青铜制的主动摩擦片以其外凸齿装入外接合鼓的轴向切槽中，钢制的从动摩擦片以其内凸齿插入内接合鼓的轴向切槽中。内接合鼓具有螺旋线孔并旋在起动机驱动齿轮柄的三线外螺纹上，齿轮柄则自由地套在起动机轴上，内垫有减振弹簧，并用螺母锁紧以免轴向脱出。内接合鼓上有两个小弹簧，轻压摩擦片，以保证它们彼此接触。

摩擦片式单向离合器的工作原理如下：起动机带动曲轴旋转时，内接合鼓沿螺旋线向右移动，将主、从动摩擦片压紧，利用摩擦力将电枢的转矩传给飞轮。发动机发动后，起动机驱动齿轮被飞轮带着转动，当其转速超过电枢转速时，内接合鼓沿螺旋线向左退出，主、从动摩擦片松开而打滑，这时仅驱动齿轮随飞轮高速旋转，但不驱动起动机电枢，从而避免了电枢超速飞散的危险。

弹性圈可起到保护反击的作用。弹性圈的中央部分靠在外接合鼓的凸起上，而周缘与压环接触。当起动机传递转矩时，它在压环凸缘的压力下稍微弯曲。如果发动机发生反击，这时离合器中摩擦片仍保持被压紧状态，弹性圈则弯曲到使内接合鼓的右端顶住它的中央部分，这就限制了内接合鼓向右位移，因而限制了摩擦片的压紧程度，摩擦片开始打滑，从而起到了保护反击的作用。

摩擦片式单向离合器所传递的最大转矩是由于内接合鼓顶住弹性圈而被限制的，因此在压环与摩擦片之间加减垫片即可调整最大转矩。

摩擦片式单向离合器能传递较大转矩，但摩擦片磨损后，摩擦力会大大降低，故需经常调整，且零部件多，结构复杂。

(3) 弹簧式单向离合器

弹簧式单向离合器的结构如图 3—3—5 所示。起动机驱动齿轮套在电枢轴的光滑部分，花键套筒套在电枢轴的螺旋花键上，两者之间由两个月牙键连接。在驱动齿轮柄和花键套筒的外圆上包有扭力弹簧，扭力弹簧的两端各有 1/4 圈内径较小，并分别箍紧在齿轮柄和花键套筒上。当起动机带动曲轴旋转时，扭力弹簧扭紧，工作圈数增多，内径减小，同时抱紧齿轮柄与花键套筒，于是电枢的扭矩通过扭力弹簧、驱动齿轮传至飞轮齿环。发动机起动后，由于发动机的转速高于起动机电枢的转速，因而扭力弹簧被反向扭转，内径变大，工作圈数减少，弹簧放松而打滑，这样飞轮齿环的扭力便不能传给电枢，即驱动齿轮只能在电枢轴的光滑部分空转而不能带动电枢轴转动。

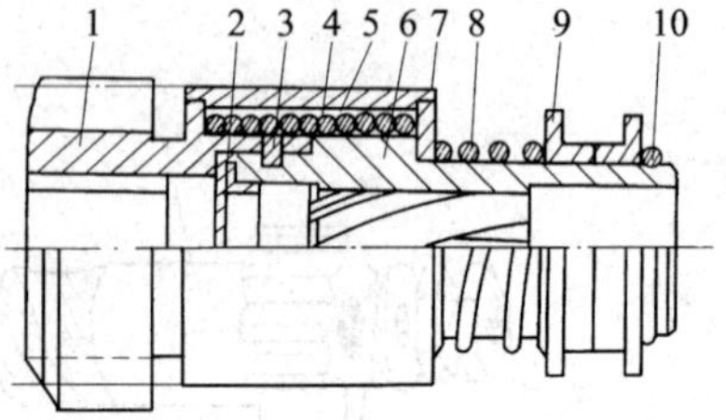

图 3—3—5　弹簧式单向离合器
1—驱动齿轮　2—挡圈　3—月牙键
4—扭力弹簧　5—护圈　6—花键套筒
7—垫圈　8—缓冲弹簧
9—移动衬套　10—卡簧

弹簧式单向离合器的优点是结构简单、零部件少、使用寿命长、成本低。但由于扭力弹簧圈数多，轴向尺寸较大，因此不能在小型起动机上装用。

二、起动机控制装置

起动机的控制装置主要有电磁开关和起动继电器。

1. 电磁开关

电磁开关一般固定在起动机机壳上，其作用是接通和切断起动机与蓄电池的主电路，在采用传统点火系统的汽油机上，还具有短接点火系统附加电阻的作用。

电磁开关的结构如图 3—3—6 所示。两个主触点与开关壳体间相互绝缘安装。附加电阻短路接线柱绝缘固定在开关壳体上。黄铜套内有固定铁芯和活动铁芯，活动铁芯可在黄铜套内做轴向移动但不能转动，通过调节螺钉与拨叉连接，并可通过推杆推动接触盘接通和切断起动电路。黄铜套外绕有吸引线圈和保持线圈，吸引线圈与电动机的励磁绕组和电枢绕组串联。保持线圈一端搭铁，另一端与吸引线圈一起接在电磁开关的起动机接线柱上。

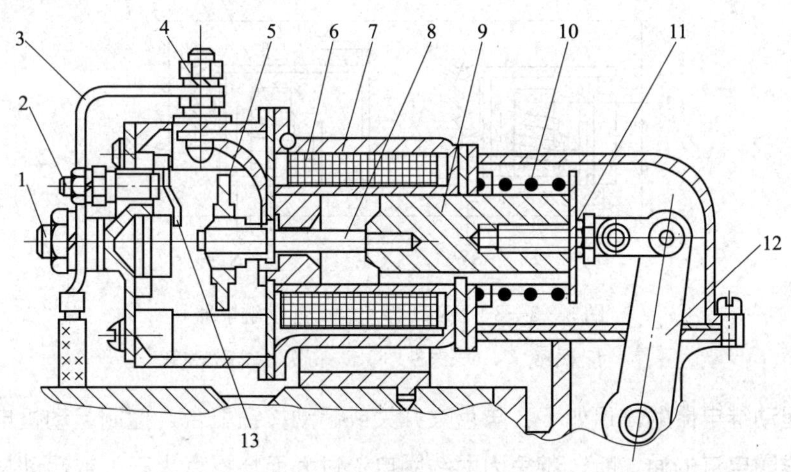

图 3—3—6　电磁开关的结构

1—主触点　2—点火线圈附加电阻短路接线柱　3—导电片　4—起动机接线柱
5—接触盘　6—固定铁芯　7—吸引线圈和保持线圈　8—推杆　9—活动铁芯
10—复位弹簧　11—调节螺钉　12—拨叉　13—弹性片

2. 起动继电器

起动继电器是起动系统控制装置的主要部件之一，有单联式起动继电器和组合式起动继电器两种。

(1) 单联式起动继电器

单联式起动继电器的结构如图 3—3—7 所示。接线时，“SW”接点火开关起动（Ⅱ）挡或起动按钮；“E”搭铁；“B”接蓄电池“+”极；“S”接起动机电磁开关起动机接线柱。

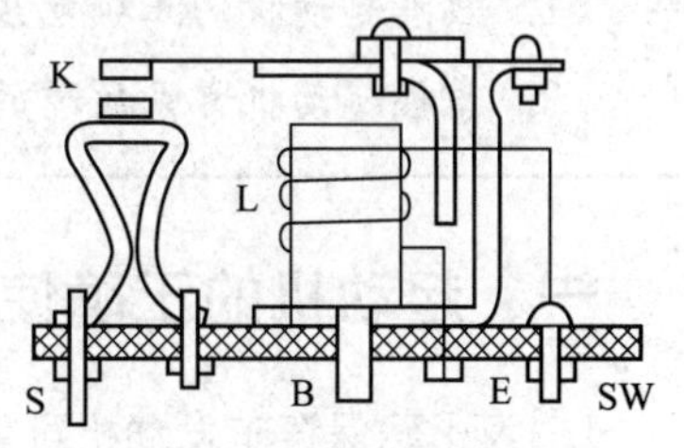

图 3—3—7　单联式起动继电器

起动发动机时，点火开关转到起动挡，继电器线圈 L 通电，触点 K 闭合，“B”与“S”间电路接通，电磁开关吸引线圈和保持线圈通电，起动机工作。

发动机起动后，松开点火开关或起动按钮，线圈 L 断电，继电器触点 K 打开，切断通往电磁开关的电路，起动机停止工作。

(2) 组合式起动继电器

现代汽车起动系多装用组合式起动继电器，它是将起动继电器和保护（充电指示灯）继电器组装在一起的双联式继电器，如图 3—3—8 所示。起动继电器用来控制起动机电磁开关工作，触点 K1 常开，线圈 L1 承受蓄电池的端电压。保护（充电指示灯）继电器触点 K2 常闭，线圈 L2 在发电机中性点电压作用下，使起动机具有安全保护（自锁）功能。充电指示灯接在“L”接线柱与点火开关之间，可进行充电指示控制，监视充电系统工作状况。

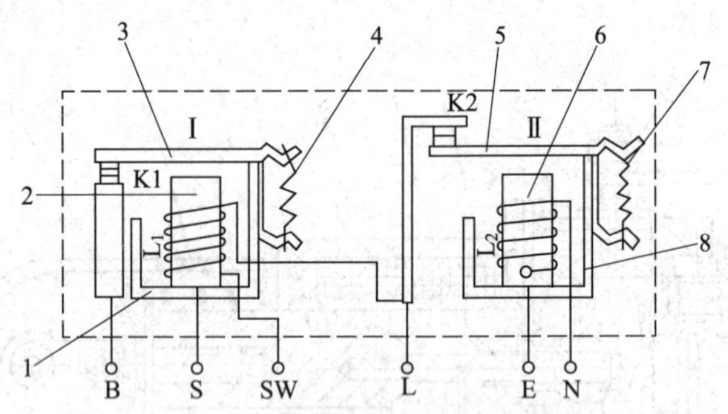

图 3—3—8　JD171 型组合式起动继电器

1、8—磁轭　2、6—铁芯　3、5—衔铁　4、7—弹簧

组合式起动继电器的作用如下：与点火开关或起动按钮配合，控制起动机电磁开关吸引线圈和保持线圈电流的通、断，避免因两线圈电流过大而烧损点火开关或起动按钮；使起动机具有安全（自锁）保护功能，即在发动机起动后，即使未及时松开点火开关或起动按钮，起动机也能自动停止工作，还能防止发动机运转时带动起动机运转，导致起动机误投入工作；控制充电指示灯工作。

§3—4　起动机的使用与故障诊断

学习目标

1. 熟悉起动机的正确使用方法。
2. 掌握起动机常见故障的诊断方法。

一、起动机的正确使用

1. 为了确保汽车发动机可靠地起动，应保持蓄电池处于充足电状态，保证起动机、蓄电池、点火开关以及搭铁线等连接牢固，接触良好。

2. 由于起动机是按短时间工作而设计的，而且起动机工作时，电枢绕组电流很大，因此起动机每次的起动时间不得超过 5 s，两次起动间隔时间不应少于 15 s。

3. 冬季和低温区冷车起动时，应先将发动机预热后，再使用起动机起动。

4. 发动机起动后，应及时切断起动开关，使驱动齿轮退出啮合，减少单向离合器的磨损。

5. 使用起动机时，应挂空挡或踏下离合器踏板，严禁用挂挡起动的方法移动车辆。

二、起动机常见故障与原因

1. 起动机不运转

故障现象：将点火开关转至起动挡，起动机并不运转。

故障原因：

(1) 蓄电池电量不足，连接导线松动、接触不良或断路。

(2) 起动继电器触点烧蚀、接触不良或线圈断路。

(3) 起动机电磁开关的接触盘、触点烧蚀、接触不良或吸引线圈断路，电磁开关调整不当。

(4) 起动机直流电动机励磁绕组和电枢绕组断路、短路或搭铁；电刷磨损过甚、接触不良；电刷在电刷架中卡住或电刷弹簧弹力过弱；换向器烧蚀及轴与轴承配合过紧。

2. 起动机运转无力

故障现象：将点火开关转至起动挡后，起动机转动缓慢无力，起动发动机困难。

故障原因：

(1) 蓄电池存电不足或起动电路导线接头松动、接触不良。

(2) 电动机电路控制开关的接触盘与触点烧蚀、接触不良，电刷磨损过多及电刷弹簧压力减弱，换向器烧蚀而使接触电阻增大。

(3) 电动机电枢绕组或励磁绕组局部搭铁或短路。

(4) 起动机安装不当；电枢轴弯曲；电枢轴与轴承配合过紧或间隙过大；装配过紧。

3. 起动机空转

故障现象：将点火开关转至起动挡后，起动机只是空转，驱动齿轮不能与飞轮齿环啮合带动发动机运转。

故障原因：

(1) 单向离合器打滑、缓冲弹簧折断或过软。

(2) 起动机安装不当；拨叉变形。

(3) 起动电动机开关接通时机过早，或固定螺钉松动。

(4) 驱动齿轮或飞轮齿环磨损过多，致使啮合不当。

故障诊断与排除要点：

(1) 起动机空转时转速很高，但未能拖动发动机旋转，一般为单向离合器打滑，应检查单向离合器，若失效则予以更换。

(2) 起动机空转时伴有齿轮撞击声，应检查单向离合器上的缓冲弹簧是否折断或过软，电动机开关接通时机是否合适，起动机固定螺钉是否松动等，视情况进行调整、更换或修理。

4. 起动机运转不停

故障现象：发动机起动后即出现尖叫声，将点火开关退出起动挡，起动机被反向拖动高速旋转不能停下，或起动后较长时间起动机才停止运转。

故障原因：

(1) 起动机单向离合器卡死，不能使驱动齿轮与电枢轴切断联系。

(2) 起动机安装不当，齿侧间隙过小，造成驱动齿轮与飞轮齿环一直处于啮合状态。

(3) 起动机电磁开关中的引铁回位弹簧弹力过弱或折断。

(4) 起动继电器触点或电磁开关触点烧熔粘接，起动电路不能断开。

当起动机出现运转不停故障时，应立即关掉点火开关。若发动机随之熄火，应检查起动机安装是否良好，齿侧间隙是否过小，单向离合器是否卡死，电磁开关引铁回位弹簧是否折断或弹力过弱。若关闭点火开关后，发动机不熄火仍带动起动机高速旋转，则应立即切断电源总开关，以防损坏起动机，此故障一般是起动继电器触点或电磁开关触点烧熔粘接所致，应根据情况更换或修理。

三、起动系的故障诊断（以东风 EQ1090 载货汽车发动机为例）

器材：技术状况良好的蓄电池（或起动电源）若干只（台），EQ1090 汽车电系全车线路试验台，普通拆装工具若干套。

步骤：

1. 起动机线路的连接

东风 EQ1090 载货汽车起动系电路如图 3—4—1 所示，在全车线路试验台上进行线路连接，经检验无误后通电进行检验。仔细观察起动系的实际电路。

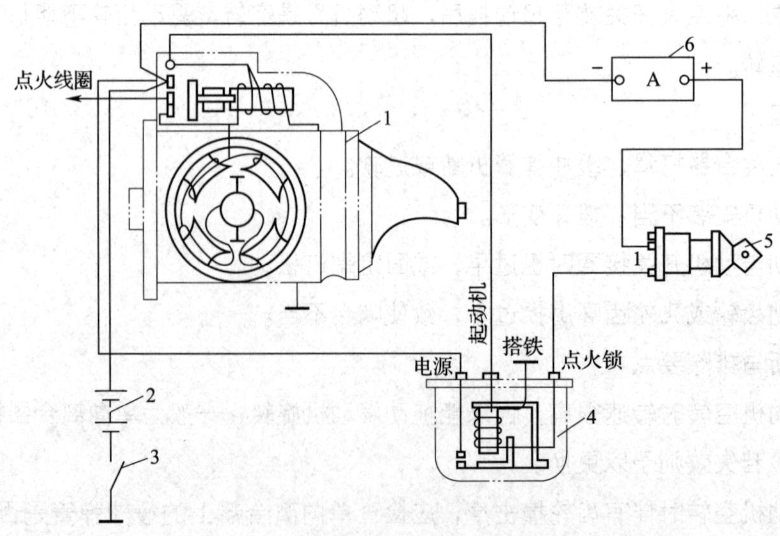

图 3—4—1 东风 EQ1090 载货汽车起动系电路

1—起动机 2—蓄电池 3—电源开关 4—起动继电器 5—点火开关 6—电流表

2. 起动系的故障诊断

应注意：用蓄电池作电源检查故障时，起动次数不能过多，以免蓄电池过放电。

(1) 起动机不转：将点火开关转至起动位置时，起动机不转。此故障一般由蓄电池、起动机（电动机或电磁开关）、起动继电器、点火开关及连接导线不良等引起。东风 QD124F 型起动机控制电路如图 3—4—2 所示，其故障诊断方法与步骤如图 3—4—3 所示。

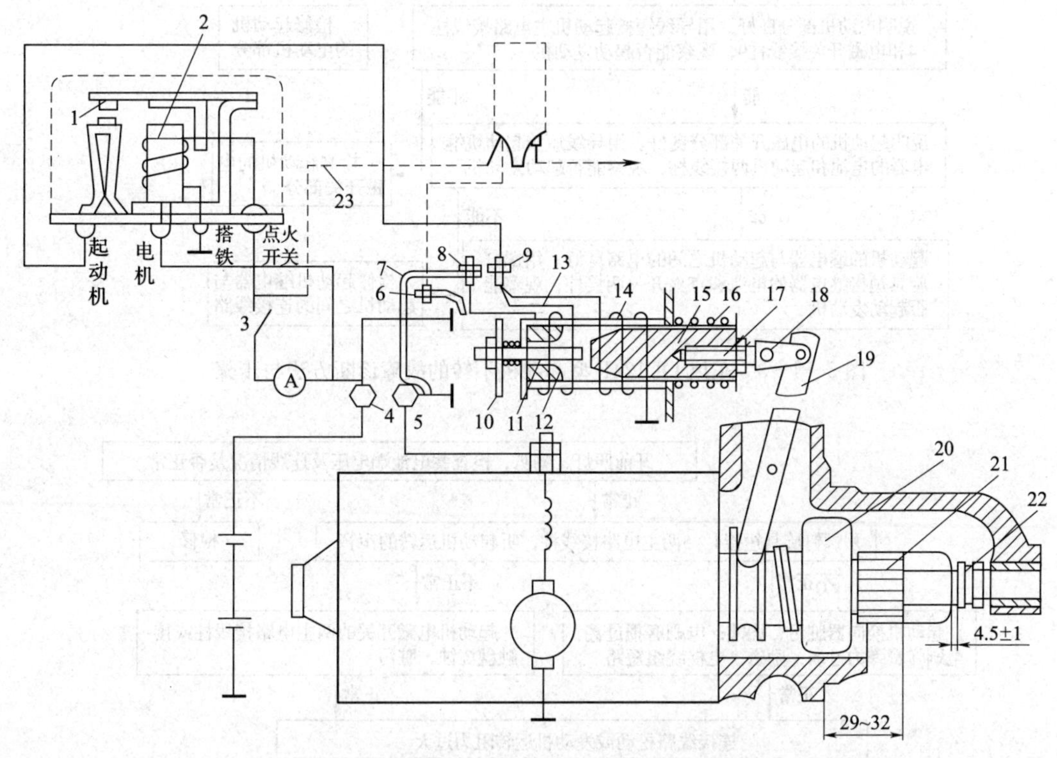

图 3—4—2　东风 QD124F 型起动机控制电路

1—起动继电器触点　2—起动继电器线圈　3—点火开关　4、5—起动机主电路接线柱　6—辅助接线柱　7—导电片　8、9—电磁开关接线柱　10—接触盘　11—推杆　12—固定铁芯　13—吸引线圈　14—保持线圈　15—活动铁芯　16—复位弹簧　17—调节螺钉　18—连接片　19—拨叉　20—滚柱式单向离合器　21—驱动小齿轮　22—限位螺钉　23—附加电阻线

(2) 起动机运转无力：起动机运转无力的故障诊断如图 3—4—4 所示。

(3) 其他故障诊断

1) 起动机噪声。起动机驱动小齿环不能啮合，且有撞击声，可能是驱动小齿轮和飞轮齿环的轮齿损坏，开关闭合过早或电磁开关吸力不足。

2) 起动机驱动小齿轮周期性地敲击飞轮齿环，发出“嗒、嗒……”的声响，一般为电磁开关的保持线圈断路、短路、搭铁不良或蓄电池电量不足。

3) 起动机不能停转。发动机起动后，起动机不能停转，一般为电磁开关的接触盘和触点烧结、继电器触点烧结等所致。

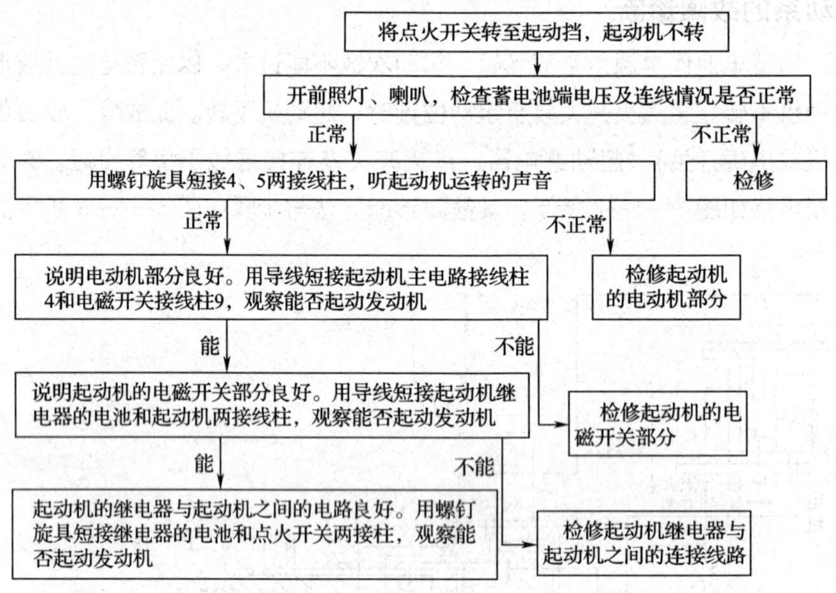

图 3—4—3　东风 QD124F 型起动机不转的故障诊断方法与步骤

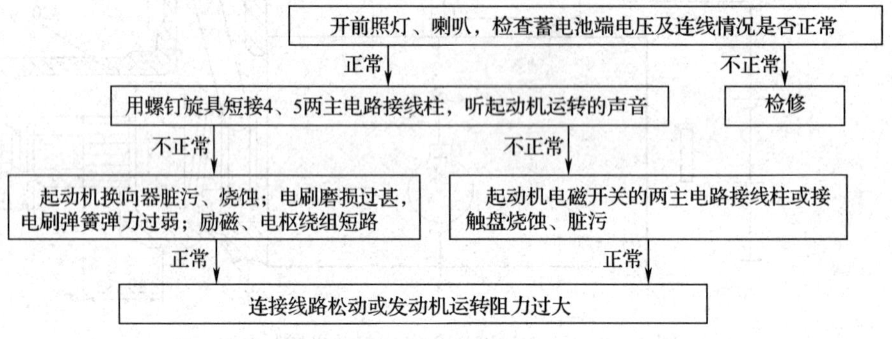

图 3—4—4　东风 QD124F 型起动机运转无力的故障诊断

第四章　点 火 系 统

汽车发动机是利用空气—燃油混合气在气缸中燃烧而产生热能，并将热能向外做功的一种装置。在柴油发动机中，气缸内混合气是靠混合气压缩后产生的高温自行发火燃烧的；而在汽油发动机中，气缸内压缩后的混合气需借助外加火花点燃。

点火系统按其机构形式可分为传统点火系统、电子点火系统和微机控制点火系统三种类型。现代汽车基本使用微机控制点火系统，所以本章主要对微机控制点火系统进行讲解。

点火系统的功用是按照汽油发动机的工作要求，产生电火花，适时地点燃发动机气缸内已压缩的可燃混合气，使汽油发动机发出的功率最大、油耗最低、排放污染最小。

§4—1　传统点火系统

学习目标

掌握传统点火系统的组成和工作原理。

一、传统点火系统的组成

传统点火系统主要由电源、点火开关、附加电阻、点火线圈、断电分电器和火花塞等组成，各部分作用如下：

(1) 电源为蓄电池和发电机，标称电压为 12～14 V，用于供给点火系统所需的电能。

(2) 点火开关接通和切断电源电路。

(3) 点火线圈为开磁路式的自耦升压变压器，将蓄电池或发电机提供的低压电转变成能击穿火花塞间隙的高压电。次级回路电压为 15～20 kV。

(4) 断电分电器主要由断电器、分电器、电容器和点火提前机构等组成。

断电器用来接通和切断点火线圈初级绕组，主要由凸轮、断电器触点、断电器活动触点臂等组成。断电器凸轮由发动机凸轮轴驱动，即发动机曲轴每转两周，断电器凸轮转一周。

分电器将点火线圈产生的高压电按发动机气缸的工作顺序配送给各缸火花塞。分电器由分电器盖和分火头组成。分电器盖上有一个中心电极和若干个旁电极，旁电极的数目与发动机的气缸数相等。分火头安装在分电器的凸轮轴上，与分电器轴一起旋转。发动机工作时，点火线圈次级绕组中产生的高压电，经分电器盖上的中心电极、分火头、旁电极、高压导线分送到各缸火花塞。

电容器安装在分电器壳上，与断电器触点并联，用来减小断电器触点断开瞬间在触点处产生的电火花，以免触点烧蚀，可延长触点的使用寿命。

点火提前机构包括分电器内的离心式点火提前机构和分电器外的真空式点火提前机构，发动机转速、负荷变化时，可自动调节点火提前角。

(5) 附加电阻串联在低压电路中，为正温度系数的热敏电阻，温度升高时电阻变大，温度降低时电阻变小。可用于改善点火系统的工作特性，提高起动性能。

(6) 火花塞装在发动机气缸盖上，将高压电引入气缸燃烧室，产生电火花，点燃可燃混合气。

二、传统点火系统的工作原理

传统点火系统利用电磁感应原理，把来自蓄电池或发电机的低电压经点火线圈转变为15～20 kV 的高电压，由分电器按一定的规律配送到各缸火花塞，击穿火花塞的电极间隙，点燃混合气，如图 4—1—1 所示。

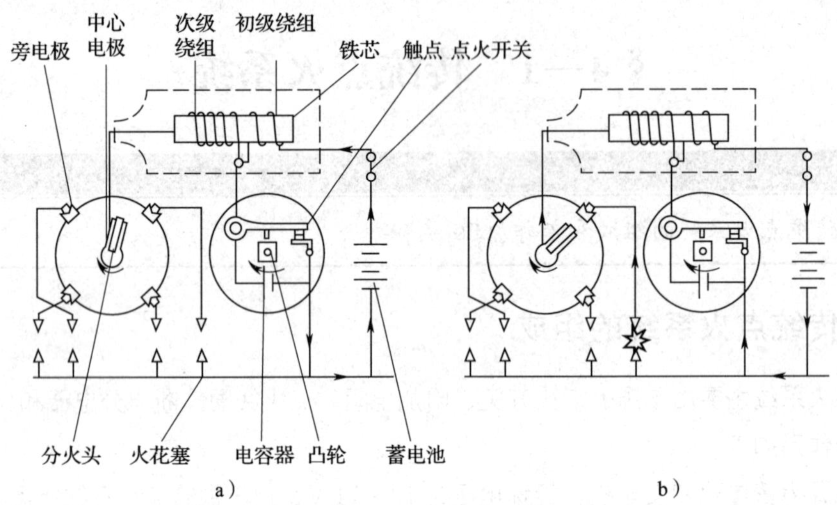

图 4—1—1　传统点火系统工作原理示意图

a) 触点闭合　b) 触点分开

发动机工作时，分电器轴驱动凸轮使断电器触点闭合，接通点火线圈初级电路，电流从蓄电池正极→点火开关→点火线圈的初级绕组→断电器触点→搭铁回到蓄电池负极，在铁芯中产生磁场。

当凸轮将断电器触点断开时，初级电路被切断，铁芯中的磁场突然消失，在点火线圈的次级绕组中感应出 15～20 kV 的高压电动势，此电动势作用在火花塞上，产生电火花，点燃气缸中的混合气。次级电路为：搭铁→火花塞→分高压线→旁电极→分火头→总高压线→点火线圈次级绕组。断电器凸轮和配电器中的分火头每转一圈，发动机的各个气缸按点火顺序点火一次。

断电器触点打开后，在次级绕组产生高压电的同时，在点火线圈的初级绕组中由于自感作用产生 200～300 V 的自感电动势作用在触点之间，击穿触点间隙形成火花，消耗了部分磁场能，使次级电压降低，触点烧蚀。为减少触点断开时初级绕组自感电动势的影响，在实际的点火电路中，给触点并联了一个电容器，在触点断开的瞬间，自感电动势向电容充电，减小触点间的火花，加速初级电流和磁场的衰减，提高次级电压。

此外，发动机在高速运行时，由于机械滞后和磁滞的存在，会使断电器触点的实际闭合角减小，影响火花能量，导致高速失火，并且火花塞积炭时，次级电压会显著下降。

三、传统点火系统的缺陷

1. 火花能量提高受限制

汽车发动机所需要的点火能量应不少于 30 mJ，否则混合气不易点燃。现代汽车发动机随着压缩比及转速的提高，要求点火能量必须为 80～100 mJ，另外为适应排气净化的要求，已纷纷采用稀薄混合气，并把火花塞电极间隙增加到 1.0～1.2 mm，这都要求点火能量必须提高。但传统点火系统的断电器触点允许通过的电流一般为 3～5 A，使点火能量的提高受到限制，已不能适应现代汽车发展的需要。

2. 断电器触点故障多，使用寿命短

(1) 触点易烧蚀。

(2) 凸轮、顶块磨损，触点间隙易变化，必须经常检查、调整触点间隙。

(3) 触点跳振，导致高速失火。当发动机高速旋转时，由于机械惯性的影响，触点易产生“回跳”或“颤动”现象，使触点闭合时间缩短，影响次级电压，造成高速断火。

3. 对火花塞积炭敏感

传统点火系统中，次级电压上升速率低（一般为 150～200 μs），火花塞积炭时，极易造成能量泄漏，使次级电压明显下降，造成点火困难。

为了从根本上克服传统点火系统存在的上述问题，现代汽车上都较普遍地使用无触点电子点火系统，由于电子点火系统能产生更高的次级电压和点火能量，从而使发动机工作可靠，起动容易，排气污染减少，且使维修工作大大减少，所以是应用发展的必然趋势。

§ 4—2　电子点火系统

学习目标

掌握普通电子点火系统的组成和工作原理。

一、电子点火系统分类

电子点火系统又称为半导体点火系统，是利用半导体器件作为开关接通和切断初级电流的点火系统。目前国内外汽车采用的电子点火系统种类很多，归纳起来可按如下方式分类：

1. 按储能方式分类

按储能方式不同可分为电感点火系统和电容点火系统两大类。实际使用中多采用电感点火系统。

2. 按有无断电器触点分类

按有无断电器触点可分为有触点电子点火系统和无触点电子点火系统。一般讲的电子点火系统多是指无触点电子点火系统。

3. 按信号发生器型式分类

按信号发生器的类型和工作原理可分为磁感应式、霍尔式、光电式、振荡式等，其中磁感应式和霍尔式应用最多。磁感应式结构简单、牢固，应用较早，而霍尔式信号准确，性能良好。

4. 按控制方式分类

按控制方式不同可分为普通电子点火系统和微机控制点火系统两类。普通电子点火系统的点火提前角靠机械式点火提前装置进行控制，这些装置控制的点火提前角只是近似的。微机控制点火系统由微机根据发动机曲轴转角、空气流量、节气门开度等发动机工况信息，对点火提前角进行精确的控制，使发动机性能更为优越。微机控制点火系统在中高档轿车中已被普遍采用。本节介绍的主要是普通电子点火系统。

二、有触点电子点火系统的结构与工作原理

1. 结构特点

有触点电子点火系统是使用最早的一种电子点火系统。它采用电子与机械相结合的结构形式，具有以下主要特点：一是保留了分电器中的断电器触点，增加并利用大功率晶体三极管来控制点火线圈初级电流，使次级电流较大，所产生的次级电压较高；二是通过断电器的电流非常小，触点不会烧蚀，触点表面更加清洁，可在长时间内保持正确的点火时间；三是安装电子系统时不需对原车点火电路作重大改动，成本低、使用寿命长。但该系统仍有断电器触点，发动机高速运转时工作仍不可靠。

2. 工作原理

如图 4—2—1 所示为有触点电子点火系统的基本组成，三极管 T，电阻 R1、R2 和 R3 以及断电器触点等构成了有触点电子点火系统。其工作原理如下：

在点火开关 K 接通的条件下，当断电器触点闭合时，蓄电池的电压通过电阻 R2 和 R3 分压，使三极管 T 处于饱和导通状态，此时点火线圈初级绕组有电流通过。当断电器触点打开时，三极管处于截止状态，此时点火线圈初级电流迅速减小（或电路被切断），在其次级绕组感应出很高的电压（一般为 17～30 kV），使火花塞跳火。断电器凸轮每旋转一周，上述过程便重复 6 次（与发动机气缸数相同）。

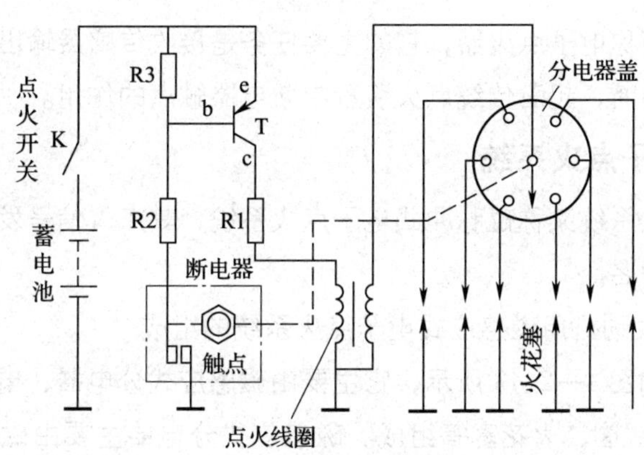

图 4—2—1　有触点电子点火系统的基本组成

有触点电子点火系统点火线圈初级绕组的电流被晶体管放大了，这样，初级绕组的断开电流大，点火线圈中磁通变化率高，次级绕组产生的电压就相应提高了；同时，通过断电器触点的电流并非流过点火线圈初级绕组的电流，其大小约为点火线圈初级电流的 1/20～1/10，因此减少了断电器触点严重烧蚀的现象，延长了触点的使用寿命，且减少了维修次数。

三、无触点电子点火系统的结构与工作原理

汽车无触点电子点火系统的应用始于 20 世纪 60 年代初。它与有触点电子点火系统的区别是去掉了原有的断电器触点，故称为无触点电子点火系统，其基本组成如图 4—2—2 所示，主要由传感器和电子点火控制器构成，它的分电器、点火线圈、火花塞等与传统点火系统基本相同。

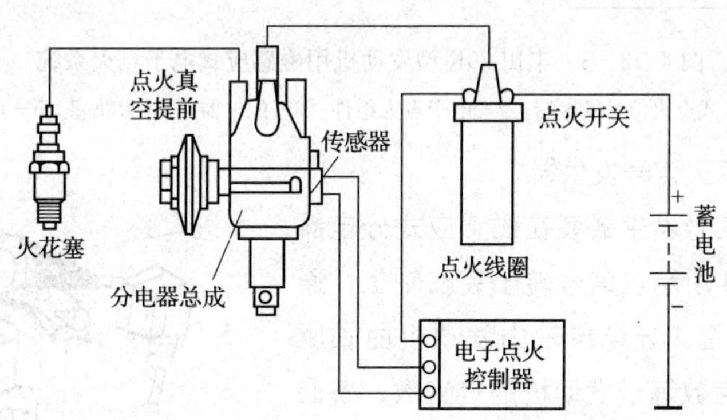

图 4—2—2　无触点电子点火系统的基本组成

传感器（即脉冲信号发生器）用来取代原来分电器中的断电器（凸轮和触点），是一种将非电量转变为电量的装置。其功用是通过一定的转换方式，将汽车发动机曲轴所转过的角度或活塞在气缸中所处的位置转换成相应的脉冲电信号输送至电子点火控制器。无触点电子点火系统中的传感器一般都装在分电器上，即把分电器和传感器制造成一体。为了改善汽车起动及点火性能，有些国外汽车还采用带有双传感器的分电器。

电子点火控制器简称电子点火器，它的主要任务是接收传感器输出的脉冲电信号，控制点火线圈初级电路的通断，起着传统点火装置中断电器触点的作用。

1. 磁感应式电子点火系统

磁感应式电子点火系统又称磁脉冲式电子点火系统，其点火信号发生器是采用电磁感应原理制成的，故此而得名。

(1) 丰田 20R 型发动机用磁感应式电子点火系统的组成

该点火系统组成如图 4—2—3 所示，它主要由磁感应式分电器、电子点火组件（点火控制器或点火器)、点火线圈、火花塞等组成。磁感应式分电器主要由磁感应式点火信号发生器、配电器、点火调节装置等组成。

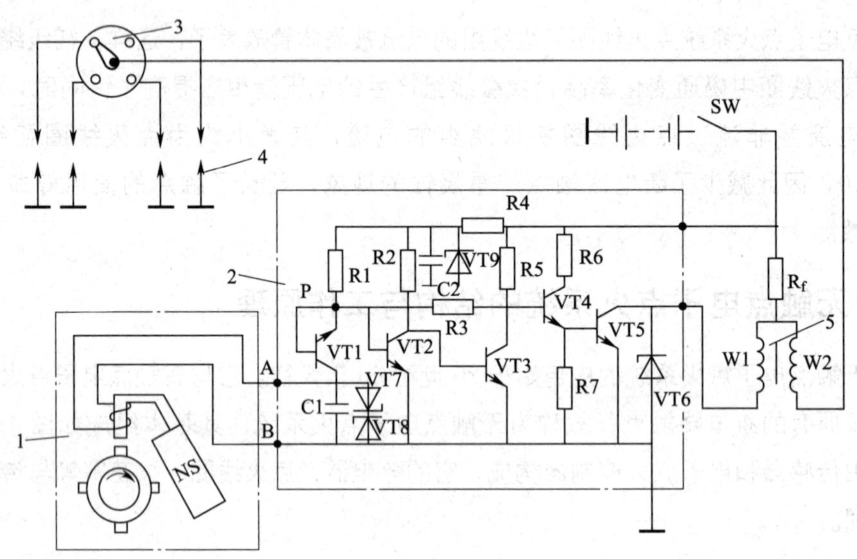

图 4—2—3 丰田 20R 型发动机用磁感应式电子点火系统

1—磁感应式点火信号发生器 2—电子点火组件 3—配电器 4—火花塞 5—点火线圈

(2) 磁感应式点火信号发生器

磁感应式点火信号发生器装在磁感应式分电器壳内，如图 4—2—4 所示。信号转子装在轴上，通过离心点火调节装置、分电器轴由发动机曲轴驱动，信号转子的凸齿数等于发动机的气缸数，各凸齿之间的夹角相等（为 90°)。钩状铁芯与永久磁铁铆接在一起，铁芯上绕有传感器线圈，铁芯与永久磁铁则固定在分电器底板上。组装好的点火信号发生器，当信号转子凸齿与铁芯中心线对齐时，两者间具有 0.30～0.50 mm 的间隙，该间隙被称为点火信号发生器的气隙。

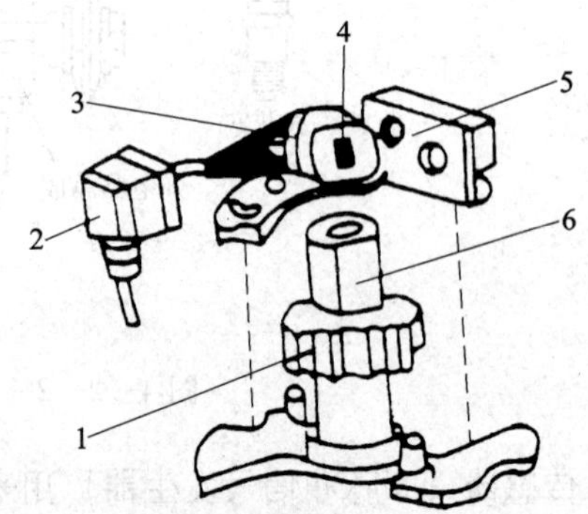

图 4—2—4 磁感应式点火信号发生器

1—信号转子 2—信号发生器输出插接器 3—传感器线圈 4—钩状铁芯 5—永久磁铁 6—轴

丰田 20R 型发动机用磁感应式点火信号发生器的磁路如图 4—2—5 所示。点火开关闭合，发动机未转动，信号转子不动时，磁路中的气隙不变，传感线圈中无信号电压产生。当发动机在起动机驱动下转动时，信号转子便由分电器轴带动旋转，这时信号转子的凸齿与铁芯间的气隙将发生变化，使通过传感线圈的磁通量发生变化，因而在传感线圈内便产生交变感应电动势。其工作过程如下：

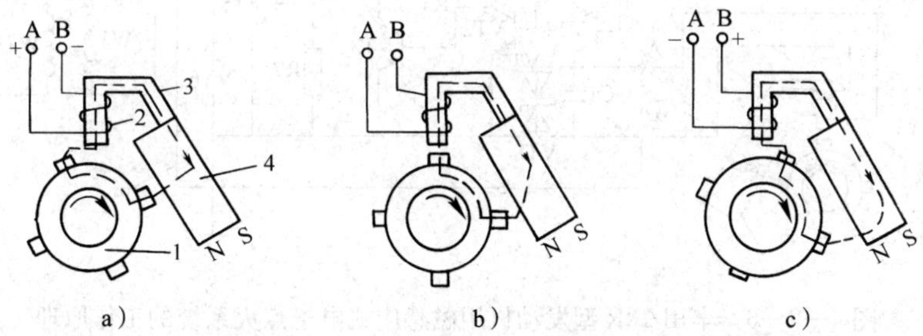

图 4—2—5　丰田 20R 型发动机用磁感应式点火信号发生器的原理

1—信号转子　2—传感线圈　3—钩状铁芯　4—永久磁铁

当信号转子的凸齿逐渐向铁芯靠近时（见图 4—2—5a），感应电动势最高。根据楞次定理可知，这时感应电动势的方向为：A 端“＋”、B 端“－”。

当信号转子转到凸齿与铁芯中心线对齐时（见图 4—2—5b），传感线圈中的感应电动势为零。

当信号转子转到如图 4—2—5c 所示位置时，线圈的感应电动势反向最高。根据楞次定理，这时感应电动势的方向为：A 端“－”、B 端“＋”。

可见，当信号转子转动时，传感线圈内感应电动势的方向即发生交替变化，因而线圈两端输出的是交变信号，且信号转子每转一周将产生四个交变信号，该交变信号输入电子点火组件即可控制点火系统工作。

(3) 丰田 20R 型发动机用磁感应式电子点火组件的工作原理

电子点火组件封装在一个小盒内，其基本电路如图 4—2—6 所示。电子点火组件中有 5 个三极管，VT1 起温度补偿作用，VT2 为触发管，VT3、VT4 起放大作用，VT5 为大功率三极管，它与点火线圈的初级绕组 Wl 串联。电子点火组件工作过程如下：

闭合点火开关 SW，当点火信号发生器的传感线圈无信号电压输出时，蓄电池电流经 R4、R1、VT1、传感线圈构成回路，VT2 导通，VT3 截止，VT4 导通，VT5 导通，于是初级电路接通，初级电流在点火线圈的铁芯中形成磁场。

当点火信号发生器的传感线圈输出为正信号电压（即 A 端为“＋”，B 端为“－”）时，电容 C1 充电使 P 点电位升高，VT2 仍导通，VT3 截止，VT4、VT5 导通，初级绕组 W1 中仍有电流流过。

当点火信号发生器传感线圈输出为负信号电压（即 A 端为“－”，B 端为“＋”）时，电容 C1 放电并反充电，P 点电位降低，于是 VT2 截止，VT3 导通，VT4、VT5 截止，初

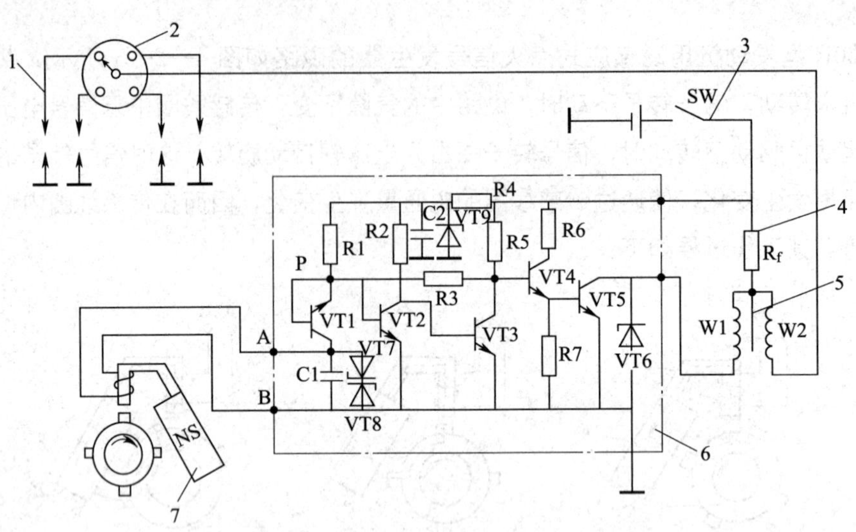

图 4—2—6 丰田 20R 型发动机用磁感应式电子点火系统的工作原理

级绕组 W1 中电流被切断，磁场迅速消失，点火线圈次级绕组 W2 中产生高压电，并由配电器分配至各缸火花塞，使火花塞跳火，点燃混合气。点火信号发生器信号转子每转一周，各缸轮流点火一次。

稳压管 VT7、VT8 反向串联，并与信号发生器传感线圈并联，其作用是“削平”发动机高速转动时传感线圈产生的大信号波峰，以保护 VT1、VT2。

电容器 C1 与传感线圈并联，其作用是消除点火信号发生器传感线圈输出电压信号上的毛刺，使信号电压平稳，保证点火时间准确无误。

电容器 C2、稳压管 VT9 为抗干扰电路，其作用是使电源电压更平稳，防止其波动过大而导致误点火。

稳压管 VT6 与三极管 VT5 并联，其作用是吸收初级绕组产生的瞬时过电压，保护三极管 VT5。

R3 为正反馈电阻，其作用是使 VT2 更可靠地工作。

2. 霍尔式电子点火系统

因为该系统的信号发生器是应用霍尔效应原理制成的，所以称为霍尔式电子点火系统。霍尔式电子点火系统在我国生产的桑塔纳、奥迪、捷达等轿车以及一些进口汽车上被广泛采用。

霍尔式电子点火系统由霍尔式分电器、点火控制器、点火线圈和火花塞等组成。如图 4—2—7 所示为桑塔纳轿车装用的霍尔式电子点火系统的组成及电路连接图。在分电器中仍保留传统的配电器、离心提前机构和真空提前机构。

(1) 霍尔效应（见图 4—2—8）

外加电压作用于放在磁场中的半导体基片（称霍尔元件）且产生电流方向与磁场方向垂直时，在垂直于电流和磁场的半导体基片的横向侧面上即产生一个电压 U_H，这个电压称为霍尔电压，这种现象称为霍尔效应。霍尔电压的高低与通过的电流大小和磁场强弱成正比，与半导体基片的厚度成反比，但与磁场变化速率无关。

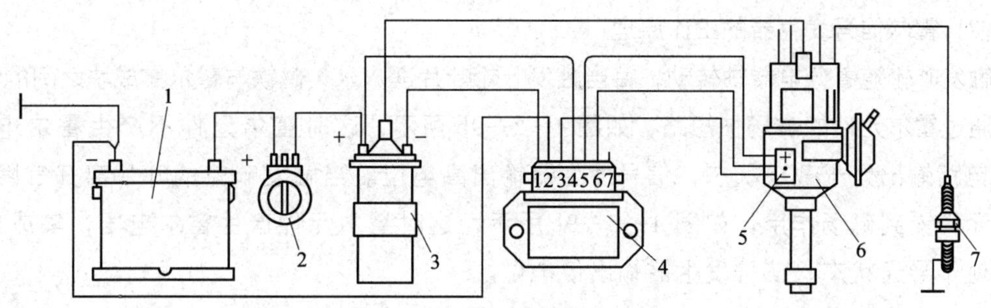

图 4—2—7　桑塔纳轿车用霍尔式电子点火系统

1—蓄电池　2—点火开关　3—点火线圈　4—电子点火控制器

5—霍尔信号发生器插接器　6—霍尔式传感器　7—火花塞

（2）霍尔信号发生器的组成

霍尔信号发生器是根据霍尔效应原理制成的，它装在分电器外壳内，基本结构如图 4—2—9 所示，它由触发叶轮和霍尔传感器组成。触发叶轮套装在分电器轴的顶部，它既能随分电器轴转动，又能相对于分电器轴转动一定角度，以保证离心调节机构的正常工作。触发叶轮的叶片数与发动机气缸数相等。

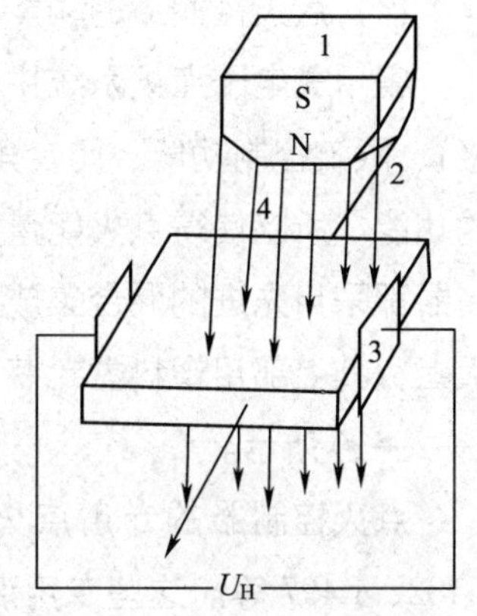

图 4—2—8　霍尔效应

1—永久磁铁　2—通入电流

3—半导体基片

4—磁力线　U_H—霍尔电压

霍尔信号发生器中的霍尔传感器由永久磁铁和霍尔集成块组成，触发叶轮的叶片在霍尔集成块和永久磁铁中间转动。其中，霍尔集成块又由霍尔元件和集成电路组成。由于霍尔元件产生的霍尔电压 U_H 是毫伏级，电压信号很弱，因此还需进行放大、整形，最后以整齐的矩形脉冲波输出，这一任务由集成电路完成。

霍尔信号发生器是一个有源器件，它需要外加电压才能工作，此电压由点火控制器提供。霍尔信号发生器有三根引出线与点火控制器相连，其中一根是提供电压的电源线，一根是霍尔信号输出线，还有一根是搭铁线。

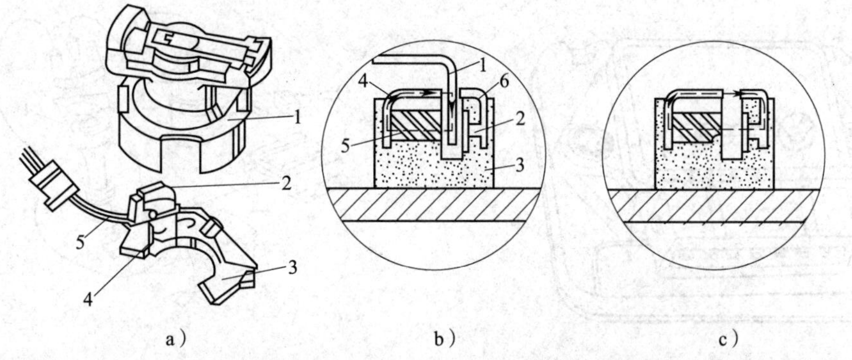

图 4—2—9　霍尔信号发生器的组成和工作原理

a）结构　b）触发叶轮的叶片进入气隙　c）触发叶轮的叶片离开气隙

1—触发叶轮　2—霍尔集成块　3—信号触发开关　4—永久磁铁　5—导磁板　6—导线

(3) 霍尔信号发生器的工作原理

触发叶轮随着分电器轴转动，每当触发叶轮叶片进入永久磁铁与霍尔集成块之间的气隙时，通过霍尔元件的磁场被短路，如图 4—2—9b 所示，这时霍尔元件不产生霍尔电压，集成电路输出处于截止状态，信号发生器输出高电位。当触发叶轮的叶片离开气隙时，霍尔元件受到磁场作用，如图 4—2—9c 所示，这时霍尔元件产生霍尔电压，集成电路输出处于导通状态，信号发生器输出低电位。

发动机在工作中，由于分电器轴不断地转动，触发叶轮的叶片时而进入气隙，时而离开气隙，使得信号发生器连续不断地输出矩形方波，通过信号线送至点火控制器进行触发并控制点火系统的工作。

(4) 点火控制器的功能和基本电路

霍尔式电子点火系统中的点火控制器具有开关功能（接通和切断点火线圈初级绕组电路)、限流控制功能、闭合角控制功能和停车断电保护等功能。由于该点火控制器具备较多的功能，所以使得点火能量高，发动机高速时不断火，低速时耗能少，起动性能好。点火控制器都采用先进的混合集成电路组成。为了改善散热条件，点火控制器紧密地固定在一块铝板上，其上部用塑料盒封装，固装在发动机室的边盖上。桑塔纳轿车的点火控制器外形如图 4—2—10 所示。

点火控制器的专用点火集成块是核心部件，目前多采用国外生产的部件，如 89S01、L482、L497 等。这些专用点火集成块与一些外围电路相配合，即可实现点火控制器的多种功能，完成对点火系统的控制工作。

3. 光电式电子点火系统

光电式电子点火系统是利用光敏元件（光敏三极管或光敏二极管）的光电效应原理制成光电式点火信号发生器，借光束触发产生点火信号，输送给电子点火控制器以达到控制点火的目的的。如图 4—2—11 所示为光电式电子点火系统组成，该系统主要由光电式分电器、电子点火控制器、点火线圈、火花塞等组成。

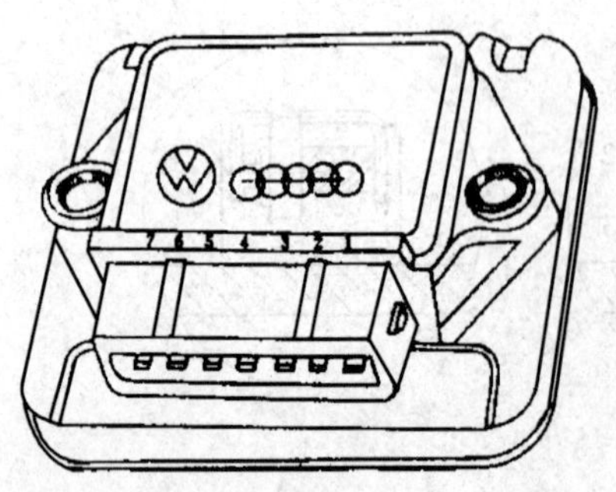

图 4—2—10 桑塔纳轿车点火控制器

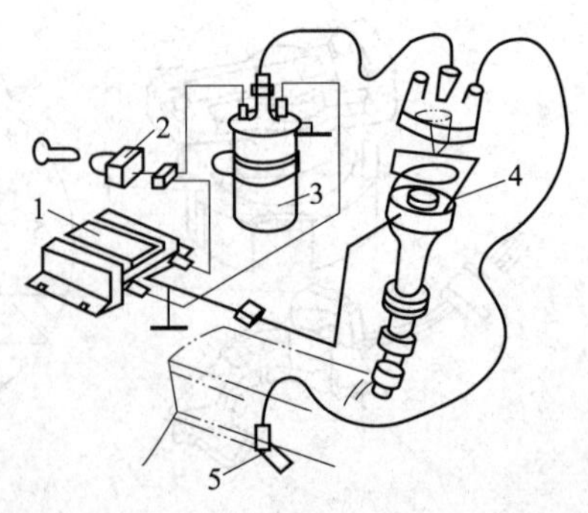

图 4—2—11 光电式电子点火系统组成

1—电子点火控制器 2—点火开关 3—点火线圈

4—光电式分电器 5—火花塞

(1) 光电式分电器

光源是一只砷化镓发光二极管，当其中有电流流过时，会发出红外线光束，并由一只半球形透镜聚焦。该发光二极管比白炽灯泡耐震，并能耐较高的温度，在 150℃的环境温度下能连续工作，使用寿命很长。

光接收器是一只硅光敏三极管，它与光源上下相对安装，并相距一定距离，以使红外线光束聚焦后能照射到光敏三极管上。光敏三极管的工作与普通三极管不同，它的基极电流是由光产生的，因此不必在基极上输入电信号，也不需要基极引线。

遮光盘用不透光的金属或塑料制成，固装在分电器轴上，位于分火头下面，盘的外缘伸入光源与光接收器之间，外缘上开有缺口，缺口数目等于发动机气缸数。缺口处允许红外线光束通过，其余实体部分则能挡住光束。当遮光盘随分电器轴转动时，若缺口转到光源与光接收器之间，则光束会通过缺口直接照射到光敏三极管上，于是光敏三极管导通；当遮光盘挡住光束时，光敏三极管截止，无电信号输出。分电器轴每转一周，光电式点火信号发生器便产生与发动机气缸数相同的交变电信号。

(2) 电子点火控制器

电子点火控制器的作用是把光接收器的信号电流放大，从而通过功率三极管接通和切断点火线圈的初级电流，其工作原理如图 4—2—12 所示。

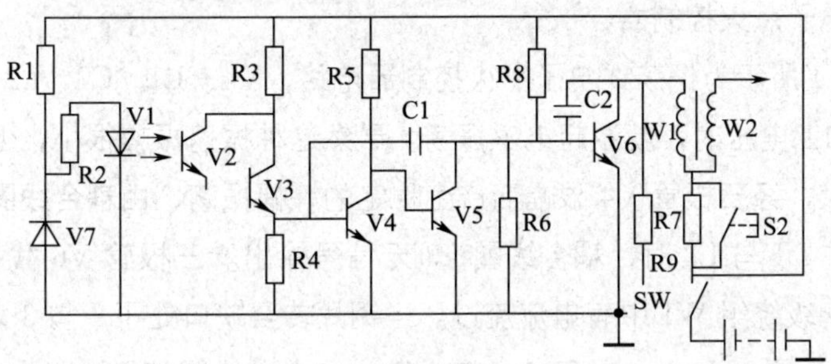

图 4—2—12 光电式电子点火系统电子点火控制器工作原理

接通点火开关 SW，发光二极管 V1 发出红外线光束。发动机工作时，遮光盘随分电器轴按 2∶1 的传动比转动。当遮光盘上的缺口通过光源时，光束照射到光敏三极管 V2 上，使其导通，V3 也随之导通，使 V4 导通，V5 截止，V6 导通，于是接通点火线圈的初级电路；当遮光盘遮住光束时，V3、V4 截止，V5 导通，V6 截止，点火线圈初级电路被切断，在次级绕组中产生高压电动势而点火。

稳压管 V7 使发光二极管工作电压稳定。R7 的作用是当 V6 截止时，保护 V6。起动时，通过 S2 可将附加电阻 R9 短路使起动容易。C1 对 V4 构成正反馈，使 V4、V5 加速翻转。

光电式电子点火系统的优点是：触发器的触发信号完全由遮光盘的位置（即曲轴的位置）决定，而与发动机转速无关，故在发动机转速很低时也能正常发出触发信号，并且在分电器内积水冰冻时仍能正常工作；结构简单，对制造精度要求不高且成本低。缺点是脏污后灵敏度将会降低。

4. 振荡式电子点火系统

振荡式电子点火系统是利用振荡式传感器作为开关电路的触发器来控制大功率管的导通与截止，进而控制点火线圈初级电路的通、断，在次级绕组中产生高电压来实现点火的。

(1) 振荡式传感器

振荡式传感器由铁芯、振荡线圈 L1、正反馈线圈 L2、耦合线圈 L3 和信号转子等组成，如图 4—2—13 所示。

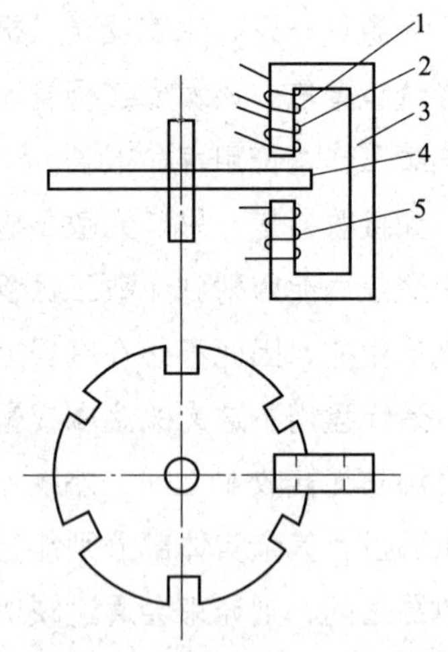

图 4—2—13 振荡式传感器

1—振荡线圈 2—正反馈线圈 3—铁芯 4—信号转子 5—耦合线圈

信号转子由圆铜片制成，周围开有若干个宽度 1.0～1.2 mm 的槽口。槽口数与发动机气缸数相等。信号转子安装在分电器轴上，发动机在工作时，通过离心点火调节装置带动信号转子转动。当气隙被铜片遮挡时，由于涡流效应，其振荡线圈产生的交变磁通几乎被铜片阻挡，因而耦合线圈 L3 无感应信号。当槽口正对着 L1 和 L3 时，由于气隙无铜片阻挡，振荡线圈 L1 产生的交变磁通便耦合到耦合线圈 L3 上，感应出信号电压。L2 为正反馈线圈，正反馈三极管 V4 的输出信号，使传感器维持振荡。

(2) 振荡式电子点火控制器

如图 4—2—14 所示为振荡式电子点火控制器电路，V4、L1、C2，L2 组成正弦振荡器。当 C2、L1 两端加上电压时，就激起电磁振荡。虽然这种振荡振幅很小，但经 L2 的正反馈，会使振幅逐渐增大，经三极管 V4 限幅而产生稳定的等幅振荡，由耦合线圈 L3 输出电信号。

当铜片遮挡住 L1 与 L3 时，耦合线圈 L3 无信号输出。三极管 V6 截止，V9 和 V10 则导通，点火线圈初级绕组 W1 中有电流流过。当铜片转至缺口处于 1 与 3 之间时，耦合线圈有信号输出，V6 导通，V9 截止，V10 也随之截止。点火线圈初级电路被切断，初级电流迅速消失，于是在点火线圈次级绕组 W2 中感应出高压电动势而点火。

振荡式电子点火系统起动性能好，特性与光电式电子电火系统相当，但因所用元件较多，可靠性和使用寿命方面稍差，故目前使用量较少。

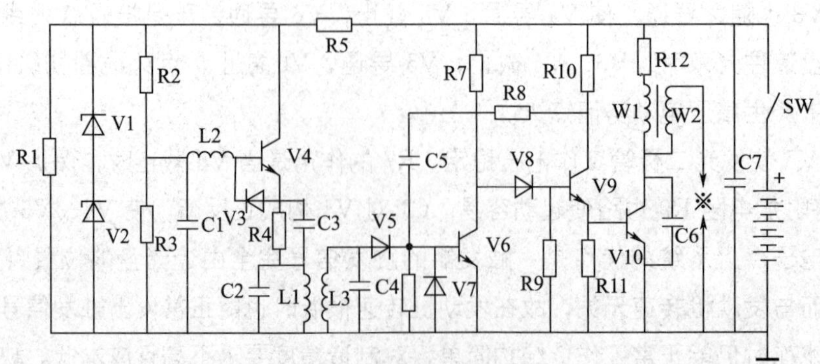

图 4—2—14 振荡式电子点火控制器电路

§4—3 微机控制点火系统

学习目标

1. 了解微机控制点火系统的分类。
2. 掌握微机控制点火系统的组成。
3. 掌握微机控制点火系统的工作原理。
4. 掌握微机控制点火系统的控制方式。

发动机微机控制点火系统的英文名称是 Microcomputer Controlled Ignition System，缩写为 MCI。汽油发动机采用微机控制点火系统能将点火提前角控制在最佳值，使可燃混合气燃烧后产生的温度和压力达到最大值，从而提高发动机的动力性，同时还能提高燃油经济性和减少有害气体的排放量。

微机控制点火系统的功能主要包括点火提前角、通电时间及爆燃控制三个方面。

一、微机控制点火系统分类

1. 按有无分电器分类

(1) 有分电器的微机控制点火系统，如图 4—3—1 所示。

(2) 无分电器的微机控制点火系统

1) 双缸同时点火方式

双缸同时点火系统如图 4—3—2 所示。工作时两个活塞同时到达上止点（一个为压缩行程的上止点，另一个为排气行程的上止点）位置的气缸，其对应的火花塞共用一个点火线圈同时点火。系统中点火线圈的总数量等于气缸数的一半。

2) 单独点火（直接点火）方式

单独点火的微机控制点火系统如图 4—3—3 所示，其特点是各缸均有一个点火线圈，即点火线圈的数量与气缸数相等。

现代汽车广泛采用的是无分电器的微机控制点火系统。

2. 按微机控制的方式分类

(1) 开环控制点火系统（见图 4—3—4）

微机控制点火系统的开环控制是指微机检测发动机各种工作状态信息，并根据这些信息从内部存储器中调出相应的点火提前角，然后输出控制信号对点火时刻进行控制，这种控制方式对控制结果不予反馈。

(2) 闭环控制点火系统

闭环控制是指微机以一定的点火提前角控制发动机工作的同时，还不断地检测发动机的

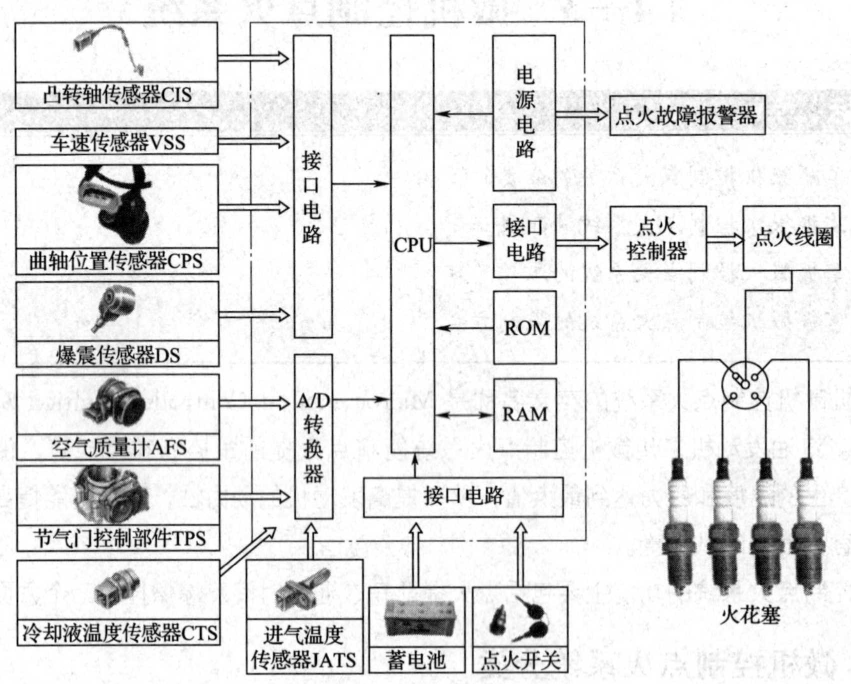

图 4—3—1　有分电器的微机控制点火系统

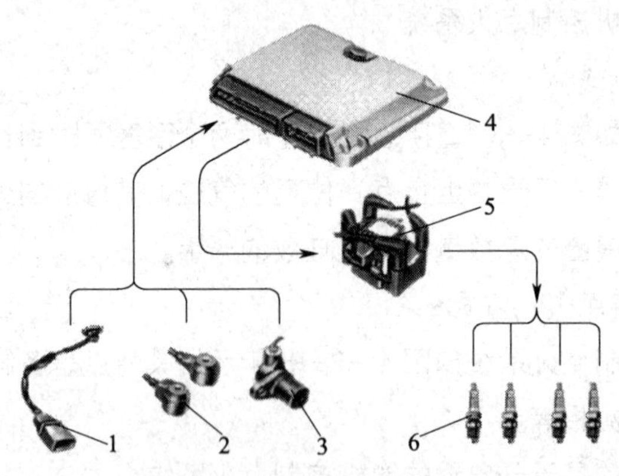

图 4—3—2　双缸同时点火系统

1—凸轮位置传感器　2—爆震传感器　3—曲轴位置传感器

4—ECU　5—点火模块　6—火花塞

工作状态，然后将检测到的实时信息反馈给电子控制单元（ECU），由电子控制单元（ECU）根据需要对点火提前角进行修正，然后输出控制信号对点火时刻进行控制，如图 4—3—5 所示。目前广泛采用的是通过检测爆燃传感器反馈的爆燃信号，来判断点火时刻的早晚，进而实现点火提前角的最佳控制。

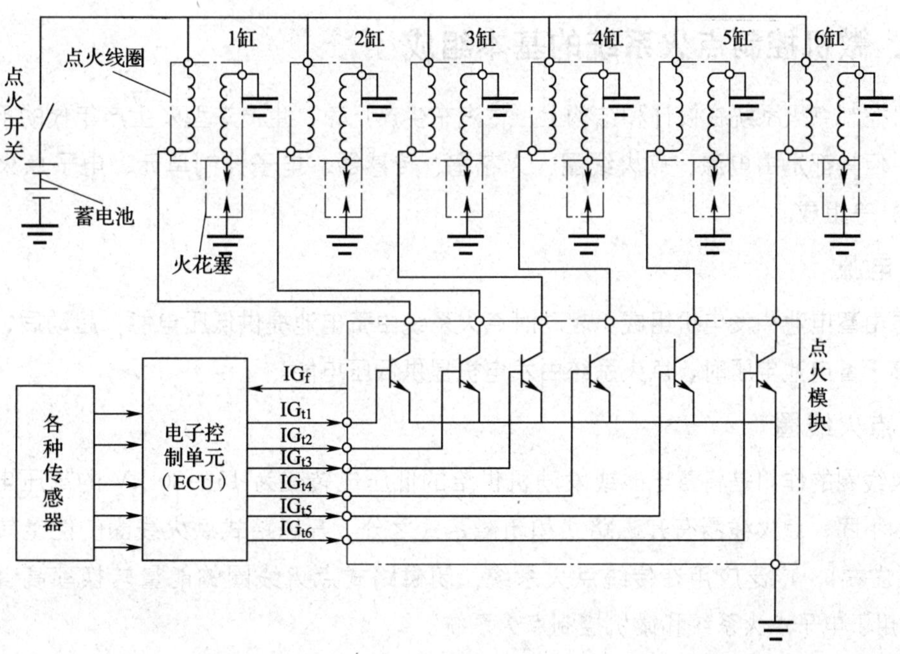

图 4—3—3 单独点火系统

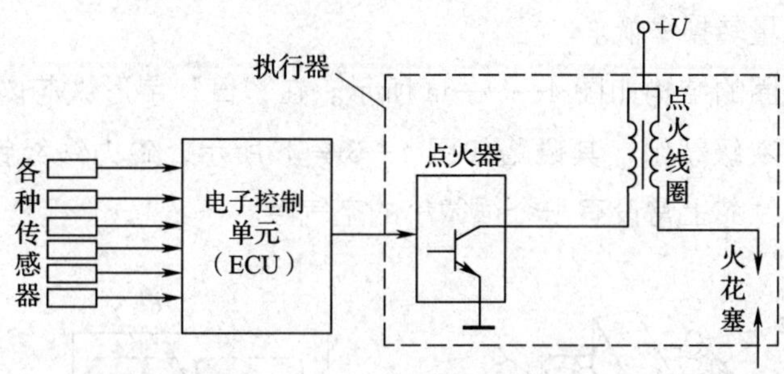

图 4—3—4 开环控制点火系统

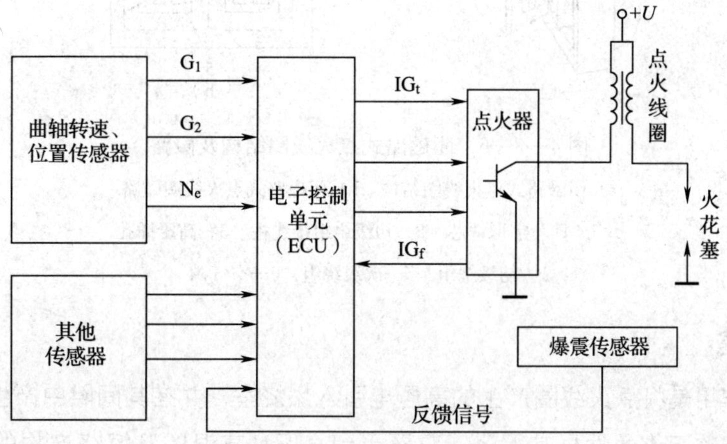

图 4—3—5 闭环控制点火系统

二、微机控制点火系统的基本组成

微机控制点火系统在设计和结构上，依汽车生产厂家、生产车型及生产年代的不同而有所不同，但其都是由电源、点火线圈、火花塞、传感器、电子控制单元、电子点火控制器（点火器）等组成。

1. 电源

电源由蓄电池和发电机组成。起动时点火系统由蓄电池提供低压电能；起动后，当发电机电压高于蓄电池电压时，点火系统由发电机提供低压电能。

2. 点火线圈

点火线圈的作用是将蓄电池或发动机供给的低压电转变为15～20 kV的高压电。按磁路结构的不同，点火线圈有开磁路式和闭磁路式之分。开磁路式点火线圈的能量转换率低（仅60%左右），广泛应用在传统点火系统；闭磁路式点火线圈的能量转换率高（75%以上），多用于电子点火系统和微机控制点火系统。

从开磁路式点火线圈的结构上可以看出，初级绕组电流在铁芯中产生的磁通是通过导磁钢套构成回路的。这样在铁芯的上部和下部，磁力线必须从空气中通过，因而漏磁多，磁路磁阻大，损失大，能量转换率低。

闭磁路式点火线圈的结构如图4—3—6a所示。在“日”字形铁芯内绕有初级绕组，在初级绕组的外面绕有次级绕组，其磁路如图4—3—6b所示，磁力线经铁芯构成闭合磁路。为了减小磁滞现象，铁芯上常设有一个很微小的空气隙。

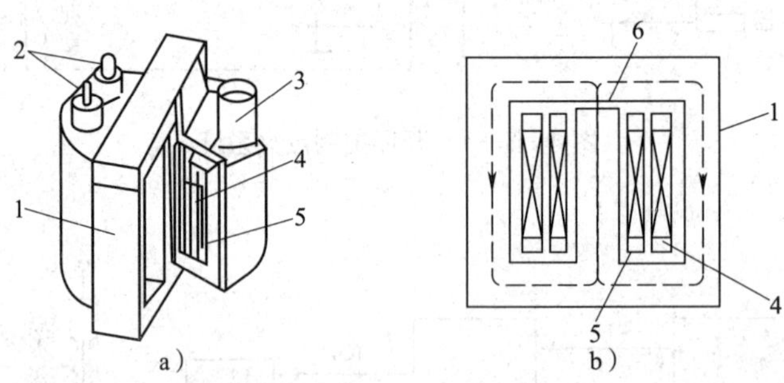

图4—3—6 闭磁路式点火线圈结构及磁路

a）闭磁路式点火线圈结构 b）闭磁路式点火线圈磁路

1—“日”字形铁芯 2—初级绕组接线柱 3—高压插孔

4—初级绕组 5—次级绕组 6—空气隙

3. 火花塞

火花塞的作用是将点火线圈产生的高压电引入燃烧室，并在其间隙中产生电火花，点燃混合气。火花塞的工作条件极其恶劣，它要受到高压、高温以及燃烧产物的强烈腐蚀。因此，要求火花塞必须具有足够的机械强度、能够承受冲击性高压电的作用、能承受剧烈的温度变化且具有良好的热特性，并要求火花塞的材料能抵抗燃气的腐蚀。

（1）火花塞的结构

火花塞的结构如图 4—3—7 所示，在钢制壳体的内部固定有高氧化铝陶瓷绝缘体，在绝缘体中心孔的上部有金属杆，杆的上端有接线螺母，用来连接高压导线，中心孔的下部装有中心电极，金属杆与中心电极之间用导电玻璃密封。中心电极用镍锰合金制成，具有耐热、耐腐蚀和良好的导电性能。火花塞借壳体下部的螺纹旋入气缸盖中，旋紧时密封垫受压保证壳体与缸盖之间密封良好。为了适应不同发动机的需要，火花塞因下部的形状和绝缘体裙部长度的不同有多种型式，如图 4—3—8 所示。

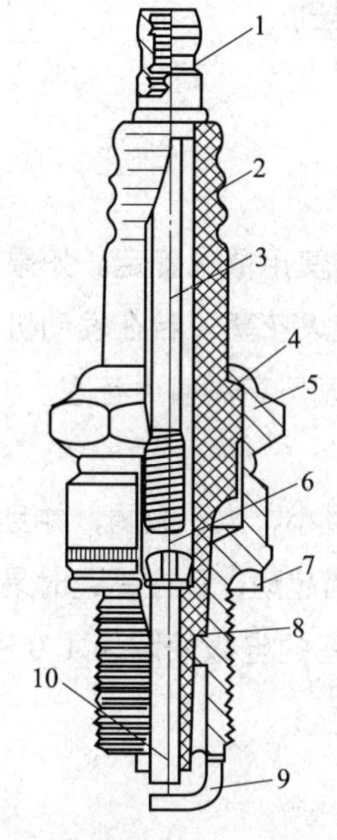

图 4—3—7 火花塞的结构

1—接线螺母 2—绝缘体 3—金属杆

4、8—内垫圈 5—壳体 6—导电玻璃

7—多层密封垫圈 9—侧电极 10—中心电极

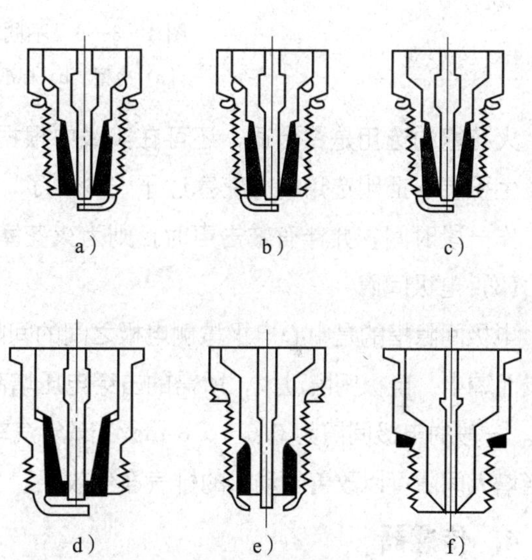

图 4—3—8 常用火花塞结构形式

a）标准型 b）绝缘体突出型 c）细电极型

d）锥座型 e）多极型 f）沿面跳火型

（2）火花塞的分类

根据火花塞的热特性可以将火花塞分为热型、标准型、冷型三类，如图 4—3—9 所示。

火花塞的热特性主要取决于绝缘体裙部的长度。绝缘体裙部长的火花塞受热面积大，散热困难，因此裙部温度高，称为热型火花塞；裙部短的火花塞受热面积小，散热快，裙部温度低，称为冷型火花塞。

一般选用火花塞的基本原则如下：发动机的功率大、压缩比高、转速高，应选用冷型火花塞，反之则选用热型火花塞。通常压缩比为 3～4 的发动机，宜使用热型火花塞；压缩比为 5.5～7 的发动机，可选用 4～6 的中热值火花塞；压缩比为 7 以上的发动机，则多用 7 以上高热值的火花塞。

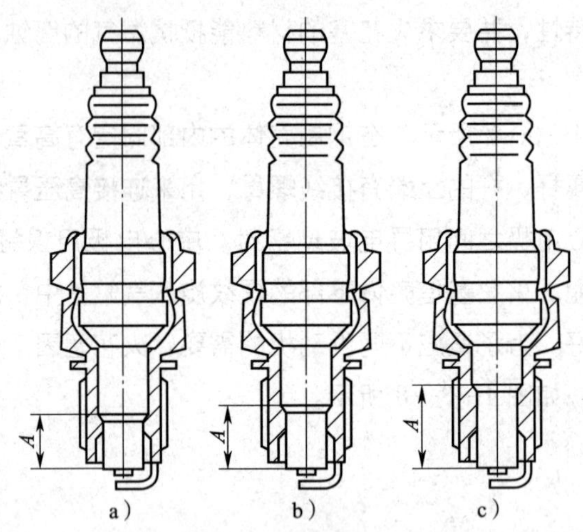

图 4—3—9 不同热特性火花塞

a) 冷型 b) 标准型 c) 热型

火花塞的选用是否合适，还可在实践中根据在发动机上的使用情况鉴定。如果火花塞经常发生积炭，证明选用的火花塞过于“冷”了，应改用低热值火花塞。若在发动机熄火后仍能工作一段时间，并伴有敲击声时，则为火花塞过“热”，应改用高热值火花塞。

(3) 电极间隙

电极间隙指的是中心电极与侧电极之间的间隙。电极间隙过小，火花微弱，并且容易产生积炭而漏电；电极间隙过大，所需的击穿电压增高，发动机不易起动，且在高速时易发生“缺火”。一般的电极间隙为 0.6～0.8 mm，部分汽车发动机火花塞的电极间隙为 1.0～1.2 mm，适当增大间隙可以改善发动机的排气净化效果。

4. 传感器

传感器的作用是检测发动机运行中与点火有关的各种信息，并将检测结果转变为电信号输入微机，作为微机选择、计算和控制点火提前角的依据，如图 4—3—10 所示。

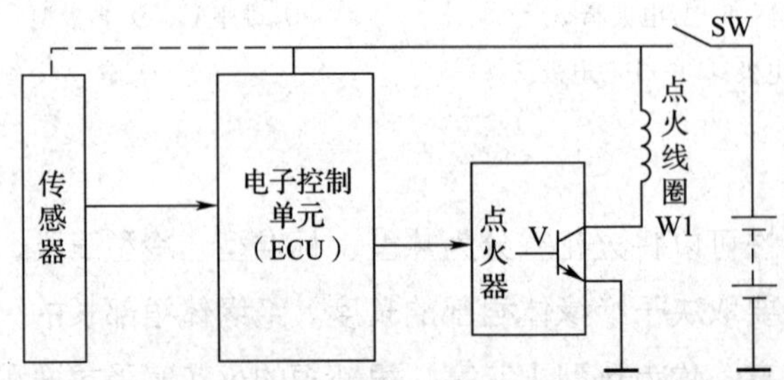

图 4—3—10 微机控制点火系统组成

传感器的结构、类型及安装位置因车型而异。常用传感器如下：

(1) 曲轴位置、转角与转速传感器

其作用是输入活塞位置（如上止点）信号、曲轴转角及转速信号，它是微机控制点火系统最基本的传感器，用于确定发动机的基本点火提前角、点火时刻等。

（2）空气流量传感器

在L型电控汽油喷射系统发动机上，空气流量传感器输入的信号除用于计算喷油器基本喷油持续时间外，还作为发动机负荷信号用于微机确定基本点火提前角。

（3）进气管压力传感器

在D型电控汽油喷射系统发动机上，将节气门后方的负压（真空度）转变为电信号输入微机，微机则以此信号作为发动机的负荷信号，读取并计算基本点火提前角和喷油器基本喷油持续时间等。

（4）进气温度传感器

将发动机工作时吸入的空气温度转变为电信号输入微机，以便微机对基本点火提前角进行修正。

（5）冷却液温度传感器

将发动机工作温度转变为电信号输入微机，以便微机对基本点火提前角进行修正。

（6）节气门位置传感器

将节气门打开的角度转变为电信号输入微机，微机以此信号判断发动机所处工况（怠速工况、小负荷工况、大负荷工况等），然后将点火提前角进行修正。

（7）爆燃传感器

检测发动机是否发生爆燃以及爆燃的强度，并将其转变为电信号输入微机，以便微机对点火提前角进行修正。

（8）起动开关

用于发动机起动时对点火提前角进行修正。

（9）空调开关

在怠速工况下使用空调时，微机以此信号对点火提前角进行修正。

（10）空挡开关

在装有自动变速器的汽车上，微机以此开关输入的信号判断汽车处于停止还是行驶状态，然后对点火提前角进行修正。

以上各种传感器大都与电控汽油喷射系统、怠速控制系统等共同使用。

5. 电子控制单元

电子控制单元（ECU）的作用是根据各种传感器输入的信号及内存信息，进行判断、运算、处理后，确定出发动机最佳点火提前角等控制信号，并将其输送给电子点火控制器等执行机构，以使其能适时地接通和切断初级电路。在现代汽车集中控制系统中，点火系统控制与燃油喷射系统控制等使用同一微机，点火系统控制也仅是其控制系统的一个子系统。

6. 电子点火控制器

电子点火控制器简称点火器，是微机控制点火系统的执行机构，其作用是根据电子控制单元（ECU）输出的点火控制信号，控制点火线圈初级电路的通断，使次级绕组产生点火高压电。电子点火控制器的内部电路、结构和功能因车型而异，有的与微机制在同一电路板上形成一体；有的是单独的电子点火控制器，与微机用导线相连；有的则仅仅是一只控制点火线圈初级电路通断的大功率三极管，一般安装在点火线圈上。

三、微机控制点火系统工作原理

微机控制点火系统根据各传感器提供的信号，随发动机工况的变化自动地调节点火提前角，使发动机在任何工况下均能获得最佳点火提前角。微机控制点火系统工作原理如图4—3—11 所示。

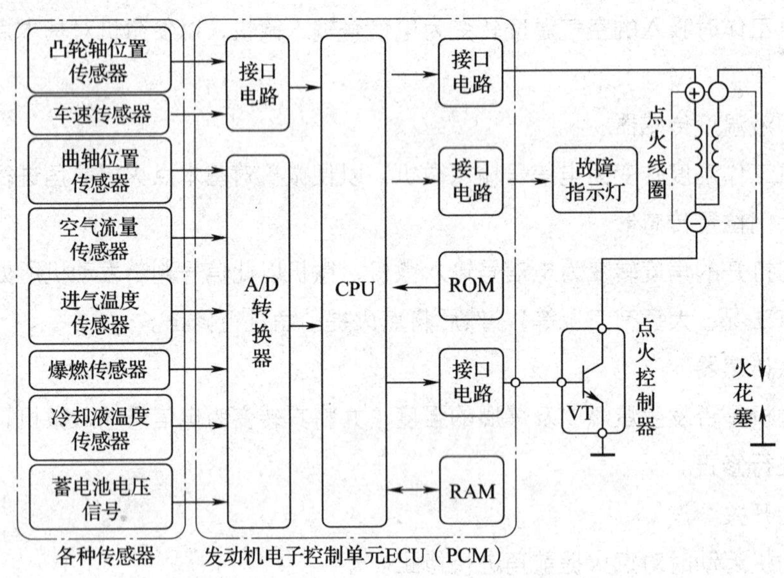

图 4—3—11 微机控制点火系统工作原理

发动机工作时，电子控制单元中的 CPU 通过各种传感器把发动机的工况信息采集到随机存储器（RAM）中，并不断检测凸轮轴位置传感器的信号（即点火定位信号），判定是哪一缸即将到达压缩上止点，同时对曲轴转角信号开始进行计数，以便控制点火提前角。与此同时，CPU 根据反映发动机工况的转速信号、负荷信号以及与点火提前角有关的传感器信号，从只读存储器（ROM）中查询出相应工况下的最佳点火提前角。当 CPU 判定曲轴转角等于最佳点火提前角时，立即向点火控制器发出控制指令，使功率三极管截止，点火线圈的初级电流被切断，次级绕组产生高压，并按发动机点火顺序分配到各缸火花塞跳火，点燃混合气。

发动机电子控制单元设有专门的控制程序和控制方式，对发动机在起动、怠速工况时进行点火控制。

四、微机控制点火系统点火提前角和闭合角控制

1. 起动时点火提前角控制

起动时，点火提前角的主要控制信号是发动机转速、起动开关和冷却液温度等。发动机

起动时，转速较低，进气流量信号或进气歧管绝对压力信号不稳定，一般点火时刻固定在某一个初始点火提前角。发动机不同，初始点火提前角的大小也不同。有的发动机在起动时若检测到冷却液温度过低，则会适当增大起动时的初始点火提前角。

2. 起动后点火提前角控制

起动后，当发动机转速超过一定值时，自动转换为由电子控制单元的点火正时信号控制，即根据发动机转速和负荷（进气流量、进气歧管绝对压力、怠速时的空调开关通断）信号，从存储器的标定数据中找到相应的最佳基本点火提前角，再根据有关传感器信号值加以修正，得出实际点火提前角，即：

实际点火提前角＝初始点火提前角＋基本点火提前角＋修正点火提前角

(1) 初始点火提前角，又称固定点火提前角，其值大小由发动机的型式及曲轴位置传感器的初始位置决定，一般为上止点前 6°～12°，如桑塔纳 2000IJi 型车的初始提前角为 8°。

(2) 基本点火提前角是发动机最主要的点火提前角，在设计微机控制点火系统时确定的点火提前角存储在电子控制单元中。当节气门位置传感器中的怠速触点闭合时，发动机处于怠速工况运行，电子控制单元根据发动机转速和空调开关信号确定基本点火提前角。当节气门位置传感器中的怠速触点断开时，发动机处于正常运行工况，电子控制单元根据发动机转速和负荷（进气流量、进气歧管绝对压力或节气门开度）信号，在存储器的数据中查找到这一工况运行时对应的最佳基本点火提前角。

(3) 点火提前角的修正

1) 暖机修正。发动机冷车起动后怠速，当冷却液温度较低时，电子控制单元增大点火提前角，使发动机尽快暖机，随冷却液温度的升高，点火提前角相应减小。

2) 怠速稳定性修正。发动机在怠速运行期间，由于发动机负荷变化（如空调、动力转向等）而使转速改变，电子控制单元随时调整点火提前角，使发动机在怠速工况下稳定运转。电子控制单元不断地计算发动机的平均转速，当平均转速低于规定的怠速目标转速时，根据两者的差值大小相应地增大点火提前角；当平均转速高于规定的怠速目标转速时，相应地减小点火提前角。

3) 过热修正。发动机处于怠速运行工况，当冷却液温度过高时，电子控制单元将点火提前角增大，避免发动机长时间过热。

4) 空燃比反馈修正。装有氧传感器的电控燃油喷射系统进行闭环控制时，电子控制单元根据氧传感器的反馈信号对空燃比进行修正。随着修正喷油量的增加或减少，发动机的转速在一定范围内波动。为了提高发动机转速的稳定性，在修正喷油量减少、混合气变稀时，电子控制单元适当地增大点火提前角。

3. 闭合角（点火时间）控制

点火线圈初级电路导通的时间称为闭合角。

电控发动机常用电感储能式点火系统，当点火线圈的初级电路接通后，初级电流是按指数规律增长的。初级电路被断开瞬间，初级断开电流所能达到的值与初级电路接通的时间长短有关。只有初级电路通电时间达到一定值时，初级电流才能达到饱和。

次级电压最大值与初级电路断开时的电流值成正比，当初级断开电流达到饱和时，点火能量达到规定值，点火更可靠。但初级电路通电时间过长，点火线圈又会发热，并使电能消耗增大。

发动机运行过程中转速变化使点火线圈初级电路通电时间增长或缩短。同时，电源电压的变化也影响初级电路的电流的大小，若蓄电池电压下降，在相同的时间内初级电流将会减小，蓄电池电压与通电时间的关系如图 4—3—12 所示。

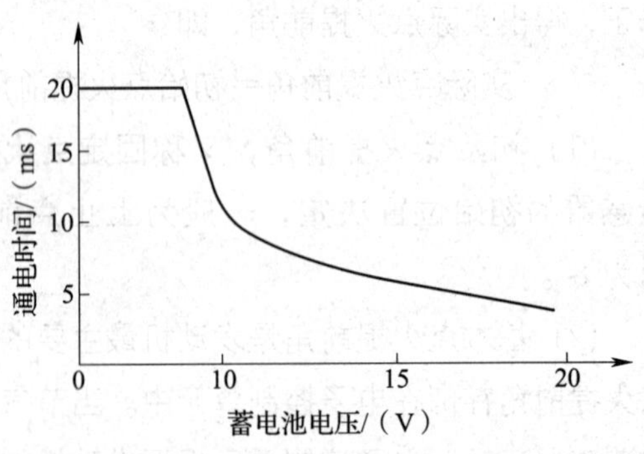

图 4—3—12 蓄电池电压与通电时间的关系

综上所述，为了消除由于发动机转速和电源电压的变化而带来的点火特性的变化，点火控制系统应能在发动机工作过程中根据其实际工况自动调节点火线圈初级电路的通电时间，使发动机在任何转速下都能保持有足够的点火能量，且不会对控制电路和点火线圈造成威胁。

五、微机控制点火系统的控制内容及控制方法

微机控制点火系统的控制方式与电控燃油喷射系统一样，有开环控制和闭环控制两种方式。

1. 开环控制方式

开环控制方式下微机确定出点火提前角的修正值并加以修正后，得出最佳点火提前角的数值来控制发动机点火，而对控制结果好坏不予考虑。开环控制方式的优点是控制系统及运算程序简单、运算速度快，但其控制精度低。

2. 闭环控制方式

闭环控制方式又称反馈控制方式，是在控制点火提前角的同时，根据发电机实际运行结果不断反馈的信息，如发动机是否爆燃以及爆燃强度、怠速是否稳定等及时对点火提前角进行进一步修正，使发动机始终处在最佳点火状态，而不受发动机零件磨损、老化等使用因素影响，故控制精度高。

初级电路导通时间（即导通角或闭合角）主要影响点火线圈初级断开电流值及点火线圈所储存的能量，即影响次级点火电压的高低。而点火线圈初级断开电流大小及所储存的能量取决于发动机转速及电源电压。为了保证在不同转速和供电电压下都具有相同的初级断开电流，并防止点火线圈因长时间通过大电流而过热烧坏，必须对初级电路导通时间加以控制。

在微机控制点火系统中，通常将导通时间随发动机转速和电源电压变化的关系以数据或图表的形式储存于计算机的只读存储器（ROM）中，以便计算机随时读取，并对初级电路导通时间进行最佳控制。

安装在发动机气缸体或气缸盖上的爆燃传感器检测发动机是否发生爆燃以及爆燃的强弱，并把爆燃信号输入微机。微机判定有无爆燃以及爆燃程度，以推迟点火角度。爆燃强，推迟点火角度大；爆燃弱，推迟点火角度小。每次调整都以一个固定的角度递减，直到爆燃消失为止。而后又以一个固定的角度使点火提前，当发动机再次出现爆燃时，计算机再次推迟点火，调整控制过程如此反复地进行，如图4—3—13所示。

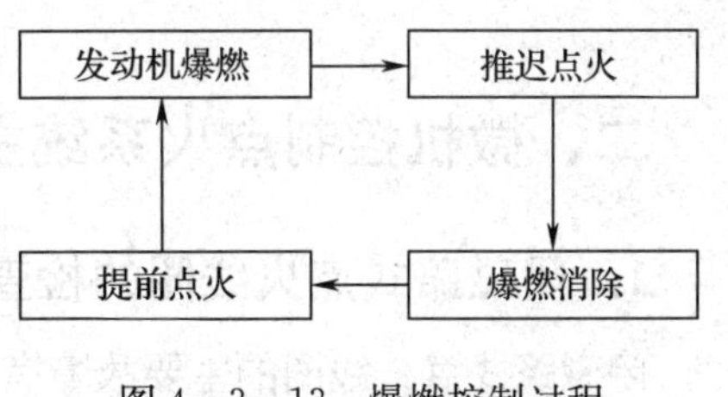

图4—3—13 爆燃控制过程

带有爆燃控制功能的微机控制系统，发动机总是工作在爆燃的临界点，因而发动机热效率最高，动力性、经济性最好，有害物排放量也最低。

§4—4 点火系统的维护与故障诊断

学习目标

1. 熟悉点火系统的使用注意事项。
2. 掌握点火系统常见故障的诊断方法。

由于传统点火系统和普通电子点火系统已逐渐淘汰，本节只针对微机控制点火系统的维护与故障诊断进行分析。

一、点火系统使用注意事项

1. 发动机在运转过程中，严禁拆卸蓄电池，更不允许用刮火的方法试电，以免损坏点火控制器、电子控制单元等电气元件。安装电源或电气元件时，接线必须正确、牢固，电源的极性不能接错。

2. 带高压线的车辆，高压线必须连接牢靠，如果连接不牢，容易造成系统电压过高而损坏高压系统的绝缘。

3. 当需要拆卸点火系统的连接导线或安装测试仪器时，应按维修手册的要求，关闭点火开关或拆下蓄电池的负极导线。

4. 需要拆下高压线或点火线圈时，一定要在发动机冷却之后，拆卸和安装火花塞要使用专用工具，并按规定扭力矩拧紧。

5. 要用清洁剂清洁点火线圈表面的灰尘和油污；洗车时，应尽量避免洗车水溅到发动机舱内，防止短路。

6. 在判断点火系统的故障时，不要使高压电路处于开路状态，否则极易使点火器中的大功率三极管损坏。

7. 按维修手册的要求，在保养时要清除火花塞的油污和积炭，校正火花塞的电极间隙。

8. 车辆各电气元件必须搭铁良好，确保电路稳定可靠地工作。

9. 对发动机进行气缸压缩压力检查时，要将点火控制器或电子控制单元的连线端子拆下。

二、微机控制点火系统主要元件的检测

1. 闭磁路式点火线圈的检查

闭磁路式点火线圈的主要故障有初级或次级绕组短路、断路或搭铁，绝缘盖破裂。点火线圈出现故障后会造成点火系统不点火或火花弱。

(1) 查看点火线圈的外观，若绝缘盖破裂或外壳有裂纹，连线端子松动，工作时温度过高，高压插座接触不良，应及时进行维修或更换。

(2) 点火线圈初级、次级绕组直流电阻的检查。关闭点火开关，断开点火线圈低压接线端子，用万用表电阻挡检测点火线圈各端子之间的直流电阻，应符合维修手册的要求。

例如，捷达车点火线圈各电阻应为：初级绕组电阻值为 0.52～0.76 Ω，次级绕组电阻为 2.4～3.5 kΩ，初级绕组与外壳应绝缘。打开点火开关，用万用表检测点火线圈 2 号正极对地电压，应为 12 V。

2. 火花塞故障检测

火花塞常见故障主要有积炭、间隙不当、绝缘体出现裂缝、漏气和火花塞过热等。

(1) 积炭

火花塞积炭如图 4—4—1 所示，即在火花塞旋入气缸的部分出现黑色或灰黑色的沉积物。

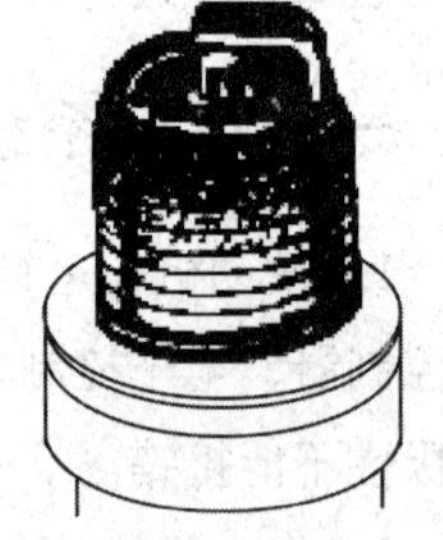

图 4—4—1 火花塞积炭

若各缸火花塞均出现较严重积炭，主要原因为混合气过浓、点火线圈点火性能下降及火花塞选型不当等。

如只是个别气缸火花塞积炭，主要原因为气门关闭不严、火花塞间隙过小、高压线漏电及窜机油等。

火花塞积炭可以用专用的火花塞清洁试验器进行清洁，也可以用清洁剂清洁或泡在煤油中一段时间后用钢丝刷刷干净。

(2) 火花塞绝缘瓷体破裂

发动机工作温度过高或温度的急剧变化会引起暴露在燃烧室内的火花塞瓷体破裂，轻者

在突起的前端会有小块的崩裂，出现缺口，重者会裂成数块脱落，如图 4—4—2 所示。由于陶瓷硬度较高，破裂后会造成拉缸故障。

(3) 中心电极烧蚀

发动机混合气过稀、点火时刻不对、火花塞选型不当、发动机冷却系统不良、长期超载超速行驶、火花塞未拧紧等原因，会造成火花塞中心电极烧蚀甚至熔化。

(4) 间隙不当

间隙不当指火花塞中心电极与侧电极间隙大于或小于维修手册的标准间隙。火花塞间隙用圆形厚薄规或圆形量规测量，如图 4—4—3 所示，一般应为 0.6～1.2 mm。若间隙不当，可用尖嘴钳或专用工具弯曲侧电极进行调整。

图 4—4—2 火花塞绝缘瓷体破裂

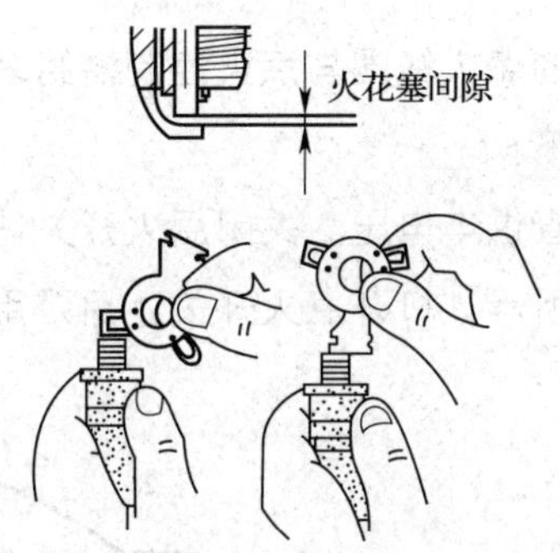

图 4—4—3 火花塞间隙测量

3. 爆燃传感器的检测

大众车爆燃传感器连接电路如图 4—4—4 所示。

(1) 爆燃传感器电阻的检测

关闭点火开关，拔下爆燃传感器上的电插头，用万用表欧姆挡检测爆燃传感器任何两个接线端子与外壳间的绝缘电阻，应为∞（不导通）；否则需更换爆燃传感器。对于磁伸缩式爆燃传感器，还可应用万用表欧姆挡检测线圈的直流电阻，其阻值应符合维修手册规定值，否则应更换爆燃传感器。

(2) 爆燃传感器的示波器检测

发动机产生敲缸、振动、爆燃时，爆燃传感器输出波形的峰值电压和频率将会突然增加。

示波器检查爆燃传感器的方法是：将示波器的负极检测探针连接到传感器的搭铁线或发动机的缸体，示波器的正极探针接到传感器通往发动机电子控制单元（ECU）的信号线上；打开点火开关，不起动发动机，用金属物敲击传感器附近的缸体，示波器上应有一个突变波形，敲击力越大，峰值也越大。若波形显示为一条直线，说明爆燃传感器没有信号输出，应检查导线和爆燃传感器本身的性能。

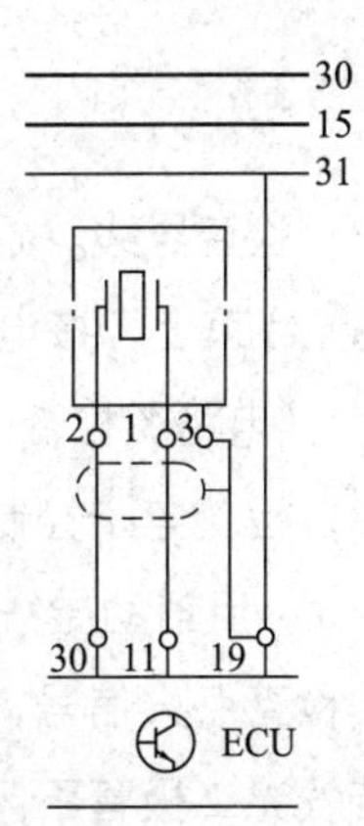

图 4—4—4 大众车爆燃传感器电路

三、微机控制点火系统的故障诊断

以大众车系为例讲述。

1. 桑塔纳 2000 点火系统的检测

打开点火开关，用万用表检测点火线圈 2 号正极对地电压，应为 12 V。关闭点火开关，拔下 4 个喷油器的接线和点火线圈的接线，用一发光二极管测试灯，分别连接发动机搭铁点和点火线圈上的插头，这时接通起动机数秒，测试灯应同时闪烁。若测试灯不闪烁，应检查连接导线及电子控制单元。

2. 帕萨特点火系统的检测

帕萨特的点火线圈与点火控制器组装在一起，点火线圈初级绕组的电阻无法直接测量。测量方法如下:

(1) 检查供电电压。关闭点火开关，拔下点火线圈上的点火控制器 2 和连线端子 1，如图 4—4—5 所示。打开点火开关，用万用表检测端子 1 的中间触点与搭铁之间的电压是否为 12 V。

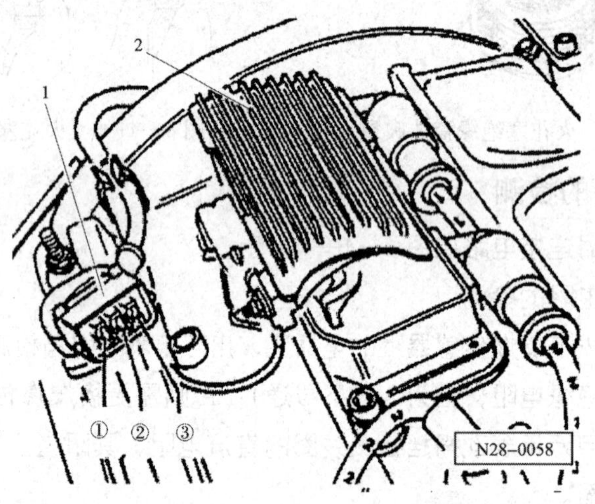

图 4—4—5 帕萨特点火线圈

(2) 检查导线。断电，无供电电压，关闭点火开关，将测试盒 V. A. G1598/22 连接到电子控制单元线束上，按电路图检查测试盒和三针插座之间的导线是否导通，导线电阻是否不大于 1.5 Ω。按电路图检查三针插座触点 2 和继电器板是否导通，导线电阻是否不大于 1.5 Ω。

(3) 检查电子控制单元控制情况。关闭点火开关，拔下点火线圈上的点火控制器 2 和连线端子 1。用辅助导线将 V. A. G1527 二极管灯连接于三针插座触点①和搭铁之间，起动发动机，检查点火信号，此时二极管灯应闪烁。用相同的方法检查触点③和搭铁。

若发光二极管不闪烁，应检查导线。如导线正常，三针插座触点②检查有电压，说明电子控制单元故障，应更换。

如供电电压和电子控制单元控制情况正常，说明点火线圈及点火控制器故障，应更换。

3. 途安车点火线圈的检测

大众途安车采用独立点火线圈，点火线圈、点火线圈端子如图 4—4—6、图 4—4—7 所示。

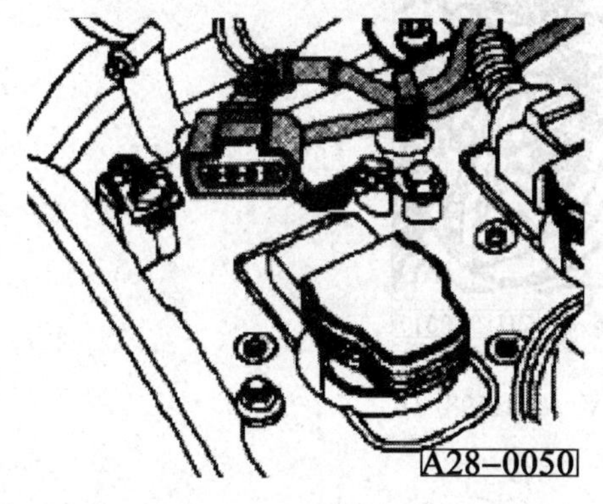

图 4—4—6　大众途安车点火线圈

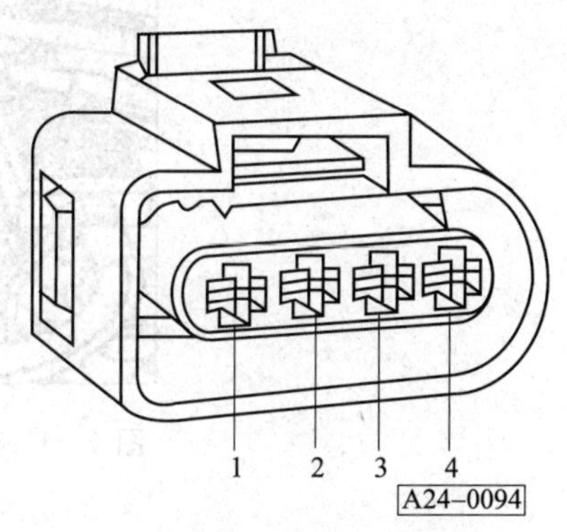

图 4—4—7　点火线圈端子

(1) 点火系统有故障或某个气缸不工作，检查步骤如下：

1) 用专用解码器 V. A. G1552 提取故障代码。

2) 若有故障代码，在确定有故障的气缸上继续进行检测。

3) 若检测不到故障代码，起动发动机，依次拔下燃油喷油器端子，并观察发动机运转情况。若拔下某气缸喷油器端子后，发动机转速无任何变化，则该气缸为点火线圈有故障的气缸，将其火花塞与另一个缸的火花塞互换，若该缸火花塞有故障，更换。

4) 若该气缸仍旧有故障，则将该气缸点火线圈与另一个气缸的点火线圈互换，若点火线圈有故障，更换。

(2) 检查供电。用万用表一端接四针插座触点①，一端搭铁，打开点火开关，应为蓄电池电压，若检查结果正常，则检查点火线圈的点火控制器。

(3) 检查点火控制器

1) 拔下喷油器连接端子及点火线圈四针插座，将电压检测仪 SVWl527B 连接到端子触点②和③上，短时间起动发动机，发光二极管应闪烁，若不闪烁，则检查供电。

2) 按表 4—4—1 所示将检测仪 V. A. G1598/31 连接到电子控制单元导线束上，注意此时不要连接电子控制单元，如图 4—4—8 所示。检查各导线连接是否有断路、短路。若导线电阻大于 1.5 Ω，说明导线故障，应更换。若导线无故障，则为点火线圈内的点火控制器故障，应更换点火线圈总成。

表 4—4—1　　检测仪 V. A. G1598/31 连接方法

插头，触点	检测仪 V. A. G1598/31（插孔）
3（1 缸）	102
3（2 缸）	95
3（3 缸）	103
3（4 缸）	94

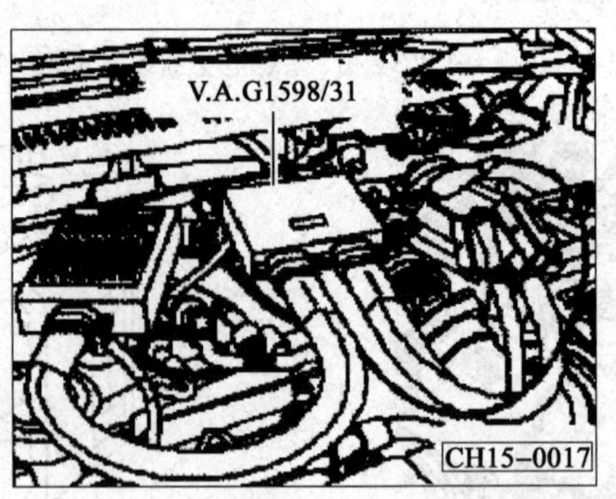

图 4—4—8　连接检测仪 V. A. G1598/31

第五章　照明与信号系统

§5—1　照 明 系 统

学习目标

1. 了解照明系统的种类和用途。
2. 了解前照灯的结构和照明基本要求。
3. 熟悉前照灯的调整与故障诊断。

一、照明系统的种类和用途

汽车上装有多种照明装置，用于驾驶员在低能见度行车时向车辆前后提供充分而有效的照明、车厢内部照明、指示信号及同时向外界提供行车信息，以保证行车的安全性。主要设备有：

1. 前照灯，俗称大灯，有两灯式和四灯式两种，分别装在车头两侧，用于低能见度行车时的道路照明和产生超车、会车信号，功率一般为 40～60 W。

2. 雾灯，有前雾灯和后雾灯两种。前雾灯用于雨天和雾天道路照明，保证行车安全。为保证雾天行驶的汽车向前、后方车辆或行人提供本车位置信息，交通管理部门规定，运行车辆在车辆前、后部装功率较大的雾灯，降低交通事故发生率。雾灯有黄色、橙色或红色。灯泡功率一般为 35 W。

3. 牌照灯，装于汽车尾部的车牌上方左右两侧，用于夜间照亮车牌。

4. 顶灯，装于驾驶室或车厢顶部，用于内部照明。夜间为保证行车安全，不得点亮顶灯，但有特殊要求的客运车辆为防止乘客财物被窃，要求点亮顶灯，功率较小，为 5～15 W。

5. 仪表照明灯，装在汽车仪表板和操作面板上，数量较多，且结构形式多样，用于夜间照亮汽车仪表和工作面板，便于驾驶员获取行车信息和进行正确操作。

此外，汽车常见的照明还有门灯、梳妆灯、行李箱灯、阅读灯、踏步灯等。

二、对前照灯的照明基本要求

1. 前照灯应保证低能见度行车时，车前有明亮而均匀的照明，能够使驾驶员辨明车前 100 m 以内路面上的任何障碍物。目前，高速汽车要求其照明距离为 200～400 m。

2. 前照灯应具有防眩目装置，以免夜间会车时引起对方驾驶员眩目，造成交通事故。

三、前照灯的结构

前照灯按灯芯总成的结构不同，可分为可拆式、半封闭式、全封闭式三种。可拆式、半封闭式前照灯气密性不好，抗污染能力不强，但灯泡损坏后易于更换维修；全封闭式前照灯在结构上杜绝了灰尘的进入，但灯丝烧损后，只能整体更换，维修成本高，如图 5—1—1 所示。

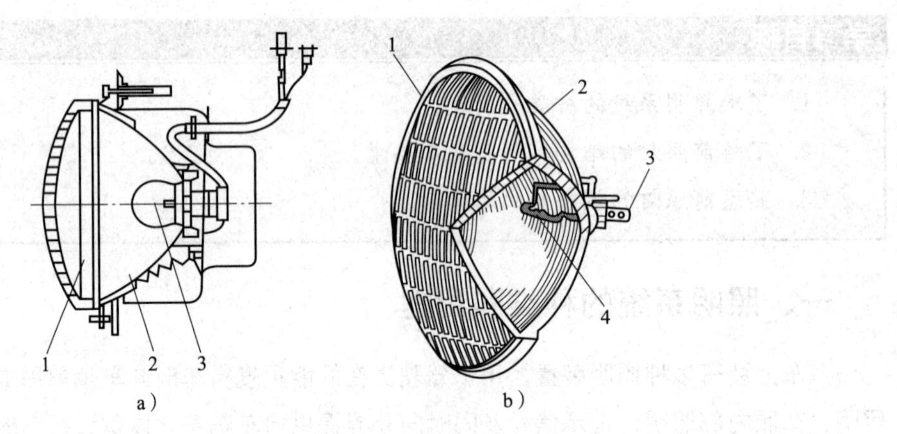

图 5—1—1 前照灯结构

a) 半封闭式 1—配光镜 2—反射镜 3—灯泡

b) 全封闭式 1—配光镜 2—反射镜 3—插头 4—灯丝

前照灯的光学系统由反射镜、配光镜和灯泡三部分组成。反射镜材料一般有薄钢板、玻璃、塑料等，其表面形状成旋转抛物面，内表面镀银、铝或铬后再进行抛光。

前照灯灯丝发光强度有限，加装反射镜后，使灯丝处于反射镜焦点位置，灯丝的大部分光线经反射镜聚合变成平行光束射向前方，能使照明亮度增强数百倍，从而将车前更远的路面照亮，如图 5—1—2 所示。

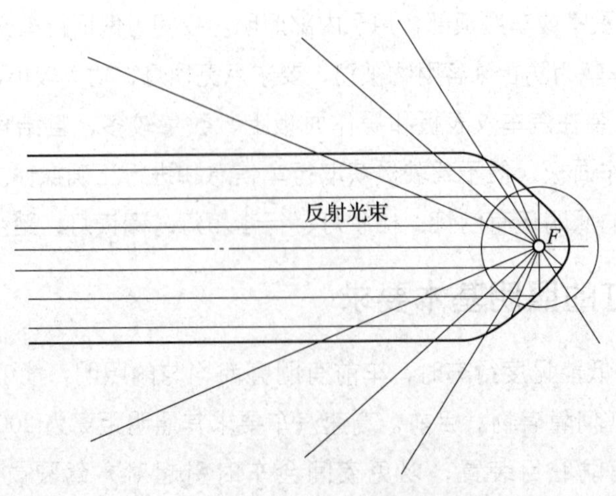

图 5—1—2 反射镜的作用

配光镜用玻璃压制而成，其上由很多特殊的棱镜和透镜构成，外形一般为圆形或方形（见图 5—1—3）。作用是将反射镜反射的平行光束折射，使车前附近的路面都有良好而均匀的照明。近年来，已开始使用塑料配光镜，这种配光镜不仅质量好，而且耐冲击性也强。

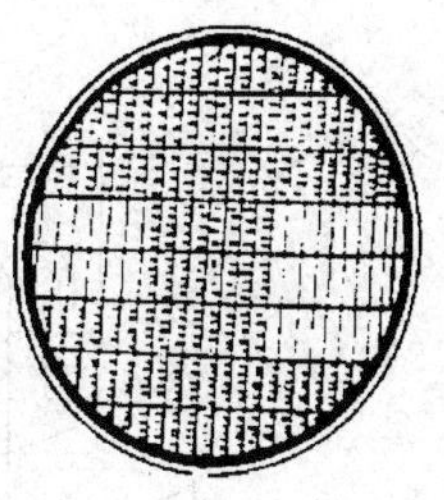
图 5—1—3 配光镜

前照灯灯泡有充气灯泡、卤钨灯泡和新型高压放电氖灯等几种类型。其中，新型高压放电氖灯（由弧光灯组件、电子控制器和升压器三大部件组成）亮度最高，其亮度是目前卤素灯泡的 3 倍左右，使用寿命可达卤素气体灯泡寿命的 5 倍，克服了传统卤钨灯的缺陷。几万伏的高压使得其光亮强度大大增强，完全满足了现代汽车夜间高速行驶的需要。

四、前照灯的防眩目措施

夜间行驶的汽车在交会时，由于前照灯的亮度较强，会引起对方驾驶员眩目，看不清车前路面情况而引起交通事故。为减少眩目作用对驾驶员夜间行车带来的不利影响，各国对前照灯的配光光形提出了不同的要求。

1. 对称式配光

日本、美国等采用对称式配光，灯泡采用双灯丝结构，一根为远光灯丝，另一根为近光灯丝，远光灯丝功率较大，位于反射镜焦点，近光灯丝功率较小，位于焦点上方或前方。夜间行驶无迎面来车时，控制灯光开关使远光灯丝点亮，光束照亮较远的路面；当两车交会时，控制灯光开关使近光灯丝点亮，光束照亮较近的路面，防止眩目。

2. 非对称式配光

我国及欧洲国家采用该种配光方式。灯泡中的配光屏安装时偏转一定的角度，与新型配光镜配合使用，形成近光光形。光形中有条明显的明暗截止线，上方区域是一个明显的暗区，从而避免迎面驾驶员的眩目。

五、照明控制电路

汽车的照明控制电路根据车型的不同有很多种，现以比较普遍的桑塔纳轿车为例，简要介绍一下汽车照明控制电路的工作过程。

桑塔纳轿车的照明控制电路如图 5—1—4 所示。

从图 5—1—3 中可看出：前照灯 23 由点火开关 3 和车灯开关 4 共同控制。通过变光开关 2 进行远光、近光的变换。此外，远光灯还可以由超车开关 2 控制，夜间行车时作超车信号用。

雾灯开关电路中连接了雾灯继电器 8。使用雾灯时，点火开关必须接通（1 挡），使中间继电器 5 导通。同时，车灯开关 4 接通（1 或 2 挡）使雾灯继电器 8 导通，此时，可以通过雾灯开关 19 控制雾灯的通断。图中，雾灯开关置于 1 挡则前雾灯亮；置于 2 挡则前、后雾灯和雾灯指示灯同时点亮。

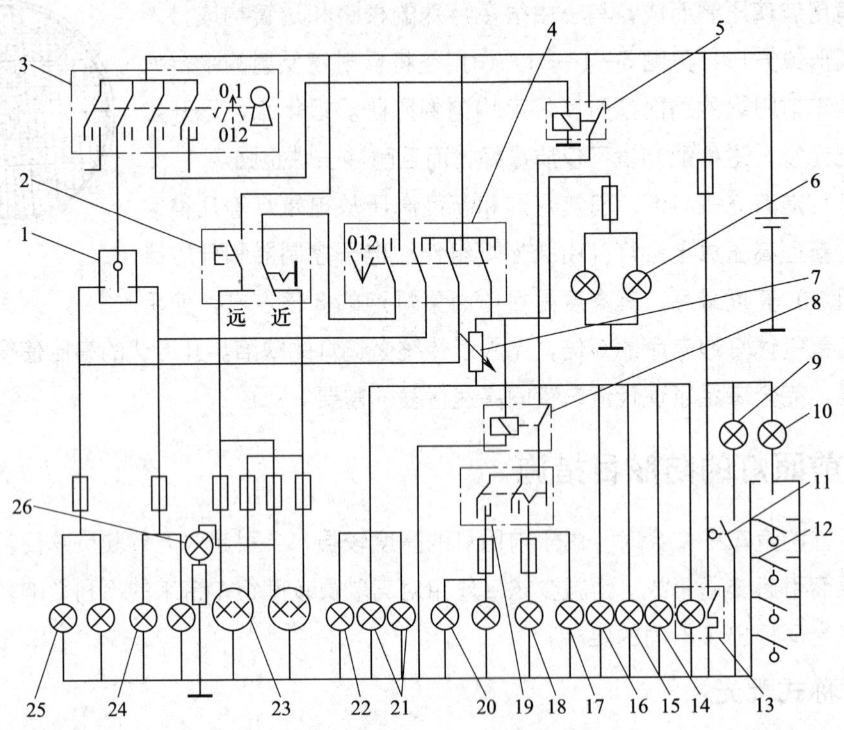

图 5—1—4 桑塔纳轿车照明控制电路

1—停车灯开关 2—变光和超车开关 3—点火开关 4—车灯开关 5—中间继电器 6—牌照灯 7—仪表灯调光电阻 8—雾灯继电器 9—行李箱灯 10—顶灯 11—行李箱灯门控开关 12—顶灯开关 13—点烟器照明灯 14—雾灯开关照明灯 15—后风窗除霜器开关照明灯 16—空调开关照明灯 17—雾灯指示器 18—后雾灯 19—雾灯开关 20—前雾灯 21—仪表照明灯 22—时钟照明灯 23—前照灯 24—右前后示宽灯 25—左前后示宽灯 26—远光指示灯

牌照灯 6 由车灯开关 4 直接控制，不受点火开关控制。仪表板、时钟、点烟器、雾灯开关、后风窗除霜器开关、空调开关等开关的照明灯（21、22、13、14、15、16）也均由车灯开关 4 控制。它们的照明亮度通过调光电阻 7 调节。

顶灯 10 由顶灯开关 12 控制，顶灯开关接通（打向左侧）顶灯亮。如果顶灯开关断开，则只要有一个车门未关严，顶灯点亮。

行李箱灯 9 由开关 11 控制，当行李箱打开时，开关接通，灯亮。

六、前照灯的调整与照明系统故障诊断

1. 前照灯光束的检查与调整

前照灯光束调整不当将影响汽车夜间行车的安全，降低运输效率，增加驾驶员的疲劳强度。因此各国均重视前照灯的检验与调整，将其作为汽车安全检验项目之一。

前照灯的检验可以采用屏幕检验法或仪器检验法，前者操作不便，精确度低，汽车检测

站多用仪器检验法。

(1) 屏幕检验法

器材：检验屏幕；前照灯检验仪；万用表、短接线、电工工具。

步骤：

1）仔细观察前照灯的结构。

2）用万用表测量灯泡远近灯丝的阻值，并对照标准数据判断其是否损坏。

3）用屏幕法检验前照灯光束。

①汽车空载停放于平整场地上，前照灯总成应清洁。屏幕与场地垂直，轮胎气压、环境光线符合要求，驾驶室只有一名乘员。

②根据图5—1—5所示位置和表5—1—1所示数据调整车辆和屏幕的有关数据。

表5—1—1　　常见车型前照灯光束调整数据

车型	S (m)	A (mm)	H (mm)	D (mm)	按何种光束调整
东风EQ1090	10	1030	1086	262	远光
解放CA1091	10	1320	1035	250	远光
北京BJ2022	7.5	680	837	75	远光
三菱L—047	3	—	—	22	远光
五十铃ST90	3	—	—	26	远光
桑塔纳	10	—	—	100	远光

③起动发动机，使之以2 000 r/min的转速转动。

④打开前照灯远光灯泡（要遮住另一只前照灯），检查其光束是否对准图5—1—5所示的“a”点（或“b”点）。

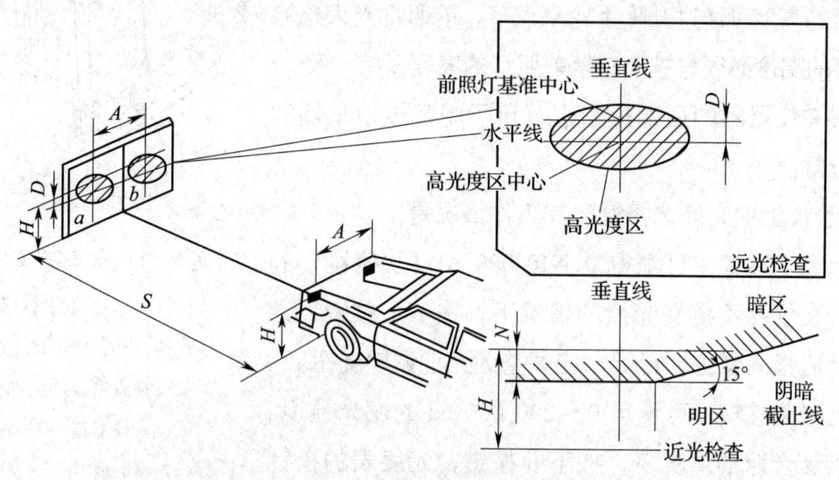

图5—1—5　前照灯光束检查

⑤如未对准图5—1—5所示的“a”点（或“b”点），则按照图5—1—6所示的方法进行调整。

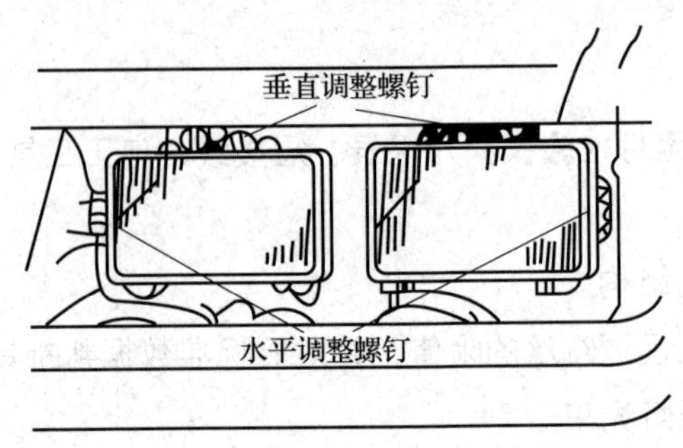

图 5—1—6 前照灯光束调整

⑥两侧的前照灯远光光束调整好了之后，打开近光灯，检查屏幕上是否有明显的明暗截止线，高度是否合适。可通过前照灯的垂直调整螺钉调整近光光束。一般规定：前照灯上边缘距地面不大于 1 350 mm 的车，距灯 10 m 的屏幕上的截止线水平部分应比前照灯基准中心低 H/3 左右。

(2) 前照灯检验仪调整前照灯光束（以国产 QD—2 型检验仪为例）

1) 检验仪的组成

国产 QD—2 型前照灯检验仪如图 5—1—7 所示，由仪器箱、支架、行走部分、仪器箱升降调节装置和对正器等组成。

仪器箱是该检验仪的主要部分，在它的上面安装有前照灯光束照射方向选择指示旋钮和屏幕，前端装有透镜。前照灯的光束通过透镜投影到屏幕上成像，再通过仪器箱上方的观察窗口，目视光束在屏幕上的光束照射方向是否符合要求。

仪器箱的高度可通过升降手轮来调节，前照灯光束检验时，仪器箱的高度必须与被检车辆前照灯的高度保持一致。

对正器在仪器箱的后端顶盖上，用于观察被检车辆的相对正确位置。

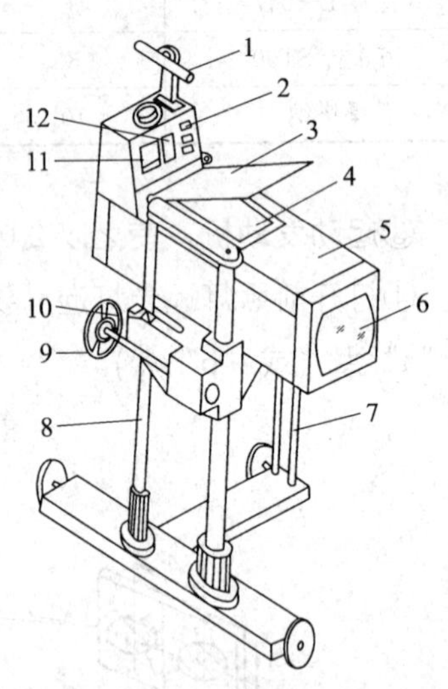

图 5—1—7 国产 QD—2 型前照灯检验仪

1—对正器 2—光度选择键 3—观察窗盖 4—观察窗 5—仪器箱 6—透镜 7—移动把手 8—支架 9—仪器箱升降手轮 10—仪器箱高度指示标 11—光度表 12—光照束

2) 检验仪上的光度选择键，其工作情况是：

按下远光Ⅰ按键，可测得 0～40 000 cd（坎德拉）的发光强度。在仪器不接受光照的情况下，按下Ⅰ按键，光度表的指针应指向零位，否则，应调整远光Ⅰ调零旋钮。

按下远光Ⅱ按键，可测得 0～200 000 cd 的发光强度。在仪器不接受光照的情况下，按下Ⅱ按键，光度表的指针应指向零位，否则，应调整远光Ⅱ调零旋钮。

按下近光Ⅲ按键，可测得 0～1 000 cd 的发光强度。在仪器不接受光照的情况下，按下Ⅲ按键，光度表的指针应指向零位，否则，应调整近光Ⅲ调零旋钮。

3）当前照灯光束调整好之后，就应测量其光照度。在发动机约 2 000 r/min 转速和蓄电池充足电的条件下，前照灯照度要符合有关规定［一般应在 2.152×10^{5} lx（勒克司）以上］。若照度达不到要求，应更换前照灯。

4）在检查前照灯电路故障时，要采用用电设备向电源方向按线路逆向分段排除检查法。首先将前照灯火线从接线柱（或插接器）拆下，在灯开关接通的情况下，检查该接线柱上电源方向来线是否有电，如有电，则证明故障是由灯泡损坏或灯泡搭铁线搭铁所致；如无电则说明故障在前方线路。再查有关的熔断器是否完好，插接头、灯光继电器和灯光开关接线是否松脱，灯光继电器是否完好（采用短接法）等。

2. 照明系统常见故障与排除

照明系统常见的故障及可能的原因见表 5—1—2。

照明系统的故障原因具有类似性，对故障的检测方法基本相同，因此，读者在遇到照明系统故障时，可参考表 5—1—2 所示的方法，进行故障诊断。

表 5—1—2　　照明系统常见故障及可能原因

故障现象	可能的故障原因
所有灯都不亮	蓄电池至总开关之间火线断路；灯总开关损坏；电源总熔断器断开
远光灯或近光灯不亮	变光开关损坏；导线断路；远光灯或近光灯熔断器断开；灯光继电器损坏；前照灯失效；传感器损坏；灯总开关损坏
前照灯灯光暗淡	熔断器松动；导线接头松动；前照灯开关或继电器触点接触不良；发电机输出电压低；用电设备漏电；负荷增大；接触不良
前照灯一侧亮一侧暗	前照灯暗的一侧搭铁不良或变光开关处接触不良
前照灯和后灯亮，小灯不亮	前照灯总开关损坏；熔断器断开；小灯灯泡损坏；小灯线路断路；继电器损坏
灯泡经常烧坏	发电机输出电压过高

§5—2　信号系统

学习目标

1. 了解信号灯系统的种类和用途。
2. 掌握转向、制动与倒车信号装置的结构和工作原理。
3. 掌握闪光器的工作原理。

一、信号灯系统的种类和用途

为保证行车安全，驾驶员必须能够及时获取行车时其他车辆的各种工作信息，因此驾驶员要通过车辆信号灯向外界提供一定的操作信息，主要包括：

1. 转向信号灯一般有四只或六只，装在汽车前后或侧面翼子板上，黄色，主转向信号灯功率一般为 21 W，侧转向信号灯一般为 5 W。当汽车转向时，驾驶员通过转向开关点亮左侧或右侧的转向信号灯，向外界提供转向信号。

2. 示宽信号灯一般有两只，白色，装在车头两侧的翼子板上，夜间行车时标示汽车的宽度和方向位置。前转向信号灯和示宽信号灯通常制成双丝灯泡。其中，20 W 的灯丝作转向信号，8 W 的灯丝作示宽信号。

3. 尾灯装在汽车尾部，左右各一只，红色。夜间行车时点亮，向后方车辆提供本车位置信息。

4. 危险信号灯与转向信号灯共用。当车辆出现故障停在路面上时，按下危险开关，全部转向信号灯同时闪亮，提醒后方车辆避让。

5. 转向指示灯装在仪表板上，绿色，两个绿色箭头分别表示左右转向，与转向信号灯同时闪亮，向驾驶员提供左转或右转的工作信息。

6. 制动信号灯车辆后部左右各一只。一般与尾灯共用灯泡（双灯丝），但制动信号灯功率较大，在 20 W 左右，在汽车制动踏板被踏下时，发出强烈的红光，以示制动。

7. 示高灯一般用在大型客车或牵引车车厢上，标示车高信息。

8. 倒车信号灯装在汽车尾部，左右各一只。当驾驶员将变速杆挂入倒挡，倒车信号灯亮，提醒后方车辆或行人注意行车安全，并在夜间倒车时起照明作用。

9. 报警灯与指示灯这种类型的灯较多，均装置在仪表板上，多为黄色或红色。常见的有低气压报警灯、制动液位报警灯、灯丝断路报警灯、驻车制动指示灯、挡位指示灯及各种电控系统故障指示灯。

目前，很多汽车将前后各种灯组合起来，形成组合前灯或组合后灯，如图 5—2—1 和图 5—2—2 所示。

图 5—2—1 组合前灯

图 5—2—2 组合后灯

二、转向、制动与倒车信号装置

1. 转向信号装置

汽车转向信号装置包括转向信号灯、闪光器和转向开关。转向信号装置利用闪光器实现转向信号灯的频闪功能，常用的汽车用闪光器有电热式、电容式、翼片式、水银式、晶体管式等多种，如图 5—2—3 所示。

图 5—2—3　闪光器

各种闪光器都是利用一定的电气装置，使转向信号灯电路时通时断而产生稳定的频闪现象。现简单讲述电容式闪光器、翼片式闪光器和电子闪光器的原理。

(1) 电容式闪光器

电容式闪光器主要由一个双线圈的灵敏继电器和一个大容量的电容器组成，如图 5—2—4 所示。

当汽车接通转向开关时，电流并联线圈、电容器、灭弧电阻被短路，而串联线圈产生的电磁吸力大于弹簧的作用力，触点迅速打开，转向信号灯处于暗的状态。

触点打开后，蓄电池向电容器充电，充电电流通过串联线圈和并联线圈产生的电磁吸力方向相同，使触点保持打开，由于充电电流减小，转向信号灯继续处于暗的状态。

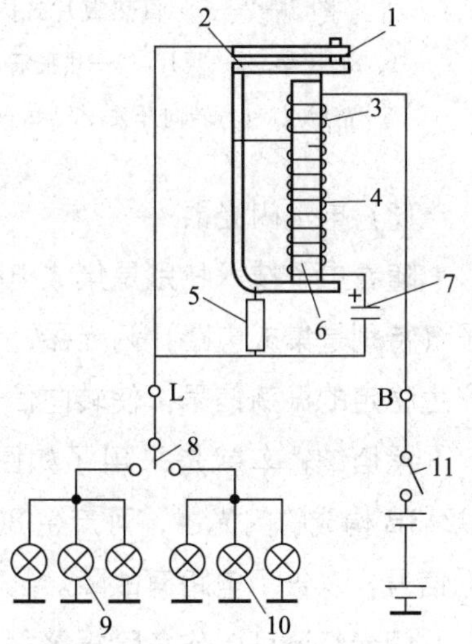

图 5—2—4　电容式闪光器原理

1—触点　2—弹簧　3—串联线圈　4—并联线圈　5—灭弧电阻　6—铁芯　7—电容器　8—转向信号灯开关　9、10—左右转向信号灯及指示灯　11—电源开关

随着电容器的充电，电容器两端的电压逐渐升高，充电电流逐渐减小，串联线圈和并联线圈的电磁吸力减小，触点闭合，转向信号灯和指示灯就处于亮的状态了。与此同时，电容器通过并联线圈和触点放电，其放电电流通过并联线圈产生的磁力方向与串联线圈产生的磁力方向相反，电磁吸力减小，但触点仍保持闭合，转向信号灯和指示灯继续发亮。

随着电容器的放电，电容器两端的电压逐渐下降，其放电电流减小，并联线圈退磁能力减弱，串联线圈的电磁吸力增强，触点又重新打开，灯熄灭……如此反复，闪光器的触点不断开闭，使转向信号灯和指示灯发出闪光。灭弧电阻与触点并联，用来减小触点火花。

电容式闪光器具有监控功能，当一侧转向灯有一只或一只以上灯泡灯丝烧断或接触不良时，闪光器就使该侧转向信号灯只亮不闪，以警示该侧电路异常。

(2) 翼片式闪光器

翼片式闪光器分为直热翼片式（见图 5—2—5）和旁热翼片式（见图 5—2—6）两种，其基本原理都是不通电时触点闭合，灯亮；通电后，热胀条发热变形，拉动触点断开，灯灭；热胀条断电冷却，触点再闭合，再通电，灯亮……如此反复，形成稳定的频闪现象。翼片式闪光器在工作时，会发出“啪嗒，啪嗒”的响声。

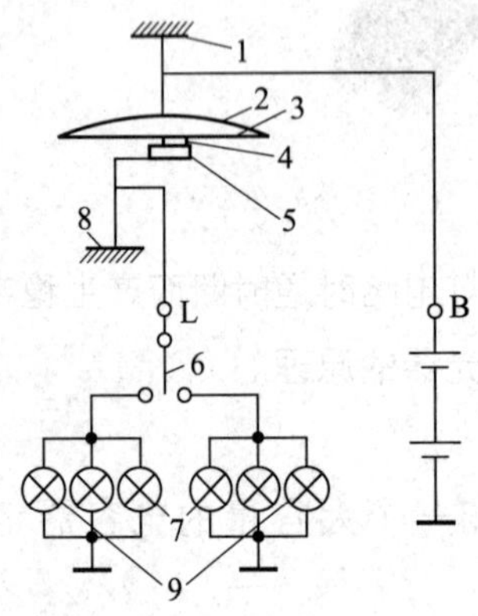

图 5—2—5 直热翼片式闪光器

1、8—支架 2—翼片 3—热胀条 4—动触点 5—静触点 6—转向开关 7、9—转向信号灯

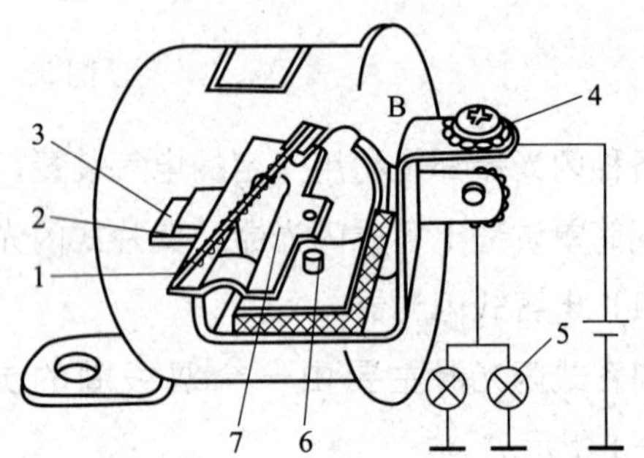

图 5—2—6 旁热翼片式闪光器

1—电阻丝 2—热胀条 3—支架 4—接线柱 5—转向信号灯 6—触点 7—翼片

(3) 电子闪光器

随着电子技术特别是集成电路制造技术的发展，当前汽车闪光器越来越多地开始使用电子（特别是集成电路）闪光器，其基本原理就是利用专用的集成电路（或晶体管振荡电路）产生稳定的振荡信号，使转向信号灯稳定闪烁。

桑塔纳轿车就是采用了如图 5—2—7 所示的专用、高精度、低功耗闪光集成电路 IC U243B 构成的闪光器，可产生 80 次 /min 的闪烁频率。如果有灯泡损坏，则自动产生高频闪烁信号，以告示电路有故障。

闪光灯还可以作危险报警之用，当车辆出现危险时，可以通过危险报警开关，使汽车前后左右的转向信号灯同时闪烁，以示报警。

闪光器的型号表示方法为：

产品代号—电压等级—结构型式—设计序号—变型代号

其中，产品代号 SG 表示闪光器，SGD 表示电子闪光器；电压等级通常有 12 V 和 24 V 两种，适用于不同车型结构型式（见表 5—2—1）。

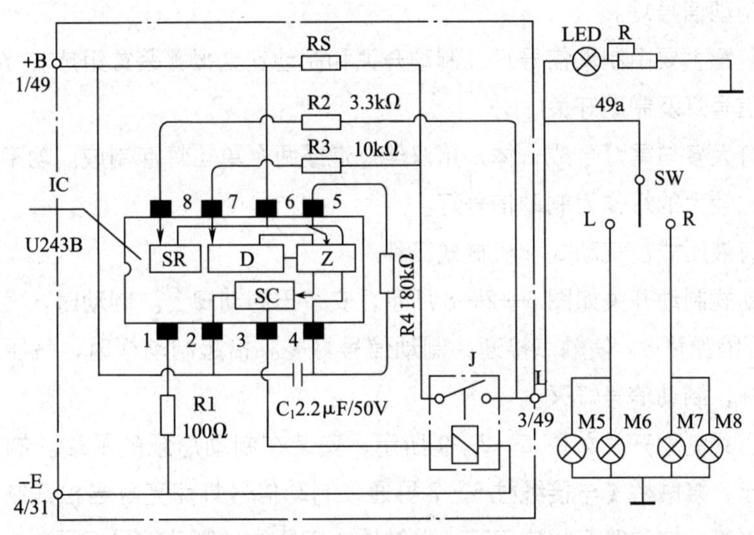

图 5—2—7　集成电路闪光器

SR—输入检测　D—电压检测　Z—振荡器　SC—输出级　RS—取样电阻　J—继电器

表 5—2—1　　**闪光器结构型式**

代号 / 结构型式	1	2	3	4	5	6	7	8	9
闪光器	电容式	电热式	翼片式						
电子闪光器				无触点	有触点	无触点复合	有触点复合	带蜂鸣无触点复合	带蜂鸣有触点复合

(4) 常见故障及排除方法

转向信号装置常见的故障有：所有转向信号灯亮，但是不闪烁；所有转向信号灯都无法点亮；某一侧转向信号灯工作不正常等。

如果所有转向信号灯亮，但是不闪烁，基本上可以肯定是闪光器故障，应更换正确型号的闪光器。

如果所有转向信号灯都无法点亮，一般是闪光器的电源线或有关熔断器断路所致，应检查线路和有关熔断器。

如果某一侧转向信号灯工作不正常，则通常是由于该侧的个别灯损坏或线路接触不良，导致转向信号灯总功率下降，使闪光器的闪光频率发生变化，应检查该侧转向信号灯的灯泡和线路。

2. 制动信号装置

当汽车行驶中遇到突变情况需要制动时，驾驶员踩下制动踏板，使汽车减速至停车，同时制动开关的工作电流经点火开关—制动开关—制动信号灯—搭铁使制动信号灯点亮，提醒后方车辆或行人注意制动。现在的很多车辆为将制动信号更有效地传递给后方的车辆或行人而设置了高位制动信号灯。

制动信号装置主要由制动信号灯、制动开关和制动安全报警装置组成。

(1) 制动信号灯及制动开关

制动信号灯大多与尾灯合成一体，用双丝灯泡或两个单丝灯泡制成。功率比较小的灯作为尾灯，功率比较大的灯作为制动信号灯。

制动开关有液压式、气动式和机械式三种。

常见的气动式制动开关如图 5—2—8 所示，安装于制动阀上。制动时，气压推动橡皮膜 2 向上拱起，压缩弹簧 8，使触点接通，制动信号灯亮。抬起制动板时，气压降低，橡皮膜复原，触点断开，制动信号灯灭。

常见的液压式制动开关如图 5—2—9 所示，安装在制动总泵的前端。制动时，液压增大，薄膜 2 拱起，接触桥 4 与接线柱 6、7 导通，制动信号灯点亮。当松开制动踏板时，液压降低，薄膜挺直，在弹簧 5 的作用下，接触桥 4 回原位，制动信号灯灭。

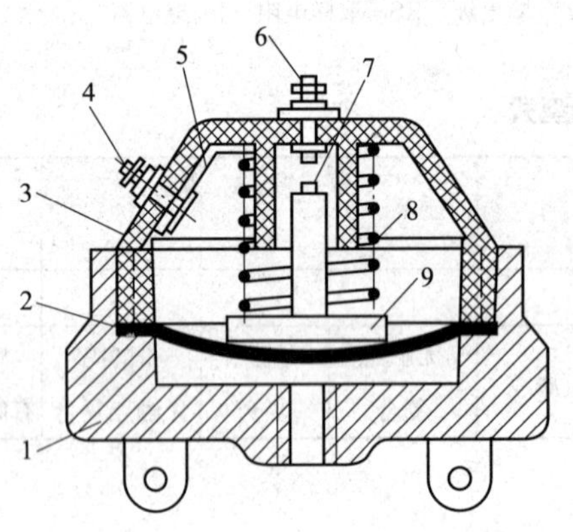

图 5—2—8 气动式制动开关

1—壳体 2—橡皮膜 3—胶木盖 4、6—接线柱 5—金属板条 7—钢质触点 8—弹簧 9—金属盘

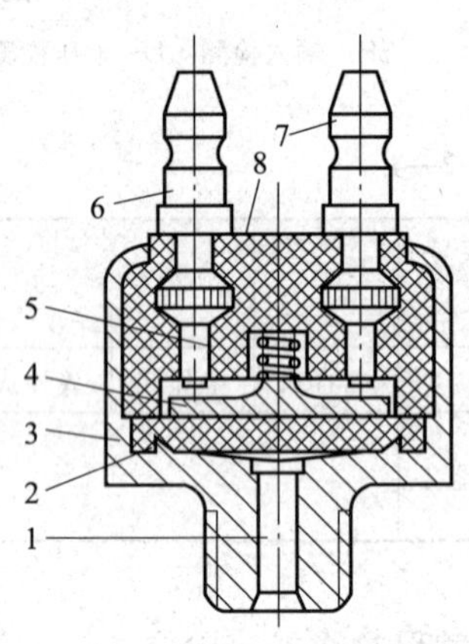

图 5—2—9 液压式制动开关

1—管接头 2—薄膜 3—壳体 4—接触桥 5—弹簧 6、7—接线柱 8—胶木底座

(2) 常见故障及排除方法

如果车辆点火开关打开后，踏下制动踏板，制动信号灯不亮，则故障原因主要有：线路断路或搭铁；制动开关失效；制动信号灯损坏。

排除制动信号灯故障时，应首先检查有关熔断器是否完好，如果熔断器熔断，则必有线路搭铁处。可在熔断器处串接试灯，利用逐段断路法找出搭铁处并排除故障。

若熔断器未断，则检查制动开关和制动信号灯是否完好，并排除这两者的可能故障。若制动信号灯仍有故障，则继续检查线路断路，并排除。

3. 倒车信号装置

汽车倒车时，为提醒车辆后方的行人和车辆，汽车的倒车信号灯闪烁，倒车蜂鸣器鸣叫。

倒车开关结构如图 5—2—10 所示。当变速杆拨入倒车挡时，钢球 1 被松开，在弹簧 5

的作用下，触点 4 闭合（相当于图 5—2—11 中的开关 2 被接通），倒车信号灯亮，同时，倒车警报或蜂鸣器发出倒车声响。

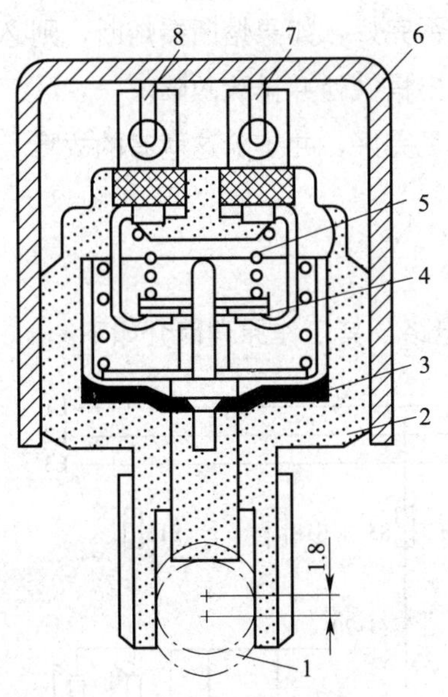

图 5—2—10　倒车开关

1—钢球　2—壳体　3—膜片　4—触点
5—弹簧　6—保护罩　7、8—导线

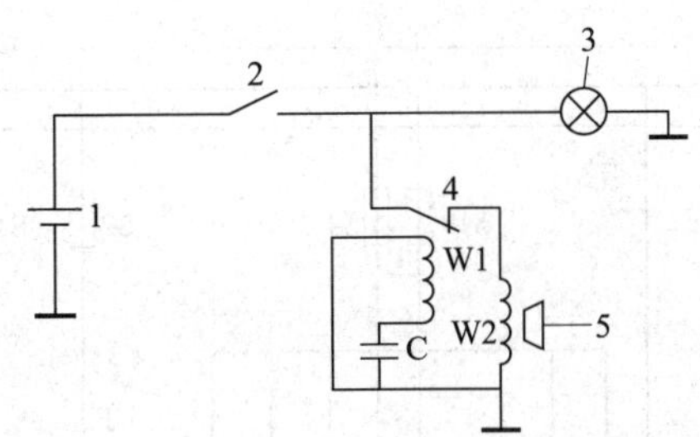

图 5—2—11　倒车报警电路

1—蓄电池　2—倒车开关　3—倒车信号灯　4—触点开关
5—喇叭　W1、W2—励磁线圈　C—电容器

图 5—2—11 所示为一种倒车报警电路，当倒车开关 2 被接通时，倒车信号灯亮，同时，喇叭 5 发出声响，随着电容 C 充电电压的升高，W2 的励磁磁场不断减弱，而 W1 的反向励磁磁场却不断增强，直至触点 4 被吸动打开，喇叭 5 响声停止，此时，电容 C 开始反向放电。当电容 C 放电结束后，W1 和 W2 失磁，触点 4 闭合，喇叭 5 又发出声响……如此反复，产生倒车警报。

另一种常见的晶体管倒车蜂鸣器电路如图 5—2—12 所示，晶体管 VT1 和 VT2 组成多谐振荡电路，产生一定频率的振荡信号，推动晶体管 VT3 输出该振荡信号，使线圈在振荡信号作用下，反复被磁化、退磁，从而带动膜片发出一定频率的蜂鸣音。

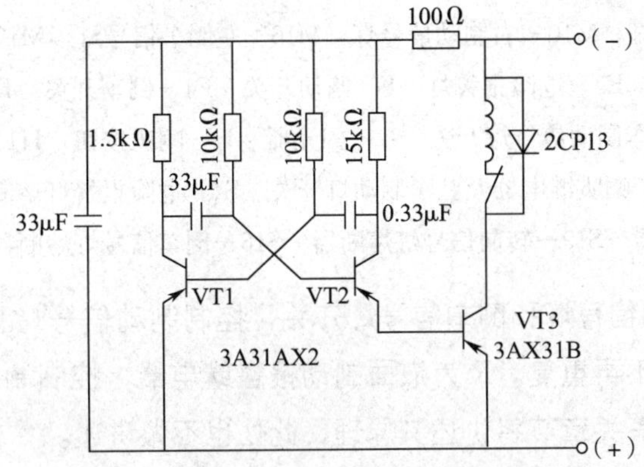

图 5—2—12　晶体管倒车蜂鸣器电路

如果倒车时倒车信号灯不亮，则可能的故障原因有：倒车信号灯损坏；倒车开关损坏；线路有断路或搭铁。

排除倒车信号灯故障时，应首先检查有关熔断器是否完好，如果熔断器熔断，则必有线路搭铁处。可在熔断器处串接试灯，利用逐段断路法找出搭铁处并排除故障。

若熔断器未断，则检查倒车开关和倒车信号灯泡是否完好，并排除这两者的故障。若倒车信号灯仍有故障，则继续检查线路断路，并排除。

4. 信号装置的控制电路

如图 5—2—13 所示为桑塔纳轿车的信号装置控制电路，其工作原理简介如下：

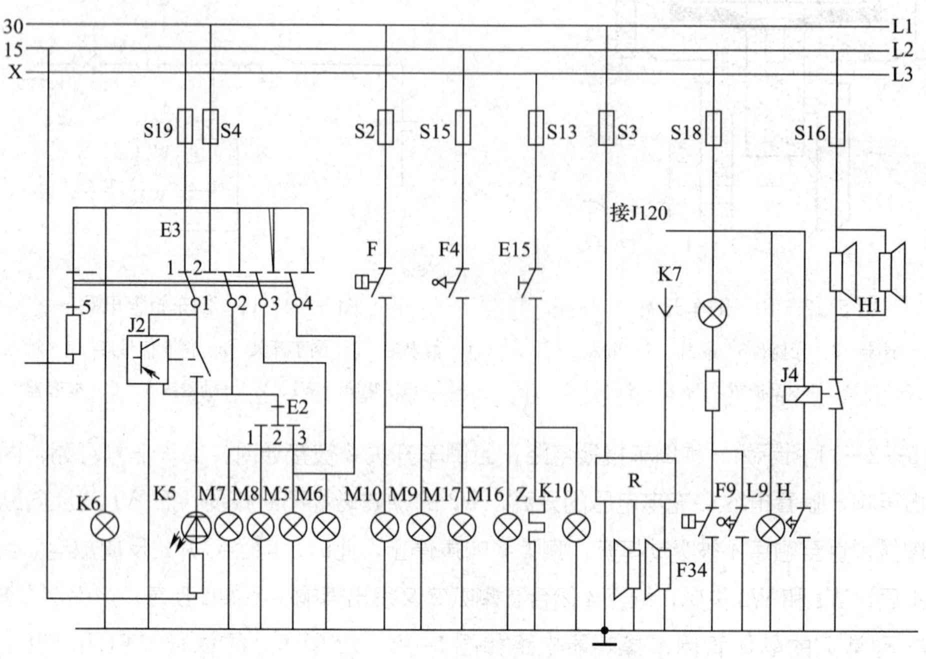

图 5—2—13　桑塔纳轿车信号装置控制电路

K5—转向信号灯　K6—报警指示灯　K7—制动液面、驻车指示灯　K10—除霜器指示灯
M5—左转向信号灯　M6—左后转向信号灯　M7—右转向信号灯　M8—右后转向信号灯
M9—左制动信号灯　M10—右制动信号灯　M16—左倒车信号灯　M17—右倒车信号灯
J4—喇叭继电器　E3—危险报警灯　F—制动开关　F4—倒车开关　E2—转向开关
F9—驻车制动信号灯开关　J2—闪光器　H—喇叭按钮　H1—喇叭
S18—喇叭继电器及驻车制动灯开关　S4—危险报警灯熔断器
S2—制动信号灯熔断器　S19—转向信号灯熔断器　S15—倒车信号灯熔断器　S16—喇叭熔断器

F 和 F4 分别是制动信号灯和倒车信号灯开关，控制制动信号灯和倒车信号灯。工作原理前面已经叙述，此处不再重复。R 为液面制动报警继电器，控制制动液面警报。H 和 H1 为喇叭控制回路，后面有关章节将讲述其原理，此处也不做讲述。

当危险报警灯开关 E3 置于 1 挡（断开）时，由转向开关 E2 控制转向信号灯的正常工作。需要危险报警时，E3 置于 2 挡，左右转向信号灯同时闪烁，以示报警。

第六章 电 气 仪 表

为了使驾驶员能随时掌握汽车主要的行驶状态的各有关信息，包括蓄电池供电情况、发动机机油工作压力大小、发动机冷却液温度高低、发动机运转的速度、油箱内的燃油储存量、汽车实际行驶的速度等，汽车驾驶室均装有仪表板，如图 6—0—1 所示。

图 6—0—1 汽车仪表板

汽车仪表板总成里安装有各种仪表及声光指示装置，使驾驶员可以及时掌握有关信息。这些装置要求结构简单、观察方便，而且耐振动、抗冲击，在任何情况下都能指示平稳、示值清晰准确、不受电源波动和温度变化的影响。

汽车仪表是汽车工况信息指示的主要装置。传统的汽车仪表按原理可分为两大类：一类是电热式，利用双金属片的电热效应原理，当双金属片的加热线圈中有电流通过时，双金属片受热变形，带动仪表指针偏转而指示出相应的读数；另一类是电磁式，利用电磁感应原理，当电流通过电磁线圈时，产生电磁力拖动仪表指针偏转而指示出相应的读数。

常用的仪表有电流表、机油压力表、水温表、燃油表及车速里程表等。

§6—1 机油压力表

学习目标

1. 了解机油压力表的种类。
2. 掌握机油压力表的结构和工作原理。

机油压力表简称油压表，用来指示发动机工作时润滑系统润滑油压力的大小。发动机工作时，各机件接触面间发生摩擦，如无润滑必然磨损加快。润滑油是由机油泵经过滤后通过各油道送至各机件接触面上的，因而对润滑油有一定的油压要求，其大小视发动机功率而定，最高油压一般不应超过 0.49 MPa。一般汽车上传统的油压表有电热式、弹簧管式、电磁式三种，但最常见的是电热式机油压力表，(又称双金属片式油压表)。

一、双金属片式油压表

双金属片式油压表的基本结构如图 6—1—1 所示，由装在发动机润滑系统主油道中的油压传感器和装在仪表板上的油压指示表两大部分组成。

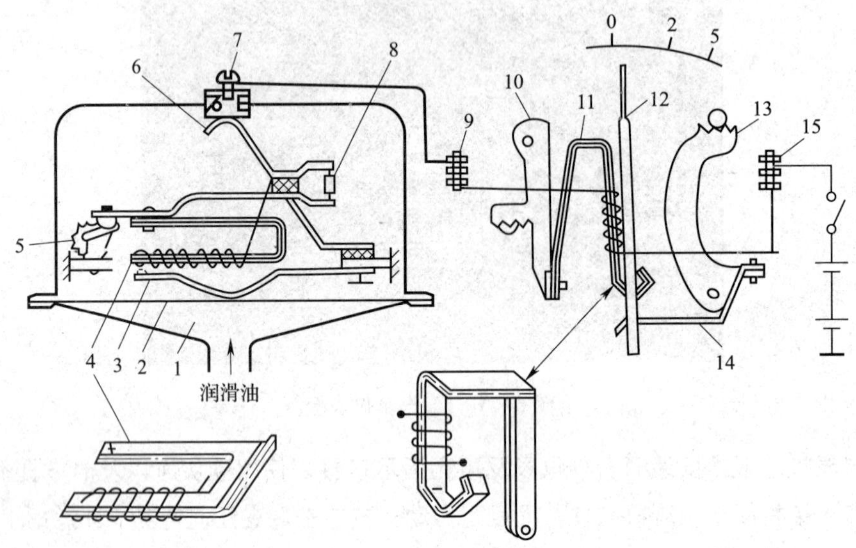

图 6—1—1　双金属片式油压表

1—管接头及油腔　2—膜片　3—弓形弹簧片　4、11—双金属片　5—调节齿轮　6—接触片

7、9、15—接线柱　8—校正电阻　10、13—调节齿扇　12—指针　14—弹簧片

油压传感器俗称感压盒，为一圆形钢壳密封件。盒内装有膜片 2，膜片 2 的中心上顶弓形弹簧片 3，弹簧片的悬臂端焊有动触点，另一端搭铁，悬臂端上顶着双金属片 4 的工作臂触点，即保持触点冷态接触。双金属片 4 的工作臂上绕有电热线圈，线圈的一头在工作臂的端头触点上，另一头经接触片 6 和接线柱 7 与指示表相连；另一臂为补偿臂，当外界温度变化时，工作臂的附加变形可由补偿臂的相应变形所补偿。补偿臂的头与接线柱 9 连接，接线柱 9 的一端通过调节齿轮 5 相连并搭铁，另一端接校正电阻 8，校正电阻 8 与电热线圈并联。膜片 2 下面为油腔 1，油腔上边缘与传感器罩形顶盖周边扣压密封。

当电源开关接通时，电流流过双金属片，使金属片受热变形弯曲，触点分开，电流被切断，双金属片冷却伸直，触点闭合……如此反复，形成如图 6—1—2 所示的脉动电流。

机油压力较大时，膜片 2 被顶升，弹簧变形，需流过金属片的电流较大触点才分断，造成整个回路中触点闭合时间长而分断时间短，使电流的有效值较大，双金属片受热弯曲程度增加，带动指示仪表的指针偏转较大，从而指示高油压。

反之，当机油压力较小时，则弹簧变形减小，整个回路的电流有效值减小，仪表指针偏转较小，指示低油压。

二、弹簧管式机油压力表

弹簧管式机油压力表的结构如图 6—1—3 所示。被弯曲成圆弧状的弹簧管在机油压力的作用下产生弹性变形，使密封的自由端向外延伸或向内收缩，带动指针在仪表上移动，指示油压。

发动机低速工作时，油压一般不得低于 0.147 MPa，正常油压为 0.196～0.392 MPa。

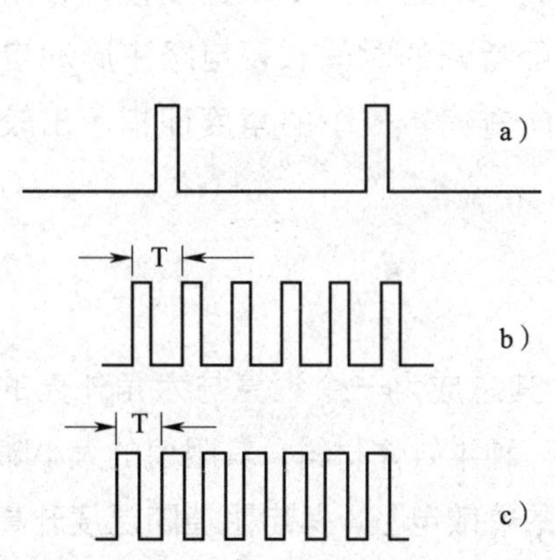

图 6—1—2　油压表线圈电流波形

a）油压为 0　b）油压为 0.196 MPa　c）油压为 0.49 MPa

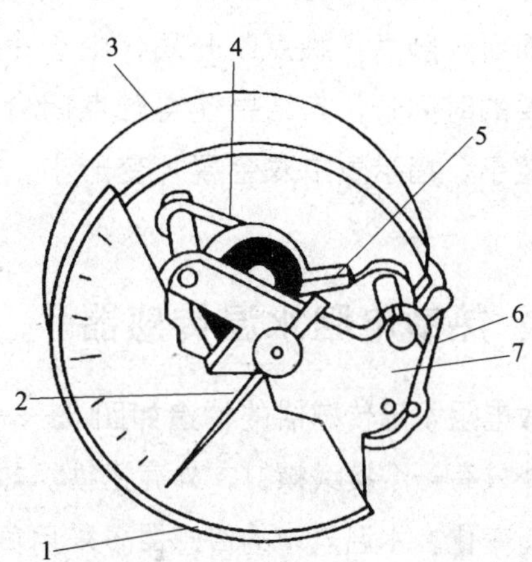

图 6—1—3　弹簧管式机油压力表

1—刻度面　2—指针　3—弹簧管　4—游丝　5—扇形齿　6—传动杠杆　7—底板

§6—2　水　温　表

学习目标

1. 了解水温表的种类。
2. 掌握水温表的结构和工作原理。

水温表是用来指示发动机水套中冷却液工作温度的仪表。各种不同类型的发动机，其冷却液温度各不相同，发动机正常工作时的水温一般在 70℃左右。水温表由水温指示表和温度传感器两部分组成。温度传感器又称感温塞，装在发动机气缸盖水套上。常用的水温指示表有电热式和电磁式，安装于仪表板上。

一、电热式水温表

电热式水温表又称双金属片式水温表，它的传感器和指示表均为双金属片电热式，其指示表与电热式机油压力指示表构造完全相同，仅刻度盘示值与油压表相反而已。

它的传感器是一个铜壳套筒式密封件，内装条形双金属片，其上绕有电热线圈。电热线圈的一端通过触点接地，另一端通过接触片和接线柱接指示表电路。

电源接通后，当冷却水温度不高时，传感器铜壳及双金属片温度也低，传感器可调触点的闭合压力较大，电热线圈必须通电较长时间使双金属片变形才能断开触点。触点断开后，由于冷却水温度低，双金属片迅速冷却又使触点闭合，因而此时触点闭合的时间长而断开的时间短，使得电路中脉冲电流的平均值较大，指示表中双金属片变形大，带动指针向右偏转较大的角度而指示出较低的温度值。

当冷却水温度较高时，触点间的闭合压力小，只要较小的电流便可以使双金属片进一步上翘而断开触点。触点断开后，由于冷却水温度高，双金属片冷却速度慢，触点恢复闭合需要的时间长，其结果使得触点闭合的时间短而断开的时间长，电路中脉冲电流的平均值较小，指示表中双金属片变形小，带动指针向右偏转较小的角度而指示出较高的温度值。

二、热敏电阻水温传感器

热敏电阻水温传感器的构造如图 6—2—1 所示，其总成为一个铜壳与六角外壳的密封体，对外只有一个接线螺钉，外壳搭铁。热敏电阻是一种半导体材料，其阻值的大小随温度的变化而变化，水温表中的传感器多采用负温度系数的热敏电阻，其电阻值随温度升高而下降。这种传感器具有结构简单、灵敏度高、抗振性好、使用寿命长（为双金属片的 3～4 倍）等优点，且对外不产生触点放电性干扰。

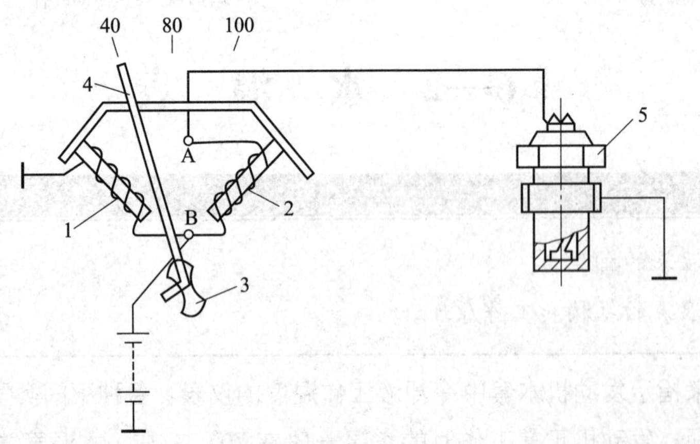

图 6—2—1 电磁式水温指示表与热敏电阻水温传感器

1—左线圈 2—右线圈 3—铁转子 4—指针 5—负温度系数热敏电阻水温传感器

热敏电阻水温传感器的工作原理是将水温的变化由热敏电阻变换成电阻值的变化，从而控制水温表电路中电流的大小，使水温表指示出相应的温度。

热敏电阻水温传感器一般与电磁式水温指示表配用，组成电磁式水温表。

§6—3　燃油表和仪表稳压器

学习目标

1. 了解燃油表的种类。
2. 掌握燃油表的结构及工作原理。
3. 掌握仪表稳压器的结构和工作原理。
4. 掌握燃油表、传感器和仪表稳压器的检查方法。

燃油表用来指示汽车油箱内储油的多少，它由装在油箱中的油量传感器和装在仪表板上的燃油指示表两部分组成。油量传感器大多为可变电阻式，燃油指示表有电磁式和电热式等。

一、电磁式燃油表的基本结构

电磁式燃油表的基本结构如图 6—3—1 所示。在燃油表的表壳内绝缘板上，安装着左、右两个成一定角度的铁芯线圈 1 和 2。左线圈 1 的两头分别与上、下两接线柱 10 和 9 相连，与传感器的可变电阻 5 接成串联；右线圈 2 的一头与下接线柱 9 相连，另一头直接搭铁，与传感器的可变电阻 5、指针 4 构成转子 3，指针上面是黑底白字的油面高度刻度盘。刻度盘从左到右标明“0”、“1/2”、“1”三个示值，分别表示无油、半箱油和满箱油。浮子 7 一般为塑料或薄金属空筒，插入油箱内随油面一同升降。

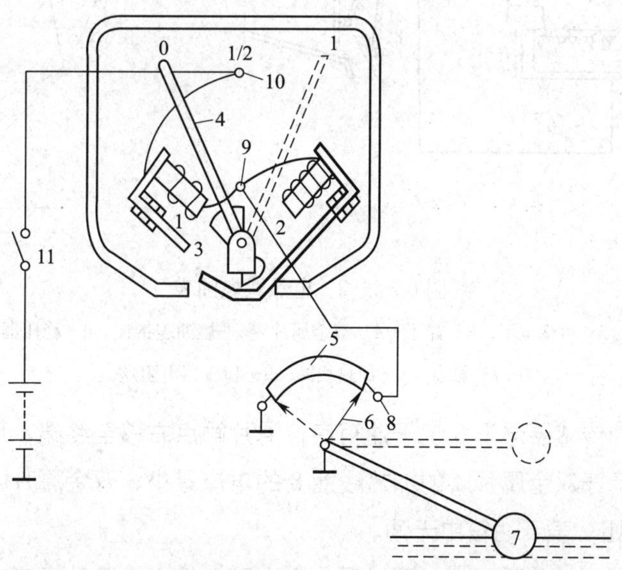

图 6—3—1　电磁式燃油表及可变电阻式传感器

1—左线圈　2—右线圈　3—转子　4—指针　5—可变电阻　6—滑片

7—浮子　8、9、10—接线柱　11—点火开关

接通电源后，燃油表中的电流通过左、右线圈时，两线圈产生一合成电磁场作用于转子3，使转子3载着指针4偏转，指示出一定的刻度值。

当油箱无油时，浮子沉底，滑片右偏到终端，可变电阻被滑片短接。此时右线圈的两端均搭铁，线圈上无电流通过。左线圈此时承受全部电压，线圈上通过的电流达到最大值，对转子产生的电磁吸力最强，使转子载着指针偏转到最左端，指针停止在“0”位上，表示油箱内无油。

随着油箱中油量的增加，浮子上浮，滑片向左移动，可变电阻部分接入电路。此时与可变电阻串联的左线圈中电流减小，与可变电阻并联的右线圈中电流增大，使得左线圈对转子的电磁吸力减小，右线圈对转子的电磁吸力增大，合成电磁吸力使得转子载着指针向右偏转，指示出油箱中的储油量。当油箱半满时，合成电磁吸力使指针偏转到“1/2”刻度上。

油箱满油时，浮子7浮到箱顶，可变电阻全部串入电路，左线圈电流降至最小值，右线圈电流上升到最大值，两线圈合成电磁吸力推动指针偏转至最右端，指示到刻度值“1”上。可变电阻5末端搭铁，可避免滑片与可变电阻接触不良产生电火花。

二、电热式燃油表

电热式燃油表的基本结构如图6—3—2所示，其结构特点是利用双金属片受热变形来代替电磁式燃油指示表中的电磁作用力，因而又常称为双金属片式燃油表。

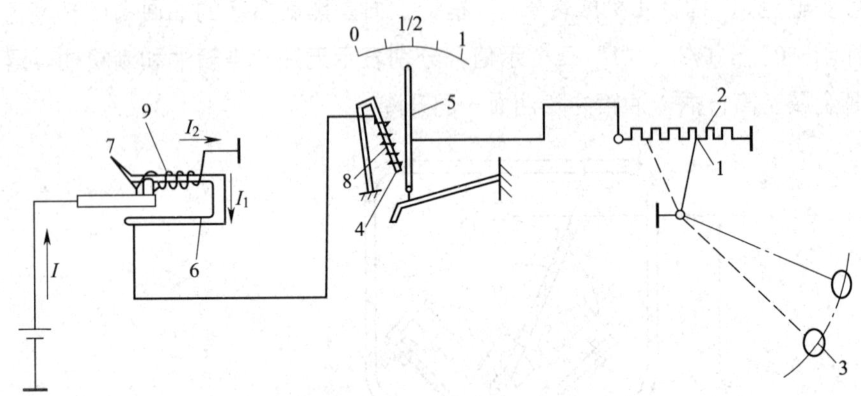

图6—3—2 电热式燃油表

1—滑片 2—可变电阻 3—浮子 4—双金属片 5—燃油表指针 6—稳压器双金属片 7—触点 8—加热线圈 9—稳压器电阻丝

当油箱无油时，传感器浮子3沉于油箱底，滑片触点右移至终端，可变电阻2全部接入电路。此时流经指示表双金属片4的加热线圈8的电流最小，双金属片4几乎不变形，指针5指在刻度值“0”处，表示油箱中无油。

当油箱中储油增加时，浮子3上浮，滑片1左移，接入电路的可变电阻值减小，流过加热线圈8的电流增加。双金属片4热变形增大，勾连指针5向右偏转，指示出油箱中的储油在增加。当油箱充满油时，浮子上浮到箱顶，接入电路的可变电阻值最小，流过加热线圈8

的电流达到最大值，双金属片 4 的热变形也最大，勾连指针 5 向右偏转到终端，指示在刻度值“1”处，表示满箱油。

三、仪表稳压器

当电热式水温表及燃油表配用可变电阻式传感器时，电路中应接入稳压器，其目的是降低电源电压波动对仪表指示值的影响。

仪表稳压器种类有电热式和电子式两种，电热式仪表稳压器的结构如图 6—3—3 所示。

其基本原理是：当电源电压偏高时，电热线圈 4 中的电流增大，产生较大热量，使触点 8 能在较短时间内断开，且断开的触点需要较长时间的冷却才能闭合，从而导致触点的闭合时间短而断开时间长，使仪表上的电压平均值降低。

反之，当电源电压偏低时，电热线圈 4 中的电流降低，产生较小热量，使触点 8 能在较长时间内断开，且断开的触点只需较短时间的冷却就能闭合，从而导致触点的闭合时间长而断开时间短，使仪表上的电压平均值升高。

如此重复动作，仪表中流过的是断续的脉动电流，其平均值仅随水温或油箱中油面高度的变化而变化，而不受电源电压波动的影响。

仪表稳压器在使用时应注意以下几点：

1. 安装时，两个接线柱不能接错。

2. 凡使用仪表稳压器的燃油表和水温表，不允许直接与电源连接，以免烧毁仪表。

目前，在越来越多的车辆上开始使用电子式仪表稳压器。图 6—3—4 所示为捷达轿车所使用的电子式仪表稳压器，有关原理不在此处叙述，其外部线路连接及使用事项与常规仪表稳压器基本相同。

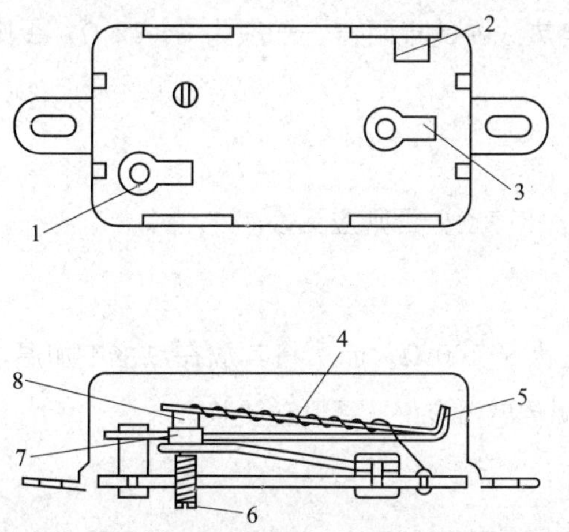

图 6—3—3 电热式仪表稳压器

1—输出端 2—搭铁 3—输入端
4—电热线圈 5—双金属片 6—调整螺钉
7—固定螺钉 8—活动触点

图 6—3—4 电子式仪表稳压器

四、仪表及传感器性能的检验

器材：各种仪表传感器，各种仪表，万用表等。

1. 机油压力表的检验

用万用表 $R\times1$ 挡测量电热线圈是否有短路、断路故障。

如电热线圈良好，则如图 6—3—5 所示，将机油压力表接入电路，检查毫安表示数分别为 65 mA、175 mA、240 mA 时，机油压力表是否相应地指示在“0”、“2”、“5”的位置上。若有误差，可用旋具在仪表背面进行调整。

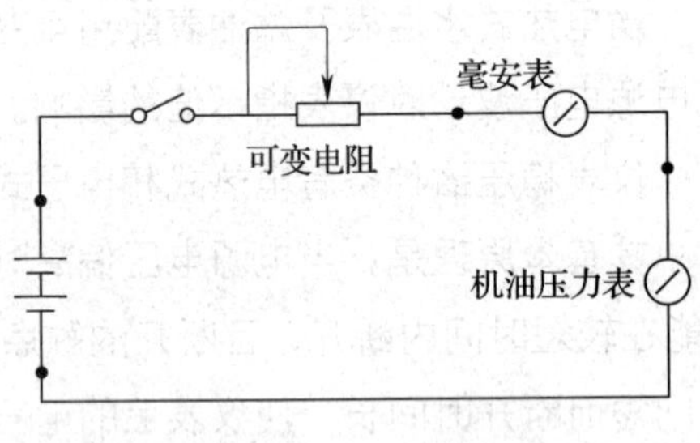

图 6—3—5 机油压力表的检验

2. 水温表的检验

用万用表 $R\times1$ 挡测量电热线圈阻值，标准情况下应为 17.5 Ω。

通电检验方法同机油压力表。

3. 燃油表的检验

如果是电磁式仪表，用万用表 $R\times1$ 挡测量左、右两个线圈的电阻值。一般情况下，左线圈电阻值应为（45±1.5）Ω，右线圈的电阻值应为（50±1.5）Ω，阻值过大或过小均应更换。

若是电热式仪表，检验方法同机油压力表。

4. 油压传感器的检验

用万用表 $R\times1$ 挡测量电热式油压传感器电热线圈的电阻值，一般为 8～12 Ω，否则应更换。

5. 电热式水温传感器的检验

用万用表 $R\times1$ 挡测量其电阻值，一般为 7～8.5 Ω，否则应更换。

6. 可变电阻式水温传感器的检验

用万用表 $R\times1$ 挡测量常温下的电阻值，应大于 100 Ω，而后将其放在热水中加温，再测量电阻值。若阻值随水温的升高而增大，说明传感器良好，否则应更换。

7. 燃油表传感器的检验

燃油表一般采用的是可变电阻式，可用万用表测量电阻值。测量时，将一只表笔与传感器的对外接线柱连接，另一只表笔与传感器壳体相接。正常工作时，当浮子沉到低时，阻值应为最小（或最大）；随着浮子的抬升，阻值应逐渐上升（或下降），否则应更换传感器。

五、常见故障与排除方法

如仪表工作不正常，则首先要检查熔断器、仪表稳压器工作是否正常。其次，检查是否有线头脱落、松动，搭铁是否正常。

器材：各种仪表传感器，各种仪表，万用表等。

1. 机油压力表指示不准确

(1) 指示值过高，一般是由于传感器内部有搭铁或短路存在，应立即关闭点火开关。先将传感器连线拆下，同时接通点火开关，观察机油压力表，若指针不动，则说明传感器有故障；若指针迅速向右偏移，则说明压力表电路有搭铁。

(2) 无指示。起动发动机，若机油压力表无指示，则说明压力表、传感器或润滑系统故障。检查时，首先将传感器连线拆下并搭铁，如果指针立即偏转，说明故障在传感器；若仍无指示，则换一新表进行试验，若指示正常，则说明原表有故障，应更换。

2. 水温表指示不准

(1) 闭合点火开关，水温表指示在 50℃上不动，则表明水温表电路有断路故障。检查时，首先检查水温表电路的各接线是否牢固、熔断器是否烧断；再将传感器连线拆开并搭铁，如水温表指针立即偏转，表明水温表正常而传感器有故障。

(2) 水温表指针总是指向 100℃以上时，检查方法为：闭合点火开关，在发动机不工作的情况下，水温表指针迅速由 40℃左右偏转到 100℃处，则表明水温表内部或水温表至传感器之间的线路有搭铁。可拆开水温表至传感器的接线进行断路试验，此时，若水温表指针仍在 100℃，说明水温表内部搭铁，应更换水温表；若水温表指针逐步转回 40℃，则表示水温表至传感器的线路搭铁，也可能是水温传感器的热敏电阻发生短路，应更换传感器。

3. 燃油表指示不准

(1) 无论油箱内燃油有多少，指示值均为“0”。检查时，首先轻敲表盘，查看指针是否被卡在“0”位上。若未被卡住，再检查燃油表的电热丝和传感器的可变电阻及其连接电路是否松动或断路，并检查传感器搭铁是否良好。检查搭铁的方法是：将接线对外壳搭铁（时间不能太长），若燃油表指针上升，说明燃油表完好，传感器故障；若指针仍不摆动，则表明燃油表有故障，应更换。

(2) 油箱无油时，指针仍指向“1”位，可能是传感器的浮子被卡住或传感器连线搭铁。检查时，换一只完好的传感器，在关闭点火开关的情况下，用手拨动浮子使其由高到低移动，若燃油表指针读数正常，则说明燃油表良好，故障在原传感器；若读数仍不正常，则表示燃油表故障，应予以更换。

§6—4 车速里程表和发动机转速表

学习目标

1. 了解车速里程表的种类。
2. 掌握车速里程表和发动机转速表的结构和工作原理。
3. 掌握车速里程表的故障排除方法。

车速里程表用来指示汽车行驶的速度和累计行驶的里程数，主要有磁感应式和电传动动圈式两种。

一、磁感应式车速里程表

传统的车速里程表一般为磁感应式仪表，无电路连接，由车速表和里程表两部分组成，如图 6—4—1 所示，它是通过测量驱动轮的转速和转数换算出车速和里程的。一端与软轴连接，另一端与车速里程表连接。

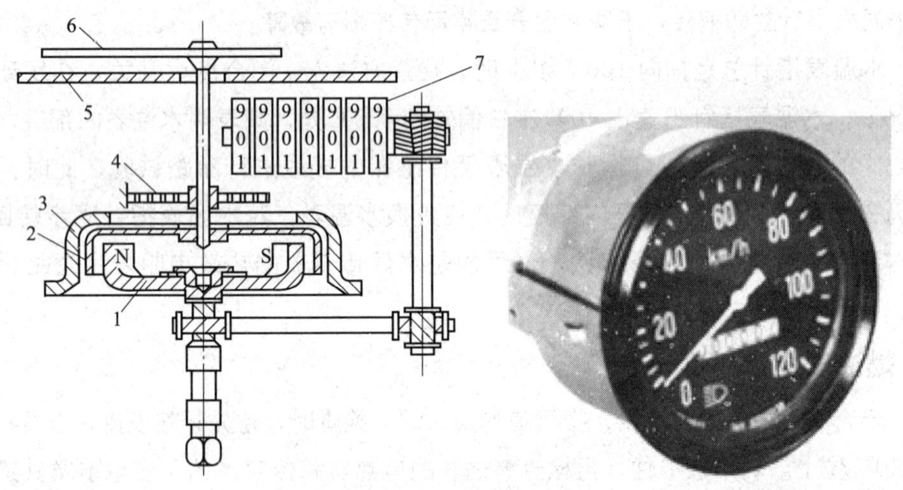

图 6—4—1 车速里程表

1—永久磁铁 2—铝罩 3—磁屏 4—游丝 5—刻度盘 6—指针 7—数字轮

车速表由固定在转轴上的永久磁铁 1、指针 6、铝罩 2、固定在底板上的磁屏 3、紧固在表壳上的游丝 4 等组成。汽车行驶时，驱动轮的转速传递给转轴，然后由转轴带着永久磁铁旋转。永久磁铁在金属铝罩上引起涡流，涡流磁场与永久磁铁的旋转磁场相互作用产生转动力矩，克服游丝弹力驱动铝罩，带动指针跟随永久磁铁转动。当铝罩的转动力矩与游丝的阻力矩相等时，铝罩停止转动，指针指示出相应的转速。车速越高，永久磁铁旋转得越快，铝罩上的涡流越大，合成磁场产生的转动力矩越大，驱使铝罩带着指针偏转的角度也越大，指针指示出的转速也就越高。

里程表由蜗轮蜗杆传动机构和数字轮组成。汽车行驶时，驱动轮的转数经软轴（见图6—4—2）传递给车速里程表的转轴，再经三对蜗轮蜗杆驱动里程表数字轮最右边的第一位数字轮。7个数字轮都装有进位啮合传动机构，低位数字轮每转过一周，相邻高位数字轮转过一个数字，形成10∶1的传动比。并且相邻数字轮的传动并不是连续进行的，而是高位数字轮的转动总是在相邻低位数字轮转动的数字由9回0时才发生，从而实现十进位计数方式。

图6—4—2　变速器输出齿轮和软轴

二、电传动动圈式车速里程表

电传动动圈式车速里程表如图6—4—3所示，由二极管桥式整流器、降压电阻、带动圈的指针以及永久磁铁等构成。

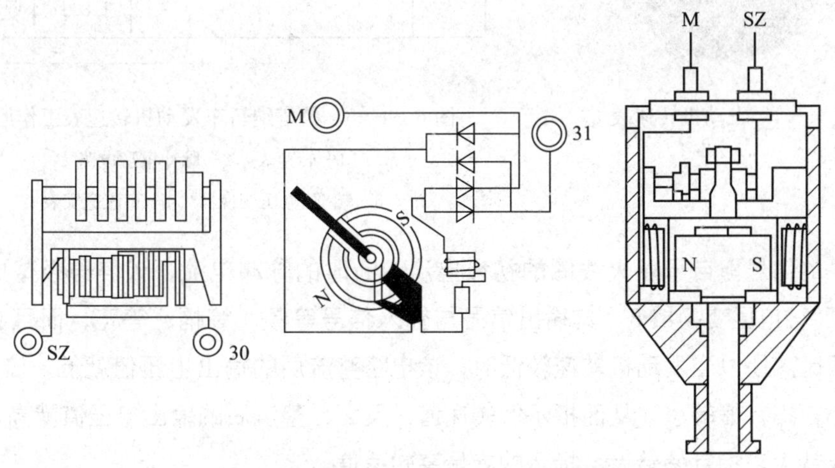

图6—4—3　电传动动圈式车速里程表

变速器上的传感器就像一台小型发电机。汽车行驶时，变速器带动永久磁铁转动，磁力线切割线圈产生交流电，经M接线柱输出，并通过连线接入仪表，经二极管整流器整流，输出直流电。该直流电流经电阻线圈和电阻，通过游丝到动圈产生磁场。这样，动圈磁场和永久磁场相互作用产生力矩，推动指针顺时针转动。速度越快，产生的力矩越大，指针偏转角越大。

计数器由电磁铁不断吸合、断开，推动起动叉不断拨动六个计数轮组成的里程表，而电磁铁的电源接通和断开则由感应器中的断电器控制。

三、发动机转速表

发动机转速表（见图 6—4—4）是发动机工况信息的重要指示装置，可以直观地指示发动机的转速，便于驾驶员选择发动机的最佳速度范围，把握好车速换挡时机，以获得发动机最经济的运转，因而汽车上都装有发动机转速表。

转速表获取发动机转速的方法主要有两种：一是根据转速传感器输出的脉冲（或交变）信号，二是根据点火线圈初级电流中断时产生的脉冲信号（只限于汽油机）。

转速表的基本工作原理是：对转速信号进行处理后，用电流（或电压）的大小通过机械指针式仪表将转速显示出来。如图 6—4—5 所示为桑塔纳轿车发动机转速表的工作原理。

图 6—4—4 发动机转速表

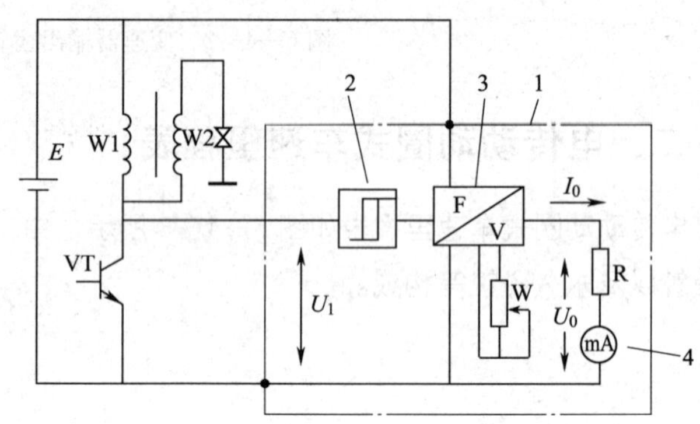

图 6—4—5 桑塔纳轿车发动机转速表工作原理

1—转速表 2—脉冲整形电路

3—频率/电压变换器 4—直流毫安表

转速表的信号取自于点火线圈的初级电流中断时的脉冲电流，该信号经整形电路整形后，加至频率/电压变换器 3，其输出信号与输入信号等频、等幅、等宽，而且频率与发动机转速成正比。所以当发动机转速较低时，该电路整流后的输出电压值就低，流过毫安表 4 的电流就小，指针偏转小，从而指示低转速值；反之，整流后的输出电压值就高，流过毫安表 4 的电流就大，指针偏转大，指示的就是高转速值。

四、常见故障及排除方法

1. 仪表不工作

首先要检查熔断器工作是否正常。其次检查是否有线头脱落、松动，搭铁是否正常。

2. 车速里程表故障

如果汽车行驶时，车速表或里程表指针不动或其指示值误差较大，则主要故障原因可能是：

（1）车速里程表软轴折断。

（2）车速表或里程表指针被卡。

（3）变速器输出轴驱动测量小齿轮磨损严重或齿轮啮合间隙过大。

（4）车速里程表表头损坏。

磁感应式车速里程表出现故障后，应首先检查软轴及驱动齿轮的啮合是否正常。如正常，则基本可以肯定是表头故障。

值得注意的是，安装软轴时，不要使其受压、弯曲，仪表的插头不得涂润滑油，以防指针被卡。

§6—5 电子仪表装置

学习目标

1. 掌握数字仪表的优点、结构和工作原理。
2. 了解组合式数字仪表的控制电路。

一、数字仪表简介

现代汽车对工况信息显示的项目越来越多，但驾驶员的有效视野及驾驶室的可用容积是有限的，因而传统的机电型仪表及指示装置逐渐被电子化仪表及显示装置所代替。这些新型的工况信息显示装置具有体积小、精度高、便于装配和维护的优点，已成为现代汽车信息系统的主要显示装置。

1. 组合式数字仪表

组合式数字仪表就是将各仪表组合安装在一起，由电子控制单元采集传感器的信号，将模拟量转换为数字量，经分析处理后控制显示装置的仪表。

2. 数字仪表的优点

（1）指示精度高。

（2）重复性好。

（3）分度均匀。

（4）响应速度快、无抖动。

（5）产品品质的稳定性和可靠性有根本保证。

（6）通用性好。

3. 数字仪表显示器件的结构和工作原理

(1) 真空荧光管 (VFD)

1) 结构特点。VFD是最常用的发光型显示器，其结构如图6—5—1所示，钨灯丝为阴极，接电源负极；涂有荧光物质的屏幕为阳极，接电源正极，其上制有若干字符段图形，每个字符段由电子开关单独控制通电状态；栅格置于灯丝和屏幕之间；整个装置密封在被抽真空的玻璃罩内。

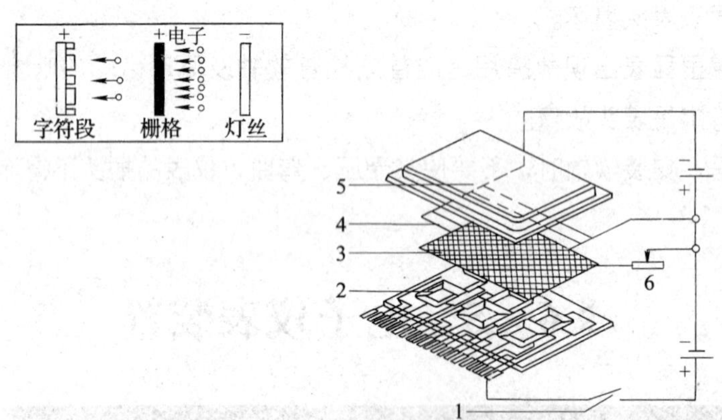

图6—5—1 真空荧光管 (VFD) 的结构

1—电子开关 2—涂有荧光物质的屏幕（阳极） 3—栅格 4—钨灯丝（阴极）
5—玻璃罩 6—电位器（亮度调节）

2) 工作原理。如图6—5—2所示，当阴极灯丝1通电时，灯丝发热，释放电子，电子被电位较高的栅格2吸引，并穿过栅格，均匀地打在电位最高的屏幕字符段3上。由电子开关控制通电的字符段受电子轰击后发亮，而未通电的字符段发暗，这样通过控制字符段通电状态，就可形成不同的显示数字。

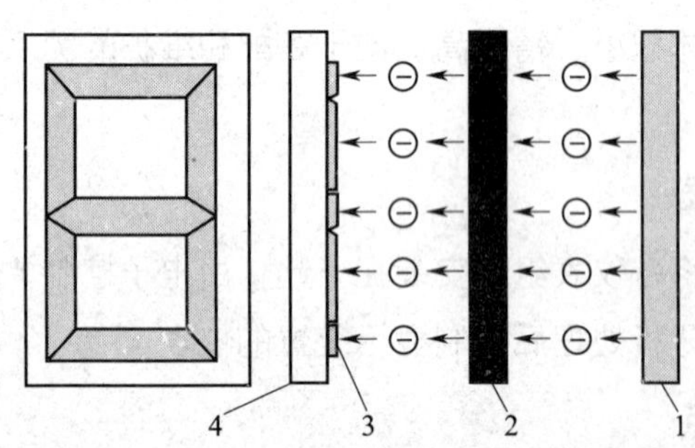

图6—5—2 真空荧光管 (VFD) 的工作原理

1—钨灯丝（阴极） 2—栅格 3—字符段（阳极） 4—屏幕

(2) 液晶显示器 (LCD)

1) 结构特点。LCD是最常用的非发光型显示器，其结构如图6—5—3所示，前玻璃板2和后玻璃板3之间加有一层液晶，外表面贴有垂直偏光镜1和水平偏光镜4，最后面是反射镜5。

2）工作原理。如图 6—5—4 所示，当液晶不加电场时，液晶的分子排列方式可将来自垂直偏光镜的垂直方向的光波旋转 90°，再经水平偏光镜后射到反射镜上，经反射后按原路返回，这时透过垂直偏光镜看液晶时，液晶呈亮的状态。

当液晶加一电场时，液晶的分子排列方式改变，不能将来自垂直偏光镜的垂直方向的光波旋转，因此光波不能通过水平偏光镜到达反射镜，这时透过垂直偏光镜看液晶时，液晶呈暗的状态。这样将液晶制成字符段，通过控制每个字符段的通电状态，就可使液晶显示不同的字符。

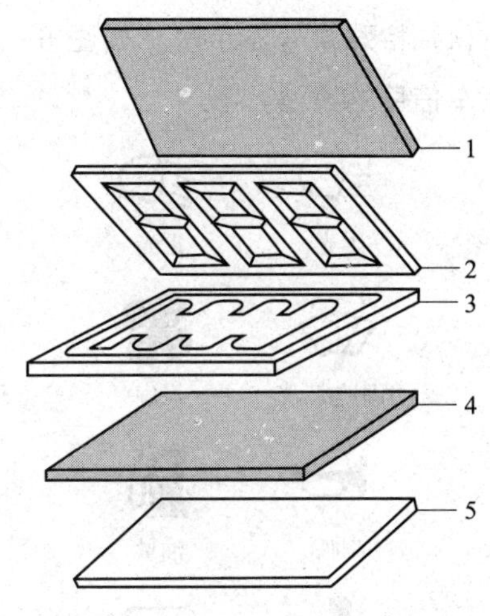

图 6—5—3　液晶显示器（LCD）的结构

1—垂直偏光镜　2—前玻璃板　3—后玻璃板　4—水平偏光镜　5—反射镜

3）字符段显示法。如图 6—5—5 所示是由七段、十四段小线段组成数字或字符显示的方法，每段都由电子电路选择并控制明暗。

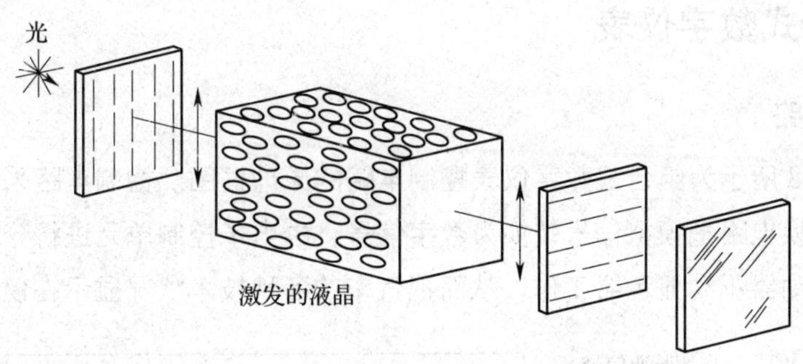

图 6—5—4　液晶显示器（LCD）的工作原理

（3）点阵显示法。点阵显示法是由成行列排列的点阵元素来组成数字或字符的，各点阵元素均由电子电路选择并控制明暗。如图 6—5—6 所示为发光二极管组成的 5×7 点阵显示板和 5×7 点阵显示的数字“9”。

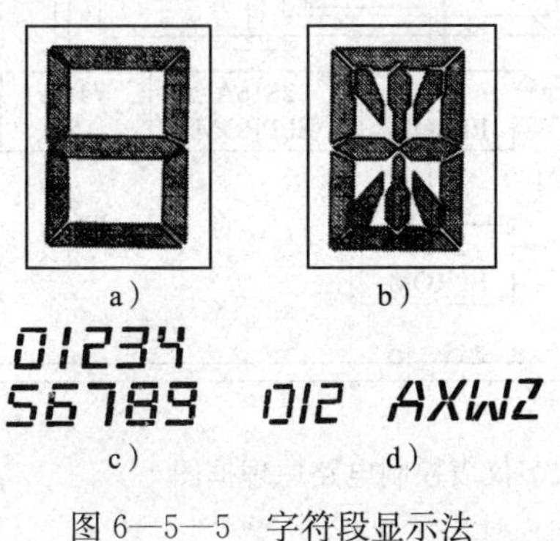

图 6—5—5　字符段显示法

a）七字符段　b）十四字符段

c）七字符段显示的数字　d）十四字符段显示的数字和字母

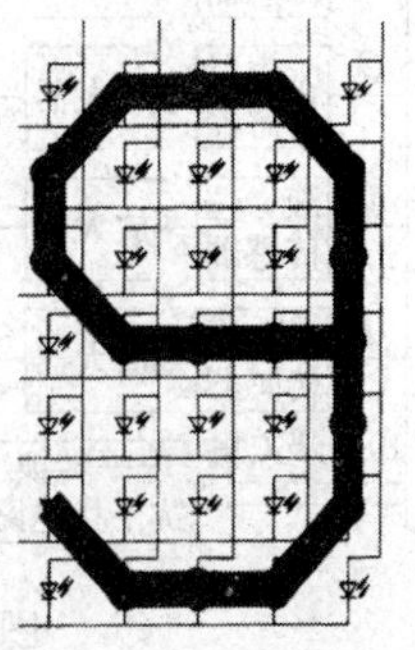

图 6—5—6　点阵显示法

(4) 特殊符号显示法。如图 6—5—7 所示是利用一些形象直观的国际标准 ISO 符号显示汽车信息的方法。

图 6—5—7 国际标准 ISO 符号

二、组合式数字仪表

1. 控制电路

如图 6—5—8 所示为组合式数字仪表控制电路的原理框图。控制电路采集汽车的各种信号，通过数模转换电路把模拟信号转换为数字信号，由电子控制单元进行分析比较，并根据计算结果通过驱动器驱动显示器工作，从而把汽车的各种技术状况显示在仪表板上。

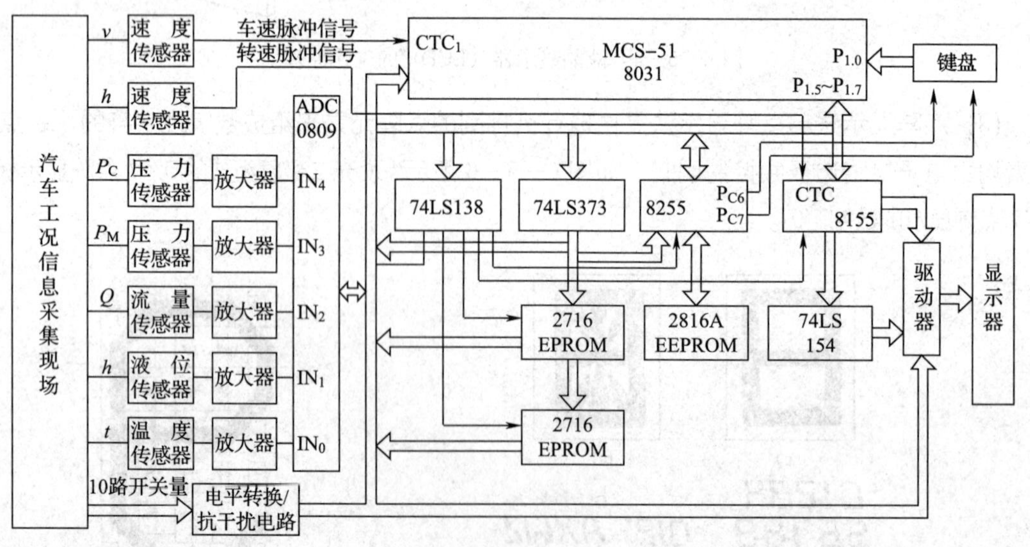

图 6—5—8 组合式数字仪表控制电路原理框图

2. 显示方式

目前，汽车电子组合仪表的显示系统主要有指针指示式、数字显示式、声光或图形辅助显示 3 种显示方式。

(1) 指针指示式（见图 6—5—9）

传统的汽车仪表都采用机械指针指示仪表刻度盘的示值，这种方式结构简单、工艺成熟、工作性能稳定可靠，因而在现代汽车电子组合仪表显示系统中仍部分保留使用，如奥迪轿车组合仪表中的水温表、燃油表、车速表及石英钟均采用机械指针指示方式，尤其是车速表保留机械指针指示还比较普遍。但由于机械指针抗振动性能差，指针抖动易造成读数的多值性，且不利于汽车组合仪表的全电子化。为此，人们考虑采用点阵模拟指针替代机械指针，一方面保留传统的示值方式，同时又可以克服机械指针的不足。

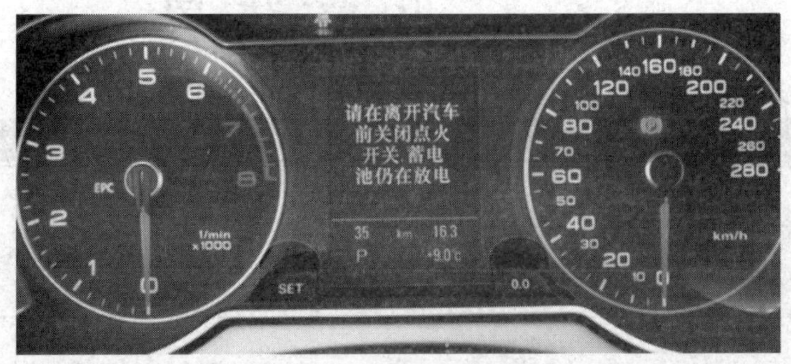

图 6—5—9　指针指示式仪表

(2) 数字显示式（见图 6—5—10）

全电子化汽车组合仪表中采用数字逻辑电路或微机控制显示系统，对汽车工况信息进行必要的处理后，转换成相应的点阵式发光体字型码直接在显示屏上显示出相应的数字、字母或图形符号。这种全数字式显示方式如今是比较容易实现的，为汽车仪表的更新换代提供了极大的方便。这种方式显示精度高、响应速度快，且便于实现与微机系统的连接以及仪表板的结构设计。但全数字显示方式在阳光直射下示值清晰度不高，且作车速显示时显示值可能频繁变化，容易引起驾驶员的视觉疲劳。

图 6—5—10　数字显示式仪表

(3) 声光或图形辅助显示

汽车电子组合仪表设置有很多辅助显示功能，如燃油液位过低、发动机冷却水温过高等报警信号，汽车左右转向、倒车及制动信号，远光灯、近光灯及雾灯等灯光信号，这些信号装置是否正常工作，在组合仪表板上将借助于声光或图形显示出来，使驾驶员能随时全面地监视汽车运行的状态。

3. 汽车电子组合仪表板

汽车仪表板是汽车工况信息的显示终端，汽车工况的大量信息都借助于上述 3 种显示方式在仪表板上显示出来。显示效果力求信息醒目、直观、可视性强，各种显示信息在仪表板上分布合理、紧凑有序，仪表板整体造型美观、小型轻薄，尽量增加仪表板周围的预留空间。

§6—6 报警装置

学习目标

1. 掌握报警装置的种类。
2. 掌握各类报警装置的结构和工作原理。

一、机油压力报警装置

当车辆润滑系统的机油压力降低到允许限度以下时，机油压力报警灯亮，提醒驾驶员注意。主要有弹簧式和膜片式两种机油压力报警装置。

1. 弹簧式机油压力报警装置

如图 6—6—1 所示，弹簧式机油压力报警装置由装在发动机主油道的弹簧管传感器和装

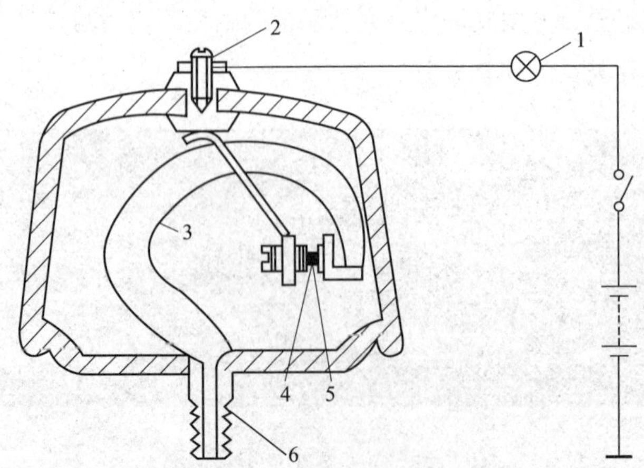

图 6—6—1 弹簧式机油压力报警装置电路

1—报警灯 2—接线柱 3—管形弹簧 4—静触点 5—动触点 6—管接头

在仪表板上的红色报警灯组成。传感器为盒形，内有一管形弹簧 3，其一端经管接头 6 与润滑系统主油道相通，另一端与动触点 5 相连。静触点 4 经接触片与接线柱相连。

当机油压力低于允许压力限度 0.05 MPa（0.6 kgf/cm^2）时，弹簧变形很小，触点 4、5 闭合，报警灯亮，提示驾驶员及时处理。当机油压力超过最低允许压力时，弹簧变形增大，触点 4、5 分开，报警灯灭。

2. 膜片式机油压力报警装置

膜片式机油压力报警传感器如图 6—6—2 所示，当润滑系统油压降低到允许限度以下时，传感器的活动触点 3 下降，并与固定触点 4 接触，接通报警灯电路。

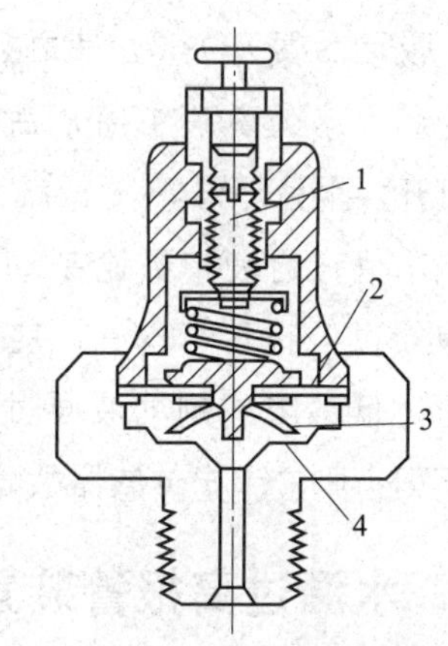

图 6—6—2　膜片式机油压力报警传感器

1—调整螺钉　2—膜片

3—活动触点　4—固定触点

上述两种机油压力报警装置均是由机油压力低压报警开关（传感器）控制。此外，有些汽车还利用安装于机油滤清器附近的高压报警开关控制机油报警灯或两种方法同时使用。

如果在车辆的行驶过程中，机油压力报警灯常亮，而润滑系统无故障，则必是警告装置故障。形成故障的主要原因有：

（1）机油压力低压报警开关故障。

（2）低压报警开关线路有短路。

（3）高压报警开关断路。

二、制动低气压报警装置

在采用气压制动的汽车中需要设置制动低气压报警装置。如图 6—6—3 所示为低气压报警传感器，红色报警灯装在仪表板上。当制动储气筒的气压低于允许极限时，膜片 4 上的压力减小，在复位弹簧的作用下向下移动，使触点 5、6 闭合，报警灯电路导通，低气压报警灯亮，提醒驾驶员及时处理。当储气筒的气压上升后，由于膜片 4 所受的压力增大，压缩弹簧 3，使触点 5、6 分断，报警灯灭。

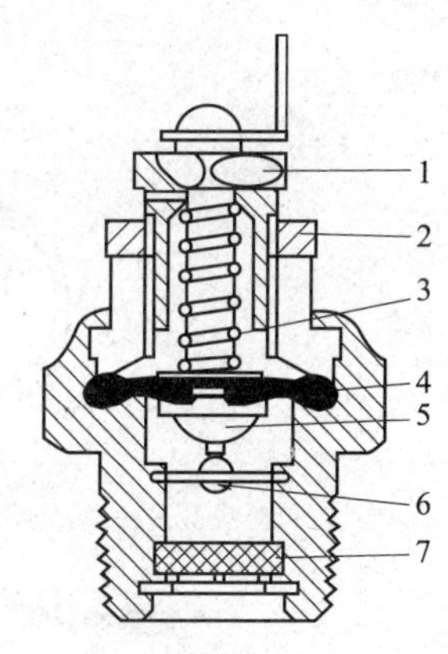

图 6—6—3　低气压报警传感器

1—调整螺钉　2—锁紧螺母

3—复位弹簧　4—膜片

5—动触点　6—静触点　7—滤清器

三、制动液面过低报警装置

制动液面过低报警装置的传感器装在液罐内，其结构如图 6—6—4 所示。当浮子 5 随着制动液面下降到允许限度以下时，永久磁铁 4 到达舌簧开关位置，吸动舌簧开关 3，使之闭合，报警灯亮。液面上升后，永久磁铁 4 离开舌簧开关位置，舌簧开关打开，报警灯灭。

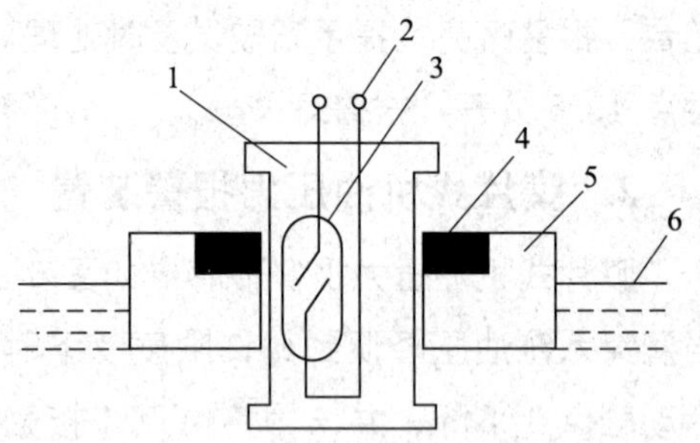

图 6—6—4　制动液面传感器

1—外壳　2—接线柱　3—舌簧开关　4—永久磁铁　5—浮子　6—液面

如果车辆在行驶中不论制动与否，低气压报警灯或液面过低报警灯均亮，应首先检查并排除制动气压过低故障或制动液面过低故障。如果报警灯仍不灭，则应考虑传感器故障和线路搭铁。

四、水温过高报警装置

水温过高报警装置的作用是当冷却水的温度升高到允许温度时，点亮报警灯，以示报警。

水温过高报警装置电路如图 6—6—5 所示。在传感器套筒内装有双金属片 2，其自由端焊有动触点。当水温升高至 95～105℃时，双金属片 2 向静触点方向弯曲，使动、静触点闭合，报警灯亮。

如果车辆在行驶中，不论冷热状态，水温过高报警灯常亮，则应考虑传感器故障和线路搭铁。

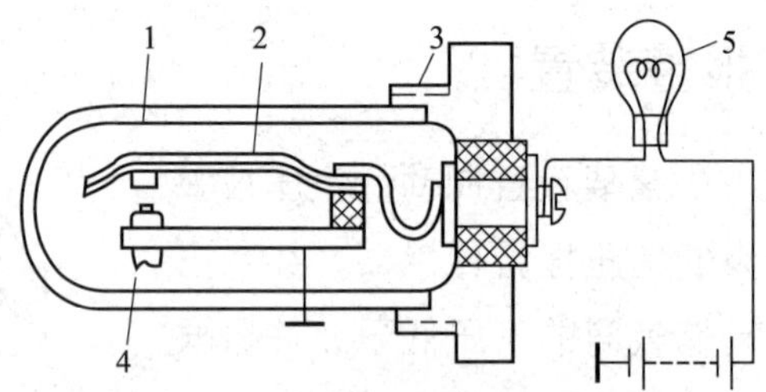

图 6—6—5　水温过高报警装置电路

1—传感器套筒　2—双金属片　3—螺纹接头　4—静触点　5—水温报警灯

五、燃油油量报警装置

当燃油油箱的储油量降低到一定限度时，燃油油量报警灯亮，提醒驾驶员及时补充燃油。燃油油量报警装置的电路如图 6—6—6 所示。

该电路由热敏电阻式燃油油量报警传感器和报警灯组成。当燃油存量较多时，负温度系数的热敏电阻 3 浸没在燃油中，散热较快，温度低，阻值大，因此，电路中电流小，报警灯不亮。

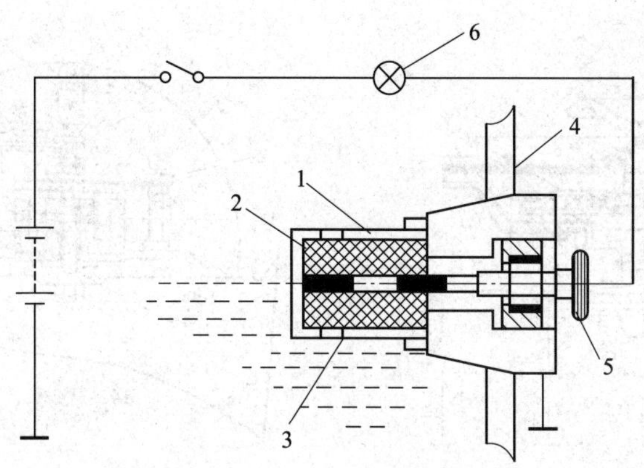

图 6—6—6 燃油油量报警装置电路

1—外壳 2—防爆金属网 3—热敏电阻 4—油箱外壳 5—接线柱 6—报警灯

当燃油存量减少到一定程度时，热敏电阻 3 露出油面，散热变慢，温度升高，阻值减小，电流增大，报警灯亮。

六、汽车电喇叭

汽车上设置喇叭，用于警告行人和其他车辆，以引起其注意，保证行车安全。喇叭按发音的动力分为气压振动式和电振动式，按外形分有螺旋形、筒形、盆形。气喇叭利用气流使金属膜片振动产生音响，多用在有气压制动装置的车辆上；电喇叭利用电磁金属膜片振动产生音响，声音悦耳，广泛应用于各种类型的车辆上。在中小车辆上，受安装空间限制，多采用螺旋形和盆形电喇叭。

1. 电喇叭的构造及工作原理

盆形和螺旋形电喇叭的结构分别如图 6—6—7 和图 6—6—8 所示，由铁芯、线圈、衔铁、膜片、扬声筒（盆形电喇叭没有）、触点等构成。盆形电喇叭电磁铁芯采用螺旋管形结构，铁芯上绕有线圈，上下铁芯间的气隙在线圈中间，可产生较大的吸力。当电路接通时，线圈产生吸力，上铁芯被吸下，与下铁芯碰撞，产生较低的基本频率，并激励与膜片体的共鸣，从而发出比基本频率强得多且分布比较集中的谐音。

螺旋形电喇叭通电后，电流流过线圈，产生电磁吸力使衔铁吸合，同时，在机械装置作用下，触点分开，线圈断电，衔铁分开，触点又闭合……如此反复进行，膜片不断振动导致发声，再通过扬声器的作用产生和谐的声音。

为减小触点断开时的火花，一般在触点两端并联一个消弧电容器。

2. 电喇叭的调整（见图 6—6—9）

电喇叭的调整分音调调整与音量调整。盆形喇叭可通过松开锁紧螺母，改变上下铁芯的间隙来调整音调，间隙变小，音调升高；间隙变大，音调降低。通过改变喇叭线圈中的电流大小可调整喇叭的音量，旋紧音量调整螺钉，增加触点的接触压力，可增大流经线圈的电流，从而提高音量，反之可降低音量。

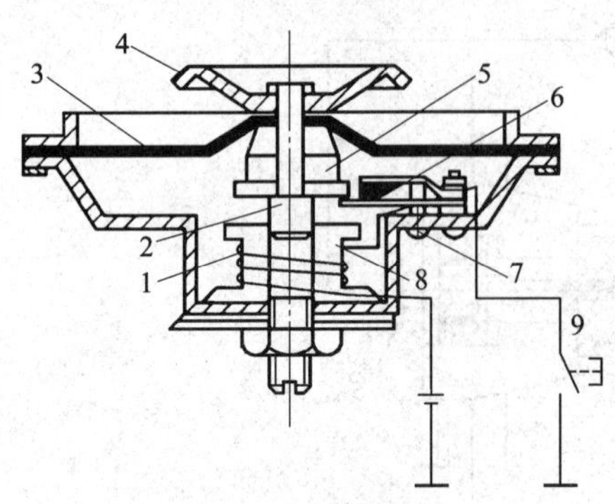

图 6—6—7　盆形电喇叭

1—电磁线圈　2—活动铁芯　3—膜片　4—共鸣片　5—振动块　6—触点　7—外壳　8—铁芯　9—按钮

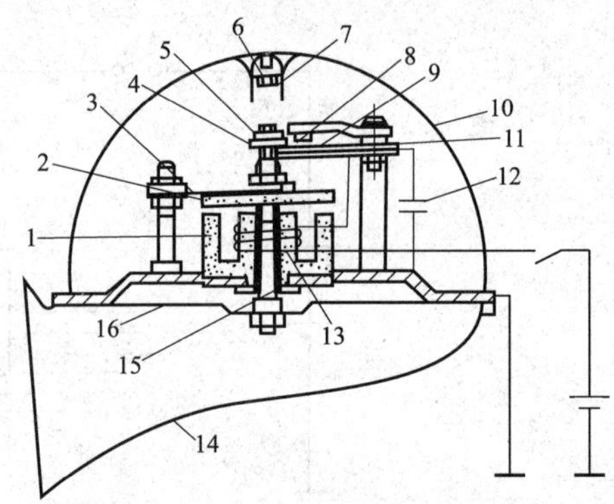

图 6—6—8　螺旋形电喇叭

1—铁芯　2—衔铁　3—弹簧片　4—调整螺母　5—锁紧螺母　6—螺钉　7—支架　8—防护罩　9—静触点　10—动触点　11—绝缘片　12—灭弧电容器　13—电磁线圈　14—扬声器　15—中心螺杆　16—膜片

3. 电喇叭的控制电路

电喇叭的按钮一般装在方向盘上，安装单个喇叭的情况下，直接用按钮控制电喇叭。但当安装双音喇叭时，因喇叭工作时消耗的电流较大，容易烧坏按钮，因此线路中设有喇叭继电器，用于保护按钮。双音喇叭的基本控制电路如图 6—6—10 所示。当按下按钮 3 时，蓄电池电流流经喇叭继电器 2（线圈电阻较大，起限流作用），产生电磁吸力，吸下触点臂，接通喇叭电路。松开按钮时，喇叭继电器 2 内电流中断，磁力消失，触点在弹簧力的作用下分开，切断喇叭电路。

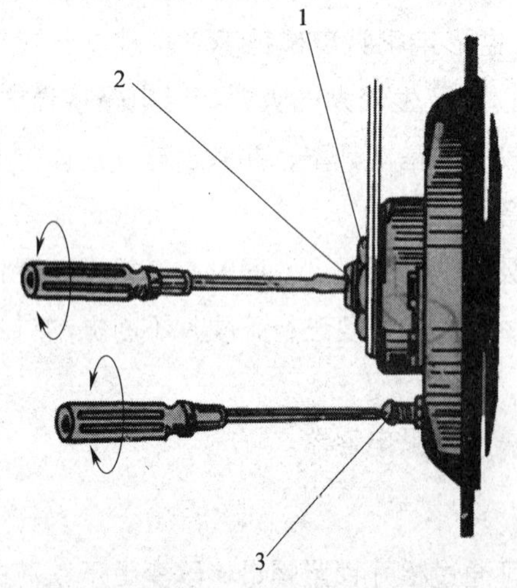

图 6—6—9　电喇叭的调整

1—音调调整铁芯　2—锁紧螺母　3—音量调整螺钉

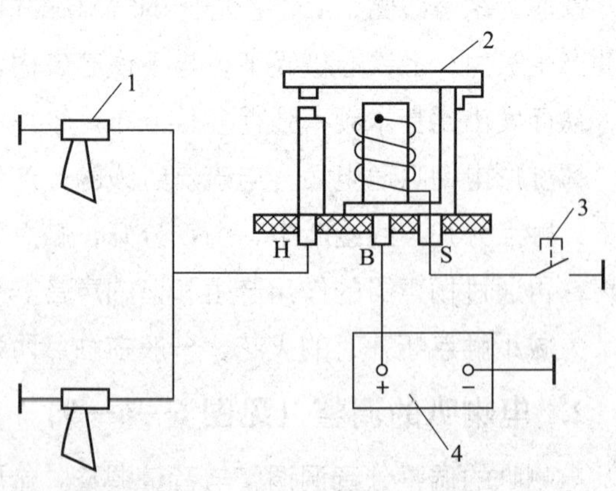

图 6—6—10　双音喇叭控制电路

1—喇叭　2—喇叭继电器　3—按钮　4—蓄电池

4. 喇叭的型号及安装

喇叭的型号如下所示：

DL—名称代号—电压等级代号—结构代号—设计序号—音量代号

其中："D"表示电，"L"表示喇叭；电压等级"1"表示12 V，"2"表示24 V，"6"表示6 V；结构代号"1"表示筒形，"2"表示盆形，"3"表示螺旋形；音量代号"G"表示高音，"D"表示低音。

喇叭的安装固定方法对其发音影响较大，为保证喇叭声音正常，喇叭不作刚性安装，与固定架之间装有片状弹簧或橡皮垫。

5. 常见故障与排除方法

电喇叭的常见故障有：喇叭不响或音量、音质不好。

(1) 如果是所有的喇叭均不响，应首先检查熔断器是否完好、正常，喇叭线头有无脱落、松动。

(2) 如果熔断器正常，则通过短接按钮，看喇叭是否响来继续检查是否有喇叭按钮故障或电路搭铁不良。

(3) 如果个别喇叭不响，则一般是喇叭本身故障，予以更换即可。

(4) 如果音量、音调不佳，可参考图6—6—9进行调整。如果是音质不好，则可能是喇叭膜片损坏或周围螺钉紧固不均匀造成的。

第七章　汽车空调系统

汽车空调系统是对车室内空气进行制冷、加热、换气和净化的装置，它可以为乘车人员提供舒适的乘车环境，降低驾驶员的疲劳强度，提高行车安全。空调系统已成为衡量汽车功能是否齐全的标志之一。

§7—1　汽车空调系统的分类与组成

学习目标

1. 了解汽车空调系统的分类。
2. 了解汽车空调系统的组成及各部分作用。

一、汽车空调系统的分类

1. 按驱动方式分类

汽车空调系统按驱动方式不同可分为非独立式汽车空调系统和独立式汽车空调系统。

(1) 非独立式汽车空调系统（见图7—1—1）

非独立式汽车空调系统的制冷压缩机由汽车本身的发动机驱动，因此其制冷性能受汽车发动机工况的影响较大，工作稳定性较差，尤其是低速时制冷量不足，而在高速时制冷量过剩，并且消耗功率较大，影响发动机的动力性。这种类型的汽车空调系统多用于制冷量相对较小的中、小型客车上。

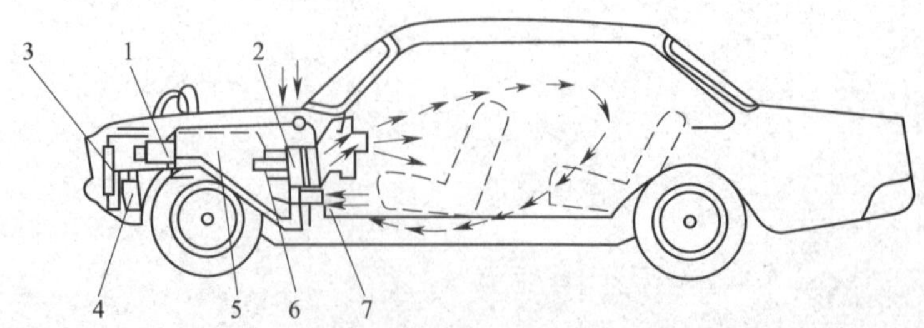

图7—1—1　非独立式汽车空调系统

1—压缩机　2—蒸发器　3—冷凝器　4—储液干燥器

5—主发动机　6—鼓风机　7—加热器

(2) 独立式汽车空调系统（见图7—1—2）

独立式汽车空调系统的制冷压缩机由专用的空调发动机（也称副发动机）驱动，因此其制冷性能不受汽车主发动机工况的影响，工作稳定、制冷量大，但由于加装了一台制冷用的发动机，不仅使汽车的成本增加，而且也使体积和质量增大了。这种类型的汽车空调系统多用于大、中型客车上。

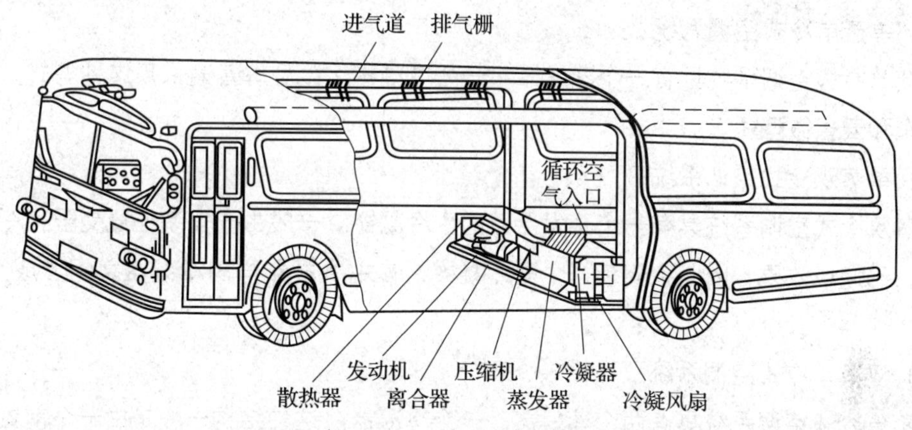

图 7—1—2　独立式汽车空调系统

总之，两种驱动方式各有优缺点，至于采用哪种方式，要综合各种影响因素分析考虑，如整车布置、整车负荷、空间位置和发动机功率等。

2. 按结构型式分类

汽车空调系统按结构型式不同可分为整体式空调系统、分体式空调系统以及分散式空调系统。

(1) 整体式空调系统将副发动机、压缩机、冷凝器和蒸发器通过传动带、管道连接成一个整体，安装在一个专用机架上，构成一个独立总成，由副发动机带动，通过车内通风管将冷风送入车内。

(2) 分体式空调系统将压缩机、冷凝器、蒸发器以及独立式空调的副发动机部分或全部分开布置，用管道连接成一个制冷系统。

(3) 分散式空调系统将蒸发器、冷凝器、压缩机等各部件分散安装在汽车的不同部分，并用管道相连接。轿车、中小型客车及货车都采用这种结构形式。

3. 按蒸发器的布置方式分类

汽车空调系统按蒸发器的布置方式可分为仪表台板式空调系统、顶置式空调系统。

(1) 仪表台板式空调系统经常称为前置式空调，其蒸发器安装在仪表台板之下，与车内内饰融为一体，布置美观，微型轿车及微型单、双排座车均采用这种方式。这种布置方式的优点是前排冷气效果好，但微型客车的第二排冷气效果则较差。

(2) 顶置式空调系统的蒸发器吊置于车内顶上，因此俗称顶置式空调，一般常安装于中部，有的人称其为中央空调。这种布置方式的优点是车内整体降温平衡，克服了仪表台板式空调的缺点。

4. 按蒸发器和冷凝器数量的不同分类

汽车空调系统按蒸发器和冷凝器数量的不同可分为单蒸单冷式空调系统、单蒸双冷式空调系统、双蒸单冷式空调系统和双蒸双冷式空调系统。

(1) 单蒸单冷式空调系统

单蒸单冷式空调系统具有一个蒸发器、一个冷凝器。微型车普遍采用这种型式，如夏利微型轿车和云雀微型轿车。

(2) 单蒸双冷式空调系统

单蒸双冷式空调系统具有一个蒸发器、两个冷凝器。一般由于安装位置受限，冷凝器只能平置，无迎风效果，因此会安装一个副冷凝器，在主冷凝器与副冷凝器之间形成“串联”连接。

(3) 双蒸单冷式空调系统

双蒸单冷式空调系统具有两个蒸发器、一个冷凝器。这种结构一般是由一个前置式蒸发器（仪表台板式）和一个顶置式蒸发器“并联”连接，前置式蒸发器主要用于前排（驾驶员）及第二排的制冷，而顶置式蒸发器则用于后两排的制冷，这样使车内降温比较平衡。

(4) 双蒸双冷式空调系统

双蒸双冷式空调系统具有两个蒸发器、两个冷凝器。由于双蒸发器导致了系统的不匹配，特别是高压太高，而主冷凝器又由于空间的限制不能做得太大，因此需要增加副冷凝器，这样系统高压会变得非常理想。但这种布置方式结构复杂、管路接头多、易泄漏、成本较高，安装也要困难些。

二、汽车空调系统的组成

完善的汽车空调系统应由制冷系统、取暖系统、通风系统、加湿系统、空气净化系统和控制系统组成。

1. 制冷系统

制冷系统由压缩机、储液干燥器、膨胀阀、蒸发器、冷凝器、散热风扇、鼓风机、制冷管道、制冷剂等组成。其作用是对车内空气或由外部进入车内的新鲜空气进行冷却或除湿，使车内变得凉爽舒适。

2. 取暖系统

取暖系统由暖风芯子、暖风水阀、水管、发动机冷却液等组成。其作用是对车内空气或由车外进入车内的新鲜空气进行加热，达到取暖、除湿的目的。

3. 通风系统

通风系统由进气模式风挡、鼓风机、混合模式风挡、气流模式风挡、导风管等组成。其作用是利用汽车迎面通风和压动通风或利用空调系统鼓风机的强制通风来进行换气。

4. 加湿系统

加湿系统利用空气质量传感器检测车内的空气湿度，必要时对车内空气进行加湿，以提高车内空气的相对湿度。

5. 空气净化系统

空气净化系统由空气过滤装置、静电除尘装置、灭菌装置、除臭装置等组成。其作用是除去车内空气中的尘埃、臭味、烟气及有毒气体，使车内空气变得清洁。

6. 控制系统

控制系统由电源开关、A/C 开关、电磁离合器、鼓风机及调速机构、鼓风机开关、各种温度传感器、制冷剂高低压力开关、温度控制器、送风模式控制装置、各种继电器等组成。其作用是对制冷系统和暖风系统的温度、压力进行控制，同时对车内的空气温度、湿度、风速、流向进行控制。

将上述各系统全部或部分有机组合在一起安装在汽车上，就组成了汽车空调系统。目前，在一般的轿车和客货车辆上通常只有制冷系统、暖风系统和通风系统，在高级轿车和高级大客车上才有加湿系统和空气净化系统。

§7—2 汽车空调制冷系统的结构与工作原理

学习目标

1. 了解汽车空调制冷系统的基本组成及各部分作用。
2. 了解汽车空调制冷系统的工作原理。

一、汽车空调制冷系统的基本组成

如图 7—2—1 所示，汽车空调制冷系统主要由压缩机、冷凝器、储液干燥器、膨胀阀、蒸发器、管路、控制器、制冷剂和电磁离合器等组成。

1. 压缩机

压缩机是制冷系统的心脏，其作用是将制冷剂气体由低温、低压变为高温、高压，并维持连续不断的循环，以完成吸热、放热过程。

2. 冷凝器

冷凝器是一种热交换器，其作用是将压缩后的高温、高压气态制冷剂冷却凝结为高压液态制冷剂，并将其热量向外排出。

3. 储液干燥器

储液干燥器的作用是储存冷凝后的制冷剂并对其进行干燥、吸湿处理，除去制冷剂中的水分，将残存在制冷剂液体中的气体分离出去，并滤掉杂质。

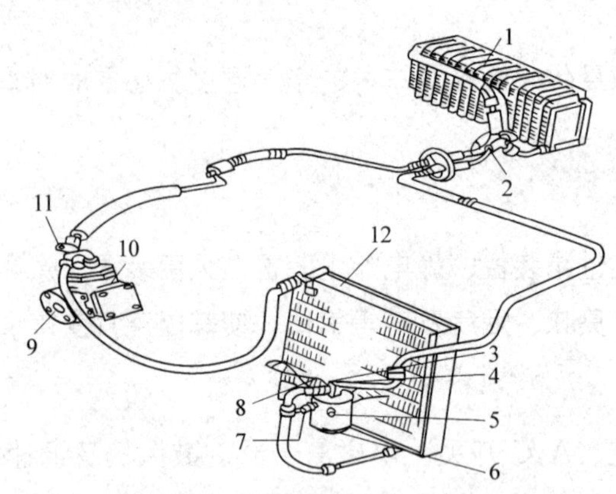

图 7—2—1　汽车空调制冷系统的基本组成

1—蒸发器　2—膨胀阀　3—窥视孔　4—易熔塞　5、11—充放气阀　6—储液干燥器　7—低压开关　8—高压开关　9—电磁离合器　10—压缩机　12—冷凝器

4. 膨胀阀

高压制冷剂液体必须经过减压后才能进入蒸发器，膨胀阀的作用是自动调节进入蒸发器的制冷剂量，同时将液态制冷剂节流减压成雾状喷入蒸发器中，以便其得到充分蒸发。

5. 蒸发器

蒸发器也是一种热交换器，装于车内。它的作用是将由膨胀阀节流而成的低温、低压雾状制冷剂与需要降温的空气进行热交换（制冷剂蒸发时吸热），而使车内的空气温度降低。

6. 管路

在汽车空调制冷系统中，管路将制冷部件连接起来组成封闭的循环系统。

7. 制冷剂

制冷剂是制冷系统中的热交换物质。如果把压缩机看成制冷系统的心脏，那么制冷剂就是制冷系统的血液。过去汽车空调所用的制冷剂一般为 R－12，但由于该制冷剂分子中含有氯原子，当其排放到大气并到达大气同温层后，在太阳光的强烈照射下会分离出氯离子，从而导致大气臭氧层被破坏，因此成为《蒙特利尔议定书》中第一批禁用的制冷剂，目前常用 R134a 来代替。

8. 控制器

汽车空调系统的控制器一般安装在驾驶室面板上，驾驶员可通过面板上的开关或按钮来调节送风温度和送风量，主要包括温度控制、风量控制和新鲜风、循环回风混合控制等。

9. 风扇

风扇有离心式和轴流式两种，分别安装在蒸发器和冷凝器的里侧，后者多与水箱风扇共用，其作用分别是将车内温度较高的空气吹向蒸发器，经过热交换，变成冷风送入车厢内和将冷凝器中散发出的热量送到大气中去。

10. 电磁离合器

电磁离合器一般安装在压缩机前端的带轮内，通过自身的接合与分离，接通和中断压缩机的工作。电磁离合器是空调系统中的执行元件，受温度控制器、压力继电器、车速继电器、空调开关等元器件的控制。

11. 空气净化器

汽车上使用的空气净化器有空气滤清器与静电式空气净化器。前者仅能除尘，后者除了能除去更细微的尘埃外，还可除烟、除臭、杀菌和供给负离子，保证车厢内的空气新鲜洁净。

二、汽车空调制冷系统的工作原理

汽车空调制冷系统是采用蒸气压缩、蒸发的方法来实现制冷的。制冷工作过程如图7—2—2 所示。

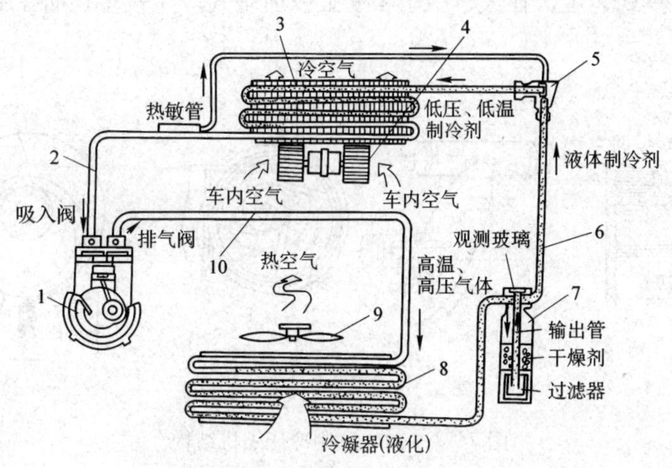

图 7—2—2　汽车空调制冷系统的工作原理

1—压缩机　2—吸气管　3—蒸发器　4—鼓风机　5—膨胀阀
6—液管　7—储液干燥器　8—冷凝器　9—冷却风扇　10—排气管

空调的制冷循环系统是用风扇将冷却的空气吹到出风口，使其进入车室内吸收车室内的热量后，再流回到蒸发器处冷却，如此反复循环，以达到调温的目的的。

在制冷系统中，制冷剂 R－12 气体通过吸气管（低压管）2 被压缩机 1 吸入，压缩成高压、高温蒸气，然后经排气管（高压管）10 进入冷凝器 8。冷凝器外壁装有散热翅片，在水箱冷却风扇 9 和汽车迎风作用下，R－12 由气态冷却为液态。高压的 R－12 液体流入储液干燥器 7 后，由滤清干燥剂将液体中残存的尘埃和水分除去，然后经液管 6 流向膨胀阀 5，经过膨胀阀的急剧膨胀，节流后降压、降温。因此，低温的 R－12 液体以雾状进入蒸发器 3 进行热交换，吸收蒸发器周围空气的热量。在蒸发器后装有一个离心式鼓风机，以使空气不断地从蒸发器通过，变冷后被送入车室。此时由蒸发器出来的制冷剂已变成了低温、低压的气体，气体经吸气管再次被压缩机吸入并压缩。这样反复循环，便可使车室内不断获得冷气。

§7—3　压　缩　机

学习目标

1. 了解汽车空调压缩机的分类。
2. 了解汽车空调各种压缩机的结构及工作原理。

汽车空调压缩机根据结构和工作原理可分为往复式和旋转式两大类，往复式又可分为曲轴式、旋转斜板式、摆动斜板式和径流式等；旋转式又可分为叶片式、螺旋式、涡轮式、滚动活塞式以及汪克尔转子式等。如图 7—3—1 所示为 4 种常用制冷压缩机的结构。目前，汽车空调压缩机以往复式为主，在大、中型客车上以曲轴式应用较多，而在中、小型车上，则以斜板式压缩机为主。

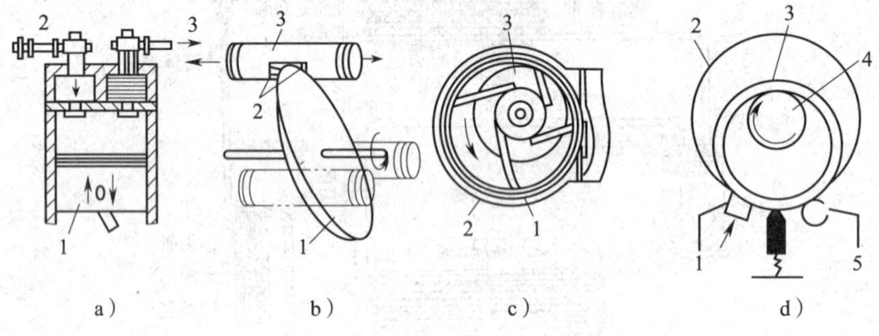

图 7—3—1　4 种制冷压缩机结构

a）曲轴式　1—活塞　2—吸入口　3—排气阀

b）斜板式　1—斜盘　2—钢球　3—活塞

c）叶片式　1—叶片　2—气缸　3—转子

d）滚动活塞式　1—吸入口　2—气缸　3—滚动活塞　4—曲轴　5—排气阀

一、往复型曲轴式压缩机

往复型曲轴式压缩机是传统结构，早期车用空调大都采用这种形式。它主要由气缸、气缸盖、活塞、曲柄连杆机构、进排气阀组件、曲轴箱、润滑系统、安全阀、轴承、油封及电磁离合器等组成，如图 7—3—2 所示。

制冷压缩机的气缸多采用铝合金压铸而成，气缸体、曲轴箱和散热片为一体。为防止制冷剂泄漏，在铸造过程中加入了少许镍来增强其密封性。气缸内径经过研磨，表面精细光滑，同时结合部分用粗牙螺纹来配合铝合金的强度。

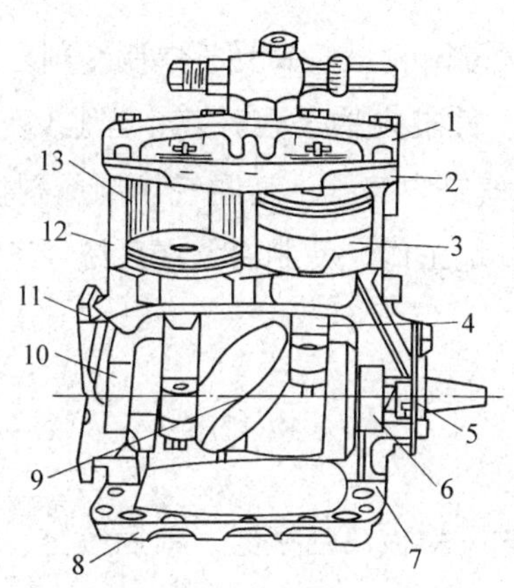

图 7—3—2 往复型曲轴式压缩机

1—气缸盖 2—气阀板 3—活塞 4—连杆 5—油封 6—主轴承 7—垫片
8—基板 9—曲轴 10—后主轴承 11—O 型环 12—本件 13—铸铁气缸套

活塞连杆总成由活塞、活塞环、活塞销、连杆等组成。活塞也是由铝合金制作，且材料与气缸相同，因此有些小型压缩机有时不用活塞环。活塞环有气环、油环两种，与发动机活塞环结构类似。活塞销为空心，连杆杆身截面为工字形，材料可用铸钢或铝合金。曲轴的构造与一般压缩机相似。

往复型曲轴式压缩机的工作原理如图 7—3—3 所示。

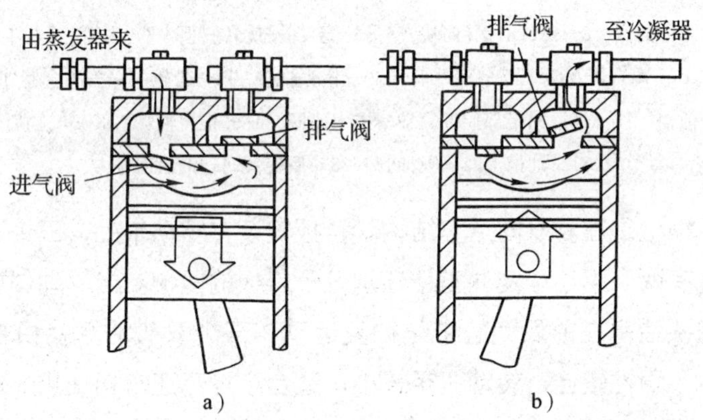

图 7—3—3 往复型曲轴式压缩机工作原理

a) 进气行程 b) 压缩行程

1. 进气行程

活塞由上止点向下止点运动时，活塞顶部的气缸容积加大，使制冷剂逐渐变得稀薄，压强极低。当由蒸发器来的低温、低压气体制冷剂的压强比气缸内稀薄气体的压强高出一定值（约 2.7 kPa）时，便推开进气阀进入气缸。当活塞到达下止点时，已吸入足够的气体制冷剂。

2. 压缩行程

当活塞由下止点向上止点运动时，进气阀受气体制冷剂压力的作用关闭，停止进气。随着活塞的移动，气缸容积变小，气缸内的压强升高，当缸内、缸外压强差大于一定值（约0.5 kPa）时，排气阀被推开，气缸内高压、高温气体制冷剂排出，进入冷凝器中，这样便完成了一个循环。活塞如此反复地工作，使制冷剂在系统中不断循环。

二、斜板式压缩机

1. 旋转斜板式压缩机

旋转斜板式压缩机由驱动轴及斜板、活塞组、前后气缸、进排气阀、前后气缸盖、高压排气前后连接管路、轴承、油封、油泵及电磁离合器等组成，如图7—3—4所示。

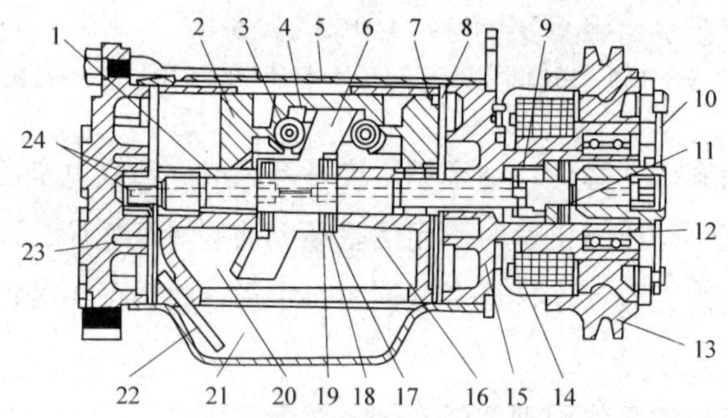

图7—3—4 旋转斜板式压缩机

1—机轴 2—活塞 3—球 4—导向块 5—外壳 6—旋转斜板 7—吸簧 8—外放泄阀板 9—油封 10—离合器及毂 11—密封座 12—滑动轴承 13—带轮 14—离合器外壳及线圈 15—前盖 16—气缸前半部 17、19—推力座圈 18—推力轴承 20—气缸后半部 21—油槽 22—吸油管 23—后盖 24—油泵齿轮

旋转斜板式压缩机是往复双向活塞结构。斜板安装在驱动轴上，三个双头活塞置于前后气缸中，每个活塞有两个驱动球及球座，分别置于斜板的两侧。当驱动轴旋转时，斜板作左右摇摆运动，使双头活塞在前后气缸中作往复运动，三个双头活塞就相当于六个气缸在工作。因此这种结构平稳性较佳，转动扭矩较小，适合小型高速车辆使用。旋转斜板式压缩机的工作原理如图7—3—5所示。

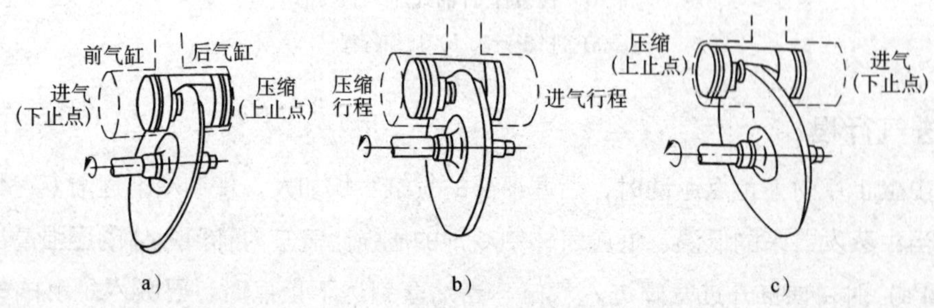

图7—3—5 旋转斜板式压缩机工作原理

当驱动轴连同斜板一起转动时，活塞作往复运动。当活塞从左移到右时，在前后气缸中完成一次进气与压缩行程，如图 7—3—5a 所示，前缸活塞位于下止点，后缸活塞位于上止点。当斜板旋转 90°到图 7—3—5b 所示位置时，前缸活塞处于压缩行程，而后缸活塞处于进气行程。斜板再转 90°到图 7—3—5c 所示位置时，前缸活塞达到压缩上止点，而后缸活塞达到进气下止点。斜板再转动，在前后气缸中又进行进气与压缩行程，转过 180°时，活塞又回到图 7—3—5a 所示位置，开始进行下一循环的进气与压缩。

压缩机的润滑可分为飞溅式和压力式两种润滑方式。一般小型压缩机多采用飞溅润滑方式。以往复曲轴式压缩机为例，它在连杆大端装有油勺，压缩机运转时，曲轴箱中的冷冻润滑油将飞溅到气缸壁及轴承上，使之得到润滑。而多缸压缩机则常采用压力润滑，如 ZC90C 压缩机，它在曲轴后轴承座上装有油泵，当压缩机轴旋转时，油泵工作，将润滑油从曲轴箱油池中抽出，经输油道送到摩擦表面。

2. 摇动斜板式压缩机

摇动斜板式压缩机是将 5 个或 7 个气缸沿圆周均匀布置在斜板的一边，活塞由摇动斜板机构驱动，如图 7—3—6 所示，其工作原理与旋转斜板式压缩机相同，不再重述。

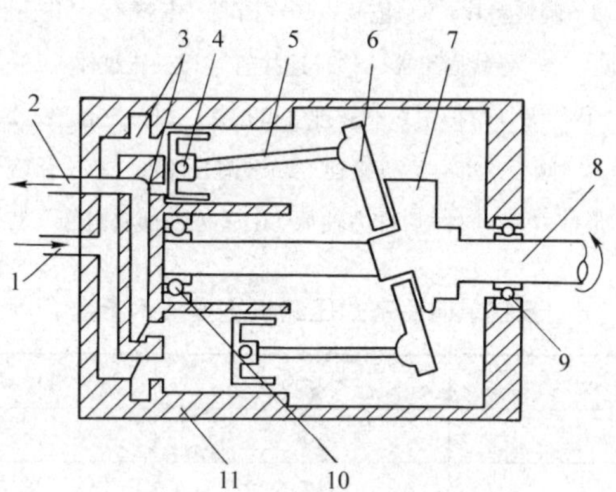

图 7—3—6 摇动斜板式压缩机

1—进气口 2—排气口 3—进、排气阀 4—活塞 5—连杆
6—摇板 7—传动板 8—转轴 9、10—轴承 11—外壳

目前我国生产的五缸单向活塞式压缩机就是这种结构，其结构与主要技术参数见图 7—3—7 和表 7—3—1。

其中 SD－507 型适用于发动机排量为 1～2 L 的小型客车；SD－508 型适用于发动机排量为 1～3.5 L 的轿车和小型客车；SD－510 型适用于中、小型客车。

三、旋转叶片式压缩机

旋转叶片式压缩机的气缸形状有圆形和椭圆形两种。在圆形气缸中，转子的主轴与气缸的圆心有一个偏心距，使转子紧贴在气缸内表面的吸、排气孔之间。在椭圆形气缸中，转子的主轴和椭圆中心重合。

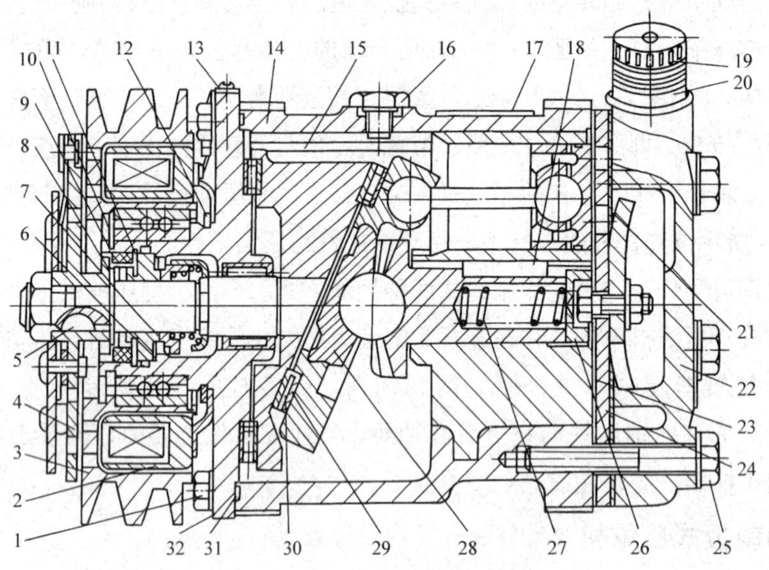

图 7—3—7　SD－508 型压缩机结构

1—前盖紧固螺栓　2—线圈环部件　3—带轮　4—吸盘　5—半圆键　6—油封静环　7—密封器　8—调整垫片　9—毡圈　10—挡圈（卡簧）　11—孔用弹性挡圈　12—轴用弹性挡圈　13—导线固定器　14—连接管　15—气缸体　16—油塞　17—铭牌　18—平键　19—吸气口护帽　20—排气口护帽　21—缸盖垫　22—气缸盖　23—气缸垫　24—阀板　25—后盖螺栓　26—调节螺钉　27—弹簧　28—行星盘　29—后 L 形推力片　30—后推力轴承　31—方截面密封圈　32—前缸盖

表 7—3—1　　五缸单向活塞式压缩机主要技术参数

型号	SD－507	SD－508	SD－510
气缸直径（mm）	35	35	35
活塞行程（mm）	22.6	28.6	31.7
缸数	5	5	5
排量（cm^3/转）	108	138	161
最高转速（r/min）	7 000	7 000	7 000
质量（kg）	6.7	7.8	7.5
离合器扭矩（N·m）	>40	>40	>40
离合器电压（V）	12/24	12/24	12/24
离合器功耗（W）	48	48	48

转子上的叶片将气缸分成几个空间，当主轴带动转子旋转一周时，这些空间的容积不断发生变化，制冷剂蒸气在这些空间内也发生体积和温度上的变化。旋转叶片式压缩机没有吸气阀，因为叶片就能完成吸入和压缩制冷剂的任务。如果有两个叶片，则主轴旋转一周有两次排气过程。叶片越多，压缩机的排气波动就越小。

作为第三代压缩机，旋转叶片式压缩机的体积和质量可以做得很小，因此易于在狭小的发动机舱内进行布置，加之噪声和振动小以及容积效率高等优点，在汽车空调系统中得到了一定的应用。但是旋转叶片式压缩机对加工精度要求很高，制造成本较高。

四、涡旋式压缩机

涡旋式压缩机可以称为第四代压缩机，其结构主要分为动静式和双公转式两种。目前动静式应用最为普遍，它的工作部件主要由动涡轮与静涡轮组成，动、静涡轮的结构十分相似，都是由端板和由端板上伸出的渐开线型涡旋齿组成的，两者偏心配置且相差180°。静涡轮静止不动，而动涡轮在专门的防转机构的约束下，由曲柄轴带动作偏心回转平动，即无自转，只有公转。

涡旋式压缩机具有很多优点，如体积小、质量轻，驱动动涡轮运动的偏心轴可以高速旋转等。另外，因为没有了吸气阀和排气阀，涡旋式压缩机运转可靠，而且容易实现变转速运动和变排量技术。多个压缩腔同时工作时，相邻压缩腔之间的气体压差小，气体泄漏量少，容积效率高。涡旋式压缩机以其结构紧凑、高效节能、微振低噪以及工作可靠等优点，在小型制冷领域得到越来越广泛的应用，也因此成为压缩机技术发展的主要方向之一。

§7—4　冷凝器、储液干燥器、蒸发器

学习目标

1. 了解汽车空调冷凝器的分类及结构。
2. 了解汽车空调储液干燥器的作用及结构。
3. 了解汽车空调蒸发器的分类及工作原理。

一、冷凝器

冷凝器又称散热器，与一般水箱相似，但承受的压力比水箱高，其结构形式有管片式、管带式和鳍片式三种。管片式冷凝器由铜质或铝质圆管套上散热片，经过胀管工序，使散热片与圆管紧密接触而成，如图7—4—1所示。这种冷凝器结构简单，加工工艺性好，但散热效果较差。

管带式冷凝器如图7—4—2所示，一般采用铝制多孔异形扁平管与波形散热带钎焊而成。散热带上开有通气缝，传热系数可增加60%左右，但工艺复杂，焊接难度大，且材料要求高。

鳍片式冷凝器是目前最先进的汽车空调冷凝器，它在散热管表面直接铣出鳍片状散热片。由于管片一体，所以抗振性特别好，且管片无焊接，加工工艺性也好。

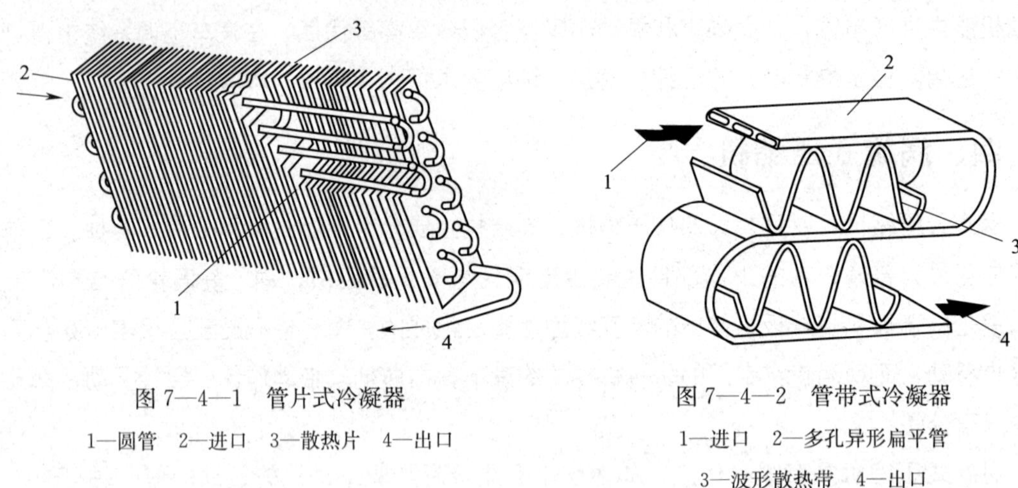

图 7—4—1 管片式冷凝器

1—圆管 2—进口 3—散热片 4—出口

图 7—4—2 管带式冷凝器

1—进口 2—多孔异形扁平管

3—波形散热带 4—出口

对于轿车，冷凝器常安装在发动机冷却水箱散热器的前面，利用发动机冷却风扇吹来的新鲜空气和行驶中迎面吹来的空气流进行冷却。对于一些大、中型客车和一些面包车，则常把冷凝器安装在车室两侧、车室后或车室顶上，同时会在冷凝器旁安装辅助电风扇进行强制冷却。

安装冷凝器时，必须保证从压缩机排出的高压气态制冷剂由冷凝器的上部管口进入，冷凝成液态的制冷剂则沿下方管口流出。否则会引起制冷系统压力升高，有导致冷凝器胀裂的危险。

二、储液干燥器

在制冷系统中不可避免地存在着水分，而水分的存在会引发很多后果，包括：

1. 腐蚀。水能促进油与制冷剂的反应，使制冷剂分解产生酸，酸则会引起破坏性腐蚀。

2. 冰堵。水容易在膨胀阀口结冰，从而影响制冷剂流动。

3. 脏堵。水会促进淤渣的形成，堵塞膨胀阀、节流管。

4. 镀铜现象。在使用 R134a 的制冷系统中，若存在水分则有可能造成铜管上的铜离子沉积到钢零件表面，造成镀铜现象，使压缩机运动部件卡死。

因此，在制冷系统中，储液干燥器的作用是临时性地存储一下在冷凝器中液化的制冷剂，根据制冷负荷需要，随时供给蒸发器，并补充系统中的微量渗漏及对系统中的水分和杂质进行干燥和过滤。

储液干燥器一般安装在冷凝器和膨胀阀之间，如图 7—4—3 所示，主要由储液器、干燥器、过滤器、视镜和易熔塞这几部分构成。

储液器是个钢质或铝质的压力容器，就是制冷剂的储存筒，它能以一定的流量向膨胀阀输送液态制冷剂，其容量一般约为系统工质体积的 1/3。

干燥器实际上就是能吸收潮气的装置。干燥器中存放着干燥剂，常用的干燥剂有硅胶、活性氧化铝、硫酸钙、分子筛等。

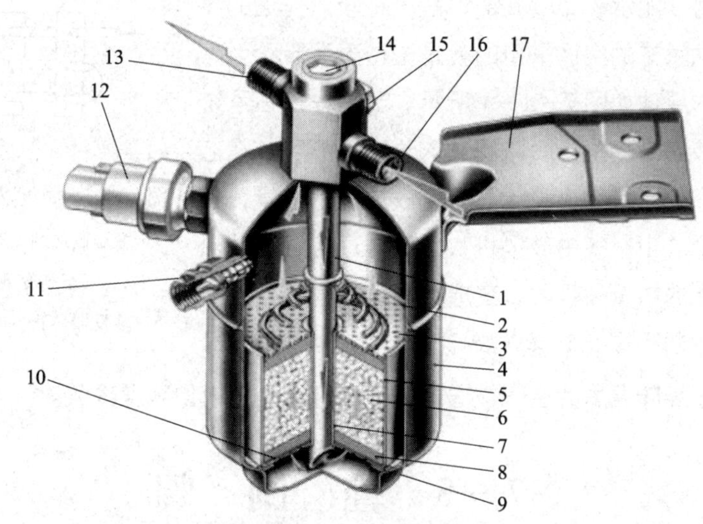

图 7—4—3　储液干燥器

1—引出管　2—弹簧　3—多孔盖板　4—罐体　5—杯壳　6—干燥剂　7—连接管　8—过滤布　9—胶垫　10—滤网　11—制冷剂充注阀　12—高低压开关　13—出口　14—视镜　15—易熔塞　16—进口　17—支架

视镜有两个作用：一是指示系统中是否有足够的制冷剂；二是指示制冷剂中是否有水分。视镜安置在液管通路中或储液器的出口处，当系统正常运行时，从视镜中可以看到没有气泡的稳定流动的液体，假如出现气泡或泡沫，则说明系统工作不正常或制冷剂不足。

易熔塞是一种安全设施，一般装在储液干燥器的头部，用螺塞拧入。螺塞中间是一种铜铝合金，当制冷剂温度升到 95～100℃时，合金熔化，制冷剂逸出，从而避免了对系统中其他部件的损坏。

从冷凝器过来的液态制冷剂，从进口 16 处进入，经滤网 10 和干燥剂 6 除去水分和杂质后从出口 13 进入膨胀阀。在储液干燥器上方设有视镜 14，可以用来观察制冷剂的流动情形，从而判断系统中制冷剂量是否正常。

系统中出现水分的原因可能是由于在安装与保养过程中不小心进了空气，也可能是由于抽真空工序不正确。一旦系统中发现存在水分，就必须换新的干燥器，并进行尽可能长时间的抽真空工序。

任何时候，当制冷系统中的主要部件更换时，应同时更换储液干燥器。

三、蒸发器

蒸发器的结构近似于冷凝器，其形式主要有管片式、管带式和板翅式 3 种。管片式和管带式蒸发器与管片式、管带式冷凝器完全相同，只是管片间的距离小些，外形尺寸比同一制冷系统中冷凝器窄小，但厚一些。板翅式蒸发器用两片冲成复杂形状的铝板叠在一起组成制冷剂通道，并在通道之间夹有波形散热带。这种蒸发器需用双面复合铝材，且焊接要求很高，但传热面积大（为管片式的 1.5 倍），换热效率高（比管带式提高 10%左右），且能承受较高的工作压力（能承受 29 MPa），是一种较为先进的蒸发器。上海桑塔纳轿车的空调采用的就是这种蒸发器。

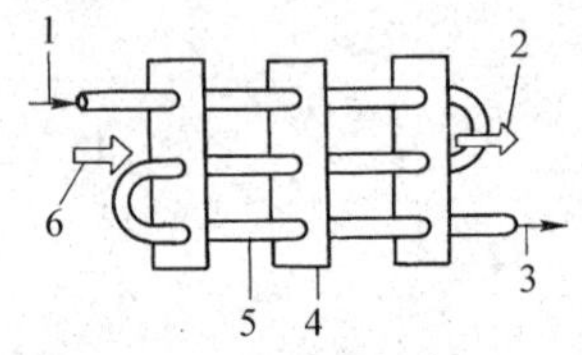

图 7—4—4　蒸发器的工作原理

1—液态制冷剂　2—冷却后的空气　3—气态制冷剂　4—散热片　5—蒸发器芯管　6—冷却前的空气

蒸发器的工作原理如图 7—4—4 所示。当制冷剂在系统中循环时，高压液态制冷剂经膨胀阀进入蒸发器芯管，在芯管中因压力降低而开始汽化，吸收芯管及散热片的热量，使芯管及散热片变冷。当空气由鼓风机吹出并通过芯管及散热片周围时，空气中的热量被吸收，变成冷空气。同时，空气中的水蒸气由于冷却而凝结在蒸发器表面，经收集排出后，空气被去湿。经干燥降温后的空气被送入车室内，于是车内便获得冷气。

§7—5　控　制　阀

学习目标

1. 了解汽车空调系统膨胀阀的作用、分类及原理。
2. 了解汽车空调系统蒸发压力调整阀的组成及工作过程。

一、膨胀阀

膨胀阀又称节流阀，安装在蒸发器的入口前，是制冷剂循环中高压与低压之间的分界点。在通过膨胀阀前，制冷剂是高压液体；在通过膨胀阀后，制冷剂成为低压、低温的饱和液体和蒸气的雾状混合物。

1. 主要作用

(1) 节流降压

膨胀阀使从冷凝器出来的高温高压液态制冷剂节流降压成为容易蒸发的低温、低压雾状物进入蒸发器，即分离开了制冷剂的高压侧与低压侧，但没有改变制冷剂的液体状态。

(2) 调节流量

当制冷负荷改变以及压缩机转速改变，要求流量作相应调整，以保持车内温度稳定、制冷剂正常工作时，膨胀阀就起了把进入蒸发器的流量自动调节到制冷循环所要求的合适程度的作用。

(3) 控制流量，防止“液击”和异常过热发生

所谓“液击”就是过饱和气体在压缩机中因压缩升温，在过热蒸气的过程中，其中所含的液滴迅速蒸发，气体膨胀，使气缸中压力骤增，活塞阻力突然加大，导致活塞像受到重击一样而损坏。膨胀阀以感温包作为感温元件控制流量大小，保证蒸发器尾部有一定的过热

度，从而保证蒸发器总容积的有效利用，避免有液态制冷剂进入压缩机而造成“液击”现象，同时又能将过热度控制在一定范围内，从而防止异常过热现象发生。

2. 分类

膨胀阀有定压式膨胀阀、感温式膨胀阀和浮球式膨胀阀三种。汽车空调制冷系统多采用感温式膨胀阀。

感温式膨胀阀有内部均压式（内平衡式）和外部均压式（外平衡式）两种，其结构如图7—5—1所示，内部均压式膨胀阀一般由阀体、膜片、推杆、阀（针阀）、球阀（块阀）、阀座、过热弹簧、调节螺母、毛细管、感温包和内平衡管等组成，外部均压式膨胀阀则为外平衡管。感温包内注有制冷装置所用制冷剂，其量应能保证感温包内的液体在膨胀阀的动作、温度范围内始终保持饱和状态。感温包紧贴在蒸发器的出口管壁上，并用保温材料包好，以感受蒸发器尾部的制冷剂蒸气温度。用一根毛细管将感温包与膨胀阀的膜片上腔相连，阀的开度通过一根推杆由膜片位置控制。蒸发器出口处的过热度则由调节螺母通过改变调整弹簧（过热弹簧）的预紧度来调节。

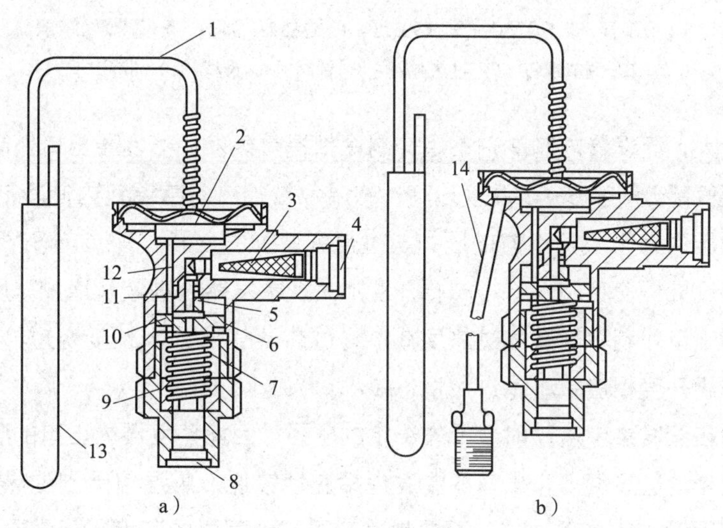

图7—5—1 感温式膨胀阀

a）内部均压式膨胀阀 b）外部均压式膨胀阀

1—毛细管 2—膜片 3—滤网 4—进口 5—节流孔口 6—阀 7—过热弹簧 8—出口 9—调节螺母 10—阀座 11—推杆 12—内平衡管 13—感温包 14—外平衡管

（1）内部均压式

内部均压式膨胀阀的调节原理如图7—5—2所示。

设 p_f 为感温包内制冷剂的饱和压强，F_S 为过热弹簧弹力，p_e 为蒸发器入口处制冷剂蒸发压强，S 为膜片的有效面积。在制冷系统正常运行时，存在下列关系，即 $p_f \cdot S = F_S + p_e \cdot S$，膜片两面的作用力平衡，使针阀稳定在某一开度，循环的制冷剂量保持稳定。

膨胀阀的开度由蒸发器出口的蒸气过热度来控制。所谓过热度，是指因为感温包的安装地点距蒸发器还有一段距离（图 7—5—2 中的 4），管道内的制冷剂（饱和蒸气状态）仍然要吸收外界热量，温度升高，这个升高的温度变化范围即为过热度，一般为 3～5℃。

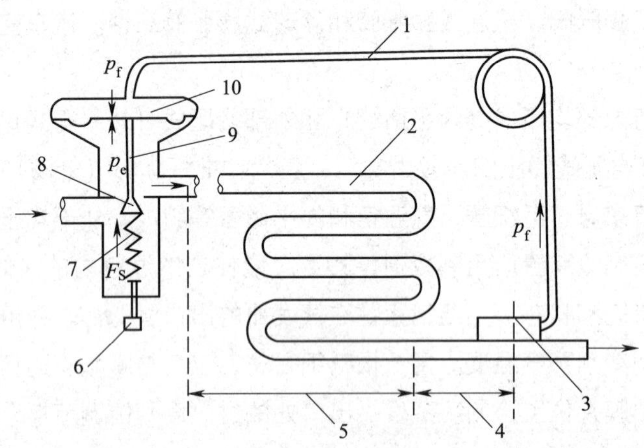

图 7—5—2 内部均压式膨胀阀的调节原理

1—毛细管 2—蒸发器 3—感温包 4—过热蒸气部分 5—湿蒸气部分 6—调节螺钉 7—过热弹簧 8—针阀 9—推杆 10—膜片

若制冷负荷大，蒸发器内制冷剂不足，制冷剂提前蒸发，蒸发器出口处制冷剂蒸气过热度增大（过热蒸气部分 4 变长），温度升高，感温包被加热，感温包内制冷剂饱和压强 p_f 升高，膜片上方的压力大于膜片下方的压力与过热弹簧弹力之和，即 $p_f \cdot S > F_s + p_e \cdot S$，膜片向下拱曲，通过推杆使针阀下移，阀孔开度加大，蒸发器内进液量增加。反之，制冷负荷变小时，蒸发器出口处制冷剂蒸气过热度减小（过热蒸气部分 4 长度变短），感温包内制冷剂压强下降，针阀开度相应减小，进液量也减小。

由于制冷剂在蒸发器中流动时会损失一定的压强，因此蒸发器内出口的压强低于进口的压强。这样在同样的过热度下，出口的温度也相应地较低，感温包受到的热度也就低一些，因而相应的饱和压强 p_f 也就低一些，而要想打开阀门到同样的开度，就需要更大的过热度，这样蒸发器过热部分增长，使蒸发器的工作效率降低。所以，内部均压式膨胀阀只适用于压强损失比较小的小型蒸发器。

（2）外部均压式

外部均压式膨胀阀的调节原理如图 7—5—3 所示。

外部均压式膨胀阀的结构与内部均压式膨胀阀基本相同，只是其膜片下方不与供入的制冷剂接触，而是一个空腔，用一根均压管与蒸发器出口连接，从蒸发器出口处导入过热蒸气，这样膜片下面制冷剂的压强不是膨胀阀出口处的压强（即蒸发器入口处压强 p_e），而是蒸发器出口处的压强 p_e'。其调节过程与内部均压式膨胀阀完全相同，这样就消除了由于制冷剂在蒸发器内流动所引起的压降对膨胀阀工作的影响。

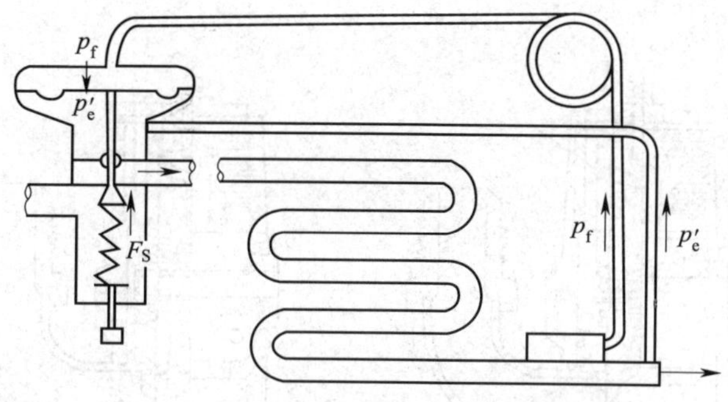

图 7—5—3 外部均压式膨胀阀的调节原理

二、蒸发压力调整阀

有些汽车空调系统中，在蒸发器与压缩机之间装有蒸发压力调整阀，如图 7—5—4 所示，其作用是节制制冷剂的流量，调节蒸发器温度，防止蒸发器表面结霜与挂冰。

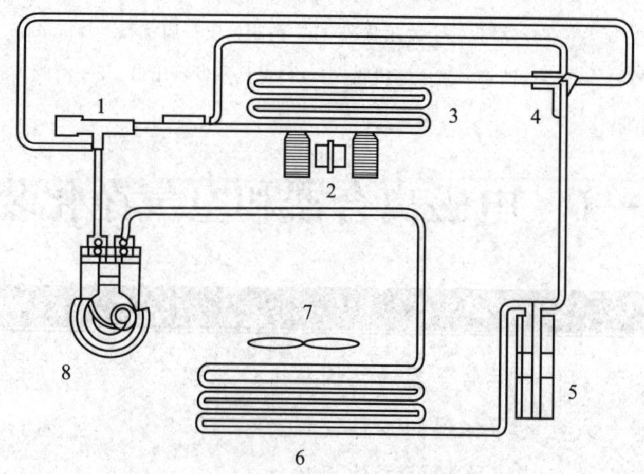

图 7—5—4 蒸发压力调整阀安装位置

1—蒸发压力调整阀 2—鼓风机 3—蒸发器 4—膨胀阀
5—干燥过滤器 6—冷凝器 7—风扇 8—压缩机

如图 7—5—5 所示为日本丰田皇冠轿车空调系统中安装的一种蒸发压力调整阀，它主要由膜片、膜片弹簧、滑阀和阀体等组成。利用弹簧压力调好规定的蒸发压强后，若蒸发压强升高，其压力超过弹簧弹力时，滑阀被压向上方，即被打开。反之，若蒸发压强下降，其压力小于弹簧弹力时，滑阀被关闭。

蒸发压力调整阀的工作过程如下：当制冷负荷较低时（$p_e \cdot S < F_S$），车室温度低，蒸发器里制冷剂的蒸发压强低，膜片上部弹力 F_S比制冷剂蒸发压强 p_e产生的压力大，滑阀朝着关闭方向移动，使制冷剂流量减小。相反，当制冷负荷较高时（$p_e \cdot S > F_S$），车室温度高，制冷剂蒸发压强 p_e产生的压力比 F_S大，滑阀口开大，使制冷剂流量增加。

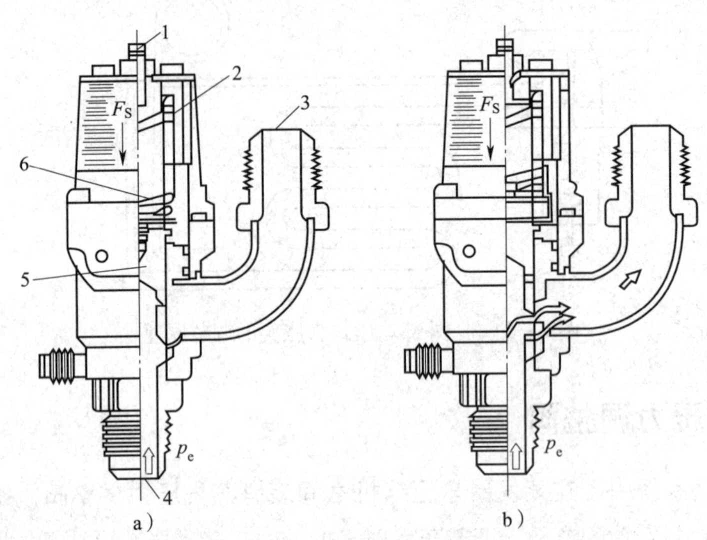

图 7—5—5　日本丰田皇冠轿车用蒸发压力调整阀

a) 滑阀处于关闭状态　b) 滑阀处于开启状态

1—调整螺钉　2—弹簧　3—接压缩机吸入口　4—接蒸发器出口　5—滑阀　6—膜片

§7—6　电磁离合器和空气净化装置

学习目标

1. 了解汽车空调系统电磁离合器的结构与工作原理。
2. 了解汽车静电式空气净化器的工作过程。
3. 了解电离器和负离子发生器的工作原理。

一、电磁离合器

在非独立式汽车空调系统中，电磁离合器一般安装在压缩机前端的带轮内，主要由定子、转子（带轮）、压力板、弹簧片、轮毂、转子轴承和电磁线圈等零部件组成，有定圈式和动圈式两种。这两种离合器的结构和工作原理基本相同，所不同的是定圈式的电磁线圈固定在压缩机壳体上不转动，而动圈式的电磁线圈是与带轮连在一起转动的。如图 7—6—1 所示为定圈式电磁离合器的结构图，现以其为例说明电磁离合器的工作原理。

定圈式电磁离合器的电磁线圈安装在压缩机盖板上不会转动，转子靠轴承和卡簧保持在电磁线圈的上面。转子外形即带轮，它通过一根 V 带由发动机曲轴驱动，并可在压缩机轴轴承上空转。从动压力板装在压缩机曲轴的端头。当电磁线圈不通电时，离合器上不会产生电磁吸力，转子由带轮带动空转；当电磁线圈通电时，离合器产生很强的电磁吸力，将压力板紧紧地吸合在带轮的端面上，带轮便通过该压力板带动压缩机轴一起旋转，使压缩机工作。

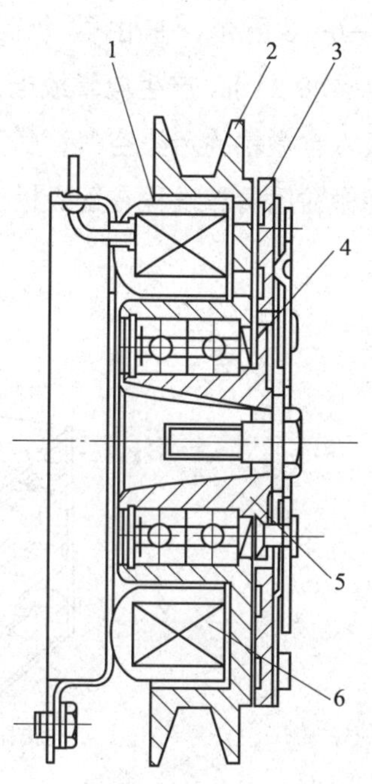

图 7—6—1 定圈式电磁离合器

1—定子 2—带轮 3—压力板 4—弹簧片 5—轮毂 6—线圈

二、空气净化装置

装有空调设备的汽车车室是密闭的，以减少空调制冷量的损失。因此，为满足车内乘员对新鲜空气的需要，应进行换气。最简单的方法是将车内被污染的空气排出去，把车外的新鲜空气放进来。但这样换气的结果是在补充新鲜空气的同时，又将车外空气中悬浮的粉尘等引入了车内。因此，为了保持车内空气的洁净新鲜，还必须采用净化装置除去粉尘和有害气体。

汽车上使用的空气净化装置主要有空气滤清器和静电式空气净化器两种。前者结构简单，通过滤网除尘，常与装在行李箱内的后置式冷却器合成一体，共同使用一个鼓风机；后者比较复杂，多在高级轿车与旅游车上使用。静电式空气净化器主要由电离器、集尘器、活性炭、杀菌灯和负离子发生器五部分组成（也有将电离器与集尘器合为一体的），如图 7—6—2 所示。

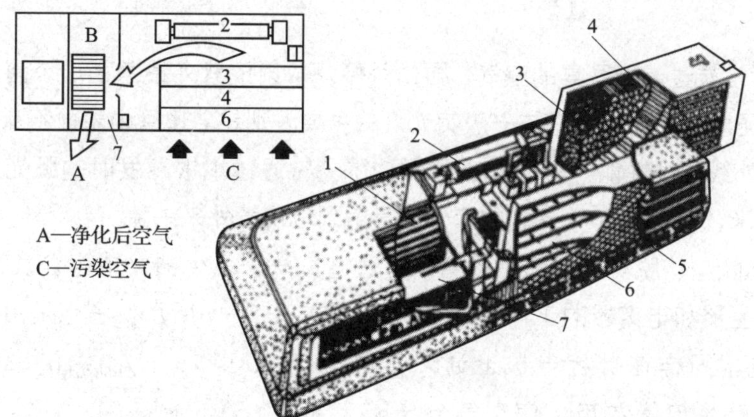

图 7—6—2 静电式空气净化器

1—鼓风机 2—杀菌灯 3—活性炭过滤器 4—波纹集尘器 5—预过滤器 6—电离器 7—负离子发生器

注：波纹集尘器——清除尘埃（车内烟尘等）；多孔层活性炭过滤器——脱臭（体臭、汗味及烟味），清除有害气体（SO_2气体、H_2S等）。

静电式空气净化器的工作过程及工作原理如下：

1. 首先，车内空气吸进入口，大粒度的灰尘被预过滤器隔除。
2. 经过预过滤器的小粒度灰尘由电离器聚集在带电的波纹集尘器中。电离器结构如图

7—6—3所示，它由数个针状电极和平板电极构成。绝缘的针状电极通入负高压电（−4.8 kV），产生电晕放电，使针状电极与接地侧（平板电极）间产生负离子流动，一旦吸入含微粒的污染空气，负离子便附着在微粒上，被送入带正电的波纹集尘器（正极板），使微粒附着和堆积在正极板上。

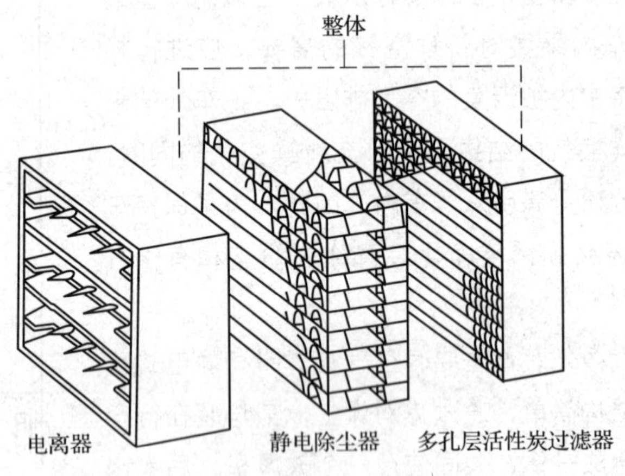

图 7—6—3　电离器结构

3. 通过静电除尘的空气，再经过多孔层活性炭过滤器脱臭。活性炭上有无数细孔，当臭气（体臭汗味、香烟残气）及有害气体（二氧化硫、氮氧化物、硫化氢等）的分子接触到其表面时，会由于毛细管作用被吸附在活性炭上，这样就除去了有害气体，完成脱臭过程。

4. 经过活性炭过滤器脱臭的空气，再由杀菌灯放射的紫外线杀菌。杀菌灯又叫紫外线灯，是一种低压水银荧光灯。它与一般荧光灯的主要区别是玻璃管内表面不涂荧光物质，且玻璃管是用紫外线透过性能好的特殊玻璃制成的。它通过水银蒸发时的弧光放电产生波长253.7 nm（纳米，$1\ nm=10^{-9}\ m$）的紫外线直射到玻璃管外来杀菌。

5. 经上述除尘、脱臭、杀菌后的空气再通过负离子发生器，成为含负离子的洁净空气。负离子发生器和电离器的工作原理相同，如图 7—6—4 所示。它也是由针状电极和平板电极构成的，同样在针状电极上通入负高压电（−4.8 kV），产生电晕放电，使空气分子被电离，正离子向强电场的针状电极附近聚集，而电子在向弱电场的平板电极方向移动的过程中失去速度，依附在空气分子上形成负离子。这样弱电场中存在的负离子就随空气流进了车室。

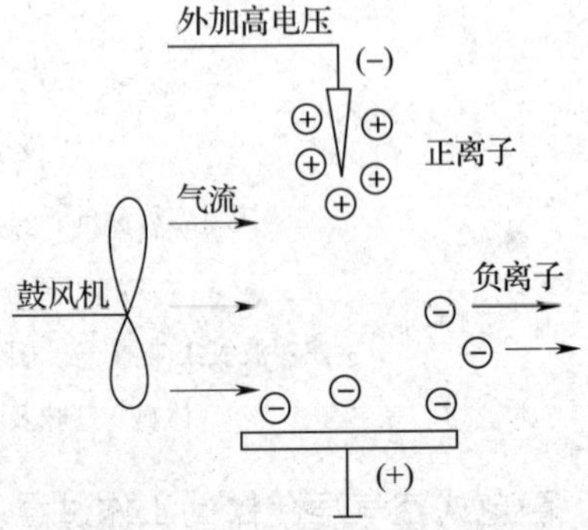

图 7—6—4　负离子发生器工作原理

空气中存在的负离子对人体神经、气管薄膜、血液等均会产生一定作用。通风不好的房间内，人往往感到头痛和不舒服，其原因之一就是缺乏负离子。

§7—7 电气系统

学习目标

1. 了解汽车空调系统电路的组成及工作电流流向。
2. 了解继电器、压力开关、温控开关的组成及工作过程。
3. 了解汽车空调系统安全保护电路的组成及工作过程。
4. 了解发动机怠速提升装置的组成及工作过程。

汽车空调系统种类繁多，电路形式不一，但其电气系统还是大同小异的，基本上都是由电磁离合器、风扇电动机、发动机怠速提升装置、安全电路、压力开关电路、温控开关、继电器和控制开关等八大部分组成。

汽车空调的基本电路如图 7—7—1 所示，是一种最简单的控制电路。它由风扇电动机、压缩机电磁离合器、温控开关、风量调节开关、放大器、压力开关及继电器等组成。

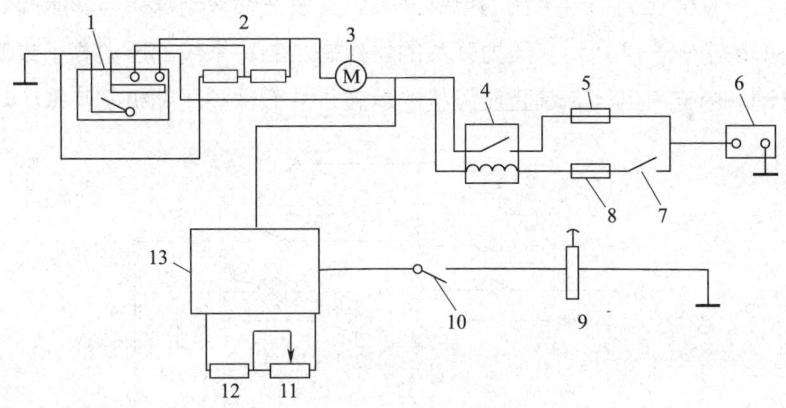

图 7—7—1 汽车空调的基本电路

1—风量调节开关 2—电阻器 3—风扇电动机 4—继电器 5、8—熔断器
6—蓄电池 7—点火开关 9—电磁离合器 10—压力开关
11—温控开关（可变电阻器） 12—热敏电阻 13—放大器

当汽车发动后，点火开关处在接通位置时，只要将风量调节开关即空调总开关闭合（高 HI、中 ME、低 LO 三挡中任一位置），空调即可投入工作，其电路分别为：

继电器电路：蓄电池“+”极→点火开关 7→熔断器 8→继电器 4 线圈→风量调节开关 1→搭铁→蓄电池“−”极。

风扇电动机电路：蓄电池“+”极→熔断器 5→继电器 4 触点→风扇电动机 3→电阻器 2（高速挡不经过电阻）→风量调节开关 1（低速挡不经过开关）→搭铁→蓄电池“−”极。

电磁离合器电路：蓄电池“+”极→熔断器 5→继电器 4 触点→放大器 13→压力开关 10→电磁离合器 9 线圈→搭铁→蓄电池“－”极。

电路通电后，电磁离合器吸合，压缩机工作，制冷剂循环，开始产生制冷效果。同时鼓风机旋转，将蒸发器产生的冷气通过冷风道送往车室。

一、继电器

不同类型的空调控制电路相应采用不同类型的继电器，其作用是方便控制流入控制开关的电流，延长开关的使用寿命。常用的有圆形常开（或常闭）继电器和方形常开继电器，它们都是由铁芯、磁轭、衔铁、弹簧、线圈和常开（或常闭）触点组成的。当线圈通电时，铁芯产生电磁力，吸下衔铁使触点闭合（或打开），接通（或切断）控制电路。相反，当线圈断电时，动臂释放，触点打开（或闭合），切断（或接通）被控电器。这类继电器常用于控制电路的离合器及冷凝器风扇等。

二、压力开关

压力开关是一种受压力信号控制的电器开关，安装在储液干燥器与膨胀阀之间的高压管道上，其电路如图 7—7—2 所示。压力开关的作用是当制冷系统的压力高于或低于所规定的极限值时，自动切断电气回路，停止压缩机的运转，从而保护压缩机及其系统。

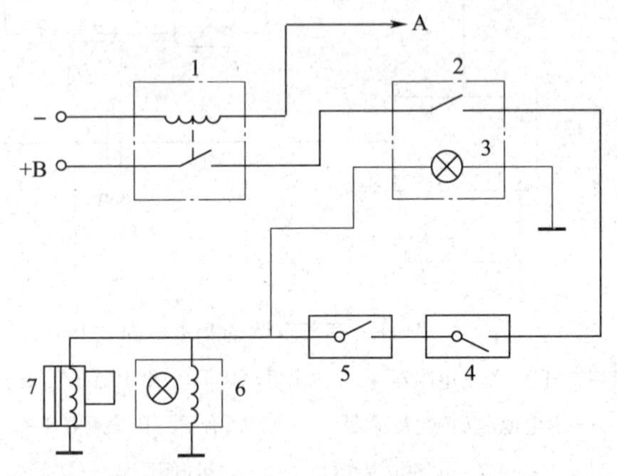

图 7—7—2 压力开关电路

1—继电器 2—空调开关 3—指示灯 4—高压开关 5—低压开关

6—真空电磁阀 7—电磁离合器 A—空调用电设备

1. 高压开关

高压开关的结构如图 7—7—3 所示，由膜片、一对常闭触点、弹片、推杆及外壳等组成。它通过一根直径 6 mm 的铜管将高压导入。当制冷剂由于某种原因使高压侧的压力超过规定值（一般为 2.3 MPa）时，膜片上方制冷剂的压力超过弹片弹力，膜片向下拱曲，推动推杆下移，使触点打开，压缩机停止工作。

2. 低压开关

低压开关并不是指安装在低压回路侧的开关，而是由于它是在系统压力过低时才能起作用，所以称为低压开关。低压开关的结构如图 7—7—4 所示，与高压开关大体相同，主要由膜片、活动触点、弹簧及外壳等组成，同样用铜管将制冷剂压力导入。当制冷系统由于制冷剂泄漏或其他原因导致制冷剂严重不足，压力低于规定值（一般为 0.21 MPa）时，膜片在弹簧弹力的作用下向上拱曲，带动活动触点离开固定触点，使电路断开，避免了压缩机继续运转而受到损坏。

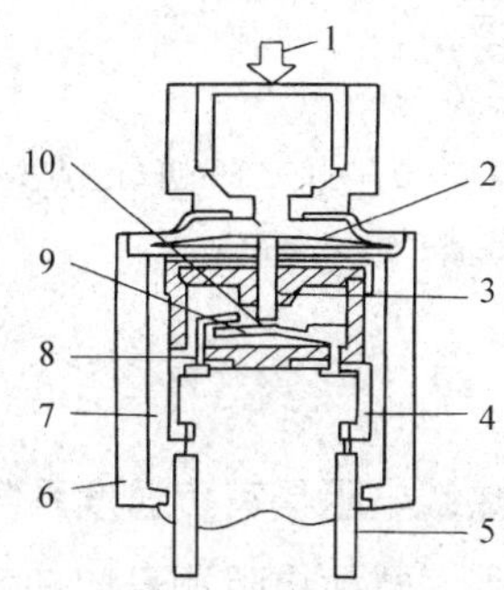

图 7—7—3　高压开关

1—压力导入管　2—膜片　3—推杆
4—接线柱　5—导线　6—绝缘材料
7—外壳　8—固定触点　9—活动触点　10—弹片

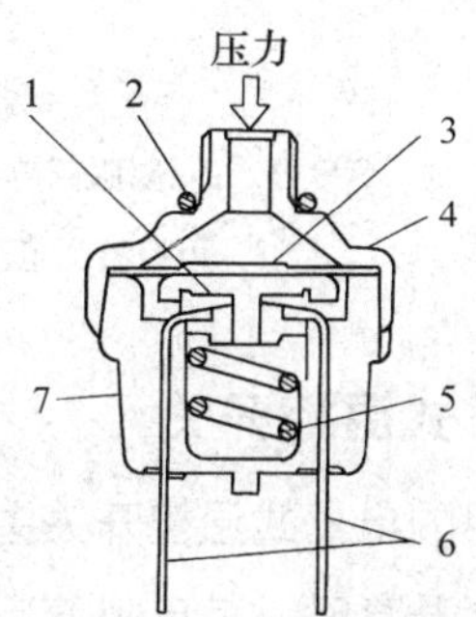

图 7—7—4　低压开关

1—活动触点　2—O 形环　3—膜片
4—外壳　5—弹簧　6—导线　7—支座

三、温控开关

温控开关又称温度调节器、恒温器等，其作用是保持车室内温度的相对稳定和控制蒸发器出口的空气温度，使之不致降到 0℃以下，防止芯管冻结，以维持蒸发器的正常工作。汽车空调常用的温控开关有感温式和电子式两种。

1. 感温式温控开关

感温式温控开关装于蒸发器面板上，其结构如图 7—7—5 所示。感温筒塞入蒸发器的散热翘板内，内部充入制冷剂液体或气体，用一根毛细管接到温控开关波纹隔膜的下方。波纹隔膜与一组可摇动的作用臂连接，摇臂作用于一组触点上，通过触点的开闭来接通与切断压缩机的电磁离合器电路。感温式温控开关还安装有可控温度范围调节钮。

当温控开关上的感温筒温度变化时，感温筒内的制冷剂或二氧化碳产生膨胀或收缩，感温筒内的压力也随之变化，进而通过毛细管使波纹隔膜上的压力也发生变化。当蒸发器出口温度高于规定温度值时，隔膜向上凸起，顶动杠杆向上移动，开关接通，电磁离合器通电，压缩机运转。相反，当蒸发器出口的温度低于规定值时，隔膜向下收缩，触点打开，切断电磁离合器的电路，压缩机停止运转。以上过程不断反复就能使车室内的温度保持在一定的范围内，达到自动控制温度的目的。

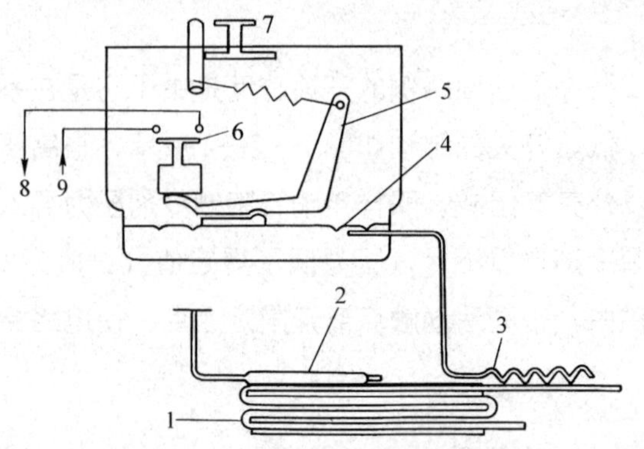

图 7—7—5 感温式温控开关

1—蒸发器 2—膨胀阀感温包 3—感温筒 4—波纹隔膜 5—杠杆 6—可动触点 7—可控温度范围调节钮 8—接电磁离合器线圈 9—接蓄电池

2. 电子式温控开关

目前使用的电子式温控开关主要是热敏电阻式的。热敏电阻具有负温度系数，当热敏电阻本身的温度升高时，其电阻值减小，反之，电阻值增大。热敏电阻式温控开关主要由热敏电阻温度传感器、可调电阻、电子放大器和执行继电器等元件组成，其电路如图 7—7—6 所示。

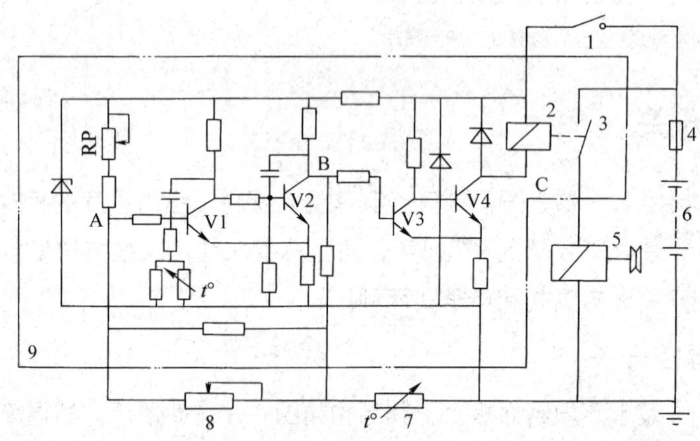

图 7—7—6 热敏电阻式温控开关电路

1—点火开关 2—继电器线圈 3—继电器触点 4—熔断器 5—电磁离合器 6—蓄电池 7—热敏电阻 8—温度控制电位器 9—电路板

该电路由 4 只三极管 V1～V4、热敏电阻 7、温度控制电位器 8 和继电器线圈 2 等主要元件组成。车内冷气温度由电位器 8 设定，热敏电阻 7 用于检测冷气温度，安装在蒸发器出口处。当车内温度高于设定温度时，热敏电阻阻值减小，使 B 点的电位较低，则三极管 V3 截止、V4 导通，于是继电器线圈 2 通电，触点 3 闭合，接通了电磁离合器电路，压缩机工作，使车内温度下降。而当车内温度降低到最低设定温度时，热敏电阻阻值增大，使 B 点的电位达到 V3 的工作偏压，V3 导通、V4 截止，继电器线圈 2 断电，触点 3 断开，切断了电磁离合器电路，压缩机停止工作。如此反复来控制车内冷气温度的高低，使之保持在所设定的温度范围之内。

四、汽车空调安全保护电路

汽车空调安全保护电路由发动机转速检测电路、温度检测电路、放大器和继电器组成，如图 7—7—7 所示。

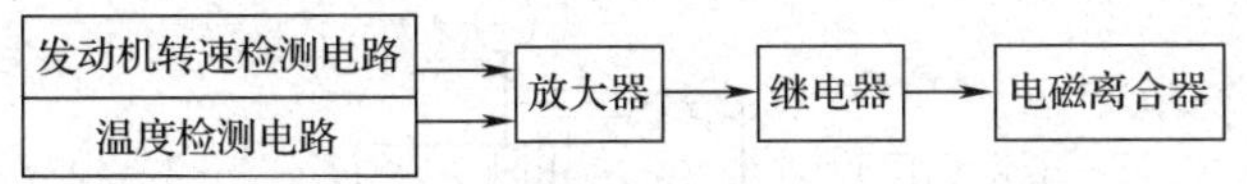

图 7—7—7　汽车空调安全保护电路原理方框图

该电路的作用是当汽车在怠速、起步或慢行时，若发动机的转速低于某设定值或转速虽达到规定值，但蒸发器表面挂霜或结冰时，自动切断电磁离合器电路，以保护发动机和制冷系统。

发动机转速检测信号由发动机点火脉冲信号（取自点火线圈初级绕组）提供。温度检测信号则由安装在蒸发器外侧正面的传感器提供，该传感器为负温度系数热敏电阻，其阻值随温度的降低而增大。转速和温度控制电路如图 7—7—8 所示。

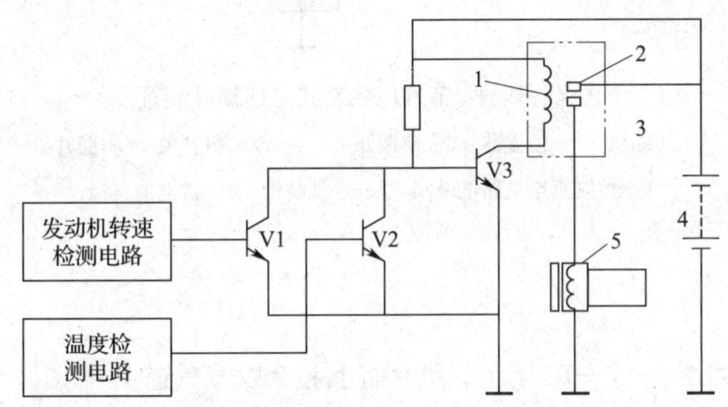

图 7—7—8　转速和温度控制电路

1—继电器线圈　2—触点　3—继电器　4—蓄电池　5—电磁离合器

当发动机的转速低于规定值时，检测到的点火脉冲信号经反相、放大后，使 V1 导通、V3 截止，继电器线圈 1 不通电，触点 2 打开，电磁离合器 5 分离。当发动机转速上升到规定值时，V1 截止、V3 导通，继电器线圈 1 中有电流通过，继电器触点闭合，电磁离合器工作。

当蒸发器表面因温度过低结霜或挂冰时，热敏电阻阻值增大，使 V2 导通、V3 截止，继电器线圈 1 不通电，触点 2 打开，电磁离合器 5 分离。

由此可见，只有当发动机转速和蒸发器温度两个条件同时满足要求时，压缩机才能起动工作。

五、发动机怠速提升装置

汽车空调压缩机在使用时，会消耗发动机的动力。发动机处于怠速状态下接通空调压缩机时，会使发动机负荷加大，造成发动机熄火或过热。因此，汽车上常装有怠速提升装置以提高发动机的转速。

节气门控制式怠速提升装置主要由电磁阀及膜片缸等组成，如图 7—7—9 所示。

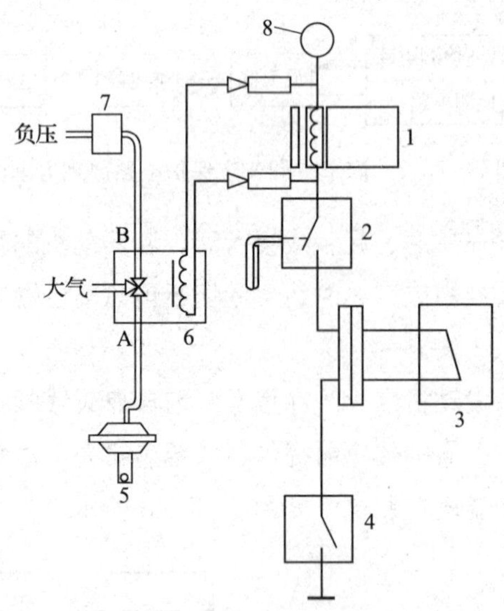

图 7—7—9 节气门控制式怠速提升装置

1—压缩机 2—恒温器 3—空调开关 4—鼓风机开关 5—膜片缸
6—控制真空通路电磁阀 7—进气歧管 8—蓄电池正极

1. 主要部件

(1) 膜片缸

膜片缸的结构如图 7—7—10 所示。膜片缸上腔 2 以及气道 1 与节气门下方相通，膜片 4 下面连着一根推杆 5，下端与操纵臂相连。膜片上面有一根弹簧 3，其作用是使膜片向下运动，并通过推杆、操纵臂、摇臂（见图 7—7—11)，把节气门打开。

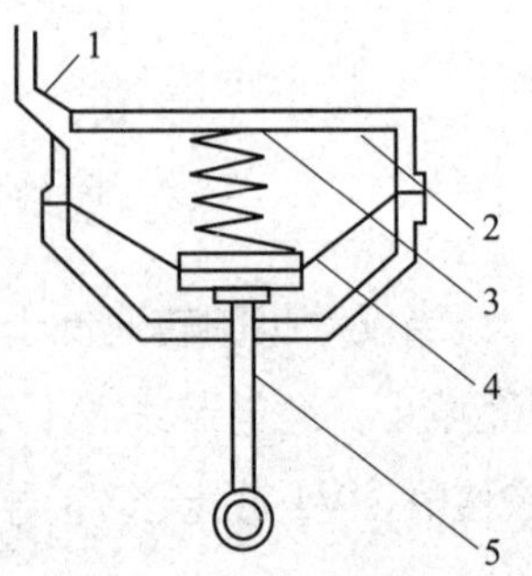

图 7—7—10 膜片缸

1—气道 2—膜片缸上腔
3—弹簧 4—膜片 5—推杆

(2) 电磁阀

电磁阀由线圈和阀组成。在不通电时，电磁阀开启，A 孔和 B 孔相通，进气歧管的真空度传到膜片缸上腔内。通电时，A 孔通大气，而将大气引入膜片缸上腔。

2. 工作过程

(1) 如图 7—7—11 所示，当不使用空调设备时，空调开关 2

断开，控制真空通路的电磁阀 1 线圈不通电，电磁阀 1 开启，进气歧管的真空度 10 传到膜片缸上腔 4，克服弹簧 5 的压力，把膜片 6 吸引上移，使操纵臂 7 与摇臂 8 脱离，节气门 9 保持原怠速状态。

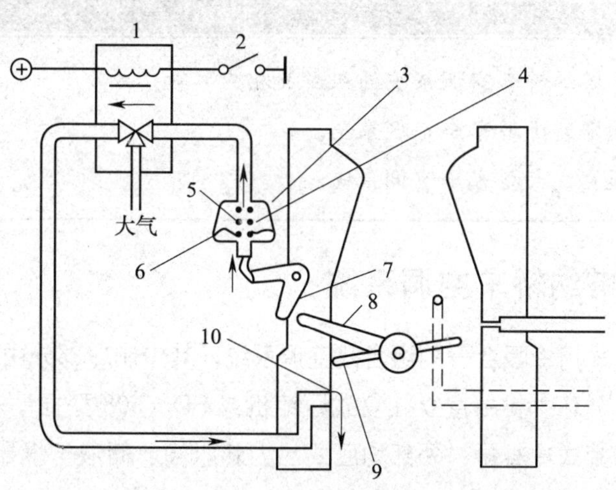

图 7—7—11　断开空调开关时

1—电磁阀　2—空调开关　3—膜片缸　4—膜片缸上腔　5—弹簧　6—膜片　7—操纵臂　8—摇臂　9—节气门　10—真空度

(2) 如图 7—7—12 所示，当使用空调时，空调开关 2 闭合，电磁阀线圈 1 通电，将真空通路关闭，而将大气通路开启。膜片 6 在弹簧力的作用下向下移动，通过操纵臂 7 压下摇臂 8，使节气门 9 开度加大，发动机转速升高，以适应发动机驱动空调设备的需要。

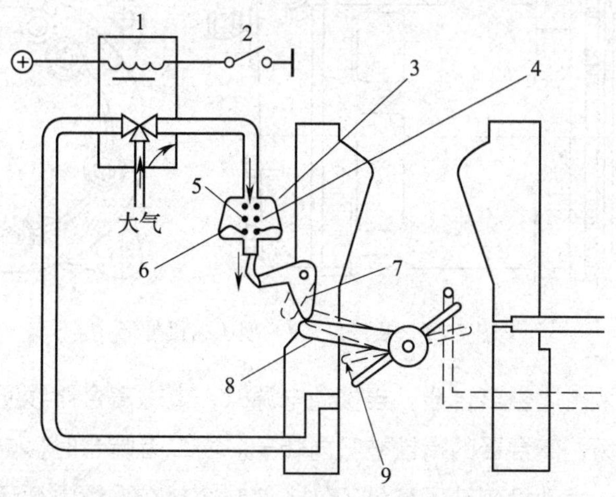

图 7—7—12　闭合空调开关时

1—电磁阀　2—空调开关　3—膜片缸　4—膜片缸上腔　5—弹簧　6—膜片　7—操纵臂　8—摇臂　9—节气门

§7—8 典型空调系统简介

学习目标

1. 了解上海桑塔纳轿车空调系统的组成及相应参数。
2. 了解内置式中、小型客车空调系统。
3. 了解车外顶置式大型客车空调系统。

一、上海桑塔纳轿车空调系统

上海桑塔纳轿车采用冷暖合一的组合式空调系统，其中制冷部分由制冷循环及电气控制两大部分组成。制冷循环主要由直立往复式压缩机或 SD－508 型摇动斜板式压缩机、全铝板管带式蒸发器、管片式冷凝器、外部均压式热力膨胀阀、储液干燥器、输液（气）软管、冷凝器风机及蒸发器风机等组成。电气控制部分主要由电源开关、电磁离合器、风机转换开关及电阻器、高低压开关、怠速电磁阀、各种温控开关及风门真空电磁阀等组成。

1. 压缩机

上海桑塔纳轿车早期使用的美国约克泵（YORK）属往复型曲轴式，有 2 缸。后来采用三电公司的 SD—508 型压缩机，属摇动斜板式，有 5 缸，排量为 138 mL，外形如图 7—8—1 所示。

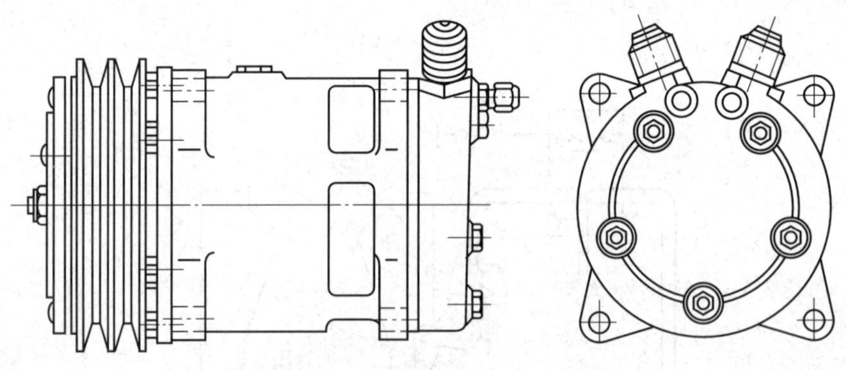

图 7—8—1　SD－508 型压缩机外形

这两种压缩机均采用电磁离合器，当接通电源时，电磁离合器线圈中的电流在离合器片与固定框之间产生磁场，离合器的衔铁被吸向转子。当二者啮合时，电磁离合器带轮得到的动力便传给压缩机轴，发动机带动压缩机工作，使制冷剂在系统中循环。当切断电源时，磁场消失，离合器分离，带轮空转，压缩机停止工作。

2. 冷凝器

上海桑塔纳轿车采用管片式冷凝器，安装在发动机散热器前面，冷凝器的热交换能力是蒸发器的热交换能力与压缩机做功之和。

3. 散热风扇

上海桑塔纳轿车的散热风扇采用直流电动机轴流式风扇，并由主动风扇通过一根传动带带动另一只被动风扇一起工作。变速电阻安装在风扇电动机内。主动与被动风扇均固定在集风罩上，工作电压为 12 V。

4. 储液干燥器

上海桑塔纳轿车的储液干燥器容量为 500 mL，上面装有高压开关、低压开关、易熔塞、视镜。干燥器的平衡吸水能力不小于 3.0 g。

当含有蒸气的液态制冷剂进入储液干燥器后，液态和气态制冷剂被分离开，液态制冷剂通过膨胀阀进入蒸发器。干燥剂会吸收制冷剂中的水分并过滤异物。

高压开关控制散热风扇的高速挡，当系统的压力大于 1 447.9 kPa 时，高压开关接通，高速挡风扇控制继电器开始工作，使电流从 S1 号熔断器（30 A）流经继电器触点，直接带动散热风扇高速旋转。当系统压力低于 1 206.59 kPa 时，高压开关切断高速风扇。

低压开关接通压力为 300 kPa。当系统压力高于 300 kPa 时，空调系统启动工作；当系统压力小于或等于 200 kPa 时，低压开关切断，同时切断整个空调系统。

5. 膨胀阀

上海桑塔纳轿车采用的是外部均压式热力膨胀阀。膨胀阀随热负荷的波动随时调节制冷剂的流量，它能将由储液干燥器来的高压液态制冷剂转化为低温、低压雾状制冷剂送入蒸发器。膨胀阀内的弹簧为一过热弹簧，能防止蒸发器蒸发液体过多时出现阻滞现象。

6. 蒸发器

上海桑塔纳轿车的蒸发器安装于副驾驶一侧的杂物箱下方，是全铝板管带式蒸发器，风冷式结构。蒸发器上插有感温开关的毛细管。

7. 空调系统制冷剂分布情况

冷凝器	10 mL
蒸发器	50 mL
储液干燥器	20 mL
高低压管路	15 mL
压缩机（约克泵）	186 mL
系统总含量	296 mL

8. 电气控制

上海桑塔纳轿车空调系统的电气控制电路如图 7—8—2 所示，由电源电路、电磁离合器控制电路、鼓风机控制电路和冷凝器风扇电动机控制电路组成。

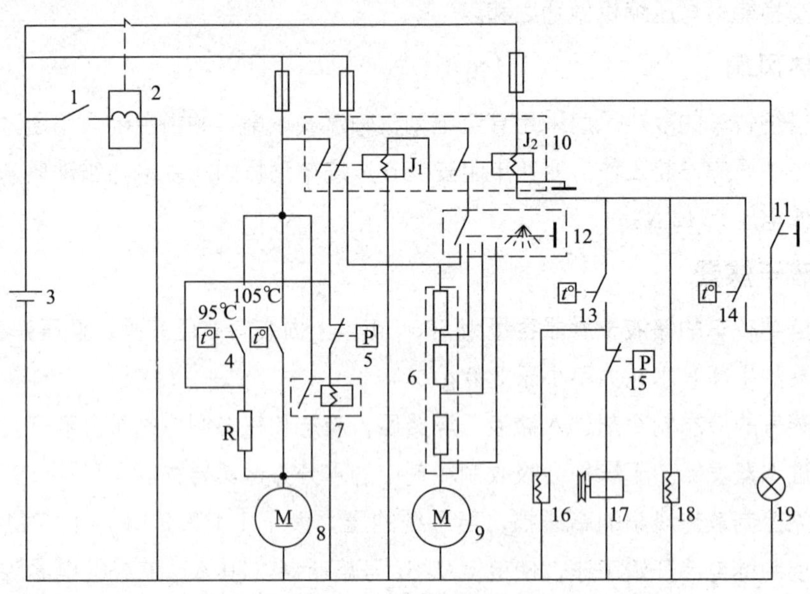

图 7—8—2　上海桑塔纳轿车空调系统电气控制电路图

1—点火开关　2—减负荷继电器　3—蓄电池　4—冷却液温控开关　5—高压开关　6—鼓风机调速电阻　7—冷却风扇继电器　8—冷却风扇电动机　9—鼓风机　10—空调继电器　11—空调开关 A/C　12—鼓风机开关　13—蒸发器温控开关　14—环境温度开关　15—低压开关　16—怠速提升真空转换阀　17—电磁离合器　18—新鲜空气翻板电磁阀　19—空调开关指示灯

其工作过程如下:

(1) 点火开关 1 处于断开（置 OFF）位置时，减负荷继电器 2 的线圈电路切断，触点张开，空调系统不工作。

(2) 点火开关 1 处于起动（置 ST）位置时，减负荷继电器 2 的线圈电路切断，触点张开，中断空调系统的工作，以保证发动机起动时，蓄电池维持足够的电能。

(3) 点火开关 1 处于接通（置 ON）位置时，减负荷继电器 2 的线圈电路接通，触点闭合，空调继电器 10 中的线圈通电，接通鼓风机电路，此时可由鼓风机开关 12 进行调速，使鼓风机按要求的转速运转，进行强制通风、换气或送出暖风。

(4) 当外界气温高于 10℃时，才允许使用空调。当需要制冷系统工作时，接通空调开关 A/C11，空调开关 A/C 的指示灯亮，表示空调开关已经接通。此时电源经空调开关 A/C、环境温度开关 14 接通下列电路:

1) 新鲜空气翻板电磁阀 18 的电路接通，该阀动作，接通新鲜空气翻板控制电磁阀 18 的真空通路，使新鲜空气进口关闭，制冷系统进入车内空气内循环。

2) 经蒸发器温控开关 13、低压开关 15 对电磁离合器 17 的线圈供电，同时电源还经蒸发器温控开关 13 接通怠速提升真空转换阀 16，提高发动机的转速，以满足空调动力源的需要。

3）对空调继电器10中的线圈供电，使两对触点同时闭合，其中一对触点接通冷凝器冷却风扇继电器7的线圈电路，另一对触点接通鼓风机9的电路。

低压开关15串联在蒸发器温控开关13和电磁离合器17之间，当制冷系统因缺少制冷剂而压力过低时，开关断开，压缩机停止工作。

高压开关5串联在冷却风扇继电器7和空调继电器10中K1的一对触点之间，当制冷系统高压值正常时，触点张开，将电阻R串接入冷却风扇电动机8的电路中，使风扇电动机低速运转。当制冷系统高压超过规定值时，高压开关5的触点闭合，接通冷却风扇继电器7的线圈电路，冷却风扇继电器7的触点闭合，将电阻R短路，使冷却风扇电动机8高速运转，以增强冷凝器的冷却能力。同时冷却风扇电动机8还直接受发动机冷却液温控开关4的控制，当不开空调开关A/C时，若发动机冷却液温度低于95℃，冷却风扇电动机不转动；高于95℃时，冷却风扇电动机低速转动；当冷却液温度达到105℃时，冷却风扇电动机将高速转动。

空调继电器10中的K1触点在空调开关A/C一接通时即可闭合，使鼓风机低速运转，以防止蒸发器因表面温度过低而结冰。

二、内置式中、小型客车空调系统

内置式中、小型客车空调系统（适用于13～25座面包车）在汽车上的布置一般如图7—8—3所示。

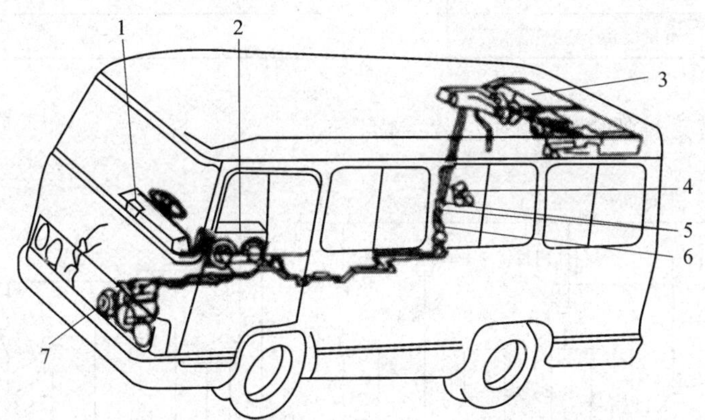

图7—8—3 内置式中、小型客车空调系统布置图

1—控制器 2—冷凝器 3—蒸发器 4—控制盒

5—压力开关 6—观察窗 7—压缩机和离合器

该类空调装置的蒸发器总成由长条形蒸发器和几个离心式鼓风机组成，一般布置在汽车后顶下，由侧面两条风道通过风球向车室送风。冷凝器总成由扁形冷凝器及两个轴流式鼓风机组成，布置在汽车侧面裙部。压缩机一般由汽车发动机带动，通过电磁离合器控制，也可由辅助发动机带动，组成独立式空调系统。CL80S型空调系统的制冷压缩机采用2FB52C或SD—510或10P25C等，由发动机驱动，蒸发器总成采用4个单轴离心式

鼓风机，送风方式有四速和两速两种。蒸发器有吊顶式和落地式两种。该系统的主要技术参数见表 7—8—1。

表 7—8—1　　CL80S 型空调系统主要技术参数

制冷能力（kJ/h）		33 494.4	29 307.6
制冷剂 R12 的质量（kg）		2.0	
电压（V）		DC12	
压缩机	型号	2FB52C	SD—510
	缸径×冲程	52×40（两缸）	36×31.7（五缸）
	排量（cm^3/转）	169.8	161
	功率（kW）	7.5	—
	冷冻油	HD25（0.8 kg）	SUNISO5G5（135 cm^3）
	质量（含离合器）（kg）	11.25	7.05
蒸发器	型式	钢管套铝片（吊顶式）	
	风量（m^3/h）	H1（高速）：1 500（±10%） M1（中速Ⅰ）：1 100（±10%） M2（中速Ⅱ）：800（±10%） L0（低速）：600（±10%）	
	鼓风机型式	ABS 低噪声离心式	
	鼓风机功率（n×W）	4×100（±10%）	
	机外余压（Pa）	98	
	质量（kg）	33.5	

CL80S 型空调系统的电路如图 7—8—4 所示。

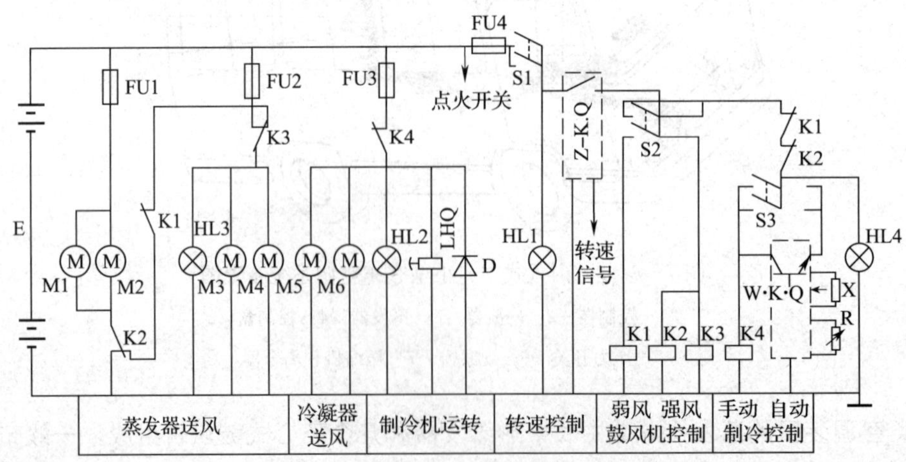

图 7—8—4　CL80S 型空调系统电路

当开启电源开关 S1 时，电源指示灯 HL1 亮，表示正常。当鼓风机开关 S2 接通弱风或强风时，鼓风机工作指示灯 HL4 亮，鼓风机以低速或高速工作。当制冷开关置于手动或自动位置时，制冷工作指示灯 HL2 亮，这时压缩机电磁离合器吸合，压缩机工作，制冷剂循环，冷凝器鼓风机旋转散热，蒸发器鼓风机工作，向车厢送冷风。

将调温开关顺时针旋转，冷度加大，反之则减小。当制冷开关 S3 置于“自动”位置时，制冷机可根据需要自动停机（制冷工作指示灯 HL2 灭）或开机（制冷工作指示灯 HL2 亮），以保持车室温度一定。

电路中还装有高压继电器 K1 和低压继电器 K2。当负荷过重、冷凝器风扇不送风、冷凝器翅片堵塞或制冷剂过量时，高压继电器断开，K4 断电，压缩机和冷凝器风扇停止工作。当气温低于 20℃、车室热负荷过轻、低压制冷系统堵塞或制冷剂泄漏而不够量时，低压继电器断开，K4 断电，压缩机和冷凝器风扇同时停止工作，制冷工作指示灯 HL2 熄灭。

为保证整车正常供电与充电，电路中还装有转速控制器（怠速继电器 Z・K・Q），当发动机转速低于 800 r/min 时，控制器触点断开，K1～K4 断电，空调系统停止工作，以保证整车正常供电。

三、车外顶置式大型客车空调系统

大型客车的空调系统的蒸发器与冷凝器置于车外顶上，压缩机也通过离合器从发动机取得动力。目前国内生产的有 KQ 系列和 KL 系列。

KQ 系列空调系统的蒸发器和冷凝器合成一体，装于车顶外面，分别有鼓风机进行强制性冷却与送风。由于装于车顶，冷凝效果好，污染少。KQ 系列空调系统的主要技术参数见表 7—8—2。

表 7—8—2　**KQ 系列空调系统主要技术参数**

型号	新	KQZD24	KQZD18	KQZD11	KQZD9	KQZD5.6
	老	K71—BS	K75—BS	K79—MBSB	K83—MBS	K85—TRU
制冷量	kJ/h	92 109.6	66 988.8	41 868	33 494.4	20 096.64
	W	25 580	18 605	11 628	9 302	5 582
风量（m³/h）		5 400	3 600	2 700	1 800	1 150
压缩机型号/排量（mL）		FK4/466	FK4/466	SD−510/161	SD−510/161	SD−508/138
电压（V）		24	24	12	12	12
质量（kg）	空调机	155	140	100	78	34
	压缩机	45	45	7.6	7.6	7.7
适用车辆		50～60 座客车	35～40 座客车	25 座客车	17 座客车	载货汽车

KL 系列空调系统是引进德国 KONVEKTA 技术生产的，是一种扁形结构，压缩机可由汽车发动机驱动，也可由辅助发动机独立驱动，其主要技术参数见表 7—8—3。

表 7—8—3　　KL 系列空调系统主要技术参数

<table>
<tr><td colspan="2">型号</td><td colspan="2">KLV，AFT2</td><td>KLV1，AFT2</td></tr>
<tr><td colspan="2">制冷量（kJ/h）</td><td colspan="2">50 241.6</td><td>100 483.2</td></tr>
<tr><td colspan="2">蒸发器风量（m³/h）</td><td colspan="2">2 920</td><td>5 400</td></tr>
<tr><td colspan="2">冷凝器风量（m³/h）</td><td colspan="2">3 600</td><td>7 200</td></tr>
<tr><td colspan="2">工作电压（V）</td><td>12</td><td>24</td><td>24</td></tr>
<tr><td colspan="2">输入电流（A）</td><td>78</td><td>39</td><td>75</td></tr>
<tr><td rowspan="3">外形</td><td>长（mm）</td><td colspan="2">2 555</td><td>3 955</td></tr>
<tr><td>宽（mm）</td><td colspan="2">1 242</td><td>1 242</td></tr>
<tr><td>高（mm）</td><td colspan="2">170</td><td>170</td></tr>
<tr><td colspan="2">质量（kg）</td><td colspan="2">130</td><td>200</td></tr>
<tr><td rowspan="3">压缩机</td><td>型号</td><td>BOCKFK3</td><td>3F5</td><td>BOCKFK4</td></tr>
<tr><td>排量（cm³/转）</td><td>233</td><td>224</td><td>466</td></tr>
<tr><td>质量（kg）</td><td>23（铝）/29（铁）</td><td>14.5</td><td>45（铝）/65（铁）</td></tr>
<tr><td colspan="2">离合器耗电（W）</td><td colspan="2">45</td><td>45</td></tr>
<tr><td colspan="2">适用车辆</td><td colspan="2">16~22 座</td><td>45~55 座</td></tr>
</table>

§7—9　汽车空调系统的使用与故障诊断

学习目标

1. 了解汽车空调系统的使用注意事项。
2. 掌握汽车手动空调控制板的使用方法。
3. 了解汽车空调系统的常见故障现象及原因。
4. 掌握汽车空调系统故障诊断程序。

一、汽车空调系统的使用

空调系统目前已成为汽车必不可少的组成部分，若不能正确使用，将会影响发动机与空调的性能，缩短其使用寿命。

1. 汽车空调系统使用注意事项

(1) 使用前应将车上所有门、窗和风扇关闭，以免车外空气侵入，影响制冷效果。

(2) 检查车室冷风出口和空气交换口有无异物遮挡。

(3) 天气炎热的夏天，应将车辆停放在阴凉处，以免造成制冷负荷过大。否则应先打开所有车窗，待行车 3 min 左右，车内热空气排出后，再关闭车窗，打开空调。

(4) 汽车停车时间较长时，发动机要维持较高怠速运转，以帮助冷却。

(5) 在长坡上行时，若空调负荷过大，可能使发动机过热，因此应尽量少用或不用空调。

(6) 有些空调空气入口的控制有新鲜（FRESH）和再循环（RECYCLE）两个控制位置。若汽车在尘土飞扬的道路上行驶，应将空气入口控制置于再循环位置，以防车外灰尘进入。

(7) 空调工作时，水温可能略有偏高，这是允许的。

(8) 长期停用空调（一个月或几个月）时，每周要将空调开动几分钟，即使在冬天也应这样。

(9) 仪表板警告灯亮时，应停机查看故障，待故障排除后再使用。

(10) 原来未装空调的汽车，不宜自行加装，以免发动机超负荷过热。

2. 汽车手动空调控制板

手动空调控制板装在驾驶室前壁，由驾驶员操纵，普通汽车手动空调控制板上设有三个控制开关，分别是鼓风机开关、空调方式选择开关和温度选择开关。

(1) 鼓风机开关

鼓风机开关设有四个不同的转速。鼓风机为直流电动机，其转速的改变是通过调整串入鼓风机电路的电阻值来实现的。鼓风机调速电阻安装在鼓风机罩上，裸露在风道内，与它串联的还有一个限温开关，当温度超过一定值时开关断开。鼓风机除在停用状态不工作外，在制冷、取暖及通风状态下均可工作。

(2) 空调方式选择开关

空调方式选择开关用于确定空调系统的功能，即要求空调是制冷、取暖、通风还是除霜。驾驶员通过拨动开关可选择 7 个不同位置，这 7 个位置对应的含义如下：OFF 表示停止；MAX 表示最冷；NORM 表示中冷；BI－LVE 表示微冷；HEAT 表示取暖；VENT 表示通风；DEF 表示除霜。

另外，在控制板的后面设有真空控制开关，当驾驶员操纵空调方式选择开关时，真空控制开关随之联动，通过改变真空通路控制真空驱动器来调节各通风门的状态及热水阀的开度。

(3) 温度选择开关

温度选择开关是控制温度门的开关，用钢丝和温度门连接。当开关处在左半区时，温度门关闭通向加热器的风道，送入车内的空气是未经加热的冷空气，因此称之为冷风区；当开关处在右半区时，温度门打开通向加热器的风道，送入车内的空气是经过除湿后的暖空气，因此称之为热风区。开关可在左右两个半区无级连续调节，可停在任意位置，相应的，温度门也有对应的位置。

二、汽车空调系统的故障诊断

汽车空调系统的故障多种多样，除磨损外，操作不当、维护不好也会引起故障。由于空调制冷系统与汽车本身装配在一起，因而在寻找故障原因时，不仅要从空调系统本身考虑，还应考虑汽车与空调系统的联系。

1. 汽车空调系统常见故障主要包括以下4个方面：

(1) 制冷方面表现为不制冷或冷却不良。

(2) 声音方面表现为声音异常或有噪声。

(3) 电气方面表现为控制电路及元件故障。

(4) 发动机方面表现为发动机过热。

由于空调系统是一个密闭系统，制冷剂在系统内的状态变化看不见，摸不着，一旦出现故障往往无从下手，所以检修汽车空调必须有专门的技术和工具，大多数的故障都应交给专业技工去修理。否则，如果在原理不明、结构不清楚的情况下就去拆空调系统中的零部件，不仅会损坏空调机本身，而且空调系统中充有的高压制冷剂也会对人体产生危害。

引起汽车空调系统故障的原因有很多，归纳起来可用漏、堵、断、卡、坏这几个字来概括。

漏：包括制冷剂和冷冻油泄漏。

堵：包括膨胀阀、储液干燥器、管路等处脏堵或冰堵，冷凝器、蒸发器上积灰和堵塞，各进风口、出风口堵塞等。

断：包括熔断器断开、保护开关断开、空调电路断线、接触不良等。

卡：指压缩机卡住、运动件或控制件不能动作。

坏：指空调部件损坏等。

2. 汽车空调系统故障诊断方法

诊断汽车空调系统的故障，一般通过听、看、摸、测，然后综合分析，找出故障所在。

(1) 听。听取驾驶员对故障原因的说明，监听空调机运行是否有异响或噪声。

(2) 看。仔细查看制冷系统各连接管路是否有损坏和压扁的地方，管接头处是否连接牢靠，有无渗漏现象。查看连接管道、储液干燥器、膨胀阀等有无结霜或结露，通过视镜观察制冷剂流动有无异常；查看散热片是否被污物堵住，空气进口滤网是否被尘埃、杂质堵塞。

(3) 摸。开启空调10～15 min后，用手感知比较车室冷气栅格吹出的冷风凉度及风量大小；用手交替触摸连接压缩机的两根管子，应有明显的温度差；用手感知比较冷凝器输入管与输出管两者的温度，在正常情况下，后者应较冷，若温差不大甚至相同，说明冷凝器未能将气体冷却；用手触摸比较储液干燥器前后管道的温度是否一致，不应有前热后凉的现象，否则说明通液不畅；膨胀阀前面的管道应发烫，出口应相当冷，否则膨胀阀有故障。

(4) 测。借助歧管压力计测量制冷系统高、低压侧的压力是否正常，并通过压力计读数的大小来判断故障所在。有制冷剂泄漏时，可借助检漏仪查找泄漏部位，测量泄漏量的大小。

3. 汽车空调系统制冷系统故障的一般诊断程序及排除方法

对汽车空调系统故障的诊断应掌握先全局后局部的原则。具体说来，当听了驾驶员对空调运行的某种故障的陈述后，维修人员首先应从系统着手进行判断，进而确定是部件还是管路故障，然后采用前述的方法确定具体故障。

一般说来，汽车空调中的制冷系统结构复杂，接头管线多，运行环境恶劣，因此汽车空调的故障有80%出于该系统，应予以特别重视，一般的故障现象包括：①完全没有冷气供给；②供给冷气量不足；③供给冷气量不连续；④空调系统噪声很大（指超过人耳的忍受能力）。

（1）完全没有冷气供给

对于这个问题的诊断比较简单一点，即首先看是否是开关接头问题，进而看是否是控制系统零部件问题，最后看是否是压缩机零部件问题，诊断程序如下。

1）开关接头故障诊断及排除

①A/C熔断器烧坏。此时可查明原因，更换熔断器。

②A/C开关故障。此时可查明原因，修复或更换。

③电路断路器故障。此时可查明原因，修复或更换。

④电路中接线接头折断或脱落，此时检查线路，将线路和接头接通。

2）电气元器件故障诊断及排除

①主继电器接触不良或有其他故障。此时检查主继电器，修复或更换。

②离合器电磁线圈短路烧毁。此时查明原因，若短路则更换。

③恒温开关或放大器失灵。此时查明损坏原因，更换损坏元件。

④热敏电阻器故障。进行更换。

⑤蒸发器风扇电动机或继电器故障。若是电动机故障，应更换，若继电器故障，应修复或更换。

⑥高压或低压开关故障或断开，查明断开原因，若有故障，进行更换。

3）传动系统故障诊断及排除

若V带松弛，应调整到合适位置，若折断则应更换。

4）制冷剂输送系统的故障诊断及排除

①储液干燥器或膨胀阀堵塞故障。先查明原因，再根据有关方法排除堵塞，使其畅通。

②制冷剂全部泄漏故障。一般而言常见泄漏原因如下：软管破损，压缩机油封泄漏，储液干燥器的易熔塞熔化或其他部位泄漏。

5）压缩机故障诊断及排除

①压缩机的进排气阀门折断或阀板磨损。查明原因，将阀门或阀板更换。

②缸盖密封垫损坏。查明原因后予以更换。

（2）输出供冷量不足

对于这个问题应按前述的由简入繁的程序对故障原因进行查找。

1）供冷组件故障诊断和排除

①蒸发器风扇转速太慢故障。首先查清是否是接头松动，调速电阻是否失效，并采取相应措施，若不是则应拆下风扇，进行更换。

②蒸发器气流不畅通故障。此时应清理其表面并修理温度混合风门。

③蒸发器压力控制阀故障。此时应更换。

④冷凝器气流不畅通故障。此时应清理冷凝器。

⑤蒸发器结霜堵塞故障。此时调整恒温开关或蒸发表面或压力控制器。

⑥蒸发器风箱壳泄漏故障。此时应进行焊修。

2）离合器系统故障诊断和排除

①离合器因磨损过量而打滑故障。查出磨损件予以更换。

②离合器因输入电压过低而打滑故障。查出原因，按需要输入规定电压。

③离合器离合过于频繁故障。调整恒温开关或温度放大器，若无效则应更换离合器。

3）电器故障诊断和排除

①热敏电阻故障，此时应先检查，若失效则予以更换。

②放大器或恒温开关故障，查明原因，若失效则分别予以更换。

4）制冷系统管路故障诊断和排除

①制冷系统中制冷剂过多或不足故障。查明原因，相应地抽出多余制冷剂或添入适量的制冷剂。

②系统内混入空气。此时应首先将制冷剂抽出至真空状态，然后再添入规定量的制冷剂。

③冷冻油过多故障。此时应排除多余冷冻油。

④储液干燥器堵塞故障。此时应首先更换滤网，若故障还不能排除则应更换组件。

⑤膨胀阀滤网堵塞故障。此时应卸下滤网，进行清洗或更换。

⑥孔管滤网堵塞故障。此时应卸下滤网清洗，并更换液气分离器。

5）压缩机进排气阀腔渗气故障诊断和排除。此时应更换缸垫。

6）车外循环风门关不死故障诊断和排除。此时应修理或更换配用的真空驱动器。

(3）供给冷气量间断不连续

对于该问题也应遵循前文所述程序对故障原因进行查找。

1）离合器系统故障诊断和排除

①离合器线圈电路接触不良或接地松动故障。此时应对接头进行补焊或将接地端拧紧。

②离合器电压低而有时打滑故障。此时应查清原因，保证供给电压的正常。

③离合器打滑或磨损严重。此时应对其摩擦面油渍进行清洗或更换磨损件。

2）连接插头插座松脱故障。此时应接牢插座或将其更换。

3）电器故障诊断和排除

①主继电器或风扇继电器故障。更换相应继电器。

②风扇变阻器故障。更换调速器。

③电动机接触不良。更换风扇电动机。

④恒温器或放大器故障。此时应检查热敏电阻，看其是否失效，如未失效则对恒温器或放大器分别进行更换。

⑤恒温器断开温度过低故障。此时应重新调整恒温器。

4）制冷系统管路故障诊断和排除

①系统管路内含水量过大故障。此时应更换干燥剂，排空原制冷剂，然后抽真空重新充注制冷剂。

②膨胀阀失灵，感温包松动故障。此时应检查感温包或更换膨胀阀。

5）蒸发器压力控制器故障诊断和排除。此时应予以更换。

(4）系统噪声过大

一般对以下几个部分按顺序进行检查：

1）传动系统故障诊断和排除

①传功 V 带轮松弛打滑。此时应调整张紧带轮，若已无法调节则应更换。

②V 带过紧引起压缩机震动。应调整 V 带张力。

③带轮中心线不平行，引起压缩机震动。此时应重新安装压缩机，使其中心线平行。

④带轮轴承磨损故障。此时应更换轴承。

2）离合器系统故障诊断和排除

①离合器打滑故障。此时若查明是油渍引起，则应进行清洗。若是弹簧或卡盘坏了，则应更换离合器。

②离合器电磁线圈接头松动故障。此时先拧紧接头，若不起作用则应更换线圈。

③离合器轴承磨损、间隙过大或缺油故障。此时若为前者则应更换离合器，若为后者则加润滑油则可。

3）压缩机故障诊断和排除

①压缩机安装螺钉松动，支承板松动故障。此时若为前者拧紧螺钉即可，后者则应更换压缩机。

②进排气阀门损坏故障。应予以更换。

③活塞环磨损故障。修理或更换压缩机。

④敲缸。应对高压维修阀进行检修。

4）制冷系统管路故障诊断和排除

①制冷剂过量引起的高压管、压缩机的敲击声。此时应排放制冷剂，直至高压正常。

②制冷剂不足引起蒸发器进口的“嘶嘶”声故障。此时应查清有无泄漏，如泄漏则应补漏，然后加足制冷剂。

③制冷系统水分过量故障。此时应更换储液干燥器，排出原制冷剂，系统再次抽真空，重新充注制冷剂。

5）风扇叶片变形引起的噪声故障诊断和排除。应维修或更换风扇。

§7—10　汽车暖风装置

学习目标

1. 了解汽车暖风装置的分类。
2. 了解水暖式、气暖式、燃烧式暖风装置的工作原理。
3. 掌握暖风装置故障诊断程序及方法。

汽车空调取暖系统的作用，是将新鲜空气送入热交换器，吸收汽车热源的热量，从而提高空气的温度，并将热空气送入车内以提高车室内的温度，使乘员感到温暖舒适。在冬季或者春、秋季，室内外温差较大，车上玻璃会结霜或起雾，影响司机和乘客的视线，不利于行车安全，这时可以用暖风除霜和除雾。

汽车空调取暖系统的种类很多，根据热源不同，汽车暖风装置可分为如下几种形式：

1. 利用发动机冷却液的热量加热空气的，称为水暖式暖风装置，多用于轿车、大型货车及采暖要求不高的大客车上。

2. 利用发动机排气系统的热量加热空气的，称为气暖式暖风装置，多用于采用风冷式发动机的汽车和有特殊要求的汽车上。

3. 装有专门燃烧机构的，称为燃烧式暖风装置，多用在大客车上。

4. 既利用发动机冷却液的热量加热空气，又装有燃烧预热器的综合加热装置，称为综合预热式暖风装置，多用于豪华大客车上。

按被加热空气的吸入方式，汽车暖风装置又可分为内循环式、外循环式和内外循环综合式。

一、水暖式暖风装置

水暖式暖风装置一般以水冷式发动机冷却系统中的冷却液作为热源，将冷却液引入车辆内的热交换器中，使鼓风机送来的车室内空气（内气式）或外部空气（外气式）与热交换器中的冷却液进行热交换，再由鼓风机将加热后的空气送入车室内。

轿车、载货汽车和中小型客车需要的热量较少，可以用发动机冷却液的余热来直接供暖。余热供暖设备简单、使用安全、运行经济，但其缺点是热量较小，受汽车运行工况的影响较大，发动机停止运行时，就没有暖气提供。

水暖式暖风装置的工作原理如图 7—10—1 所示。

在温度达到 80℃时，节温器 11 开启，从发动机出来的冷却液一部分经过节温器流到加热器 5，另一部分流到散热器。在节温器和加热器之间有一个热水开关 8，用来控制冷却液的流动。冷却液在加热器散热，加热周围的空气，然后再由风扇 4 将加热后的空气送到车内；冷却液从加热器出来后，在水泵 14 的作用下，又重新进入发动机的散热器内，冷却发动机，完成一次供暖循环。

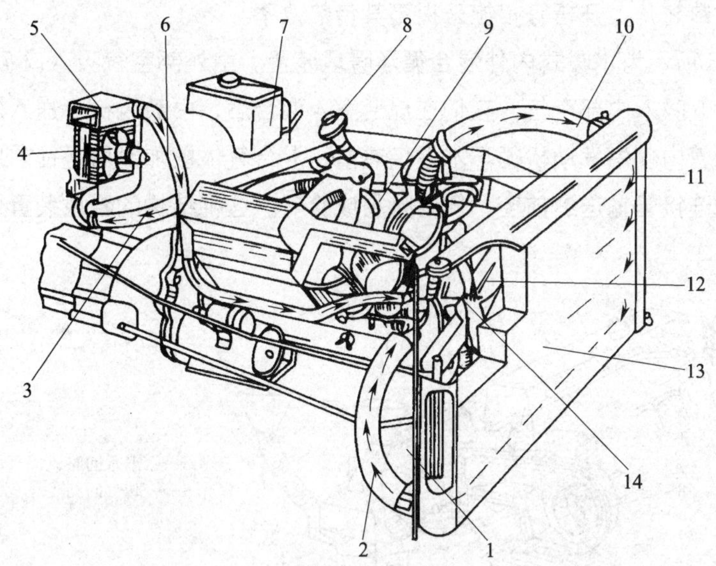

图 7—10—1　水暖式暖风装置工作原理

1—溢流管　2—回液管　3—加热器送水管　4、12—风扇　5—加热器
6—加热器出水管　7—溢流罐（副水箱）　8—热水开关　9—发动机
10—出液管　11—节温器　13—散热器　14—水泵

图 7—10—2 所示为独立式水暖暖风装置的结构，它由暖风加热器、鼓风机及外壳组成一个完整的总成。壳体上有吹向脚部、前部的出风口及吹向车窗起除霜作用的出风口。此种结构通常用于普通轿车、货车和小型客车。

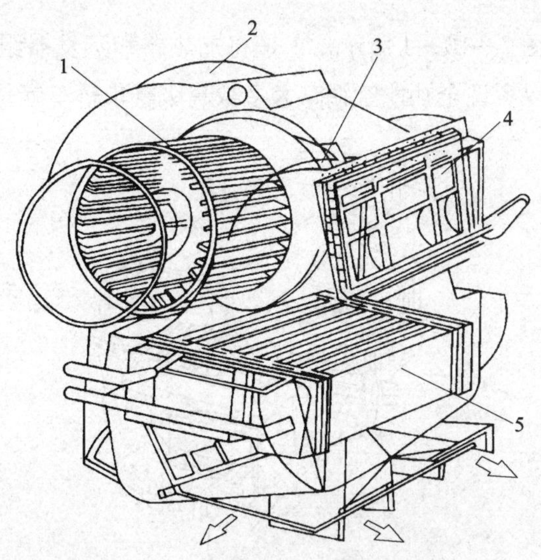

图 7—10—2　独立式水暖暖风装置结构

1—鼓风机叶轮　2—壳体　3—电动机　4—暖风加热器　5—调节风门

暖风加热器目前的结构形式主要有管片式和管带式两种。管带式的加热器散热效率高、体积小、质量轻，但制造工艺要复杂些，因此现在用得最多的还是管片式加热器，可以采取减小管壁、在散热翅片上开槽等措施来提高其传热效率。

图 7—10—3 所示为水暖式内外混合循环暖风装置。由外部空气吸入口 7 吸进新鲜空气，内部空气吸入口 5 吸入内部空气，它们在混合室 4 混合后，由鼓风机 8 送入热交换器 1 的空气侧，热交换器管内侧由发动机循环水提供热量，混合气体被加热后送往前座脚下，通过前窗、侧窗除霜的连接管输送到前窗、侧窗除霜或除雾。这种结构的暖风装置效果较好，一般用在中、高档轿车上。

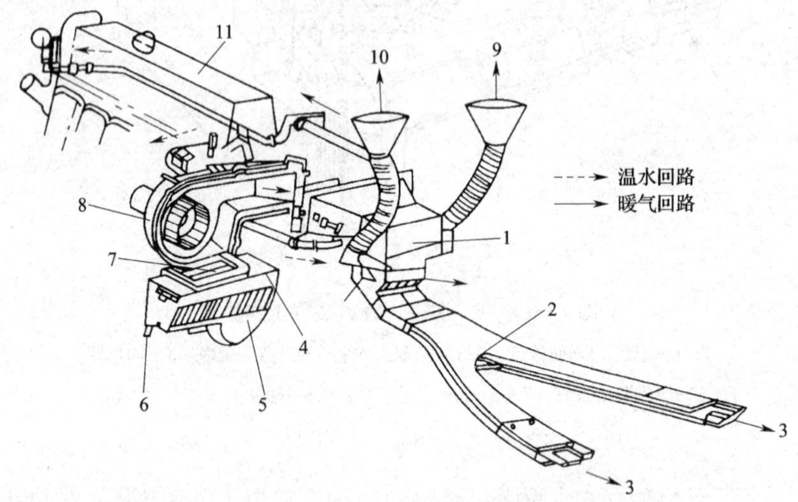

图 7—10—3　水暖式内外混合循环暖风装置

1—热交换器　2—后座导管　3—管道　4—混合室　5—内部空气吸入口　6—风门操纵杆　7—外部空气吸入口　8—鼓风机　9—前窗除霜　10—侧窗除霜　11—发动机

另一种结构形式如图 7—10—4 所示，它是将加热器和蒸发器组装在一个箱体内，共用一个鼓风机和壳体，可以实现全功能空调，大多数高级豪华轿车就是采用这种结构形式。

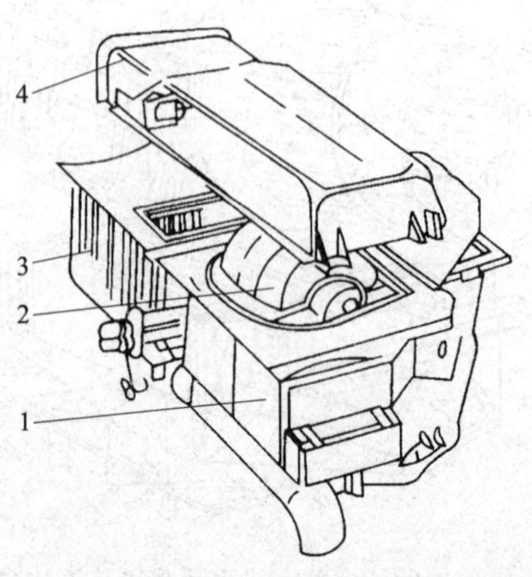

图 7—10—4　整体式空调器

1—加热器芯　2—轴流式鼓风机　3—蒸发器　4—进风口

二、气暖式暖风装置

水暖式暖风装置的优点是供热可靠，不另需燃料，只要发动机工作温度升高，热水即可产生出来，且使用较安全。但其缺点是必须在发动机冷却液进入到大循环时才能供暖，在寒冷季节供暖量有些不足，甚至会导致发动机过冷，严重时会影响其正常工作。因此对于一些大型客车，仅依靠水暖式暖风装置将难以满足取暖要求，必须采取其他取暖方法。

气暖式取暖系统是利用发动机排气系统的余热进行采暖的。在汽油发动机中，排气带走的热量约占 36%，在柴油发动机中，则占有 30%左右。气暖式取暖系统是最早采用的空调形式之一，它是让排气管通过驾驶室直接供暖的，例如早期的北京吉普车，以及运行在北方寒冷地带的长途客车都是采用这种形式。通常采用的方法是将热交换器铸成带散热翅片的管子，装在发动机排气管上，内腔作排气管用，外侧加热空气并将此汇集起来，送到车内作供暖用。热交换器的结构如图 7—10—5 所示。

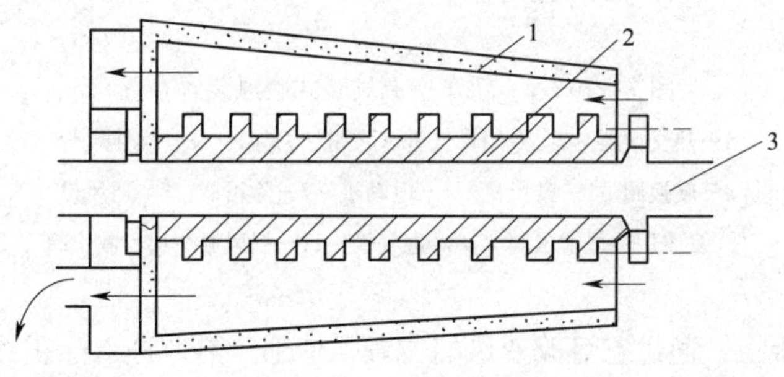

图 7—10—5　气暖式热交换器

1—空气保温管　2—热交换管　3—排气管

气暖式暖风装置如图 7—10—6 所示。它是在发动机的排气管上安装一个热交换器用于加热空气。工作时，将通往消声器的阀门关闭，汽车废气就进入热交换器内，用于加热交换器外的冷空气，冷空气通过热交换器吸收热量后温度升高，由鼓风机吹入车厢内用于采暖和除霜。

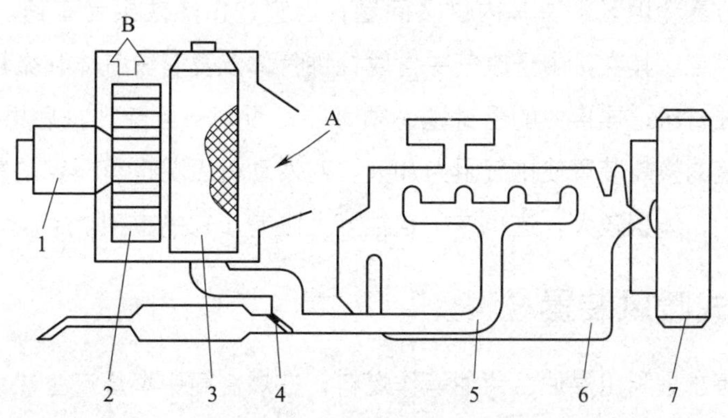

图 7—10—6　气暖式暖风装置

1—鼓风机电动机　2—暖风鼓风机　3—热交换器　4—废气阀门　5—发动机排气管

6—发动机　7—发动机散热器　A—新鲜空气　B—暖风

图 7—10—7 所示为轿车空调气暖式暖风装置布置图。热交换器 1 接在发动机后，由进气管 10 将混合气引入热交换器加热，加热后的空气通过排热风管 3，由鼓风机 5 送入车室内供暖。

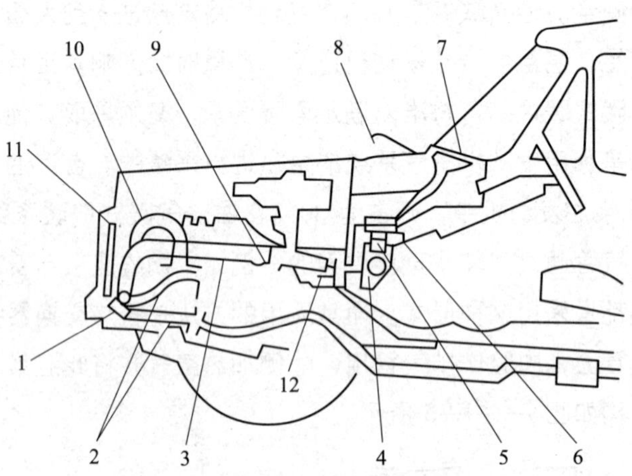

图 7—10—7 轿车空调气暖式暖风装置布置

1—热交换器 2—专用排气管（除霜、去雾） 3—排热风管
4—转换阀 5—鼓风机 6—电动机 7—除霜器 8—通风口
9—夏季用热风泄出阀 10—进气管 11—挡风栅 12—截止阀

控制板在仪表板上，通过它可改变风门位置，使部分热风进入除霜器 7，对车前窗玻璃除霜。若有需要，可通过专用排气管 2 对后窗玻璃、侧窗玻璃、脚下等部位供暖。夏季空调制冷时，从蒸发器吹出的冷风与车内空气温差较大，会使人感到不舒服，这时可将其与热风泄出阀 9 吹出的热风相混合，混合比例可根据舒适度要求由风门控制冷热风量来调整，这样就可以得到舒适的凉风。截止阀 12 是用来关闭热风的。

由于发动机的废气含热量较高，因此气暖式暖风装置能够提供足够暖气来调节车内的温度，特别适合北方寒冷地区解决车内供暖问题，但它的供热效果受车速、发动机工况的影响，供暖温度不稳定。其次，由于废气中含腐蚀性气体以及有毒气体和微粒，因此这种取暖器必须采用耐腐蚀材料，连接处的密封性必须可靠，否则一旦穿孔，后果不堪设想。另外，在排气管道中加装的换热装置使排气阻力加大，对发动机工况也有一定的影响。而且这种装置的结构比较复杂，体积较大，这也在一定程度上限制了它的应用。

三、燃烧式暖风装置

燃烧式暖风装置是利用煤油、柴油等作燃料，在燃烧筒中燃烧产生热量对采暖用空气进行加热的设备。采暖用的空气既可以使用外部空气，也可以使用车内循环空气。

该装置的优点是热容量大，热效率高（可达 80%），供暖迅速，且不受汽车使用工况的影响，所以广泛被大客车所采用。

1. 结构与工作原理

燃烧式暖风装置的结构如图 7—10—8 所示，主要由电动机、油泵、雾化器、大风扇、小风扇、电热塞、燃烧室、热交换装置、导风筒和废气管等组成。

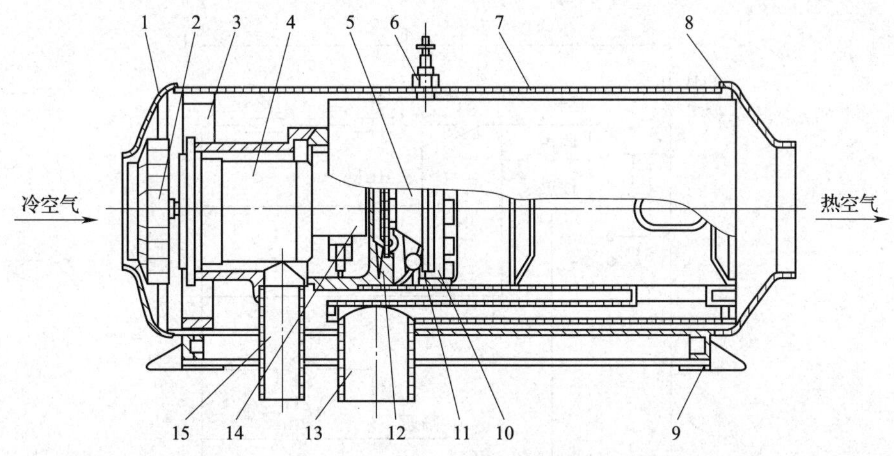

图 7—10—8　燃烧式暖风装置

1—进风口　2—大风扇　3—支架　4—电动机　5—雾化器　6—电热塞　7—外壳　8—出风口　9—支座　10—燃烧室　11—导风筒　12—小风扇　13—废气管　14—油泵　15—透气管

工作时，燃油由油路电磁阀和油泵来控制。当打开暖气开关时，电磁阀打开，同时电动机带动油泵、雾化器、大风扇、小风扇一起旋转，油泵将燃油送到雾化器形成雾状与小风扇吸进的空气相混合，并被电热塞的红热电阻丝点燃。混合气点燃后，电热塞即停止工作，火焰在燃烧室内持续稳定地燃烧，通过热交换装置把热量传给大风扇吸进的冷空气。加热后的空气从出风口被送到车室或其他需要加热处作用，如风窗玻璃除霜、低温起动时冷却水和机油加温等。燃烧所产生的废气则通过废气管被排出车外。

QRJ 系列暖风装置的主要技术参数见表 7—10—1。

表 7—10—1　　QRJ 系列暖风装置主要技术参数

型号 性能参数		QRJ40		QRJ63		QRJ100		QRJ150	
		A	B	A	B	A	B	A	B
标称电压（V）		12	24	12	24	12	24	12	24
耗电量（W）		75		100		150		150	
发热量	kW	4.5		7.0		11.5		17.0	
	kJ/h	16 747.2		26 376.84		41 868		62 802	
燃料		轻柴油		轻柴油		轻柴油		轻柴油	
耗油量（kg/h）		0.8		1.02		1.54		2.40	
风量（m^3/h）		200		250		580		580	
外形尺寸（mm）		550×220×335		660×265×300		694×222×375		694×222×375	
质量（kg）		11		18		22		22	

QRJ40 适用于各种载货汽车、野外工程车；QRJ63 适用于中型客车及野外工程车；

QRJ100 适用于大型客车；QRJ150 适用于大型客车。

2. 电气控制

如图 7—10—9 所示为 QRJ40、QRJ63－1 型暖风装置的电气控制电路。

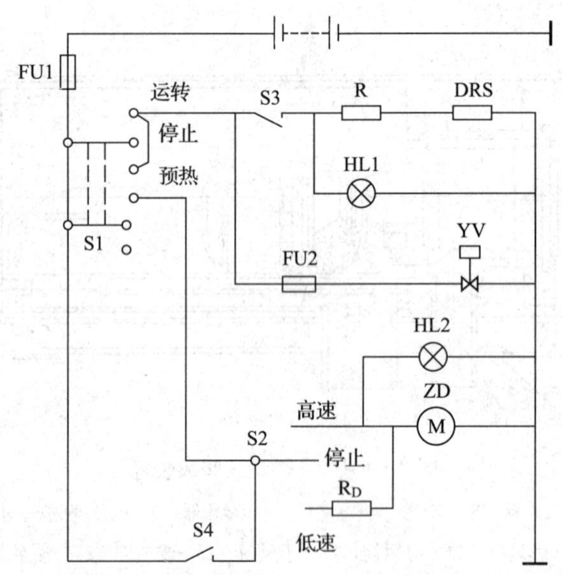

图 7—10—9　QRJ40、QRJ63－1 型暖风装置电气控制电路

冬季取暖时，先打开燃油箱开关，然后将工作开关 S1 拨到"预热"位置，这时预热指示灯 HL1（红）亮，表示电热塞 DRS 和电磁阀 YV 接通，其电路为：蓄电池"＋"极→熔断器 FU1→工作开关 S1 预热挡→微动开关 S3→{附加电阻 R→电热塞 DRS；预热指示灯 HL1}→搭铁→蓄电池"－"极。电热塞的电阻丝有电流通过而逐渐红热，同时电磁阀打开，其电路为：蓄电池"＋"极→熔断器 FU1→工作开关 S1→熔断器 FU2→电磁阀 YV→搭铁→蓄电池"－"极。

工作开关在预热位置大约 1 min 后，将工作开关拨到"运转"位置，风扇电动机 M 接通（风量选择开关 S2 不在停止位置），HL2（绿）亮，风扇电动机 M 旋转，油泵及大、小风扇工作。其电路为：蓄电池"＋"极→熔断器 FU1→工作开关 S1 运转挡→风量选择开关 S2（高速）→{指示灯 HL2；风扇电动机 M}→搭铁→蓄电池"－"极。20 s～1. 5 min 后，燃油点燃，暖风装置开始工作。此后，微动开关 S3 会自动断开，电热塞断电，指示灯 HL1（红）灭。

风量选择开关分高速、低速两挡。高速时发热量强，低速时发热量弱，可按需选择。

熔断器 FU2 用来防止因温度过高而引起车室着火。它安装在空气通道壁上，当热风通道被堵塞后，热空气不能通畅环流，导致温度不断升高，当熔断器周围温度达到 200℃时，熔丝熔化，切断电磁阀电路，电磁阀关闭，停止供油，暖风装置停止工作。

将工作开关拨到"停止"位置时，电磁阀断电关闭，停止供油。但此时风扇电动机 M 经 S4 仍有电流通过，继续运转，风扇将燃烧室、热交换器内的余热吹出，待 1.5～2 min

后，微动开关 S4 打开，电动机断电，指示灯灭，暖风装置停止工作。

四、汽车空调暖风装置故障的一般诊断程序及排除方法

和前述制冷系统一样，汽车空调暖风装置故障的诊断程序为听取驾驶员的报修情况后，按由简入繁的程序进行故障的具体部位判断，然后采用相应的维修方法进行故障的排除。

1. 正确使用和维护汽车的暖风装置

(1) 在使用暖风的季节，进水阀门应在常开位置。将进水阀门手柄扳至垂直方向，使发动机冷却液由气缸盖经进水管流入暖风散热器中，然后经出水管流入散热器出风管后进入水泵，从而循环起来。

(2) 使用暖风装置，应先除霜后采暖。当发动机水温正常后，打开暖风电动机开关，此时热风经左、右送风管吹到风窗玻璃上，待除霜面积达到要求后，再打开暖风下部送风门，一部分热风便从风门送出，供驾驶员脚部取暖和车室内升温。

(3) 使用暖风装置应注意以下几点：

1) 暖风装置长时间停用，在重新开始使用前，应进行拆卸清洗并更换损坏管件；装复后，应检查各部分有无渗漏；注意拧紧鼓风机叶轮与电动机轴的螺母；检查叶轮与内壁，不应有干涉。

2) 冬季起动发动机之前，不应开启暖风电动机，以免冻坏暖风散热器。

3) 必须保持发动机水温在 80℃以上才能正常发挥暖风装置效能。

4) 暖风装置的连续使用时间不宜过长，以免缩短暖风电动机使用寿命。

5) 使用中，如发觉暖风装置有异常声音，应立即切断电源，找出故障并排除。

6) 冬季停车后，气温在－35℃以下或未使用防冻液时，暖风散热器中的循环水务必随发动机气缸体内的水一起放尽，以防冻坏散热器。

7) 不使用暖风装置的季节，应关闭暖风进水阀，使暖风装置与发动机冷却系统分开。

2. 不供暖或供给暖气不足

(1) 送风系统故障诊断和排除

1) 空调器鼓风机损坏故障。此时用万用表测量电阻，电阻值为零则更换。

2) 鼓风机继电器、调温器损坏故障。此时用万用表测量其电阻值，如为零则更换。

3) 热风管道堵塞故障。清除堵塞物。

4) 温度门真空驱动器损坏故障。更换真空驱动器。

(2) 加热器系统故障诊断和排除

1) 加热器漏风故障。此时更换加热器壳。

2) 加热器芯管内部有空气故障。此时应将空气排除。

3) 加热器翅片引起的通风不畅故障。此时应先对翅片进行校正，无法排除则更换。

4) 加热器芯管积垢堵管故障。此时采用化学方法对芯管进行除垢。

(3) 水路系统故障诊断和排除

1) 冷却水管流动不畅故障。此故障为水管弯曲造成，应予更换。

2) 热水开关或真空驱动器失效故障。如果是真空驱动器过紧，应进行检修或更换，以保证足够的供暖热水量。

3) 发动机的石蜡节温器失效故障。应更换节温器。

4) 冷却液不足故障。首先应补足冷却液，然后检查散热器盖是否漏气。

(4) 送风系统停止运行的故障诊断和排除

1) 熔丝熔断或开关接触不良故障。首先应更换熔丝，如果是开关接触不良则应用细砂纸轻擦开关触点，排除故障。

2) 鼓风机系统故障

①鼓风机电动机绕组烧坏故障。应更换绕组。

②鼓风机调速电阻断路故障。应更换电阻。

(5) 管路泄漏的故障诊断和排除

1) 软管老化故障。更换软管。

2) 接头不牢故障。紧固接头。

3) 热水开关不能闭合故障。修复热水开关。

(6) 供暖过热的故障诊断

1) 调温风门调节不当故障，重新调定。

2) 发动机处节温器损坏故障，更换节温器。

3) 风扇调速电阻损坏故障，更换电阻。

(7) 除霜热风不足故障诊断和排除

1) 除霜门调整不当故障。重新调定。

2) 出风口堵塞故障。清除堵塞物。

(8) 操作吃力或不灵故障诊断和排除

1) 操作机构卡死故障。应重新调定。

2) 风门过紧故障。应修理。

3) 所有真空驱动器失灵故障。应全部更换。

(9) 加热器漏水故障诊断和排除

若为进、出水接口漏水，则为阀卡死；若是管路漏水，应予更换。

第八章　其他电气设备

在现代汽车上，除了前面所讲的主要电气设备外，还有一些辅助电器，如电动汽油泵、电动刮水器和洗涤器、柴油机起动预热装置、汽车音响与汽车电话和无线电防干扰装置等。随着汽车的现代化、自动化和高速化，辅助电器将越来越多。

§8—1　电动汽油泵

学习目标

1. 了解触点式、晶体管电动汽油泵的结构。
2. 掌握触点式、晶体管电动汽油泵的工作原理。
3. 了解电动汽油泵的使用注意事项。

汽车上原来使用较多的是机械膜片式汽油泵，由于它安装在发动机上，往往因温度过高而产生“气阻”现象，造成汽油流通不畅，影响发动机的正常运转。为此，近年来有些汽车采用了电动汽油泵，常用的有触点式和晶体管式两种。

一、触点式电动汽油泵

1. 结构与工作原理

触点式电动汽油泵由控制电路和机械油泵两部分组成，其结构如图 8—1—1 所示（国产 B501 型），其中控制电路由一对触点 17 和 18、电磁线圈 9 和永久磁铁 6 等构成；机械油泵由缸筒 11、柱塞 10、复位弹簧 15、进油阀 14 和出油阀 16 等构成。

触点式电动汽油泵不工作时，柱塞在复位弹簧张力的作用下停在缸筒的上部，并被永久磁铁吸引而使触点闭合。

接通电源开关后，线圈通电产生电磁力吸引柱塞压缩复位弹簧向下移动，关闭进油阀，由于两阀间缸筒空间减小，缸筒内油压升高，顶起出油阀进入柱塞上方。与此同时，由于柱塞下移，永久磁铁磁路改变，在上极板的吸引下，绕小轴顺时针旋转一个角度，将触点打开。于是线圈断电，电磁力消失，柱塞在复位弹簧弹力作用下向上移动，关闭出油阀。由于柱塞上方的空间变小，汽油被压向油泵上方，从出油管输出。同时，由于缸筒内体积增大，产生一定的真空度，经滤网、永久磁铁净化后，储存于沉淀杯中的汽油顶开进油阀进入缸筒内，完成了一次出油与进油的泵油循环。

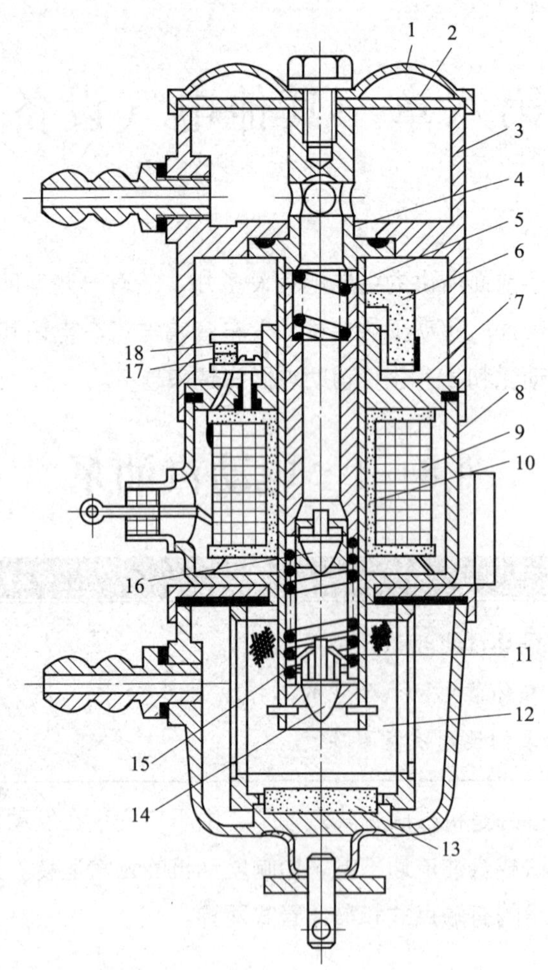

图 8—1—1 触点式电动汽油泵

1—泵盖 2—泵盖垫片 3—上体 4—出油管 5—缓冲弹簧 6、13—永久磁铁 7—上极板 8—外壳 9—电磁线圈 10—柱塞 11—缸筒 12—滤网 14—进油阀 15—复位弹簧 16—出油阀 17—下触点 18—上触点

当柱塞上行至顶部时，重新受到永久磁铁吸引，触点又闭合，又开始了下一个工作循环，如此反复，以 20～25 次/秒的频率动作，将汽油连续不断地送往化油器。

当化油器浮子室油面达到规定高度时，针阀关闭。油泵上方的油压升高，复位弹簧张力与油压相等时，柱塞停住不动。但实际上由于柱塞与缸筒之间存在间隙，产生渗漏，因此柱塞会以 1～5 次/秒的低频率缓慢动作。

泵盖与垫片间构成气室，具有辅助缓冲作用，并能吸收汽油的脉动和泵油时的噪声。为了消除电火花，保护触点，一般会在触点间并联一个电容器和一个电阻。

2. 使用注意事项

(1) 应将触点式电动汽油泵安装在远离发动机、通风良好、维修方便的地方，最好是在油箱附近，并使其进油口距油箱半米左右。

(2) 油路的各连接处应保证密封，防止漏油、漏气而造成供油量不足。

(3) 定期检查和打磨触点，并调整保持其间隙在 0.3～0.7 mm。

(4) 保证汽油清洁，每行驶 3 000～5 000 km 应将沉淀杯清洗一次。

(5) 拆装时要严防永久磁铁吸上铁屑，如发现铁屑应予以清除。

二、晶体管电动汽油泵

1. 结构

晶体管电动汽油泵主要由晶体管开关电路和机械油泵两部分组成，其结构如图 8—1—2 所示。

机械油泵部分与触点式电动汽油泵基本相同，仅增设了回油阀装置和控制电路室，晶体管开关电路就盖封在控制电路室内，构成一个总成。

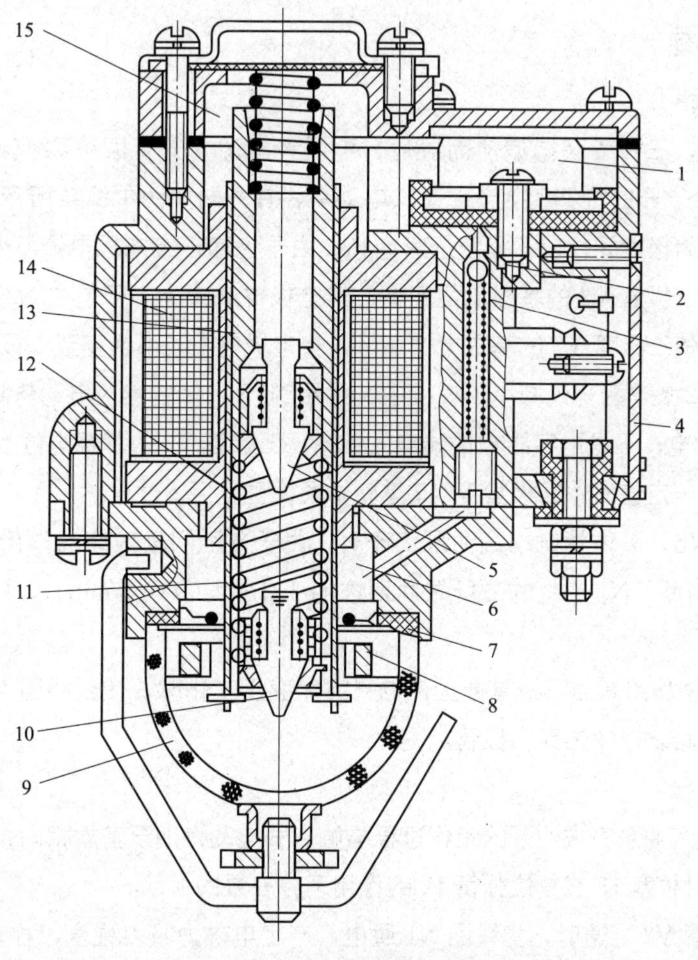

图 8—1—2　晶体管电动汽油泵

1—出油腔　2—回油阀　3—回油阀弹簧　4—线路盖板　5—出油阀　6—进油腔　7—滤网　8—磁铁　9—沉淀杯　10—进油阀　11—缸筒　12—复位弹簧　13—柱塞　14—线圈　15—泵上室

晶体管电动汽油泵的控制电路如图 8—1—3 所示，是一种自励式间歇振荡器，由主线圈 N1、副线圈 N2、三极管 V2、二极管 V1 及电阻 R、电容器 C 组成。

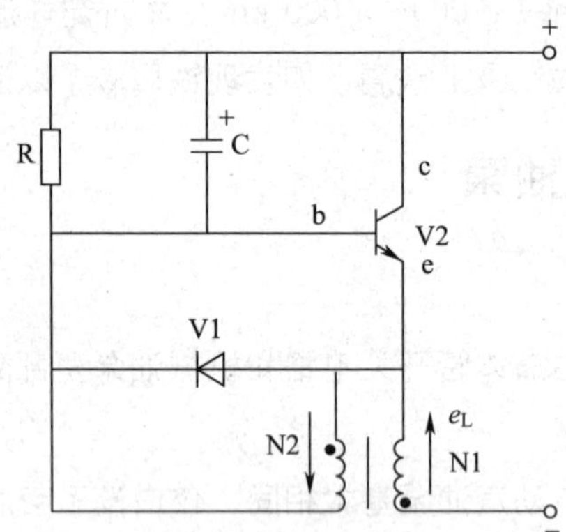

图 8—1—3　晶体管电动汽油泵控制电路

2. 工作原理

(1) 控制电路

接通电源后，三极管获得偏流而导通，电流经电源“+”极→V2（ce）→N1→电源“−”极构成回路，于是在 N2 中产生互感电动势，其方向如图中箭头所示，该电动势加在三极管基极与发射极之间，使三极管迅速饱和。由于饱和，集电极电流不变，N2 中的感应电动势变为零，三极管 V2 的基极电位下降，集电极电流减小，于是在 N2 中又产生反向电动势，该电动势使三极管 V2 的基极电位下降，集电极电流减小，直至三极管截止。

在三极管 V2 集电极电流减小的过程中，线圈 N1 和 N2 的感应电动势向电容器 C 充电，接着又通过 R 放电，于是电容器 C 的端电压下降，三极管 V2 的基极电位上升。当基极电位高出发射极电位一定值时，三极管 V2 又重新导通，重复上述过程。

由此可以看出，晶体管电动汽油泵工作时，由于自励间歇振荡的作用，使通过主线圈 N1 的电流时通时断，N1 产生的磁场做周期性的变化（1 000 次/min），从而控制机械油泵工作。

二极管 V1 的作用是当三极管截止，电流突然发生变化时，使副线圈 N2 中所产生的感应电动势构成回路，以免击穿三极管。

(2) 工作过程

晶体管电动汽油泵机械油泵的工作过程与触点式电动汽油泵基本相同，现简述如下：

1）不工作时柱塞 13 在复位弹簧 12 的作用下停在泵的上部。

2）当三极管 V2 导通时，主线圈 N1 通电，产生电磁力吸引柱塞，柱塞克服弹力下行，使进油阀关闭、出油阀打开，将进入两阀之间缸筒中的汽油压入泵上室的出油腔。当三极管 V2 截止时，主线圈 N1 断电，电磁力消失，柱塞在复位弹簧的作用下向上运动，出油阀关闭，进油阀打开，汽油从沉淀杯中被吸入两阀间的缸筒中。

由于控制电路的不断交变，柱塞不断地做上、下往复运动，使经过滤清的汽油不断地被吸入和压出，形成连续供油状态。

当发动机怠速或部分负荷用油较少时，由于出油阀排出的油量少，致使出油腔内汽油过剩而压力升高，当压力达到一定值时，便顶开回油阀，使多余的油流回进油腔。

3. 使用注意事项

晶体管电动汽油泵的使用与触点式电动汽油泵基本相同，但还要注意以下两点：

(1) 国产 QB 型晶体管电动汽油泵有 12 V 和 24 V 两种，选用时应注意其电压是否与汽车电系电压一致。

(2) 因为三极管是靠汽油冷却的，所以无油时不得长时间通电试验，以免烧坏。

§8—2　电动刮水器、风窗玻璃洗涤器

学习目标

1. 了解电动刮水器的组成、类型与工作原理。
2. 掌握永磁式、复励式、间歇式电动刮水器的工作过程。
3. 了解风窗玻璃洗涤器的组成及工作原理。

为了保证汽车在雨天、雪天行驶时驾驶员有良好的视线，确保行车安全，汽车上都装有电动刮水器和风窗玻璃洗涤器，它们是现代汽车必不可少的辅助电气设备。

一、电动刮水器

1. 电动刮水器的组成与类型

电动刮水器的作用是清除汽车前后风窗玻璃上妨碍驾驶员视线的雨水、雾气、雪花及尘埃。电动刮水器主要由电动机、传动机构、控制电路和刮水片等组成，如图 8—2—1 所示。

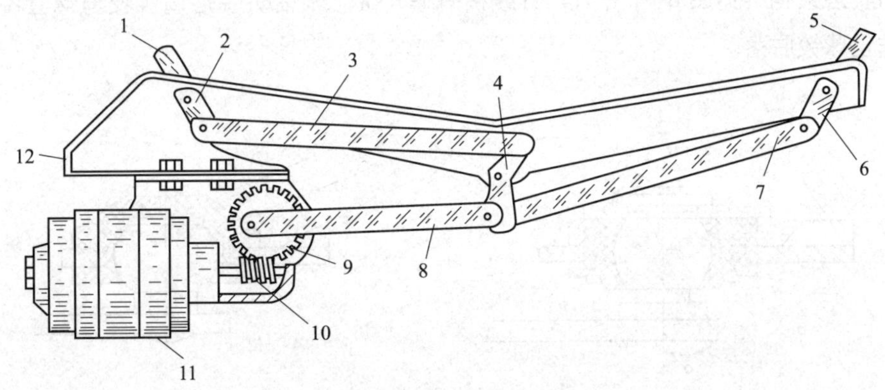

图 8—2—1　电动刮水器

1、5—刷架　2、4、6—摆杆　3、7、8—拉杆　9—蜗轮　10—蜗杆　11—电动机　12—底板

(1) 电动机

电动机产生刮水器的动力，有励磁式和永磁式两种。电动刮水器所用的励磁式电动机通常采用复励式（磁极有并、串励绕组各一个)，以便于电动机的转速控制；永磁式电动机（见图8—2—2）的磁极为永久磁铁，其结构简单、功率大、耗电少，在汽车上已有较多的应用。

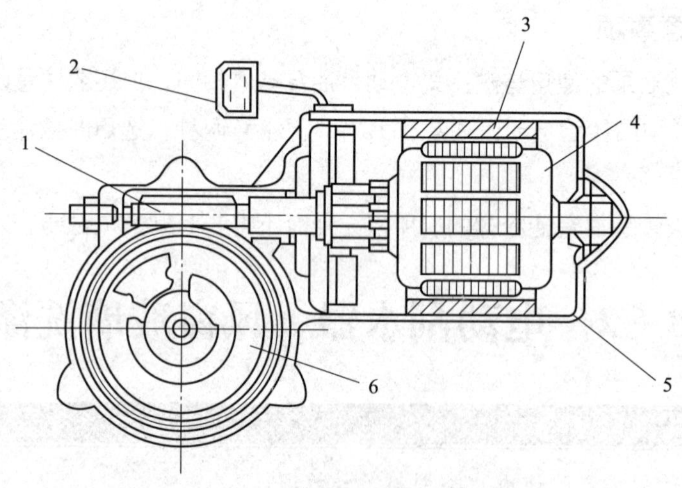

图 8—2—2　电动刮水器永磁式电动机

1—蜗杆　2—插接器　3—永久磁铁磁极　4—电枢　5—电动机　6—蜗轮

(2) 传动机构

电动刮水器的传动机构包括减速机构和摇杆机构，其作用是将电动机的动力传递给刮水片，使刮水片作来回摆动而完成刮水动作。电动刮水器的摇杆机构有两种类型，一种只是将电动机的旋转运动转变为刮水片的摆动，而刮水片的往复摆动换向则是通过改变电动机的旋转方向实现的，通常用电路开关来控制电动机的旋转方向；另一种摇杆机构则是直接将电动机的旋转运动转变为刮水片的往复摆动。

摇杆机构的杆件一般由管材或槽钢制成，杆件之间的铰接点均采用球形关节结构，如图8—2—3 所示，采用这种结构可以弥补杆件运动平面在制造和安装上的误差。有的球铰还具有轴向防脱落结构（见图 8—2—3)，轴线稍有偏角 α，球轴防脱落肩胛便与球套不能对准，从而可防止球铰脱落。

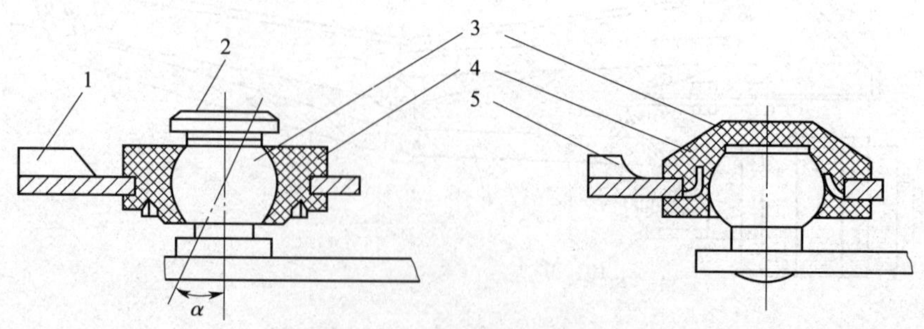

图 8—2—3　杆件间的球铰结构

1、5—杆件　2—防脱落肩胛　3—球　4—球铰套

(3) 控制电路

电动刮水器除了刮水片往复摆动的基本功能外，还需要有变速、间歇摆动及自动复位等功能，以满足实际使用的需要。刮水器的这些功能是通过相应的控制电路的配合实现的，由电动机旋转方向控制刮水片摆向的电动刮水器，其控制电路还有电动机电流换向功能。

(4) 刮水片

刮水片主要由刮杆和刮片组成，如图 8—2—4 所示，用于刮除风窗玻璃上的雨水、雾气等，有双刮片和单刮片两种形式。

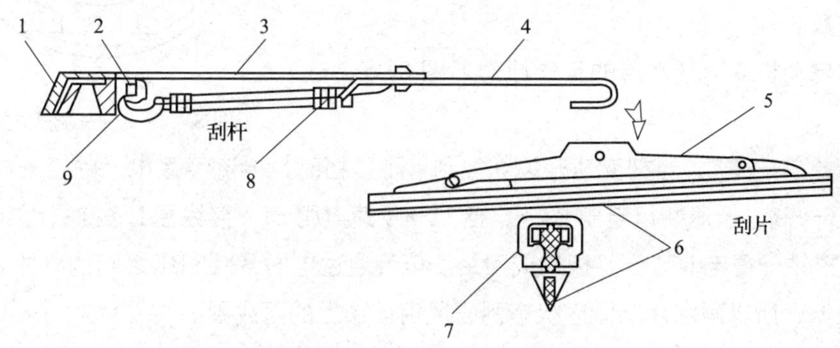

图 8—2—4 刮水片的组成

1—罩 2—转轴销 3—刮臂 4—刮臂杆 5—刮片桥 6—胶条 7—簧片 8—弹簧 9—簧钩与接头

2. 刮水电动机的变速原理

直流电动机在工作时，必须满足如下电压方程式：

$$U=E_{反}+I_{S}R_{S} \tag{1}$$

式中 U——电动机的端电压；

$E_{反}$——电枢绕组中的反电动势；

I_{S}——通过电枢绕组中的电流；

R_{S}——电枢绕组的电阻。

而

$$E_{反}=Cn\varphi=KZn\varphi \tag{2}$$

式中 C——电机常数，$C=KZ$；

K——常数；

Z——正、负两电刷间串联的导体数；

n——电动机转速；

φ——磁极磁通。

将公式 (2) 代入公式 (1) 可得：

$$n=\frac{U-I_{S}R_{S}}{KZ\varphi}$$

由上式可知，直流电动机的转速与电源电压、电枢绕组中的电阻压降、磁通及两电刷间串联的导体数有关，只要改变上述 4 个量中的任何一个量，就可以使转速改变。目前，汽车上电动刮水器的电动机一般采用改变磁通或两电刷间导体数的方法来改变转速。

3. 永磁式电动刮水器

由于永磁式电动机的磁极是铁氧体永久磁铁，其磁场强弱是不能改变的，因此为了得到两种转速，汽车上常采用三刷式（即三个电刷）电动机，如图 8—2—5 所示，图 8—25 中 B3 为高、低速共用电刷，B1 为低速电刷，B2 为高速电刷，B1 与 B2 相差 60°，用以改变两电刷间的导体数。

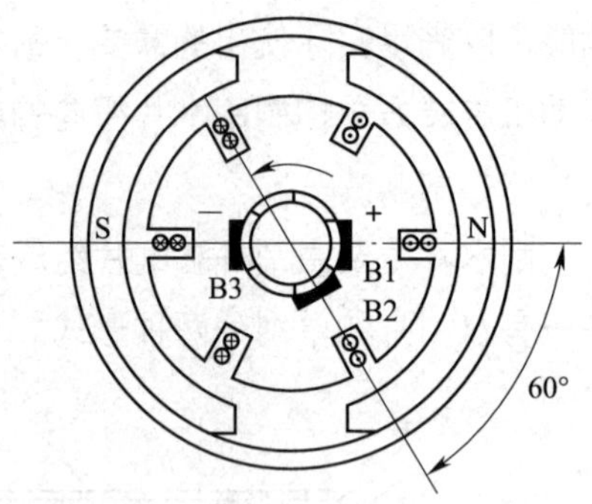

图 8—2—5　三刷式电动机

永磁式电动机双速刮水器的工作原理如图 8—2—6 所示。

接通电源总开关 7，当把变速开关 9 拉到“Ⅰ”挡时，电流经蓄电池的“+”极→总开关 7→熔丝 6→高、低速共用电刷 B3→电枢 11→低速电刷 B1→接线柱 L→接触片 10（LE）→接线柱 E→搭铁→蓄电池“−”极构成回路。电流通过电刷 B3 和 B1 之间的导体数较多，电动机转速较低，所以刮水片以低速状态刮去风窗玻璃上的雨或雪。

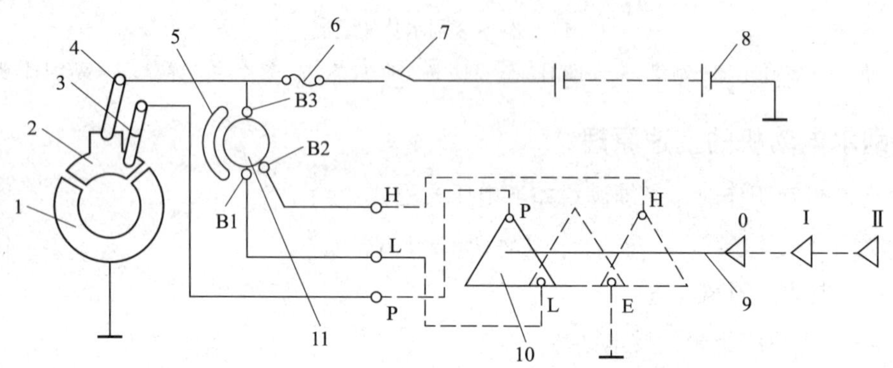

图 8—2—6　永磁式电动机双速刮水器工作原理

1、2—自动停位器滑片　3、4—自动停位器触片　5—永久磁铁　6—熔丝　7—总开关　8—蓄电池　9—刮水器变速开关　B1、B2、B3—电刷　10—接触片　11—电枢

当变速开关拉到“Ⅱ”挡时，电流则经蓄电池的“+”极→总开关 7→熔丝 6→高、低速共用电刷 B3→电枢 11→高速电刷 B2→接线柱 H→接触片 10（HE）→接线柱 E→搭铁→蓄电池“−”极构成回路。此时电流通过 B3 和 B2 间的有效导体数减少，转速升高，从而使刮水片在快速摆动下扫除风窗玻璃上的雨或雪。

当变速开关推到“0”挡时，若刮水片没有停在行程末端的下限位置而妨碍驾驶员视线，那么由于自动停位器触片 3 与自动停位器滑片 1 接触，电流将继续流入电枢，经蓄电池“+”极→总开关 7→熔丝 6→电刷 B3→电枢 11→电刷 B1→接线柱 L→接触片 10（LP）→接线柱 P→自动停位器触片 3→自动停位器滑片 1→搭铁→蓄电池“−”极构成回路，电动机以低速运转，直至蜗轮转至图 8—2—5 所示的位置，电路中断。但由于电枢的惯性，电动机不会立即停止转动，将以发电机的形式继续运转，利用发电制动，从而使刮水片停在规定的位置。发电制动短路电路为：电枢“＋”极→电刷 B3→自动停位器触片 4→自动停位器滑片 2→自动停位器触片 3→接线柱 P→接触片 10（PL）→接线柱 L→电刷 B1→电枢“－”极。

4. 复励式电动刮水器

复励式电动机的磁场由磁极铁芯和绕组构成，它的变速是通过改变磁极的磁通实现的。复励式电动刮水器的工作原理如图 8—2—7 所示。

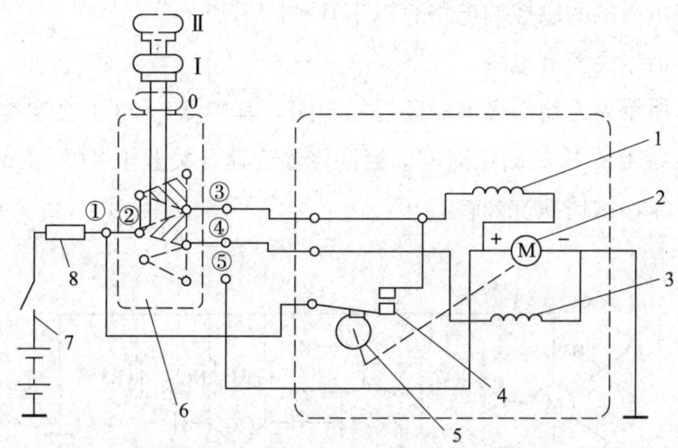

图 8—2—7 复励式电动刮水器工作原理

1—串励绕组 2—电枢 3—并励绕组 4—触点 5—凸轮
6—刮水器变速开关 7—电源总开关 8—熔断器

当刮水器开关在“Ⅰ”挡（低速）位置时，电流经蓄电池“＋”极→电源总开关 7→熔断器 8→接线柱②→接触片→{接线柱③→串励绕组 1→电枢 2；接线柱④→并励绕组 3}→搭铁→蓄电池“－”极构成回路。在串励绕组 1 和并励绕组 3 的共同作用下，磁场较强，电动机以低速旋转。

当刮水器开关在“Ⅱ”挡（高速）位置时，电流经蓄电池“＋”极→电源总开关 7→熔断器 8→接线柱②→接触片→接线柱③→串励绕组 1→电枢 2→搭铁→蓄电池“－”极构成回路。由于并励绕组 3 被隔除，磁场减弱，于是电动机以高速旋转。

当不需要刮水时，只要将刮水器开关置于“0”挡，刮片就能自动停止在风窗玻璃的下沿。否则，自动复位机构的触点 4 仍闭合，电流经蓄电池“＋”极→电源总开关 7→熔断器 8→接线柱①→触点 4→串励绕组 1→{电枢 2；接线柱⑤→接触片→接线柱④→并励绕组 3}→搭铁→蓄电池“－”极构成回路，电枢仍有电流通过，电动机以低速继续旋转至与电枢联动的凸轮 5 顶开触点 4，切断电路为止。电动机仍采用发电制动，使刮水片正好停在风窗玻璃的下沿。发电制动短路电路为：电枢“＋”极→接线柱⑤→接触片→接线柱④→并励绕组 3→电枢“－”极。

5. 间歇式刮水器

汽车在毛毛细雨中或雾天行驶时，如用前述刮水器按一定速度刮拭，会使风窗玻璃上的微量水分和灰尘形成一个发黏的表面，这样不仅不能将风窗玻璃刮拭干净，相反会使玻璃表面模糊不清，留下污斑，从而影响驾驶员的视线。因此有些汽车刮水器加装了电子间歇控制系统，在遇到上述情况时，打开间歇开关，就可以使刮水器按一定周期工作，即每次刮拭后停止 2～12 s，这样可消除上述不良影响，使驾驶员获得良好的视线。

常见间歇式刮水器的间歇控制电路有以下几种。

(1) 无稳态多谐振荡控制电路

如图 8—2—8 所示为无稳态多谐振荡控制电路，其中 R1 和 C1 决定继电器 K 的通电时间，R2 和 C2 决定继电器 K 的断电时间。当刮水器变速开关置于“0”挡时，若接通间歇开关，多谐振荡器工作，做周期性翻转。

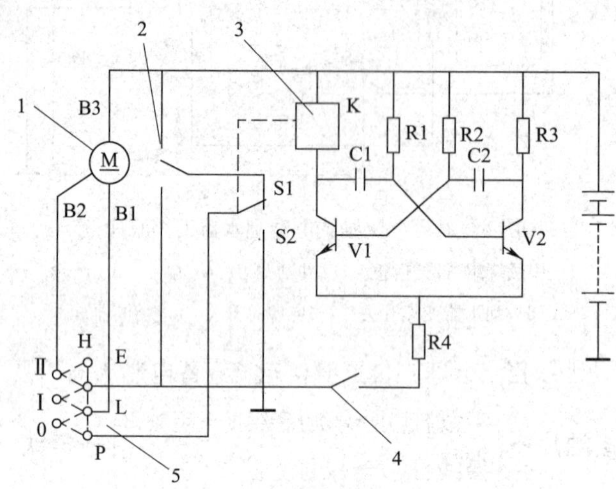

图 8—2—8 无稳态多谐振荡控制电路

1—刮水电动机 2—自停开关 3—继电器 4—间歇开关 5—刮水器开关

当 V2 导通，V1 截止时，继电器 K 线圈无电流通过，常闭触点 S1 闭合，由于这时自停开关 2 和上触点接通，刮水电动机被短路而停转。

当 C2 充电至一定值时，V1 导通、V2 截止，继电器 K 线圈有电流通过，常闭触点 S1 打开，常开触点 S2 闭合，电动机电路接通，电流经蓄电池“＋”极→电刷 B3→刮水电动机 1 的电枢→电刷 B1→刮水器开关 5 (LP) →触点 S2→搭铁→蓄电池“－”极构成回路。

刮水电动机以低速转动，从而驱动刮水片动作。当 C1 充电至一定值后，V2 导通、V1 截止，继电器 K 断电，常闭触点 S1 又闭合，电动机又被短路停转，如此反复，刮水电动机便间歇旋转，刮水片间歇工作，间歇时间的长短可通过改变 R2 和 C2 的值来控制。

(2) 互补间歇振荡控制电路

如图 8—2—9 所示为互补间歇振荡控制电路。当刮水器开关 5 置于“0”挡时，若接通间歇开关 4，电源便向 C 充电。当 C 两端的电压增加到一定值时，V2 导通，V3 随之导通。

这时继电器K有电流通过，常闭触点S1打开，常开触点S2闭合，电动机电路接通。电流经蓄电池“+”极→电刷B3→电枢→电刷B1→刮水器开关5（LP）→触点S2→搭铁→蓄电池“－”极构成回路，刮水电动机以低速转动，刮水器工作。

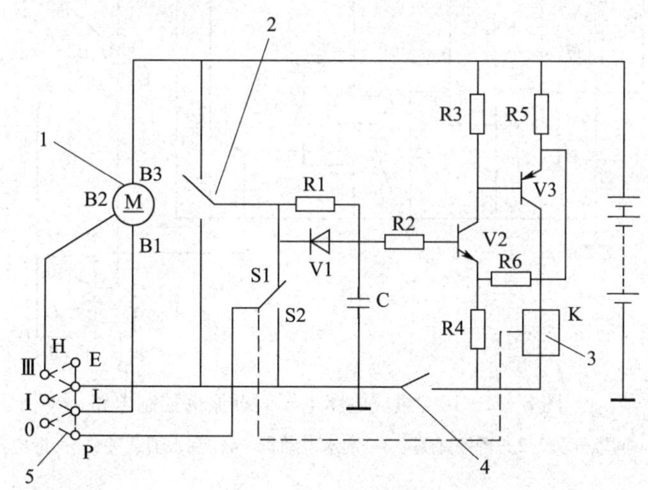

图8—2—9 互补间歇振荡控制电路

1—刮水电动机 2—自停开关 3—继电器 4—间歇开关 5—刮水器开关

当电动机转至自停开关下边接通时，电容C通过V1迅速放电，使三极管基极电位降低，从而使V2和V3截止，继电器K电流中断，常闭触点S1闭合，常开触点S2打开。但由于此时自停开关下边接通，刮水电动机电路仍接通，电流经蓄电池“+”极→电刷B3→刮水电动机1的电枢→电刷B1→刮水器开关5（LP）→常闭触点S1→自停开关下触点→搭铁→蓄电池“－”极构成回路。电动机仍运转，直至刮水片摆回原位，自停开关接通上触点，电动机电枢被短路而停止，接着电源再向电容C充电，如此反复，使刮水片间歇动作，其停歇时间的长短由R1、C的充电时间常数决定。

(3) 集成电路电子间歇振荡控制电路

如图8—2—10所示为用NS555集成电路接成的电子间歇振荡控制电路。充电时间由R1、C1决定，放电时间由R2、C1决定。当间歇开关闭合时，集成块的3端输出高电位，继电器K有电流通过，常开触点S2闭合，刮水电动机工作，其电路为：蓄电池“+”极→电刷B3→刮水电动机3的电枢→电刷B1→刮水开关4（LP）→触点S2→搭铁→蓄电池“－”极。经过一定的时间后电路翻转，3端输出电位降低，继电器K断电，常开触点S2打开，常闭触点S1闭合，刮水电动机电流通过自停开关2下触点，仍继续运转，其电路为：蓄电池“+”极→电刷B3→刮水电动机3的电枢→电刷B1→刮水器开关4（LP）→常闭触点S1→自停开关2下触点→搭铁→蓄电池“－”极。直至自停开关上触点闭合，刮水电动机停转，刮水片停止在原始位置上。按上述过程不断反复，刮水器便间歇工作。

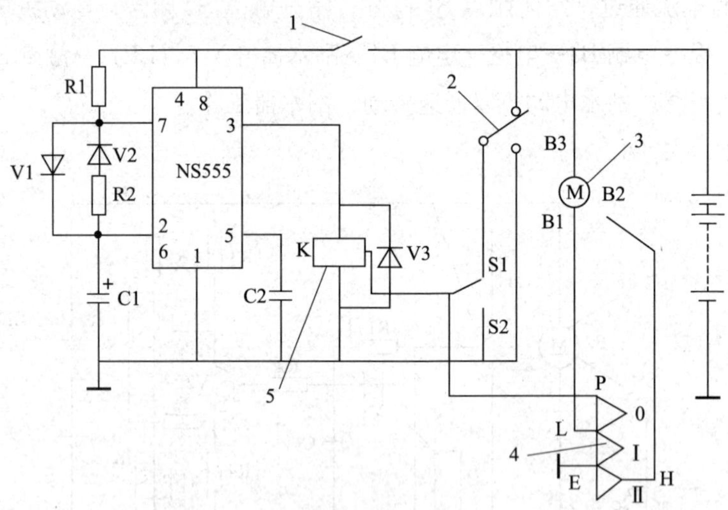

图 8—2—10　集成电路电子间歇振荡控制电路

1—间歇开关　2—自停开关　3—刮水电动机　4—刮水器开关　5—继电器

二、风窗玻璃洗涤器

为了及时清洁汽车风窗玻璃上的尘土和污物，以使驾驶员有良好的视野，并避免刮水器在工作时，因风窗玻璃上有脏污而刮伤风窗玻璃及加速刮水片的磨损。

1. 风窗玻璃洗涤器的组成

风窗玻璃洗涤器通常由洗涤液缸 1，电动泵 8，聚氯乙烯软管 6，三通管接头 4 和喷嘴 2、3 等组成，如图 8—2—11 所示。

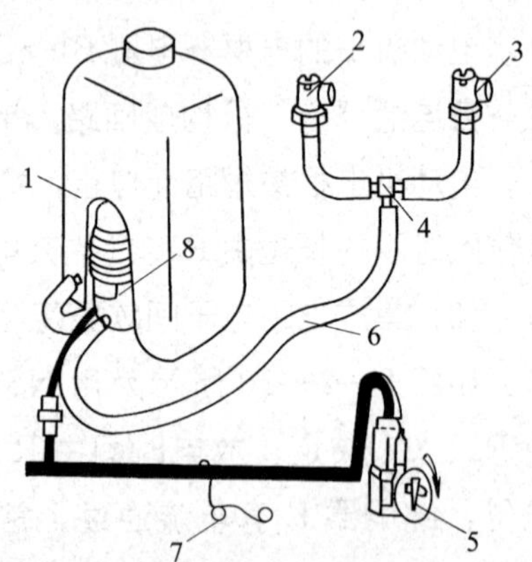

图 8—2—11　风窗玻璃洗涤器

1—洗涤液缸　2、3—喷嘴　4—三通管接头　5—刮水器开关　6—聚氯乙烯软管　7—熔断器　8—电动泵

电动泵一般由永磁式直流电动机和叶片泵组成，喷射压力为 70～88 kPa。电动泵有的直接装在洗涤液缸上(见图 8—2—11)，有的安装在管路内。电动泵的进口装有滤清器，洗涤喷嘴安装在风窗玻璃下面的适当位置。

工作时，先打开电动泵，将洗涤液缸里的洗涤液喷射到风窗玻璃上，将尘污湿润，然后开动刮水器利用刮片的摆动将玻璃上的尘污刮掉。

使用时，电动泵连续工作时间不应超过 1 min，喷水停止后，刮水器还应刮动 3～5 次。无洗涤液时不要开动电动泵。

2. 风窗玻璃洗涤器的控制电路

风窗玻璃洗涤器与刮水器是配合工作的，必须由同一电路控制。较为典型的控制电路如图 8—2—12 所示。

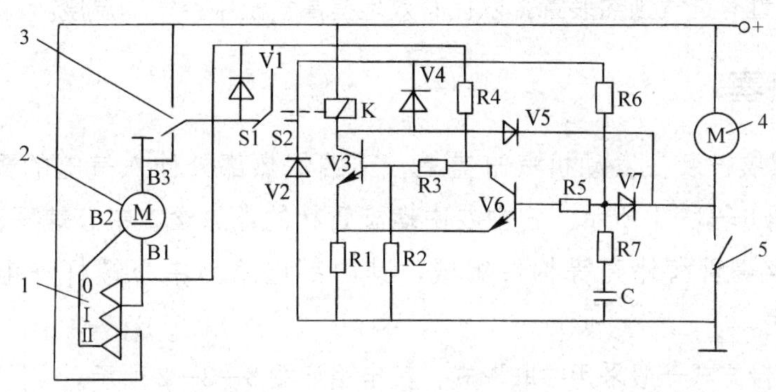

图 8—2—12　风窗玻璃洗涤器和刮水器控制电路

1—刮水器开关　2—刮水电动机　3—自停开关　4—洗涤器电动泵　5—洗涤器开关

当刮水器开关置于“0”挡时，自停开关 3 和继电器 K 的常闭触点 S1 闭合，使刮水电动机电枢短路，刮水电动机不转。此时电容器 C 经继电器线圈 K、二极管 V4、电阻 R6、R7 充电，当洗涤器开关 5 接通时，电动泵 4 启动，开始向风窗玻璃上喷洒洗涤液。此时一方面电容 C 经电阻 R7、二极管 V7、洗涤开关 5 放电，另一方面继电器线圈 K 的电流经二极管 V5、洗涤开关 5、搭铁构成回路，因电流较大，继电器动作，使常开触点 S2 闭合，若此时接通刮水器开关（“Ⅰ”挡），刮水电动机通电，其电路为：蓄电池“+”极→刮水器开关 1（“Ⅰ”挡）→电刷 B1→刮水电动机 2 的电枢→电刷 B3→搭铁→蓄电池“一”极。刮水电动机低速运转，刮水片动作，同时 R4、R3、R2 组成的分压器使 V3 导通。此后若断开洗涤器开关 5，继电器线圈 K 仍有电流通过，刮水器可延时继续工作。开关 5 断开后，放电后的电容 C 经 R6 和 R7 重新充电。当 C 的电压充至 V6 导通电压时，V6 导通，这时 R4、R3、R2 组成的分压器的下部经 V6 补充一电阻 R1，于是 V3 的基极电位下降（低于导通值），V3 截止，S1 闭合，自停开关打开，继电器断电，刮水器停止工作。延时时间取决于 C、R6、R7 充电时间常数，一般能使刮水片再刮动 3～5 次即可。

§8—3　柴油机起动预热装置

学习目标

1. 了解电热塞的组成及工作过程。
2. 了解电预热网的组成。
3. 了解电磁式火焰预热器的组成及工作过程。
4. 了解低温起动电子控制预热系统的组成及工作过程。

柴油机的着火方式是自燃，着火性能受进入气缸内空气温度高低的直接影响，因此在冬季柴油机起动时，由于进入气缸内的空气温度低，压缩终止时的温度达不到着火要求。为了保证柴油机在冬季可靠和迅速起动，除对润滑油、冷却液和铅蓄电池采取必要的保温加温措施外，一般还设置有进气预热装置，以便有效地提高气缸中空气的温度。

一、电热塞

电热塞用螺纹拧装在发动机气缸盖上，下端炽热部分伸入气缸的预热室或燃烧室内，其构造如图 8—3—1 所示。它主要由螺旋管状的电热丝、中心螺杆、不锈钢或镍铬铁发热套、绝缘瓷管和外壳等构件组成，其内部电路为中心螺杆→电热丝→发热钢套→外壳→搭铁。

电热塞的连接方式一般采用并联形式，其电路如图 8—3—2 所示。

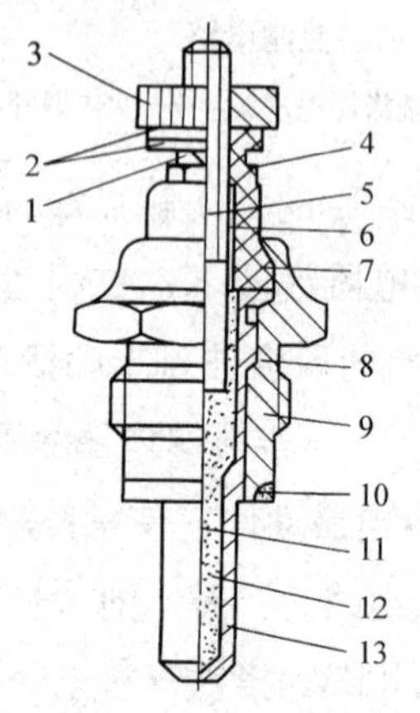

图 8—3—1 电热塞的构造

1—弹性垫圈 2—垫圈 3—压线螺母 4—固定螺母 5—中心螺杆 6—胶合剂 7—绝缘瓷管 8、10—密封垫圈 9—外壳 11—氧化镁填充剂 12—电热丝 13—发热钢套

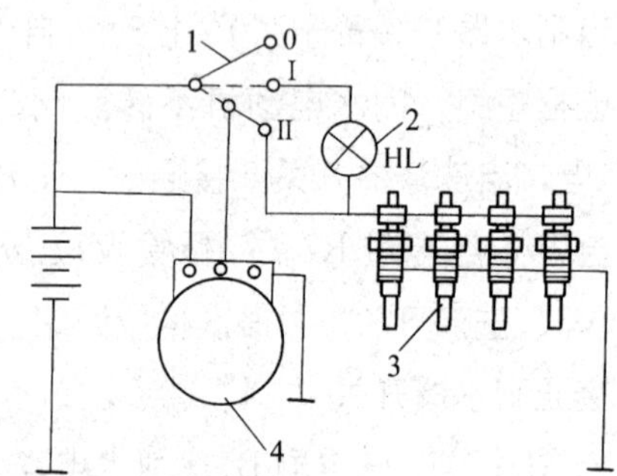

图 8—3—2 电热塞的并联连接电路

1—开关 2—指示灯 3—电热塞 4—起动机

在冬季气温低的情况下起动发动机时，先将起动机开关拨至“Ⅰ”挡，预热器电路接通，开始进气预热工作。一般预热时间为 50 s，不要超过 1 min。再把起动开关扳至“Ⅱ”挡，起动发动机，但必须注意发动机起动后，应立即断开电路。

为了监视预热器的工作情况，一般加装有预热指示灯。如果指示灯不亮，则说明预热器未投入使用。

内装阻丝式电热塞的电阻值一般为 2～4.5 Ω，工作电流为 2～6 A，正常使用寿命为 1 000 次以上。

二、电预热网

电预热网如图 8—3—3 所示，主要由外框、弹簧、电热丝、绝缘垫等组成。外框的形状尺寸与进气歧管的进气口一样大，电预热网就安装在进气歧管的进气口上。当发动机起动时，电预热网通电发热，使进入气缸的空气被加热，从而改善了发动机的起动性能。

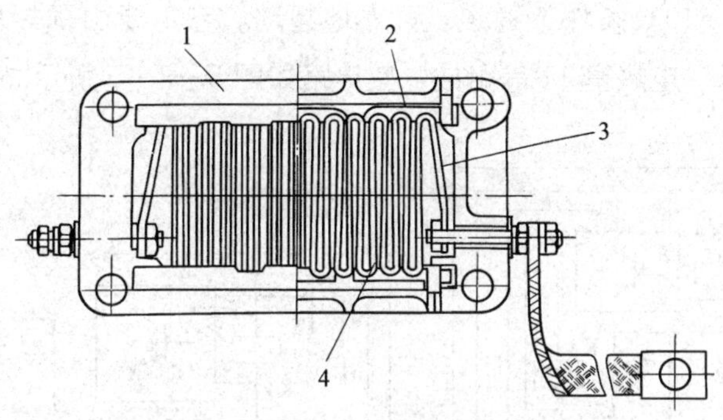

图 8—3—3　电预热网

1—外框　2—弹簧　3—电热丝　4—绝缘垫

三、电磁式火焰预热器

电磁式火焰预热器装在柴油机的进气歧管上，其结构如图 8—3—4 所示，主要由电热丝、电磁阀、稳焰罩、油孔、燃油箱、外壳等组成。

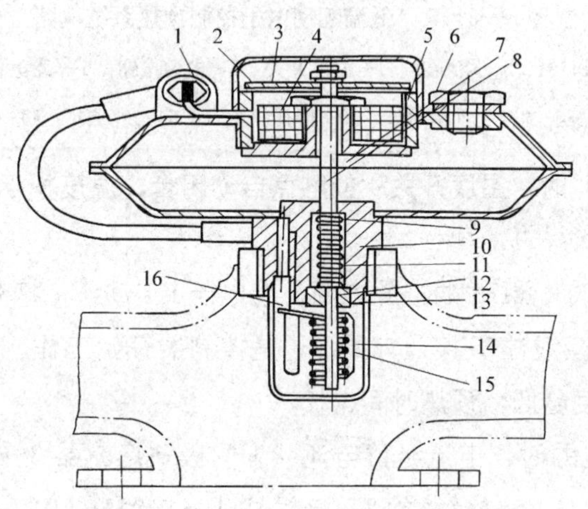

图 8—3—4　电磁式火焰预热器

1—支板　2—电磁铁罩盖　3—电磁铁吸盘　4—线圈　5—铁芯　6—加油孔螺塞　7—燃油箱　8—阀杆　9—阀门　10—预热器外壳　11—弹簧　12—油孔　13—支承杆　14—稳焰罩　15—电热丝　16—接触头

不工作时，预热器内阀门靠弹簧张力紧压在阀座孔上封闭。工作时，接通起动机开关预热挡，线圈通电，铁芯产生电磁力，吸引吸盘，压缩弹簧推下阀杆将阀门打开，燃油从阀门经油孔流到电热丝上。由于电热丝已同时通电成炽热状态，所以燃油立即汽化着火燃烧，火焰从稳焰罩喷出，加热进气管中的空气。

预热完后电路断电，电热丝冷却，阀门又被弹簧顶住而关闭。

四、低温起动电子控制预热系统

低温起动电子控制预热系统采用先进的电子技术，根据周围温度的变化自动控制预热时间，保证发动机能在－40℃条件下稳定、可靠地起动。它主要由预热控制器 1、限时器 2、温度开关 4、电磁阀 8、电热塞 11 等组成，其电路如图 8—3—5 所示。

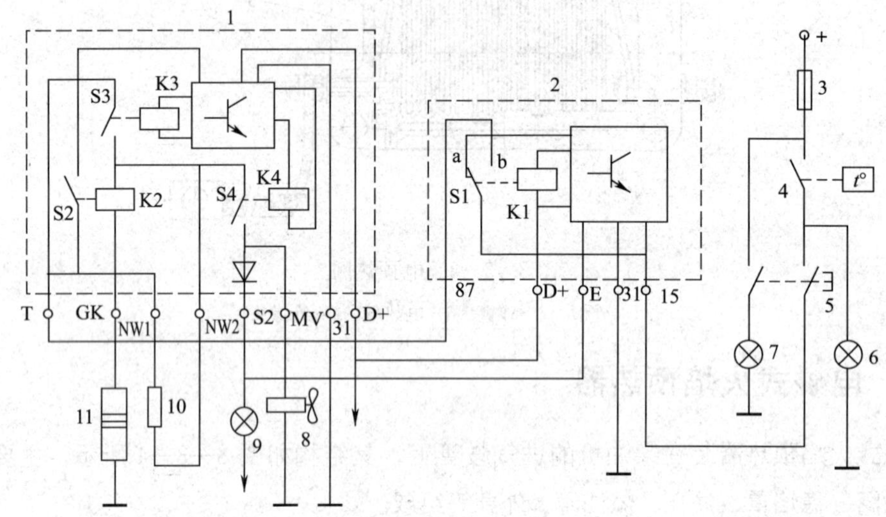

图 8—3—5　低温起动电子控制预热系统电路

1—预热控制器　2—限时器　3—熔断器　4—温度开关　5—电源按钮　6—温度指示灯　7—电源指示灯　8—电磁阀　9—起动指示灯　10—降压电阻（0.6～0.7 Ω）　11—电热塞

当环境温度低于 2℃时，温度开关 4 的触点自动闭合，温度指示灯 6 点亮，告知驾驶员可使用预热装置进行起动。

按下电源按钮 5，限时器 15 端接通电源，继电器 K1 动作，把开关 S1 吸到常开触点 b 上，使预热控制器 1 的接线柱 T 接通电源，于是控制器开始工作。控制第一阶段的预热时间约为 1 min，环境温度越低，预热时间越长。

当接线柱 T 接通电源时，电流经蓄电池“＋”极→熔断器 3→温度开关 4→电源按钮 5→接线柱 15→触点 S1（b）→接线柱 87→接线柱 T→接线柱 NW1→降压电阻 10→接线柱 NW2→继电器 K2 线圈（使 S2 闭合）→接线柱 GK→电热塞 11→搭铁→蓄电池“－”极构成回路，此时预热进入第一阶段，电热塞中有电流通过，温度升高，预热进气管中的空气。约1 min 后控制器中的三极管导通，使继电器 K3 和 K4 通电，触点 S3 和 S4 闭合，一方面 S3 短路电阻 10，另一方面 S4 接通起动指示灯 9 和电磁阀 8，起动指示灯 9 亮，电磁阀 8 工作，将喷油器阀门打开，柴油喷向电热塞，形成火焰，预热进入第二阶段。与此同时，限时器接线柱 E 得到信号开始计时。

如果从起动指示灯 9 发亮开始 2 min 内发动机不能起动，限时器将触点 S1 打开，切断控制器电源，起动指示灯 9 灭。此时应重新操作，如果第二次仍未起动，应至少间歇 5 min 后再进行第三次起动。

如果 2 min 内起动成功，交流发电机发电，使接线柱 D＋的电位升高，控制器的三极管截止，切断了断电器 K3 中的电流，于是 S3 打开，降压电阻 10 重新串入电热塞电路，使流入电热塞的电流减小，此时喷油器继续喷油，以使发动机起动后还可预热一定的时间。

由于限时器的D+端接交流发电机的D+端，发动机起动后限时器便不起限时作用，S1保持闭合，直至发动机冷却液温度上升到10～15℃时，温度开关4自动断开，或由驾驶员将电源按钮5松开时控制器才停止工作。

§8—4　汽车音响与汽车电话

学习目标

1. 了解汽车音响的组成。
2. 掌握汽车音响的常见故障及排除方法。
3. 了解汽车电话的各组成部分及作用。

一、汽车音响

汽车音响由扬声器、天线及收放机或CD唱机组成。

1. 收放机

汽车收放机按功能可分为简易型、普及型、自动返带型、频率数字显示型、数字调谐型。

收放机由电路部分和机心部分组成。电路部分由收音电路、放音电路、音量音调平衡电路及音频功率放大器等组成，如图8—4—1所示。收放机电路多采用可调电感式调谐电路，且高放级、中频级也采用双调谐回路，有些车的音响还采用数字合成频率调谐。

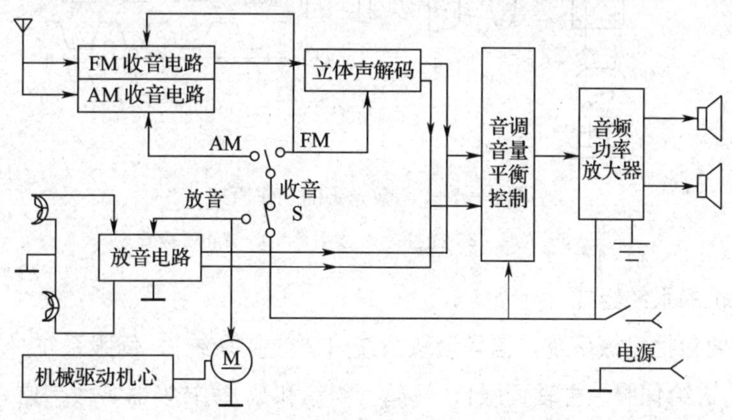

图8—4—1　汽车收放机电路图

在一般调幅、调频双波段收放机中，调谐电感一般有六个，即调幅天线回路、本振、高放可调电感和调频天线回路、本振、高放可调电感各一个。这些电感的电感量可同步调节，以改变接收频率。

放音电路包括机械走带机构和磁头信号放大电路两部分。

走带机构也称为机心，当磁带未插入机心时，机心内的磁带座板升起呈斜面，处于准备状态。磁带插入后，磁带座板下降，收带轴进入磁带的盘心，压带轮将磁带压向主导轴，导板也将磁头移向磁带，电动机开关闭合，收放机开关拨向放音位置，这时开始走带放音。当按下机心上的出盒键时，磁带被弹出，收放机开关恢复到收音位置。

磁头信号放大电路的作用是把磁头拾取的微弱音频信号放大到一定的程度后输送到音频功率放大器。音频功率放大器将音频信号经过放大后驱动扬声器发出声音。

2. CD唱机

CD唱机是光、机、电技术相结合的产物。

(1) CD唱片与唱机

CD唱片是一种光学式数字唱片，唱片上记录的数字信号是一系列深度为 0.11 μm，宽 0.4 μm，长度不等的信号坑所组成的。CD唱片播放时采用光学非接触方式读取唱片上所记录的信息，激光头发射波长为 0.78 μm 的激光束，由CD唱机中的聚焦伺服和跟踪伺服系统控制准确照射在CD唱片的信号轨迹上，经CD唱片反射回的光线量在有信号坑的地方小，在无信号坑的地方则几乎全部被反射回来，这一反向光强的变化被激光头中的光电二极管检测到，并将其转变为电信号，如图 8—4—2 所示。

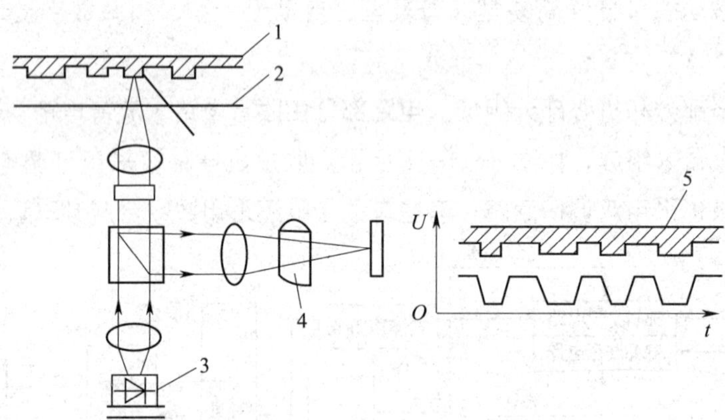

图 8—4—2　激光头的工作原理

1、5—光盘　2—掩膜　3—发射器　4—光电二极管

(2) CD唱机的系统组成

CD唱机主要包括机械系统，信号读取系统（激光头系统），伺服系统（包括聚焦伺服、跟踪伺服、径向进给伺服、主轴伺服），解码、纠错和数/模转换器等数字信号处理系统及控制系统等，如图 8—4—3 所示。

(3) CD唱机的机械系统

CD唱机的机械系统包括CD唱片装载机构、CD主轴机构、CD唱片压片机构、驱动激光头沿唱片半径方向运动的激光头径向进给机构四部分。

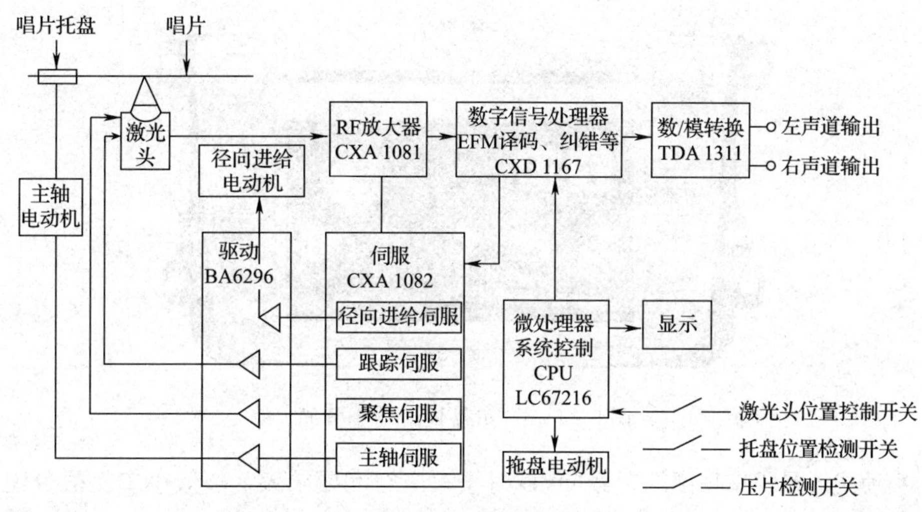

图 8—4—3 CD唱机系统组成

CD 唱片装载机构是控制 CD 唱片托盘进出机器的装载机构。为了检测 CD 唱片托盘位置是在机内还是在机外以及检测唱片托盘的运动是否到位以便关闭或接通托盘电动机，在 CD 唱机中设有一个或两个托盘位置检测开关。

CD 主轴机构的作用是带动 CD 唱片做旋转运动。

CD 唱片压片机构的功用是当 CD 唱片装入唱机后，使 CD 唱机主轴上端的一个锥形卡盘从 CD 唱片底部卡入 CD 唱片的中心孔内，将 CD 唱片顶起使之与 CD 唱片托盘分离，并与位于 CD 唱片上部的磁性压盘相配合卡牢 CD 唱片，这一动作一般是由主轴机构整体做向上移动完成的。退片时，主轴机构向下移动，松开 CD 唱片。压片机构的动力常由托盘电动机提供。还有一种压片机构是主轴机构不动，通过 CD 唱片上部的压盘向下动作，将 CD 唱片压在唱片托盘上。

带动激光头沿 CD 唱片半径方向做径向移动的激光径向进给机构的功用，是在 CD 唱片旋转的同时，带动激光头做径向运动，这样在伺服系统的控制下，激光束才能始终照射在唱片信号轨迹上来读取信息、重放、执行选曲或搜索操作。

3. 车载 DVD 及 GPS 导航

车载 DVD 是一种以 DVD 播放、导航功能为主的车载主机，如图 8—4—4 所示。由于它是专车专用设计，它的电源插头、音响线将与原车完全对插，不改变原车任何线路，并且外观、尺寸与原车风格统一。除了播放 DVD 格式影碟外，车载 DVD 还支持 VCD、MP3、WMA、MP4、Divx、CD、CDR、CDRW、JPEG 等格式的影音文件和碟片，有的还支持 SD、USB、IPOD 等，目前有取代 CD 主机的趋势。

（1）分类

从安装位置来看，车载 DVD 的安装方式主要以吸顶式、遮阳板式、内藏式、便携式、大屏幕式、头枕式六种。

图 8—4—4　车载 DVD 导航界面

1）吸顶式。悬于车顶部的车载 DVD 对于车内空间要求大，一般小车上很少使用，大多安装于 MPV 等商务车上。

2）遮阳板式。像它的名字一样，这种 DVD 的显示屏是在车内遮阳板上，但这种显示屏可能会和原车上遮阳板的大小、厚度不一样，所以美观效果会欠缺一些。

3）内藏式。即主机自带伸缩方式为内藏式驱动导轨式返转屏，这种车载 DVD 比较节约车内空间，一般安装在原车 CD 或磁带机处，而且不使用时显示屏可以隐藏在主机机体内，从而保护显示屏屏面不受磨损。缺点是由于屏幕小，后排乘客看着比较费劲。

4）便携式。适合车主用来打造自己的个性化爱车。它无须固定在车内，只依靠一根专配的汽车电源连接线插在汽车点烟口，就能随时在车内看大片。因为价格便宜，目前这种方式应用较多。

5）大屏幕式。它在目前市场上销售最好，就像许多中高档车上原配的车载 DVD 一样，主机与显示屏在一起，对车内饰起到了美化作用，视觉效果非常不错。目前一般用于高档车内，但同时需要注意防盗问题。

6）头枕式。由于边开车边看电视是法律所不允许的，所以按规定安装在前座椅上的头枕式车载 DVD 似乎更安全一些，比较适用于公车、商务车。由于这种车载 DVD 多装在前排座椅的后面，因此方便了后排乘客。

（2）GPS 导航

GPS（Global Position System）即全球定位系统，是根据“子午仪”原理发展的一种可利用全球定位系统实现从出发地到目的地的路径指引的工具，目前在汽车上得到了广泛的使用。通过车载的 GPS 卫星信号接收器和卫星互联，得到汽车实时的 GPS 坐标值，即利用三颗 GPS 卫星坐标和它们到观测点的距离根据立体空间任意两点的距离计算公式：

$$d=[(X_1-X_2)^2+(Y_1-Y_2)^2+(Z_1-Z_2)^2]^{1/2}$$

求出观测点的坐标值，再根据第四颗卫星的数据来进行数据修正，定位精度可达 10 m 以内。GPS 导航能起到以下五个方面的作用：

1）车辆跟踪。利用 GPS 和电子地图可以实时显示出车辆的实际位置。电子地图可任意放大、缩小、还原、换图，图上指示位置可以随目标移动，使目标始终保持在屏幕上；还可实现多窗口、多车辆、多屏幕同时跟踪。利用该功能可对重要车辆和货物进行跟踪运输。

2）提供出行路线规划和导航。提供出行路线规划是汽车导航系统的一项重要的辅助功能，它包括自动线路规划和人工线路设计。自动线路规划是由驾驶者确定起点和目的地，由计算机软件按要求自动设计最佳行驶路线，包括最快的路线、最简单的路线、通过高速公路路段次数最少的路线。人工线路设计是由驾驶员根据自己的目的地设计起点、终点和途经点等，自动建立路线库。线路规划完毕后，显示器能够在电子地图上显示设计路线，并同时显示汽车运行路径和运行方法。

3）信息查询。为用户提供主要物标，如旅游景点、宾馆、医院等数据库，并能够在电子地图上显示其位置。同时，监测中心可以利用监测控制台对区域内的任意目标所在位置进行查询，车辆信息将以数字形式在控制中心的电子地图上显示出来。

4）话务指挥。指挥中心可以监测区域内车辆运行状况，对被监控车辆进行合理调度。指挥中心也可随时与被跟踪目标通话，实行管理。

5）紧急援助。通过 GPS 定位和监控管理系统可以对遇有险情或发生事故的车辆进行紧急援助。监控台的电子地图显示求助信息和报警目标，规划最优援助方案，并以报警声光提醒值班人员进行应急处理。

4. 扬声器

扬声器俗称喇叭，是音响系统中不可缺少的重要器材，所有的音乐都是通过“喇叭”发出的，它是唯一能将电能转变为“声音”的器材。喇叭的品性对音响系统的音质起到至关重要的作用。喇叭包括低音单元、中音单元、高音单元，这三种单元负责不同的频率，但工作原理都是相同的。

汽车音响使用的扬声器种类很多，有同轴式、全音域、分离式及超低单元等形式。单元震膜的面积越小则音高越高，面积越大则音高越低，因此，音响系统必须使用多种大小不同的喇叭，才能将音乐完全还原。

汽车上扬声器的布置因车而异，小型汽车的扬声器一般装在仪表板两侧，中型客车大多安装在车厢中部两侧，而大型客车可安装多组扬声器，但最常见的是左右声道扬声器分别安装在车厢前后的顶部。同样的一对扬声器安装在不同的位置，音响效果可能有很大差别，因此汽车扬声器的安装位置一般要经过多次试验才能最终定下来。

5. 天线

为取得较好的收听效果，汽车安装的电动天线在车内即可控制天线的伸缩。

（1）电动天线的构造

电动天线的结构如图 8—4—5 所示，其减速器由蜗轮、蜗杆组成，电动机为永磁双向式，继电器能改变电动机电枢电流的方向，从而改变电动机的旋转方向。电动天线的控制电路及驱动示意图如图 8—4—6 所示。

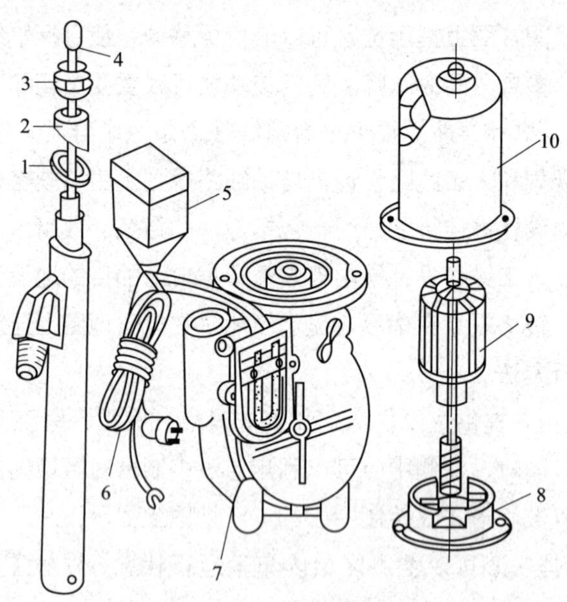

图 8—4—5 电动天线结构

1—垫圈 2—压套 3—螺母 4—天线 5—继电器

6—引线 7—减速器及卷索器 8—电刷架 9—转子 10—外壳

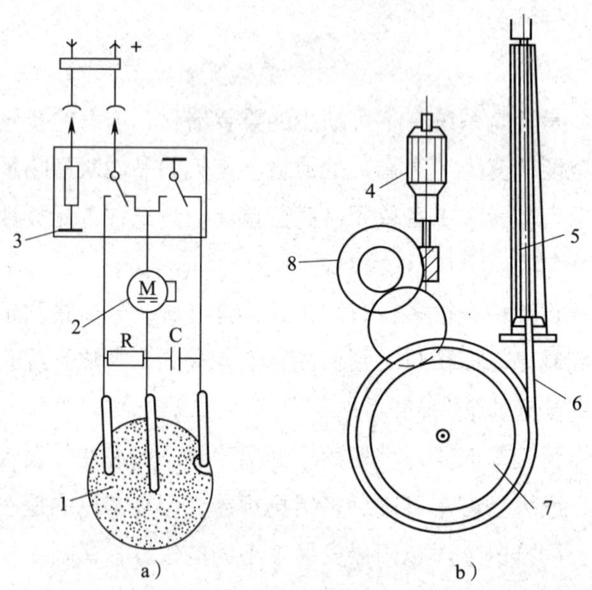

图 8—4—6 电动天线的控制电路图及驱动示意图（桑塔纳 2000）

a）控制电路图 b）驱动示意图

1—限位开关 2—电动机 3—继电器 4—转子 5—天线 6—推拉索 7—卷索器 8—减速齿轮

（2）电动天线的工作过程

按下开关后，电动机开始运转，转子带动减速齿轮及卷索器转动，使原来卷收在卷索器上的推拉索伸直向上，并将伸缩天线向上顶，使天线伸长。当天线伸到顶时，限位开关切断电路，电动机停止转动。

如需收缩天线时，按动开关，电动机反转，卷索器转动，将推拉索收回，使天线缩回，当缩回到底部时，限位开关切断电路，电动机便停止转动。

6. 汽车音响的保养

(1) 防尘。灰尘对音响的伤害不可避免，但是我们能尽量降低其伤害程度。做好车门密封，在行车过程中若路面灰尘多，应尽量关闭车窗。音响主机上若有灰尘，可以用拧干的毛巾进行擦拭。当车在土路上行驶时，尽量不要开窗，以避免大量灰尘从车外涌入车内，并且最好将空调的外循环调整为内循环。

(2) 防潮。水是电器最为害怕的东西。应经常检查车窗密封条是否封严实，若没有封严，在洗车时或是雨天水从车门进入流到扬声器，轻则损坏扬声器，重则烧毁主机电路。洗车时应关闭车窗，洗完后打开车窗，流通空气，蒸发车内水分。音响受潮后会发出“嗞嗞嗞”的声音，严重影响视听效果。

(3) 防剧烈震动。剧烈震动会导致音响内部零件松动或是损毁。在清洁音响时切勿大力拍打音响来抖落灰尘，在路况不好的情况下应低速平稳行驶，既保护爱车和音响又保证安全。

7. 汽车音响的常见故障及排除方法

汽车音响由于使用环境的原因，一般很难达到同档次的家庭音响的效果，在使用过程中也比家庭音响更容易出现一些故障，下面介绍一些常见的汽车音响故障及故障的排除方法。

(1) 音响左右声道音不一样

首先检查主机平衡钮是否在中间位置，再检查前级输入和输出左右 LEVEL。控制钮是否一样，以及扩大机输入灵敏度左右声道设定是否一样，如对上述进行调整后仍无法排除故障，可将主机信号线左右对调，看扬声器声音较小的那一边会不会变大，如果会，表示主机有问题，反之则是后段的问题。

(2) 某一声道高音无声

先检查分音器的配线是否接通，然后用电表从分音器端去测量有没有声音，可能是错将喇叭线输入端接至低音输出端。

(3) 噪声大

检查 RCA 信号端子的负端是否接通，如果主机端的 RCA 信号输出端负端已经断路，可用电表测量，再检查负端与主机机壳是否接通。

(4) 音量时大时小

先检查电源地线与车室的接点是否松动，再检查前级和后级的输入和输出 RCA 是否正常，最后看看灵敏度旋钮是否正常。

二、汽车电话

汽车电话实际上是一种移动电话，它在汽车调度、交通、公安、救灾、消防、工程勘探等领域起到很重要的作用。目前汽车电话已成为信息时代的一个重要标志。

汽车电话技术是以无线电通信技术为基础，综合了交换、控制、终端设备等多方面的技术。

汽车电话系统主要由两大部分构成，即装在汽车上的移动无线电台和装在电信局、汽车调度室、出租汽车总部或公安指挥所等地方的基台。基台包括发射、接收和控制三大部分。移动台用户拨号时，移动台上的无线电发送设备就将拨号的脉冲信号转变为无线电波发往基台。这样，基台里的接收设备接收到用户拨号的无线电波后，将其还原成拨号脉冲信号，并将它输送到交换机中，由交换机将被拨号用户的电话接通，便可进行移动台用户与基台有线电话用户的通话。如果移动台用户要与另一移动台用户通话，则只需在基台中接收信号后，再将其转换为无线电波发射至另一移动台，这样便可使两移动台用户的电话接通。

一套汽车电话系统主要包括发射机、天线、接收机和交换机 4 大部分。

1. 发射机

发射机的作用是将拨号脉冲信号或声音低频信号进行放大后与高频振荡器产生的高频信号进行调制，并通过高频放大器放大为一般的无线电波。

2. 天线

天线的作用是发射与接收无线电波。

3. 接收机

接收机的作用是将天线接收的无线电信号进行高频放大、解调，还原成拨号脉冲或音频信号，再经低频放大后通过扬声器传出。

4. 交换机

交换机与普通电话交换机一样，是整个汽车电话系统连接用户的枢纽。

§8—5　无线电防干扰装置

学习目标

1. 了解汽车无线电防干扰装置的作用。
2. 掌握汽车无线电防干扰的方式。

汽车电气设备中，有许多导线、线圈和电子元件，它们都不同程度地存在电容和电感，而任何一个具有电容和电感的闭合回路在工作时，都会形成电磁振荡；另外当火花放电时，也会产生高频振荡，这些振荡都会以电磁波的形式向空间发射，对汽车上及数百米范围内的收音机、电视机和其他无线电装置的正常工作产生不同程度的干扰。如图 8—5—1 所示，汽车上常见的干扰源有点火装置、发电设备、各种开关及小型电动机等，其中以点火装置产生的干扰最为严重。

如图 8—5—2 所示，为了防止汽车电气设备对无线电装置的干扰，在设计汽车收放机等

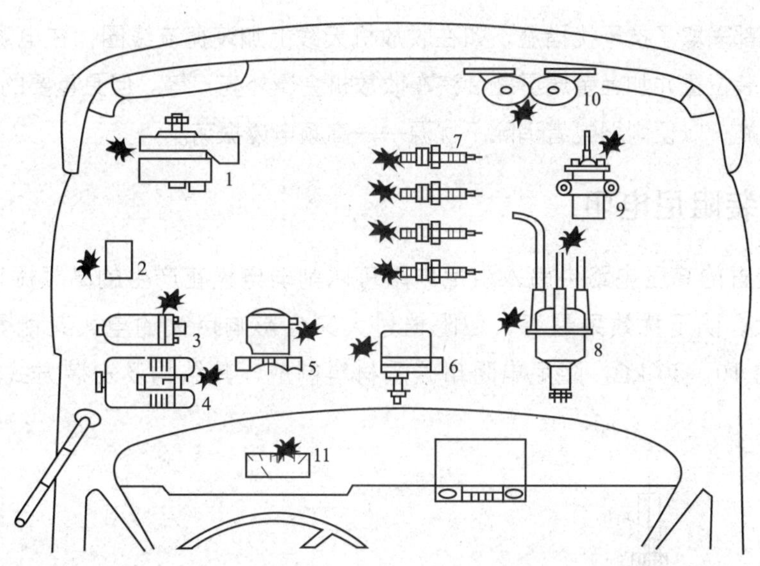

图 8—5—1 汽车上常见干扰源

1—发电机 2—发电机接触式调节器 3—燃油泵 4—玻璃洗涤器装置 5—鼓风机电动机 6—电动刮水器 7—火花塞 8—分电器 9—点火线圈 10—扬声器 11—指示仪表

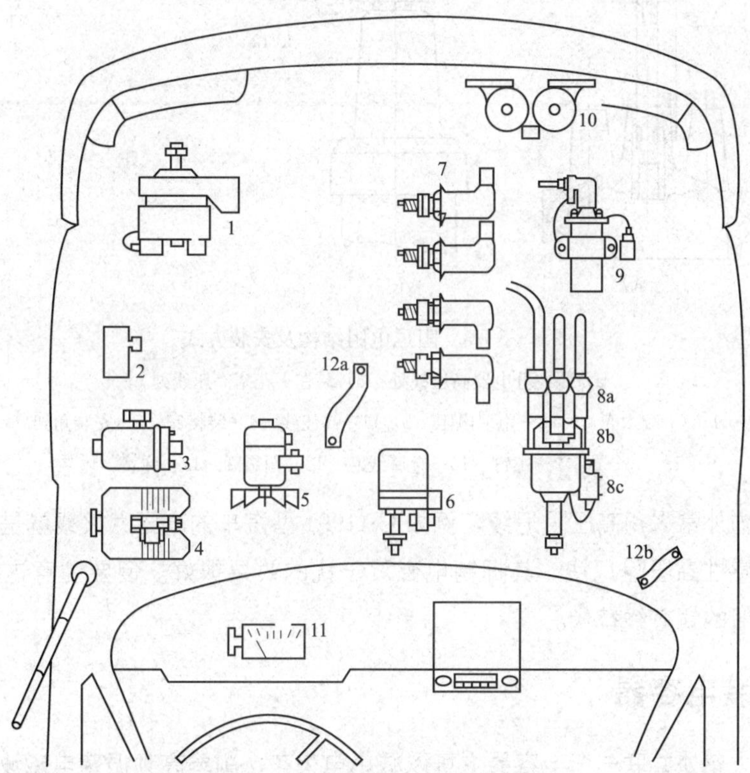

图 8—5—2 汽车电气设备去干扰元件

1—发电机去干扰滤波器 2—发电机调节器去干扰滤波器 3—燃油泵去干扰滤波器 4—洗涤器去干扰滤波器 5—鼓风机电动机去干扰滤波器 6—刮水器电动机去干扰滤波器 7—火花塞屏蔽点火导线和屏蔽插头 8a—分电器导线和屏蔽插头 8b—分电器转子去干扰电阻 8c—分电器去干扰滤波器 9—点火线圈屏蔽和屏蔽插头 10—扬声器去干扰滤波器 11—仪表去干扰滤波器 12a、12b—地线

电子设备时，都采取了抗干扰措施，如在收放机天线上加装扼流线圈，在电源上加滤波器，合理地选择安装位置并加上金属屏蔽（汽车收放机金属外壳）等。但更重要的是要对汽车电器本身采取措施，以便削弱或者消除干扰源——高频电磁振荡。

一、加装阻尼电阻

在点火装置的高压电路中串入阻尼电阻可以削弱电火花产生的高频振荡。实践证明阻尼电阻越大，防干扰效果越好，但阻值过大又会影响点火的电火花能量，因此其阻值一般设置为 10～20 kΩ。阻尼电阻用碳质材料制成，其结构及安装方式如图 8—5—3 所示。

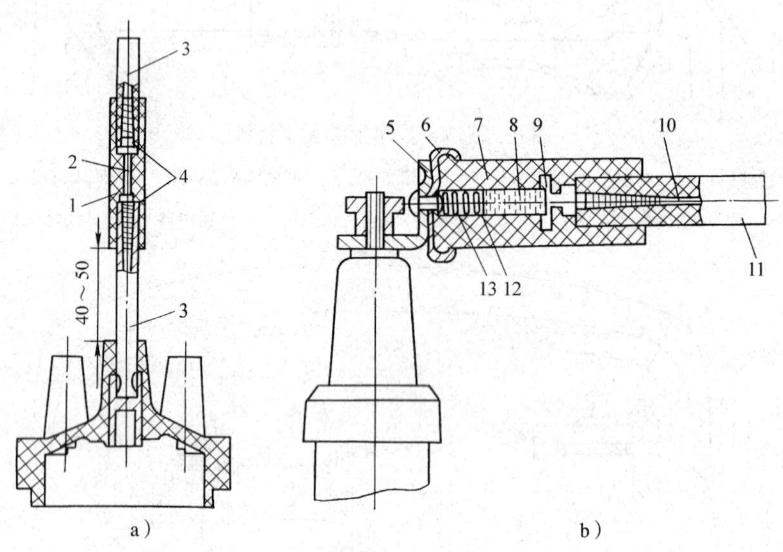

图 8—5—3 阻尼电阻结构及安装方式

a）装在分电器高压线处 b）装在火花塞高压线处

1、7—胶木壳 2、8—阻尼电阻 3、11—高压线 4—装接钉 5—安装角架
6—罩 9—螺钉 10—金属线芯 12—铜垫圈 13—弹簧

目前，国内外常采用高压阻尼线，例如 CA1091 型汽车的高压点火线就是采用铁铬铝合金丝绕制的电感性高压阻尼线，其抑制电磁波干扰的效果很好。但要注意这种高压线损坏后，不得用一般的铜芯线替代。

二、加装电容器

在产生电火花处并联一个电容器，可以减小电火花，削弱高频振荡电磁波。例如，在触点式调节器的点火接线柱或交流发电机的“+”接线柱处并联一个 0.2～0.8 μF 的电容器；在水温表传感器（触点式）、油压表传感器触点间并联一个 0.1～0.2 μF 的电容器；在闪光器、扬声器触点处并联一个 0.5 μF 的电容器。如图 8—5—4 所示为装有收音机的汽车上利用电容器防干扰的布置。

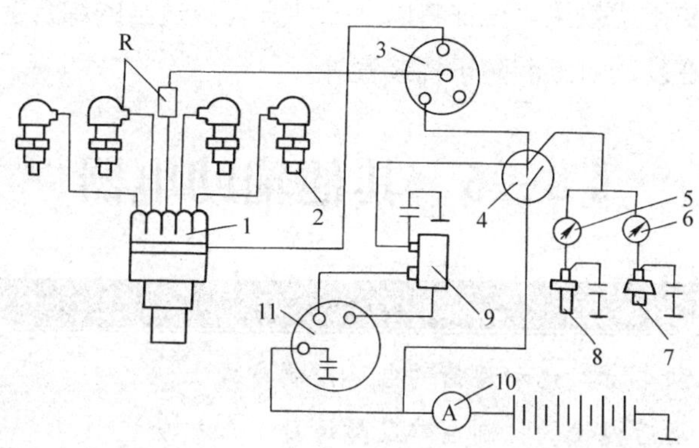

图 8—5—4　电容器防干扰布置

1—分电器　2—火花塞　3—点火线圈　4—点火开关　5—水温表　6—油压表
7—油压传感器　8—水温传感器　9—调节器　10—电流表　11—交流发电机

三、加装金属屏蔽

加装金属屏蔽的方法就是将容易产生电磁波和怕被电磁波干扰的电器用金属遮蔽起来，有关导线也用金属屏蔽线或金属管套起来。屏蔽时，金属屏蔽部分应可靠接地，这样就可以使干扰的高频电磁波在屏蔽罩内产生涡流变成热能而损耗掉，进而起到防干扰的作用。

这种措施效果较好，但装置复杂，成本较高，特别是增大了高压电路的分布电容，会影响点火性能，因此一般只用在有特殊需要的汽车上，如图 8—5—5 所示。

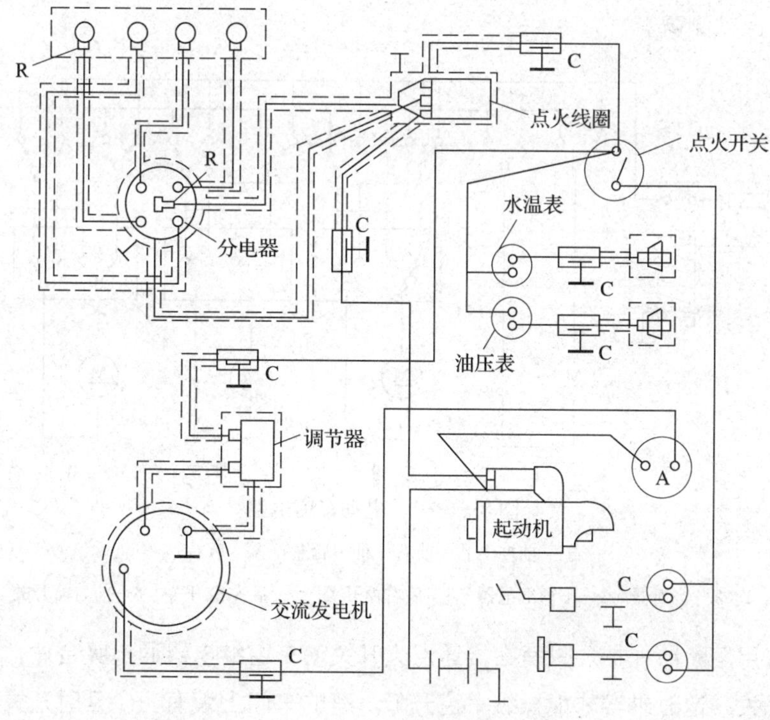

图 8—5—5　加装金属屏蔽措施

为了取得较好的防干扰效果，往往将以上三种方式做适当的综合运用。有的还在干扰源处加装低通滤波器和在发动机上装防干扰装置等。

§8—6　其他辅助电器

学习目标

1. 掌握汽车电动车窗、电动座椅的电路控制方式。
2. 了解汽车电动后视镜的控制电路及防炫目、加热功能。
3. 了解汽车转向盘的加热功能。
4. 了解后窗除霜器、点烟器、拖车插座的组成及工作过程。

一、电动车窗

电动车窗由和车窗升降调节器连接的 12 V 双向电动机操纵。大多数汽车使用永磁式电动机，也有的使用双绕组串励式电动机，如通用公司的某些车型。

永磁式电动机通过开关改变电流方向来改变电动机的旋转方向，使车窗升或降。所有的车窗系统都有两套开关，总开关设在前左车门上，由驾驶员控制各个侧窗的升降；各侧窗还有单独的开关，可由乘客进行控制，但还是通过总开关上的相应开关起作用的。电动车窗的电路如图 8—6—1 所示。有的汽车在总开关中装有断路开关，若该开关没有接通，则乘客就不能用分开关操纵侧窗。

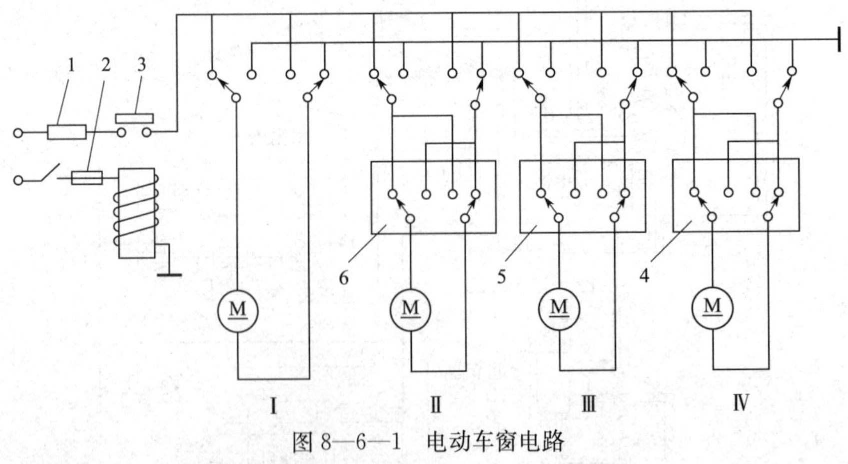

图 8—6—1　电动车窗电路

Ⅰ—前左　Ⅱ—前右　Ⅲ—后左　Ⅳ—后右

1、2—熔断器　3—车窗继电器　4—后右窗开关　5—后左窗开关　6—前右窗开关

车窗电路用熔断器保护。只有在接通点火开关使车窗继电器通电吸合后，电流才能流到总开关和分开关，这时乘客才能操纵车窗升降。有的车门上装有一个延时开关，在点火开关断电后约 10 min 内，或在车门打开以前，仍有电流供应，使驾驶员和乘客能有时间关闭车

窗或操纵其他辅助设备。

车窗电动机通过车窗调节器使车窗玻璃升降。传动装置多为齿轮机构，由电动机上的小齿轮驱动调节器齿扇来使玻璃升降；也有用挠性传动装置的，如链轮或胶带传动。

二、电动座椅

电动座椅有两向、四向、六向移动等多种类型。两向座椅只能作前后移动；四向座椅除前后移动外还可以升降；六向座椅除前后移动外，还可使座椅的前部和后部分别升降。

电动座椅由双向电动机、传动装置和座椅调节器等组成。传动装置包括变速器、联轴装置和电磁阀等。座椅调节器的主要部件是螺旋千斤顶和齿轮传动机构。传动装置与座椅调节器之间用软轴连接。六向座椅调节器的结构如图 8—6—2 所示。

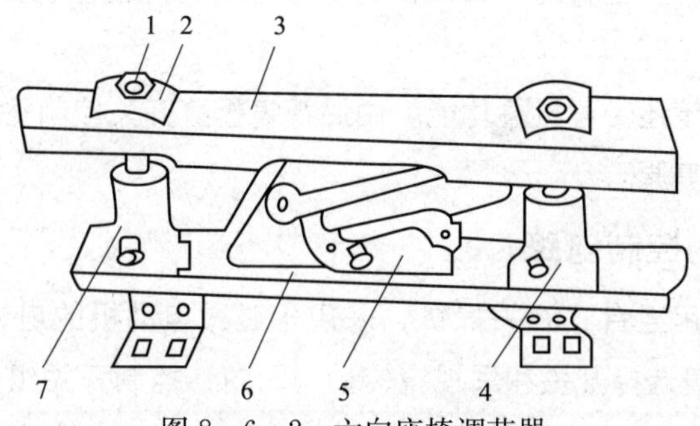

图 8—6—2　六向座椅调节器

1—千斤顶螺母　2—千斤顶弹片　3—上导板　4—前升降千斤顶
5—水平驱动器　6—下导板　7—后升降千斤顶

当电路开关接通后，电动机和电磁阀同时通电，电磁阀柱塞和爪形接头接合，电动机的动力即通过齿轮、驱动轴使软轴转动，再驱动座椅调节器运动。当调节器运动达到终点时，软轴停止转动。如此时电动机仍在转动，其动力将被装在电动机和变速器之间的橡胶联轴节所吸收，这样也可防止座椅万一卡住时电动机过载损坏。当开关断开后，复位弹簧使电磁阀柱塞和爪形接头分离，回到原来位置。

大多数电动座椅使用永磁式电动机，通过开关控制电流流向，使电动机按不同方向旋转。六向座椅的电路如图 8—6—3 所示。

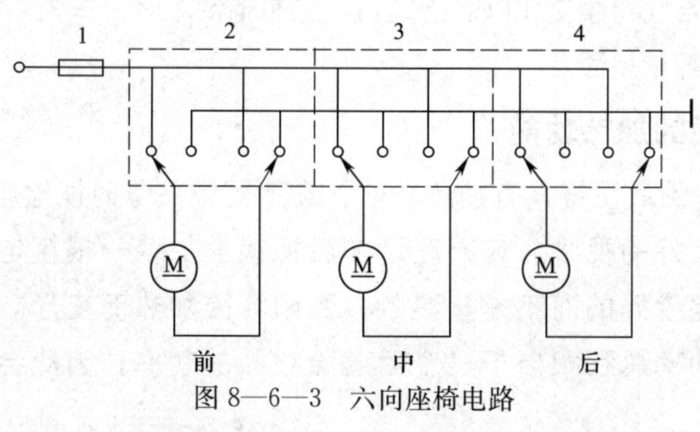

图 8—6—3　六向座椅电路

1—熔断器　2—前开关　3—中开关　4—后开关

另外，也有的电动座椅采用串励式电动机，用两个磁场线圈使电动机作双向运动。这种电动机一般用继电器控制电流方向，因此当开关换向时可听到继电器吸合的“咔嗒”声。

三、电动后视镜

1. 电动后视镜的组成

电动后视镜可使驾驶员坐在车内通过调节开关来调整后视镜。电动后视镜通常采用永磁式电动机，主要由永磁式电动机、传动机构和控制开关组成。每个后视镜都装有两套驱动装置，其中一个电动机和传动机构用于后视镜水平方向的转动，另一个电动机和传动机构则用于后视镜垂直方向的转动。左右两个后视镜的 4 个电动机均通过电动后视镜转动控制开关来操控。

有的汽车电动后视镜还带可折叠功能。由后视镜折叠开关控制驱动电动机工作，通过传动装置使后视镜折叠或复原。

2. 电动后视镜的控制电路

电动后视镜通常采用组合式开关操纵，采用永磁式电动机的电动后视镜控制电路如图 8—6—4 所示，将后视镜选择开关和后视镜转动（四向）控制开关组合在一起，当驾驶员通过后视镜选择开关选择了要调整的后视镜后，就可通过后视镜转动控制开关调整所选后视镜。“左”“右”开关控制后视镜水平方向的转动，“上”“下”开关控制后视镜垂直方向的转动。

3. 电动后视镜的防眩目功能

防眩目后视镜一般安装在车室内，由一面特殊的镜子和两个光敏二极管及电子控制器组成，电子控制器接收光敏二极管送来的前射光和后射光信号。当灯光照射在车内后视镜上时，若后面灯光亮度大于前面灯光亮度，电子控制器将输出一个电压到导电层上，改变镜面电化层的颜色，电压越高，电化层颜色越深，此时即使再强的照射光照到后视镜上，经防眩目车内后视镜反射到驾驶员眼睛上都会显示暗光，不会耀眼。镜面电化层使反射光能够根据后方光线的入射强度自动持续变化以防止眩目。当车辆倒车时，车内后视镜防眩目功能被解除，右外后视镜自动照射地面。

4. 电动后视镜的加热功能

一些配置高的车的后视镜具有加热功能，在下雨或下雪时能够把镜面上的水汽蒸发掉，以保证驾驶员良好的视线。其原理是在后视镜里加装一根粗电热丝，这要求后视镜里的电动机齿轮是金属的而不是塑料的，否则会因加热而变形。另外要注意由于两个后视镜电热丝的功率总和相当于一个后窗除霜器的功率，因此会导致低排量的车装上后动力不足。

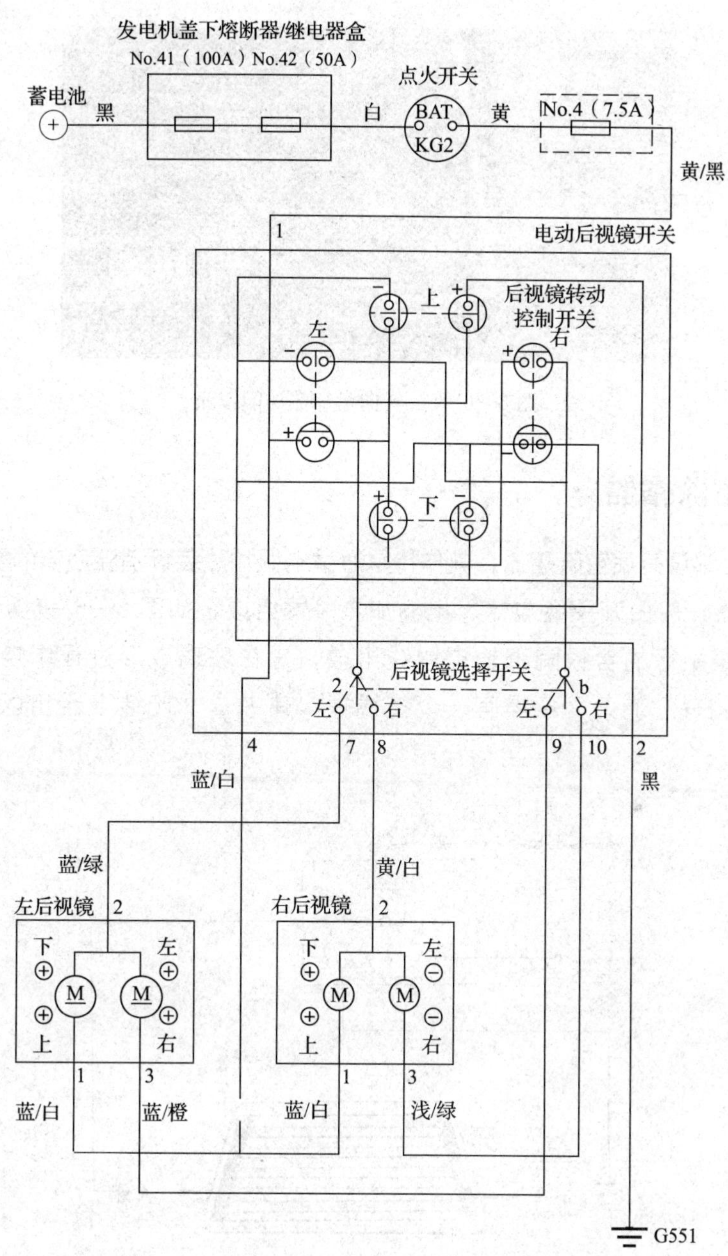

图 8—6—4　采用永磁式电动机的电动后视镜控制电路

四、转向盘加热功能

转向盘加热功能一般出现在配置较高的豪华车上，通过加热按钮来控制开启或关闭。此功能可以在冬季或者高寒地带刚进入车内时迅速让转向盘变得温暖，让驾驶员握转向盘时不再觉得寒冷不适。转向盘加热按钮通常配备在转向盘上，如图 8—6—5 所示，也有部分车型配备在中控台上。

图 8—6—5 转向盘加热功能按钮

五、后窗除霜器

许多轿车上都设有后窗除霜器，其作用是通过电栅加热装置消除后窗的雾和霜。

后窗除霜器一般由开关继电器、电栅加热装置组成，如图 8—6—6 所示，其中电栅加热装置由一组平行的含银陶瓷输电网线组成，是在玻璃成形过程中烧结在玻璃表面上的。玻璃两侧有汇流条，各焊有一个接线柱，其中一个接继电器用以供电，另一个搭铁。

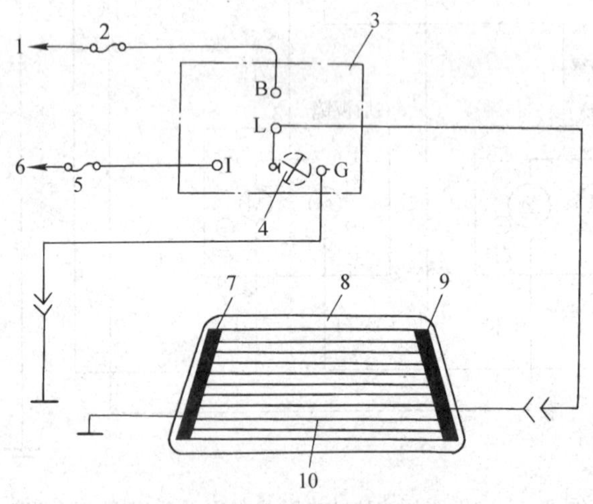

图 8—6—6 后窗除霜器

1—接蓄电池 2、5—熔丝 3—开关继电器 4—指示灯 6—接点火开关
7—接线柱 A 8—中点 C 9—接线柱 B 10—后窗电栅

开关继电器的作用是定时、自动地接通与切断后窗电栅的电流。因为电栅消耗的电流大，长时间通电既没有必要也浪费较大。为此一般在电路中加装开关继电器，使得电栅在通电 10 min 后能自动将电流切断。如果 10 min 内后窗霜雾没有除尽，驾驶员可接通开关再次通电除霜，只是以后每次通电 5 min 就自动切断电栅电路。

电栅网线一般采用正温度系数热敏电阻，温度降低时，电阻值减小，温度升高时，电阻值加大。因此，后窗除霜器具有一定的自动调节功能，即当气温降低时，电路电阻减小，电流增大，从而使得除霜功能增强，反之则减弱。

六、点烟器

为了方便驾驶员及其他乘客吸烟，有些汽车驾驶室内设置了电热式点烟器。

电热式点烟器如图 8—6—7 所示，主要由卡簧、电阻丝、复位弹簧、内壳、外壳等组成。卡簧与接线端子相通，但与外壳绝缘。盘状电阻丝内端与导电杆相接，外端与电阻丝座相连，其内部平面与电阻丝座绝缘。导电杆内端与弹簧座、套筒相接。

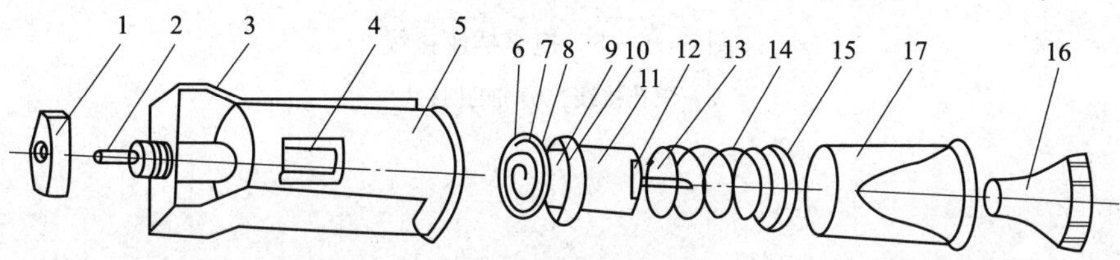

图 8—6—7　电热式点烟器

1—锁紧螺母　2—接线端子　3—卡子　4—卡簧　5—外壳

6—电阻丝　7—导电杆　8—电阻丝座　9—绝缘套

10、15—弹簧座　11—套筒　12—绝缘垫　13—螺钉

14—复位弹簧　16—拉钮　17—内壳

使用时，将点烟器拉钮推进，复位弹簧压缩，电阻丝及套筒等构成的组合件向里运动至电阻丝座被卡簧卡住为止，此时点烟器通电。电流通过电阻丝时，电阻丝产生热量变红，同时卡簧也被加热，当温度升至一定值时，卡簧自然向外张开，释放电阻丝座，在复位弹簧的作用下，电阻丝组合件退回原位，电路被切断，在电阻丝尚未冷却之际拔出点烟器即可使用。

七、拖车插座

为了保证挂车照明、信号灯具的线路连接，货车一般都在其尾部设置了拖车插座。图 8—6—8 所示为 CA1091 型汽车所采用的七孔式拖车插座，它的接线有两种形式，即使用六个孔或四个孔，二者仅接线方法不同，电路原理并无区别，分别如图 8—6—8a 和图 8—6—8b 所示。

拖车插头与插座的配合由定位装置来保证其连线的正确性，因此插接时不必担心出现线路错误。但在安装挂车电线束时，必须根据汽车插座的接线位置连接插头的导线，以保证线路的一致性。

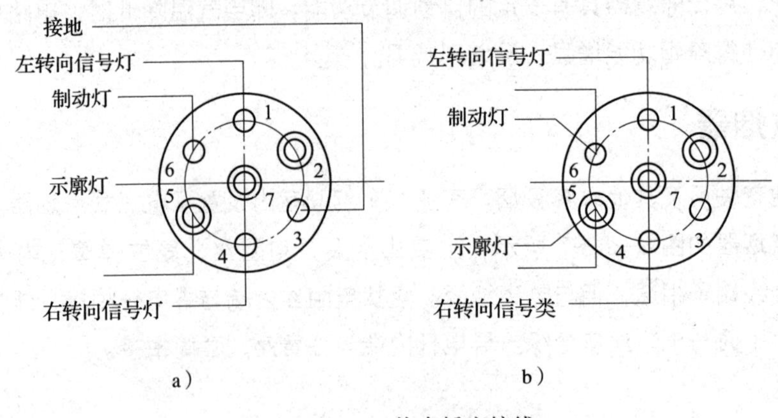

图 8—6—8 拖车插座接线

a）六孔接线 b）四孔接线

第九章　汽车电气设备总线路

将汽车上的各种电气设备用不同直径和颜色的导线按一定的规律连接起来，构成一个完整的全车电气系统，即全车总线路。了解和掌握汽车电气设备间的相互联系，熟悉汽车电气设备的总线路，对正确使用和维护汽车的电气设备，诊断和及时排除汽车的电气故障，保证汽车行驶的安全可靠等，都具有十分重要的意义。

§9—1　导线、插接器、开关、继电器与保险装置

学习目标

1. 掌握汽车导线的分类、颜色标记法及参数。
2. 掌握汽车插接器、开关、继电器、保险装置的分类及结构参数。
3. 了解汽车中央继电器盒的结构和电控单元的功能。

任何电气线路都包括电源、用电设备、开关、导线四大部分，另外为了保证电气设备的安全运行，还必须装用保险装置。为此，在分析总线路前，先对总线路中导线、插接器、开关、保险装置、中央继电器盒和电控单元做一简单介绍。

一、导线

汽车电气系统的导线有低压导线和高压导线两种，其中低压导线又分为普通低压导线、起动电缆和接地电缆三种；高压导线则分为铜芯线和阻尼线两种。

1. 普通低压导线

普通低压导线均采用带绝缘包层的铜质多芯软线。根据外绝缘包层的材料不同分为QVR型（聚氯乙烯绝缘包层）和QPR型（聚氯乙烯—丁晴复合绝缘包层）两种。导线的截面积应根据工作电流来选取，但对于一些电流特别小的电路，如指示灯电路等，为了保证其应有的力学强度，规定导线截面积不得小于0.5 mm^2。

低压导线标称截面允许负载电流值见表9—1—1。

表9—1—1　　低压导线标称截面允许负载电流值

导线标称截面（mm^2）	0.5	0.8	1.0	1.5	2.5	3.0	4.0	6.0	10	13
允许负载电流值（A）	—	—	11	14	20	22	25	35	50	60

汽车 12 V 电气系统低压导线的推荐规格见表 9—1—2。

表 9—1—2　　12 V 电气系统低压导线的推荐规格

导线的使用部位	标称截面积（mm²）
后灯、顶灯、指示灯、仪表灯、牌照灯、燃油表、刮水器等电路	0.5
转向信号灯、制动信号灯、停车信号灯、分电器等电路	0.8
前照灯、电喇叭（3 A 以下）电路	1.0
前照灯、电喇叭（3 A 以上）电路	1.5
其他 5 A 以上电路	1.5～4.0
电源电路	4～25
起动电路	16～95
柴油机汽车电热塞电路	4～6

随着汽车用电设备的增加，导线数目也不断增多，为了便于识别，汽车低压导线用不同颜色标记，如图 9—1—1 所示。汽车用低压导线的颜色，应符合有关国家标准规定。

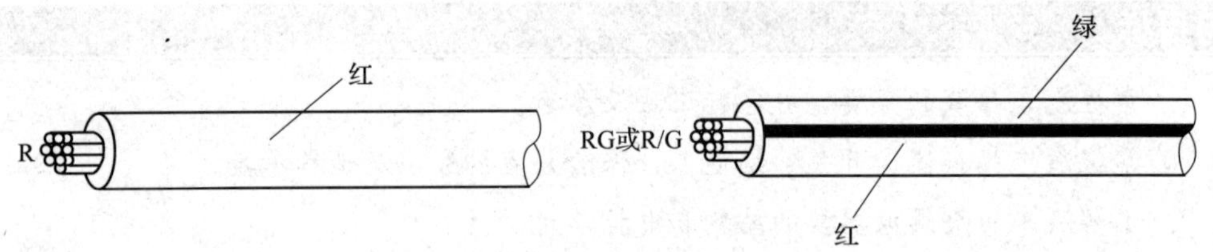

图 9—1—1　低压导线颜色标记法

为了在电路图中标记方便，导线的各种颜色均用字母表示，见表 9—1—3。

表 9—1—3　　汽车低压导线颜色及代号

颜色	黑	棕	红	橙	黄	绿	蓝	紫	灰	白	粉红
字母代号	B	Br	R	O	Y	G	Bl	V	Gr	W	P

汽车电气系统中导线分支很多，单色线的数目远远满足不了要求，为此采用了双色线。双色线的颜色组合及其选用程序见表 9—1—4。

表 9—1—4　　导线颜色选用程序

选用程序	1	2	3	4	5	6
	B	BW	BY	BR		
导线颜色代号	W	WR	WB	WBl	WY	WG
	R	RW	RB	RY	RG	RBl
	G	GW	GR	GY	GBl	GBl
	Y	YR	YB	YG	BrB	YW
	Br	BrW	BrR	BrY	BlB	
	Bl	BlW	BlR	BlY	GB	BlO
	Gr	GrR	GrY	GrBl	GrB	GrB

双色线中所占比例大的颜色叫主色，所占比例小的颜色叫辅助色。辅助色与主色条纹沿圆周表面积分布的比例为 1∶3～1∶5。双色线的标注，第一色为主色，第二色为辅助色。

汽车电气系统中，各系统的主色规定见表 9—1—5。

表 9—1—5　　汽车电气系统中各系统主色规定

序号	系统名称	电线主色	代号
1	电源系统	红	R
2	点火、起动系统	白	W
3	前照灯、雾灯等外部灯光照明系统	蓝	B
4	灯光信号系统（包括专项指示灯）	绿	G
5	防空灯及车身内部照明系统	黄	Y
6	仪表、报警指示和喇叭系统	棕	Br
7	收放机、电话、点烟器等辅助装置	紫	V
8	各种辅助电机及电气操纵系统	灰	Gr
9	电气装置接地线	黑	B

2. 起动电缆

起动电缆为带绝缘包层的大截面铜质或铝质多芯软线，如图 9—1—2 所示。它用来连接蓄电池与起动机主接线柱，截面有 25 mm^2、35 mm^2、50 mm^2、70 mm^2 等多种规格，允许负载电流为 500～1 000 A。由于在起动电路中，起动机工作电流很大，因此，连接蓄电池与起动机的导线不以工作电流大小而是以工作时的电压降来选定。为了保证起动机能正常工作，产生足够的功率和转矩，要求在线路上每 100 A 的电流所产生的电压降不超过 0.1～0.15 V，因此，该导线截面积特别大。

3. 蓄电池接地电缆

蓄电池接地电缆有两种，一种外形同起动电缆，覆有绝缘层，另一种则是由铜丝编织而成的扁形软铜线。扁形软铜线如图 9—1—3 所示，长度有 300 mm、450 mm、600 mm、760 mm 四种。接地电缆常用于电池与车架、车架与车身、发动机与车架等之间的连接。

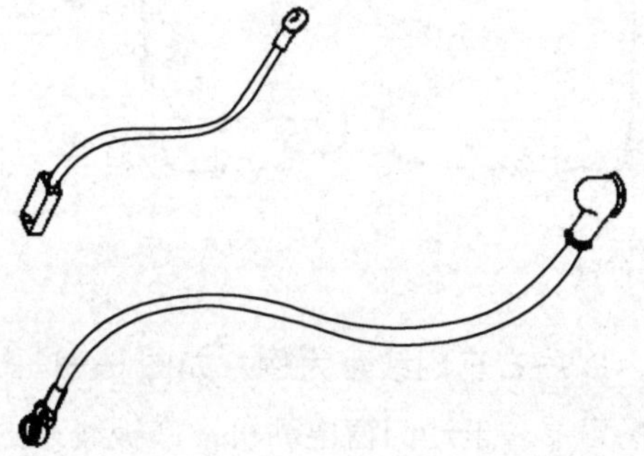

图 9—1—2　起动电缆

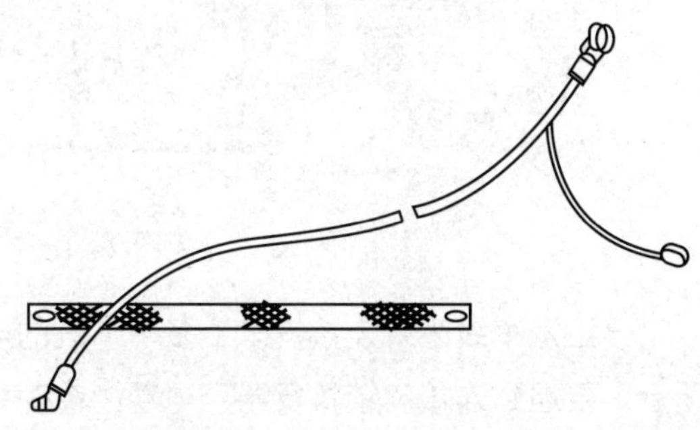

图 9—1—3　扁形软铜线

4. 高压导线

高压导线用来传送点火系统高压电。由于工作电压很高（一般在 15 kV 以上），电流强度较小，因此高压导线的绝缘包层很厚，耐压性能好，但线芯截面积很小。

国产汽车用高压导线有铜芯线和阻尼线两种，其型号和规格见表 9—1—6。

表 9—1—6　　高压导线的型号与规格

型号	名称	线芯结构		标称外径（mm）
		根数	单线直径（mm）	
QGV	铜芯聚氯乙烯绝缘高压导线	7	0.39	7±0.3
OGXV	铜芯橡胶绝缘聚氯乙烯护套高压导线			
QGX	铜芯橡胶绝缘氯丁橡胶护套高压导线			
QG	全塑料高压阻尼导线	1	2.3	

注：QG 全塑料高压阻尼导线线芯为聚氯乙烯塑料加炭黑及其他辅料混炼塑料经注塑成型。

为了削弱火花塞产生的电磁波干扰，目前普遍使用高压阻尼线。高压阻尼线的制造方法和结构有多种，常用的有金属电阻丝式和塑料芯导线式。金属电阻丝式又有金属电阻丝线芯式和金属电阻丝线绕式两种。

5. 线束

不同直径和颜色的低压导线将汽车上各种电气设备连接起来，构成一个完整的电路系统。为了便于安装、维修，可将接有插接器或接头焊片的导线通过合理的布置合为一体，并用纤维编制的套管或聚乙烯胶带把导线缠扎成束，形成汽车线束。按所处位置不同，汽车线束可分为发动机线束、仪表控制线束、主线束、前线束、后线束、车门线束等，如图 9—1—4 所示。

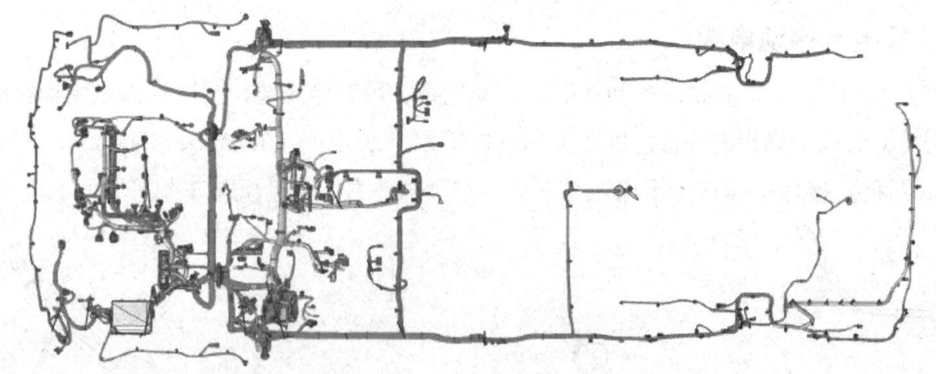

图 9—1—4　汽车线束布置

一组汽车线束要连接汽车上多个临近的电气设备，以后右车门线束为例，如图 9—1—5 所示，要起到连接门锁执行器、电动门窗开关、车门扬声器、电动门窗电动机及底板线束的作用。

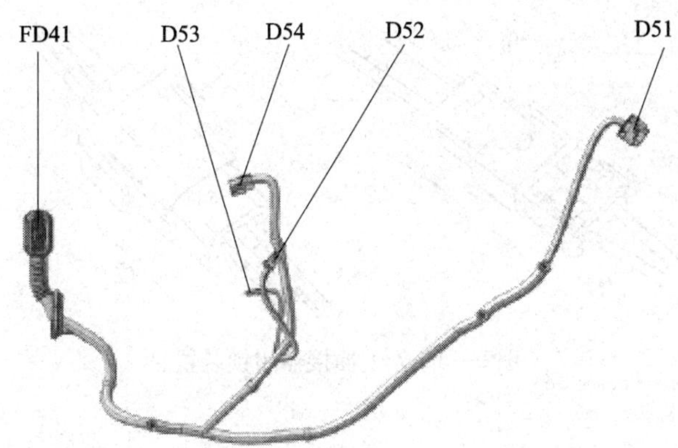

图 9—1—5　右后车门线束

D51—后右门锁执行器　D52—后右电动门窗开关　D53—后右车门扬声器

D54—后右电动门窗电动机　FD41—底板线束

二、插接器

为了便于接线、查线，汽车线束中各导线端头均焊有接线片，并在导线与接线片连接处套以绝缘套管。经常拆卸的接线片一般采用开口式，而拆卸机会较少的则采用闭口式。接线片一般都与接线柱配合使用，容易搞错，不大方便。为此，国产新型汽车和国外汽车上大都采用插接器。插接器由插头与插座两部分构成，根据需要其脚数多少不等。插接器的插脚有片状和柱状两种，如图 9—1—6 所示。

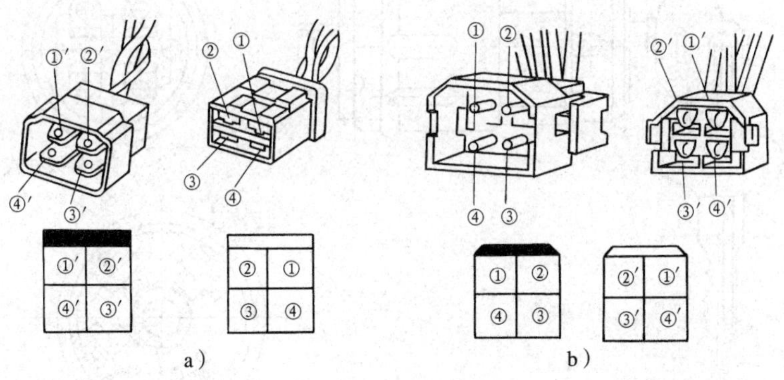

图 9—1—6　插接器

a）片状插接器　b）柱状插接器

插接器接合时，对准导向定位槽，插头向插孔稍用力插入即可。由于插头与插座有导向定位槽，一般来说不可能插错，而非成对的插头与插座因脚数、外形不同，也不可能配错对，因此，使用插接器十分方便、可靠。

为了防止汽车行驶中插接器脱开，插接器还设计有闭锁装置，如图 9—1—7 所示。

拆卸插接器时，压下闭锁，稍用力往外拉出即可。千万不要在未压下闭锁时，用力猛拉，造成闭锁装置或导线损坏。

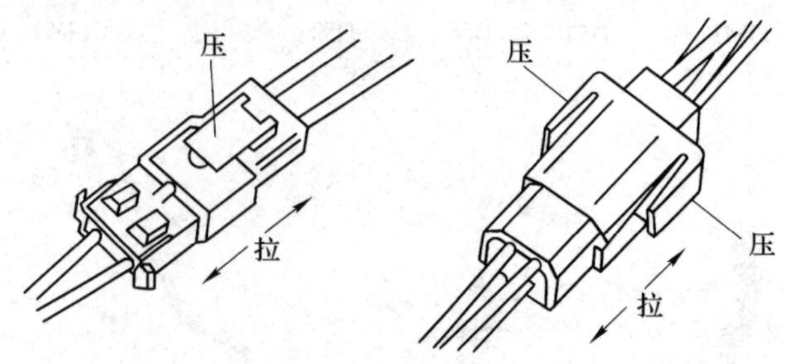

图 9—1—7　插接器闭锁装置

三、开关

为了方便、有效地控制各用电设备的工作，汽车电路中安装了许多开关。按操纵方式不同，汽车开关有旋转式、推拉式、压力式、翘板式及组合式等。

1. 旋转式开关

常见旋转式开关有暖风机开关和点火开关。点火开关（也称电源开关、起动开关，俗称电门）用于控制常用电器的电源电路和起动电路，安装在仪表板上的点火开关（见图 9—1—8）并不具备锁止转向盘的功能，安装在转向柱管上的点火开关具有转向盘锁止功能（见图 9—1—9）。

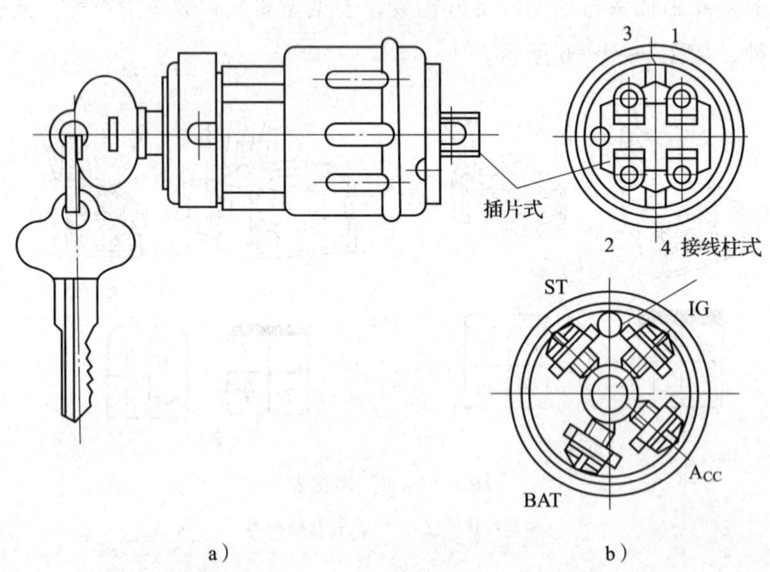

图 9—1—8　安装在仪表板上的点火开关

a）外形　b）接线端

2. 推拉式开关

推拉式开关一般用于控制照明灯和刮水器，主要由中心拉杆、绝缘滑块、接触片、拉钮、接线柱和壳体组成，如图 9—1—10 所示。拉钮上标有开关用途的图形符号。操作时，拉动拉钮，移动滑块，使动触点与定触点位置按规定排列组合移动、变换外接线路，达到控制目的。按拉钮的控位挡位常分单挡式、两挡式、三挡式三种。

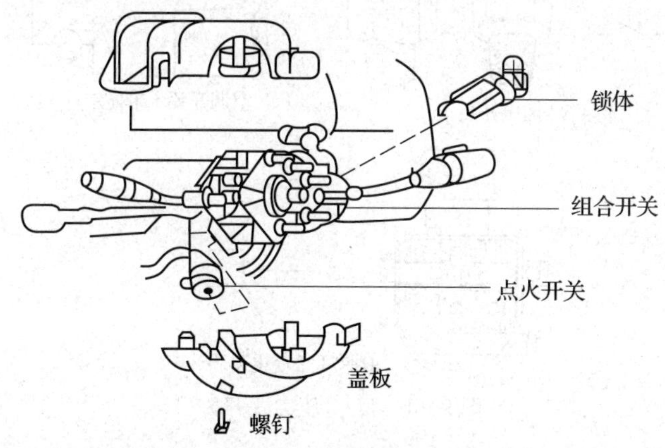

图 9—1—9　安装在转向柱管上的点火开关

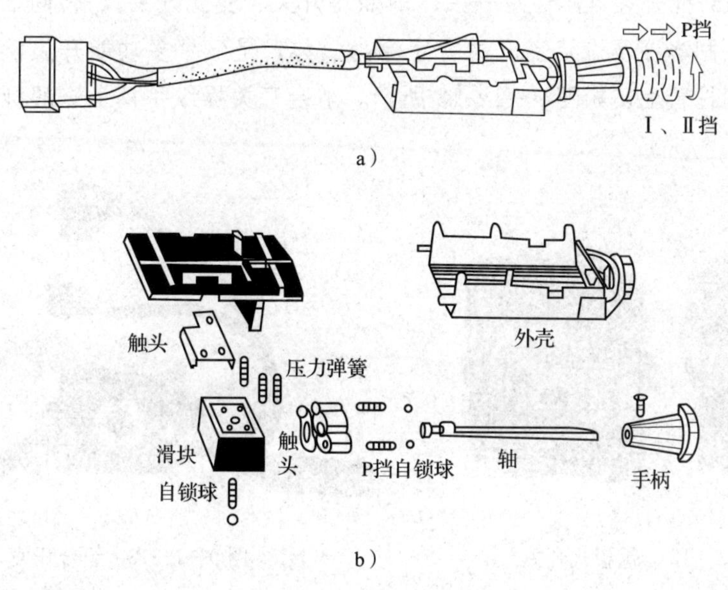

图 9—1—10　推拉式开关

a）外形图　b）分解图

3. 压力式开关

压力式开关按作用力来源分为液压控制式、气压控制式及脚踏式三种，如图 9—1—11 所示，作为油压开关、气压制动灯开关、高低压报警灯开关、前照灯变光开关。

4. 翘板式开关

翘板式开关主要用来控制仪表灯、顶灯、停车灯、危险信号灯、雾灯。翘板式开关如图 9—1—12 所示，一般带指示板照明灯。指示板上制有表示用途的图形符号。

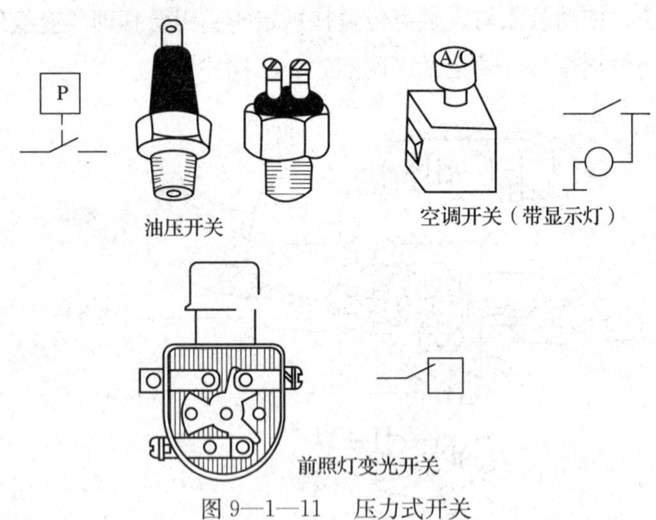

图 9—1—11　压力式开关

5. 组合开关

组合开关将灯光开关（示位灯开关、前照灯开关、变光开关）、转向信号灯开关、危险报警灯开关、刮水器及洗涤器开关等组合为一体，是一个多功能开关，安装在便于驾驶员操纵的转向柱管上，如图 9—1—13 所示。组合开关操纵手柄上一般标有表示用途的图形符号。

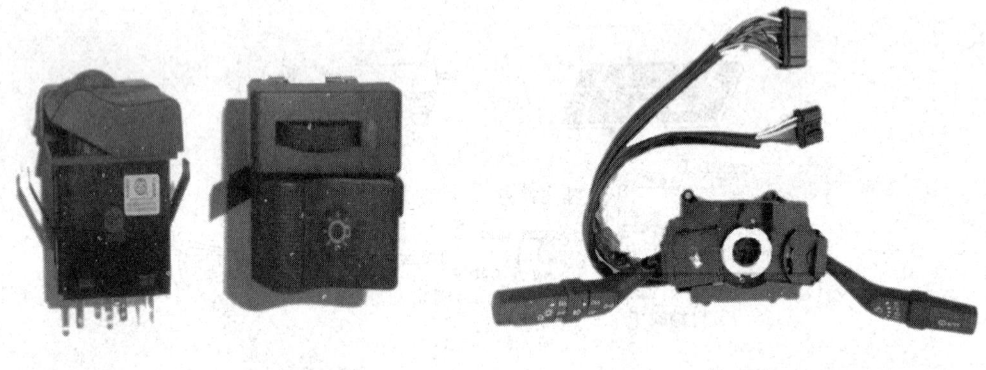

图 9—1—12　翘板式开关　　图 9—1—13　组合开关

四、继电器

汽车用继电器分为功能继电器和电路控制继电器两种。功能继电器如闪光继电器、刮水间歇继电器等已在相应系统中介绍过，这里只介绍电路控制继电器，即单纯实现电路通断与转换的继电器。电路控制继电器的作用主要是减小开关的电流负荷，保护开关触点不被烧蚀，即用流经开关的小电流，控制用电装置的大电流。汽车上常见的电路控制继电器有：电源继电器、减荷继电器、前照灯继电器、雾灯继电器、起动继电器、喇叭继电器、鼓风机继电器、空调压缩机电磁离合器继电器等。

电路控制继电器按外形分有圆形和方形两种，按插脚多少分有三脚、四脚、五脚、六脚多种。电路控制继电器由电磁铁和触点等组成，为防止线圈断电时产生的自感电动势将电子设备损坏，有的电路控制继电器在磁化线圈两端并联有泄放电阻或续流二极管。

根据触点的状态不同，电路控制继电器又分为常开（动合触点）型、常闭（动断触点）型和开闭混合型三类。常开型继电器平时触点是张开的，继电器动作后触点闭合，接通控制电路。常闭型继电器的触点平时是闭合的，继电器动作后触点张开，切断控制电路。混合型继电器，平时常闭触点闭合，常开触点张开，如果继电器线圈通电，则触点变为相反的状态。

电路控制继电器的工作电压分为 12 V 和 24 V 两种，分别应用于相应标称电压的汽车上，两种标称电压的继电器不能互换使用，如图 9—1—14 所示为 JD 系列小型通用继电器的外形、插脚布置与内部电路。

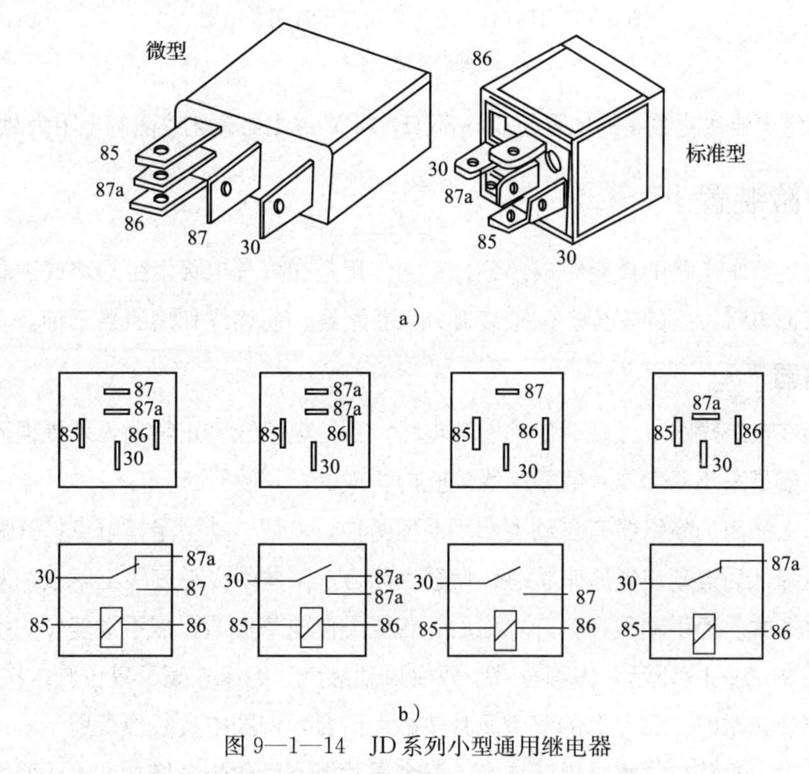

图 9—1—14 JD 系列小型通用继电器

a）外形 b）标准型继电器插脚布置与内部电路

日本丰田公司汽车常用继电器的插脚布置及内部电路如图 9—1—15 所示。

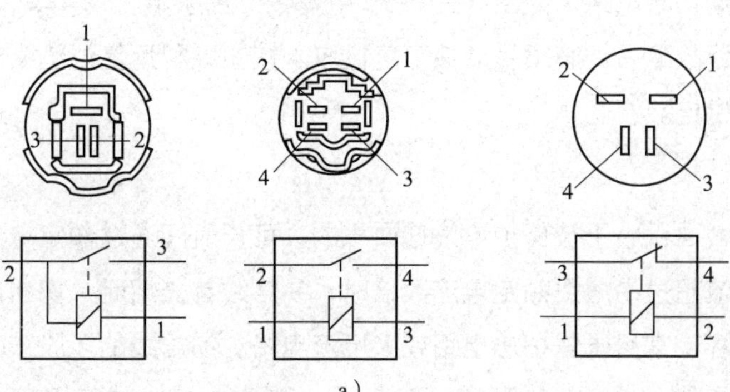

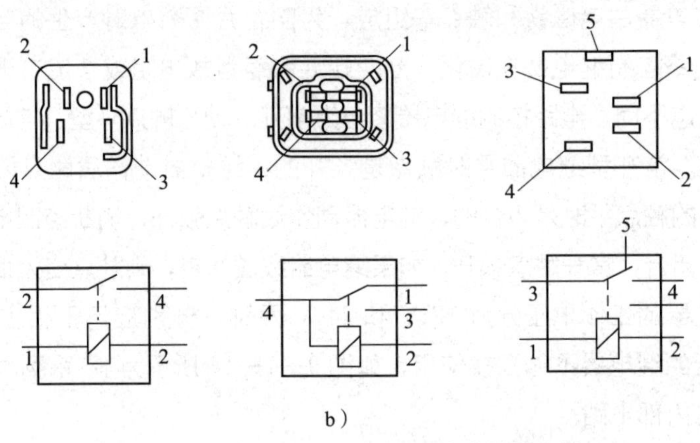

b）

图 9—1—15　日本丰田公司汽车常用继电器

a）圆形　b）方形

常用汽车继电器磁化线圈的电阻为 65～85 Ω，24 V 继电器磁化线圈的电阻为 200～300 Ω。

五、保险装置

保险装置是汽车电路的重要组成部分，它的作用是在汽车电路发生短路或过载时，立即断开电路，保证电气设备的安全。保险装置分为断路器、易熔线和熔断器三种。

1. 断路器

断路器能在电路短路或过载时自动断开电路，且待电路恢复正常后无须更换元件，可重复使用。断路器是采用双金属片置于绝缘外壳内构成的。

目前汽车上采用的断路器有自动型和手动型两种。所谓自动型是指触点打开后，电流中断，待其温度降低后自动恢复原来状态，使触点闭合。某些灯光总开关上附设的双金属保险装置就是这种形式。而手动型在断开电路后，若要再使电路接通，需手动复位。手动式双金属保险盒如图 9—1—16 所示，由静触点、双金属动触点、绝缘外壳、复位胶木按钮等组成。

当电路电流正常时，靠弓形的双金属片使触点闭合，如图中实线位置所示。

如果电路发生短路或过载，电流增大，双金属片上产生的热量增加。由于双金属片下面的膨胀系数大于上面的膨胀系数，因此下面的伸长量大于上面的伸长量，双金属片向上翘曲，触点分开，自动切断电路，如图 9—1—16 中虚线位置所示。

在检查处理电路故障后，必须手动按下复位胶木按钮，利用复位垫圈的压力，使触点闭合，才能恢复正常供电。

2. 易熔线

易熔线是一种截面积小于被保护电线截面积的、可长时间通过额定电流的钢芯低压导线或合金导线。当电流超过易熔线额定电流数倍时，易熔线首先熔断，切断电路，以确保线路或电气设备免遭损坏，常用于保护总电路或大电流电路。易熔线的多股绞合线外包有聚乙烯护套，比常见导线柔软，长度一般为 50～200 mm，通过插接件或电路接入电路，通常接在电路起始端，即蓄电池正极端附近，如图 9—1—17 所示。易熔线以其绝缘护套的颜色区分其容量（负载能力），常见易熔线的规格见表 9—1—7。易熔线不得绑扎于线束内，也不得被其他物品所包裹。

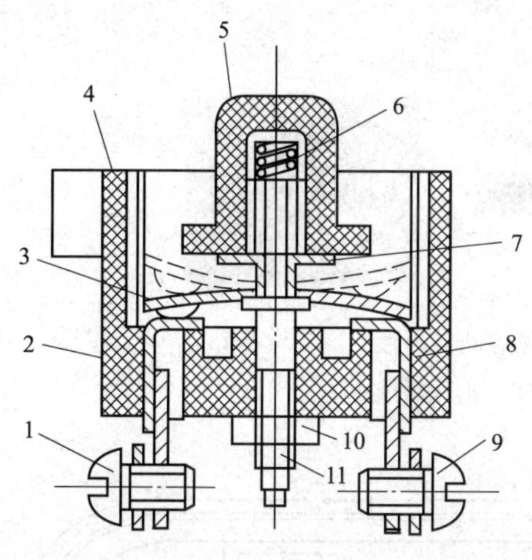

图 9—1—16　手动式双金属保险盒

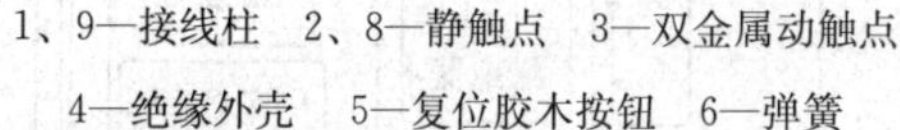
1、9—接线柱　2、8—静触点　3—双金属动触点
4—绝缘外壳　5—复位胶木按钮　6—弹簧
7—复位垫圈　10—锁紧螺母　11—调整螺杆

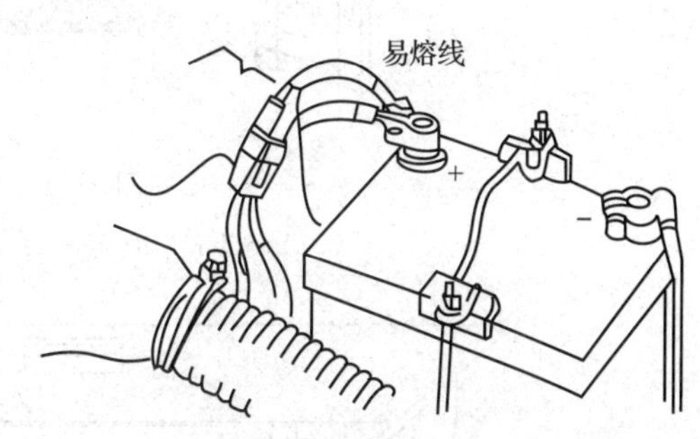

图 9—1—17　易熔线

表 9—1—7　　**易熔线的规格**

标称容量（A）	色别	截面积（mm^2）	单线径（mm）×股数	额定电流（A）	5 s 熔断电流（A）
20	棕	0.3	0.3×25	13	150
40	绿	0.5	0.32×7	20	200
60	红	0.85	0.32×11	25	250
80	黑	1.25	0.32×16	33	300

3. 熔断器

熔断器是目前新型汽车使用最多的一种保险装置。常见的熔断器按外形可分为熔片式、熔管式、绝缘式、缠丝式、插片式等，如图 9—1—18 所示。当电流超过熔断器的熔断值时，熔断器会自行熔化，断开电器。要恢复正常工作，必须重新安装。

六、中央继电器盒和电控单元

在现代汽车上，为便于诊断故障、规范布线，一般都将熔断器、断路器、继电器等电路易损件集中布置在一块或几块配电板上，配电板背面用来连接导线，这种配电板及其盖子就是中央继电器盒。如图 9—1—19 所示为东风悦达·起亚 K3 发动机室中央继电器盒。继电器分布见表 9—1—8。

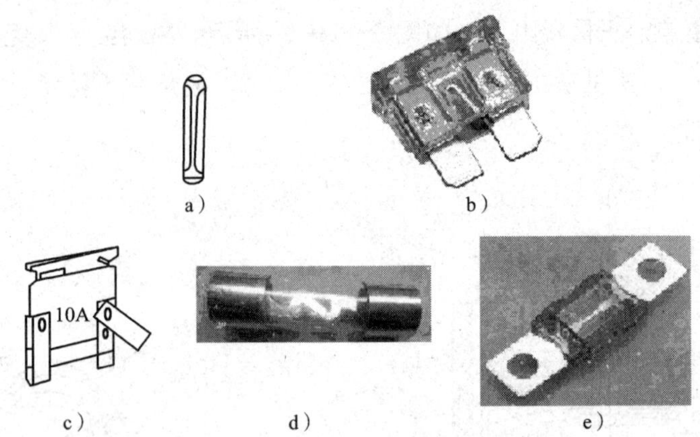

a) b) c) d) e)

图 9—1—18 常见熔断器外形

a）绝缘式 b）插片式 c）缠丝式 d）熔管式 e）熔片式

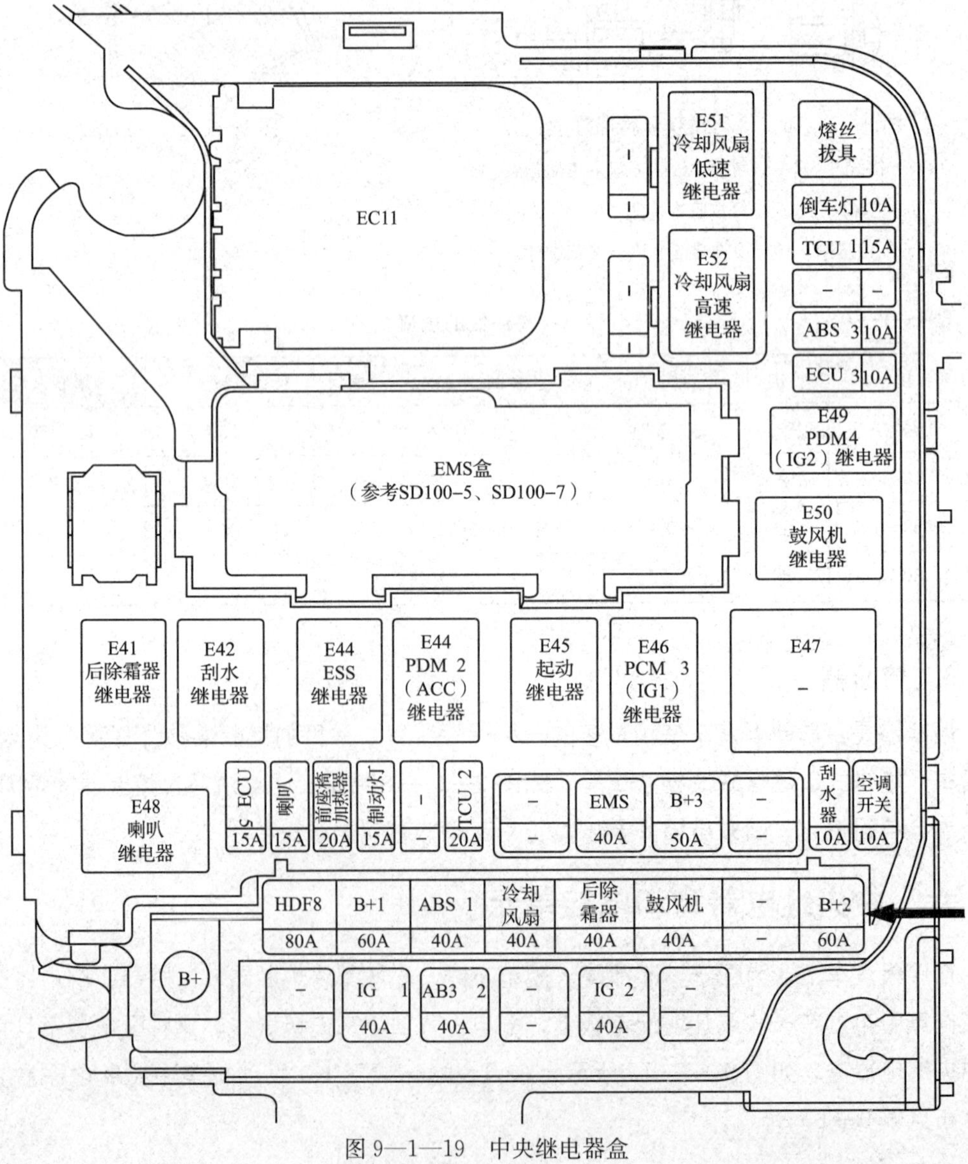

EC11
E51 冷却风扇低速继电器
E52 冷却风扇高速继电器
熔丝拔具
倒车灯 10A
TCU 1 15A
– –
ABS 3 10A
ECU 3 10A
E49 PDM4（IG2）继电器
EMS盒（参考SD100-5、SD100-7）
E50 鼓风机继电器
E41 后除霜器继电器
E42 刮水继电器
E44 ESS继电器
E44 PDM 2（ACC）继电器
E45 起动继电器
E46 PCM 3（IG1）继电器
E47 –
E48 喇叭继电器
ECU 5 15A
喇叭 15A
前座椅加热器 20A
制动灯 15A
– –
TCU 2 20A
– –
EMS 40A
B+3 50A
– –
刮水器 10A
空调开关 10A
HDF8 80A
B+1 60A
ABS 1 40A
冷却风扇 40A
后除霜器 40A
鼓风机 40A
– –
B+2 60A
B+
– –
IG 1 40A
AB3 2 40A
– –
IG 2 40A
– –

图 9—1—19 中央继电器盒

表 9—1—8　　发动机室中央继电器盒继电器分布情况

继电器编号	继电器名称
E41	后除霜器继电器
E42	刮水器继电器
E43	ESS 继电器
E44	PDM2（ACC）继电器
E45	起动继电器
E46	PDM3（IG1）继电器
E47	—
E48	喇叭继电器
E49	PDM4（IG2）继电器
E50	鼓风机继电器
E51	冷却风扇低速继电器
E52	冷却风扇高速继电器

汽车电控单元，即 ECU（Electrical Control Unit），又称为行车计算机。它是控制系统的核心，主要有如下功能：

1. 接收传感器或其他装置的输入信号，并将输入信号处理成计算机能够处理的信号，如将模拟信号转换成数字信号。

2. 给传感器提供参考电压，如 2 V、5 V、9 V 或 12 V 电压。

3. 存储、计算、分析处理信息，存储运行信息和故障信息。分析输入信息并进行相应的计算处理。

4. 输出执行命令。

5. 输出故障信息。

6. 完成多种控制功能。如在发动机控制系统中，计算机可完成点火控制、燃油喷射控制、怠速控制、排放控制、进气控制、增压控制等多种功能。

§9—2　汽车电路识图

学习目标

1. 掌握识读汽车电路图的方法。
2. 能准确识读汽车电路图。

汽车电气总线路图分接线图和原理图两种。接线图是一种专门用来标记电气设备的安装位置、外形、线路走向、线型色码等的指示图，用于检测时查找电气通路和复原时使用，不涉及各被连接电器的工作原理、型号与规格。而原理图则是将电气设备用电气符号做原理性连接的线路图，只表明元件间的电气联系，或用代号注明配对关系。因此，它并不是实际的连线，也不表示线路的走向，两元件间的接线可以用最短的线条（横或竖）画出，所以它具有电路清晰、简单明了、能较好地反映电气系统的组成及并联单线的特点。

一、识读汽车电路图的方法

1. 认真阅读图注

对照图纸、标注，找出电气元件的相互连线、控制关系，弄清开关在电路中的作用，熟悉图中各电气元件的图形、符号。

2. 掌握回路原则

前面提到，任何一个完整的电路都由电源、用电器、开关、导线等组成。对直流电路而言，电流都是从电源的正极出发，通过导线，经熔断器、开关达到用电设备，再经过导线（或搭铁）流回到同一个电源的负极。只有按照这种回路原则，才能保证所阅读查找的电路正确有效，否则，必定会出差错。例如，如果电流从电源的正极出发，又回到了这个电源的正极，或从一个电源（如蓄电池）正极出发，回到了另一个电源（如发电机）的负极，或串入了别的用电器，都是错误的，都属于没有掌握回路原则。很明显，识读电路原理图，回路原则十分重要，可以方便读图。

3. 了解汽车电路图的一般规律

(1) 电源部分到各电器保险装置或开关的线是用电设备的公共火线，在原理图中一般画在电路图的上部。

(2) 大部分用电设备都通过熔断器盒，形成许多条并联的支路。

(3) 继电器和开关均串联在支路中，其中一个接线柱与电源连接，另一个接线柱（或几个）与用电设备连接。

(4) 一般工作电流大、工作时间短的用电设备不经过电流表。因此，在原理图中一般有两根（有的有三根）火线。

4. 读图的一般方法

汽车总线路图一般由充电电路、起动电路、点火电路、报警与信号电路、仪表电路、空调电路、辅助电器电路等分电路组成，所以看总电路时，应从分电路入手。

(1) 先看全图，把一个个单独的系统框出来。一般来讲，各电气系统的电源和电源总开关是公共的，任何一个系统都应该是一个完整的电路，都应遵循回路原则。

(2) 分析各系统的工作过程、相互联系。在分析时应特别注意开关、继电器触点的工作状态，大多数电气系统都是通过它们的状态而改变回路，实现不同功能的。例如，变光开关即是通过开关挡位的置换，接通不同的灯（四灯制）或不同的灯丝（两灯制）的。

在标准画法的线路图中，开关的触点位于零位或静态时即开关处于断开状态或继电器线圈处于失电状态，晶体管、晶闸管等具有开关特性的元件的导通与截止视具体情况而定。

(3) 通过典型电路分析，达到触类旁通。汽车电路图画成汽车电路原理图后，许多车型的很多部分是类似的或相近的。因此，抓住几个典型电路，掌握各系统的接线特点和原则，对于了解其他车型电路也大有好处。

二、读图实例

为了提高汽车的动力、经济、舒适和安全性能，汽车上增加了许多电气设备，使汽车电路越来越复杂。特别是汽车制造厂为了提高生产效率，在汽车电路中采用了大量的插接器。为了便于维修和查找故障，在线路图中这些插头、插座号等全都被清楚地表示出来，这样，电气线路就显得有些零乱、烦琐，给读图增加了一些困难。但只要我们抓住汽车电路的特点，分系统、按工作原理，一条一条电路地弄清，任何复杂的线路都会迎刃而解。

1. 江铃福特全顺客车电动门窗电路工作分析

如图 9—2—1 所示，图中共有两个用电设备（乘客侧门窗电动机 4 和驾驶员侧门窗电动机 5），控制开关有三个（控制乘客侧门窗的驾驶员侧电动门窗开关 2、乘客侧电动门窗开关 3 和控制驾驶员侧门窗的驾驶员侧电动门窗开关 6），下面分别针对两个电机来进行电路讲解。

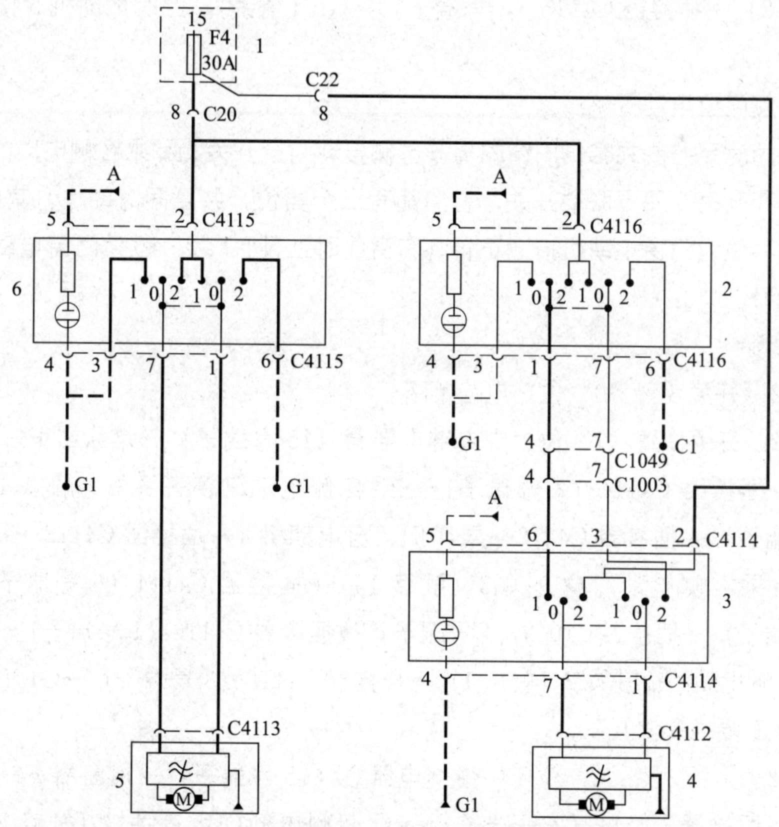

图 9—2—1 江铃福特全顺客车电动门窗电路图

A—仪表照明 1—中央继电器盒 2—控制乘客侧门窗的驾驶员侧电动门窗开关

3—乘客侧电动门窗开关 4—乘客侧门窗电动机 5—驾驶员侧门窗电动机

6—控制驾驶员侧门窗的驾驶员侧电动门窗开关

(1) 驾驶员侧门窗电动机 5

该电动机受控制驾驶员侧门窗的驾驶员侧电动门窗开关 6 控制，开关 6 共有三个挡位，其中“0”位为初始位置，“1”位为门窗电动机接通正转（车窗此时上升），“2”位为门窗电动机接通反转（车窗此时下降）。

电路流向为：

1）开关 6 置“0”位：电路断路。

2）开关 6 置“1”位：中央继电器盒（15 号端子）→熔断器 F4→插接器 C20（8 号端子）→插接器 C4115（2 号端子）→控制驾驶员侧门窗的驾驶员侧电动门窗开关 6（触点 1）→插接器 C4113→驾驶员侧门窗电动机 5→控制驾驶员侧门窗的驾驶员侧电动门窗开关 6（触点 1）→插接器 C4115（3 号端子）→G1（搭铁）。此时电动机 5 接通正转，车窗上升。

3）开关 6 置“2”位：中央继电器盒（15 号端子）→熔断器 F4→插接器 C20（8 号端子）→插接器 C4115（2 号端子）→控制驾驶员侧门窗的驾驶员侧电动门窗开关 6（触点 2）→插接器 C4113→驾驶员侧门窗电动机 5→控制驾驶员侧门窗的驾驶员侧电动门窗开关 6（触点 2）→插接器 C4115（3 号端子）→G1（搭铁）。此时电动机 5 接通反转，车窗下降。

(2) 乘客侧门窗电动机 4

该电动机同时受控制乘客侧门窗的驾驶员侧电动门窗开关 2 和乘客侧电动门窗开关 3 的控制，开关 2 和开关 3 属于联动开关，它们都有三个挡位，并且同时动作，其中“0”位为初始位置，“1”位为门窗电动机接通正转（车窗此时上升），“2”位为门窗电动机接通反转（车窗此时下降）。

电路流向为：

1）开关 2、开关 3 置“0”位：电路断路。

2）开关 2、开关 3 置“1”位：中央继电器盒（15 号端子）→熔断器 F4→插接器 C22（8 号端子）→插接器 C4114（2 号端子）→乘客侧电动门窗开关 3（触点 1）→插接器 C4114（1 号端子）→插接器 C4112→乘客侧门窗电动机 4→插接器 C4112→插接器 C4114（7 号端子）→乘客侧电动门窗开关 3（触点 1）→插接器 C4114（6 号端子）→插接器 C1003（4 号端子）→插接器 C1049（4 号端子）→插接器 C4116（1 号端子）→控制乘客侧门窗的驾驶员侧电动门窗开关 2（触点 1）→插接器 C4116（3 号端子）→G1（搭铁）。此时电动机 4 接通正转，车窗上升。

3）开关 2、开关 3 置“2”位：中央继电器盒（15 号端子）→熔断器 F4→插接器 C22（8 号端子）→插接器 C4114（2 号端子）→乘客侧电动门窗开关 3（触点 2）→插接器 C4114（7 号端子）→插接器 C4112→乘客侧门窗电动机 4→插接器 C4112→插接器 C4114（1 号端子）→乘客侧电动门窗开关 3（触点 2）→插接器 C4114（3 号端子）→插接器 C1003（7 号端子）→插接器 C1049（7 号端子）→插接器 C4116（7 号端子）→控制乘客侧门窗的驾驶员侧电动门窗开关 2（触点 2）→插接器 C4116（6 号端子）→G1（搭铁）。此时电动机 4 接通反转，车窗下降。

2. 上海凯越轿车前照灯电路分析

前照灯电路主要包括近光灯电路和远光灯电路，如图 9—2—2 所示。

(1) 点火开关关闭

此时，近光灯不亮，如此时打开变光开关至“远光”挡位，远光灯作超车灯亮。电流流向为：蓄电池“+”极→发动机熔断器盒 EF2→插接器 C101（9 号端子）→插接器 C202（54 号端子）→前照灯开关（7 号端子）→前照灯开关（4 号端子）→插接器 S201（11、12 号端子）→插接器 C202（34 号端子）→插接器 C102（2 号端子）→发动机熔断器盒 EF15→插接器 C104（4 号端子）→搭铁 G102。

(2) 点火开关打开

此时，如将近光灯开关拨至“近光”挡，变光开关保持原位，近光灯亮，远光灯不亮。电流流向为：

1）蓄电池“+”极→点火开关→插接器 C201（12 号端子）→仪表板熔断器盒→插接器 C201（24 号端子）→插接器 C202（5 号端子）→插接器 C101（7 号端子）→前照灯继电器（86 端子）→前照灯继电器（85 端子）→插接器 C101（14 号端子）→插接器 C202（78 号端子）→灯光开关（2 号端子）→灯光开关（3 号端子）→插接器 C201（9 号端子）→插接器 C201（4 号端子）→搭铁 G201。

2）蓄电池“+”极→发动机熔断器盒 EF2→前照灯继电器（30 端子）→前照灯继电器（87 端子）→前照灯继电器（30 端子）→插接器 C101（20 号端子）→插接器 C102（1 号端子）→
{ 左 [发动机熔断器盒 EF20→插接器 C104（11 号端子）→左前照灯（5 号端子）→左近光灯→左前照灯（6 号端子）→搭铁 G101]
右 [发动机熔断器盒 EF27→插接器 C104（16 号端子）→右前照灯（5 号端子）→右近光灯→右前照灯（6 号端子）→搭铁 G102]。}

如将近光灯开关拨至“近光”挡，变光开关至“远光”挡位，此时，近光灯、远光灯同时亮。近光灯电流流向同上所述，远光灯工作电流流向如下：蓄电池“+”极→发动机熔断器盒 EF2→前照灯继电器（30 端子）→前照灯继电器（87 端子）→前照灯继电器（30 端子）→插接器 C101（20 号端子）→插接器 C202（57 号端子）→S201→前照灯开关（6 号端子）→前照灯开关（4 号端子）→S201→插接器 C202（34 号端子）→插接器 C102（2 号端子）→发动机熔断器盒 EF15→
{ 左 [插接器 C104（18 号端子）→左前照灯（4 号端子）→左远光灯→左前照灯（6 号端子）→搭铁 G101]
右 [插接器 C104（17 号端子）→右前照灯（4 号端子）→右远光灯→右前照灯（6 号端子）→搭铁 G102]。}

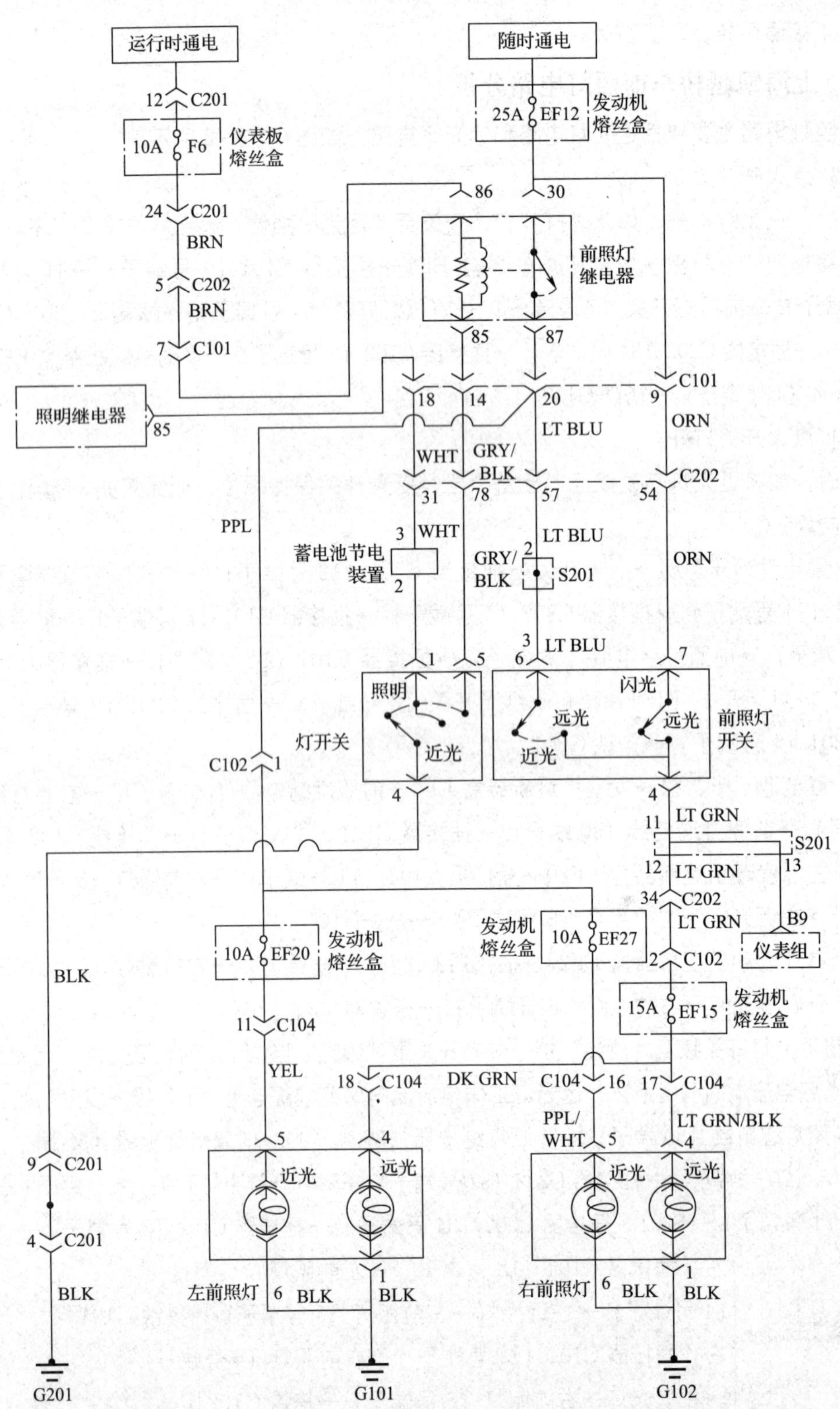

图 9—2—2 上海凯越轿车前照灯电路图

§9—3　全车电气总线路实例

学习目标

1. 了解上海桑塔纳轿车全车电气总线路。
2. 认识上海桑塔纳轿车的中央继电器盒。
3. 能根据总线路图分析各系统电路。

上海桑塔纳轿车是引进国外技术生产的轿车，电气系统较为先进，在整体结构上采用中央继电器盒方式，整个线路相对集中，线束走向合理，其电气总线路原理如图 9—3—1 所示，查阅方便，便于指导维护与修理工作。

上海桑塔纳轿车的大部分继电器和熔断器都安装在中央继电器盒正面（见图 9—3—2），几乎全部主线束均从中央继电器盒反面插接后通往各用电器（见图 9—3—3）。中央继电器盒上标有线束和导线插接位置代号及接点的数字号，主要线束代号有 A、B、C、D、E、F、G、H、L、K、M、N、P、R，其中 P 插座插入常火线，R、K、M 均为空位插孔。查找时只要根据原版电气线路图中导线与中央继电器盒灰色区域中下框线交点处的代号，就能了解其导线在某一个线束中的第几个插头上，查找故障较为方便。

一、电源电路

上海桑塔纳轿车采用 12 V 负极搭铁电气系统，许多重要电器的接地线均采用直接与蓄电池负极相连的方式。发动机与车身、变速器与车身之间除了金属接触外还有专门的接地线相连，以保证工作的可靠性。

整车电源系统正极电源分三路。

1. A 路总线路图中标有 30－A 字样的电路，它与蓄电池直接相连，中间不经任何开关，为在停车或发动机熄火后还需要使用的用电器供电。

2. B 路总线路图中标有 15－B 字样的电路，它是点火开关接通后才工作的小容量电器用电的火线。

3. C 路总线路图中标有 X－C 字样的电路，它是在车辆起步后才能接通的大容量电器用电的火线。

二、起动电路

上海桑塔纳轿车起动机采用串励式直流电动机，由点火开关控制。当点火开关处于Ⅲ挡时，开关内第一掷将起动机内的电磁线圈接通 A 电源，通过内部拨叉将起动机驱动齿轮与飞轮齿环啮合后，主电路接通，电动机产生强大转矩起动发动机。当发动机起动后，单向离合器打滑，起“飞散”保护作用，此时将点火开关拨回到Ⅱ挡，起动机电源切断，驱动齿轮在弹力作用下回位，起动机停止工作。

30
15
X
A
B
C
31
S17
F35
J81
N3
怠速截止阀
N51
进气预热
接S18
K28
J120
F66
冷却液位
J6
G1
G3
G2
G
冷却液温度表
燃油指示表
J114
K3
F22
F1
油压控制器
油压报警
G5
转速表
N
Q
火花塞
N41
G40
放大器（TSZ开关）
高压线圈
霍尔元件-分电器
B
M
起动电动机
A
蓄电池
K2
G
交流发电机C
电压调节器C1
带电压调节器的交流发电机
充电指示

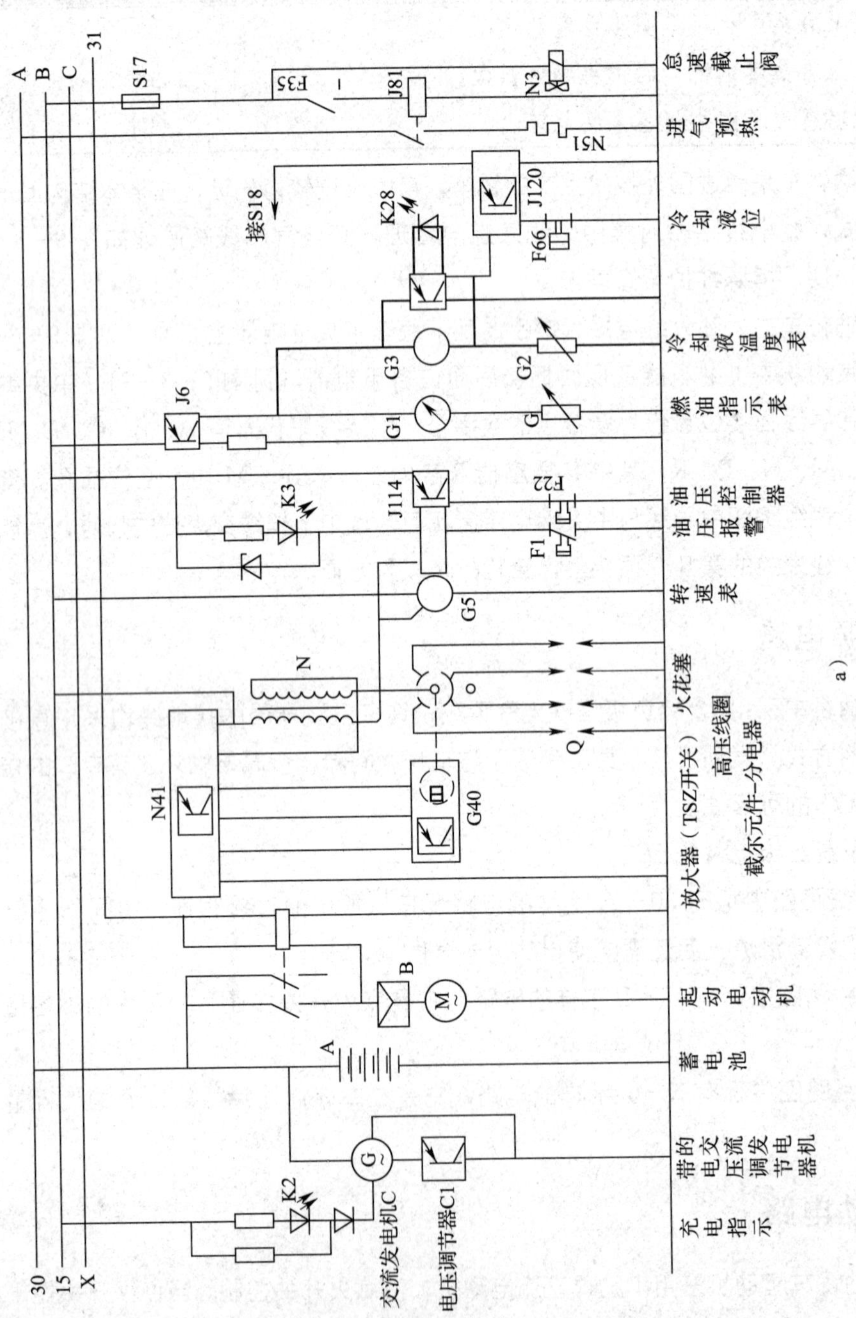

a）

30
15
X
31L
A
B
C
D点火开关
J59
E19
E1
E4
J5
E23
E20
S7 S8
S21 S22 S10 S9
S6 S27
S20
M1 M4 M3 M2
L2 L1 L1 L2 K1
L22 L23 L20 K17 X
L10 L8 L41 L26 L39 L40 L21
中间继电器
左小灯
左尾灯
右小灯
右尾灯
前照灯近光
前照灯远光
远光指示
雾灯继电器
前雾灯
后雾灯
雾灯指示
牌照灯
仪表照明灯
时钟照明
烟灰缸照明
点烟器照明
除霜器开关照明
雾灯开关照明
空调板照明

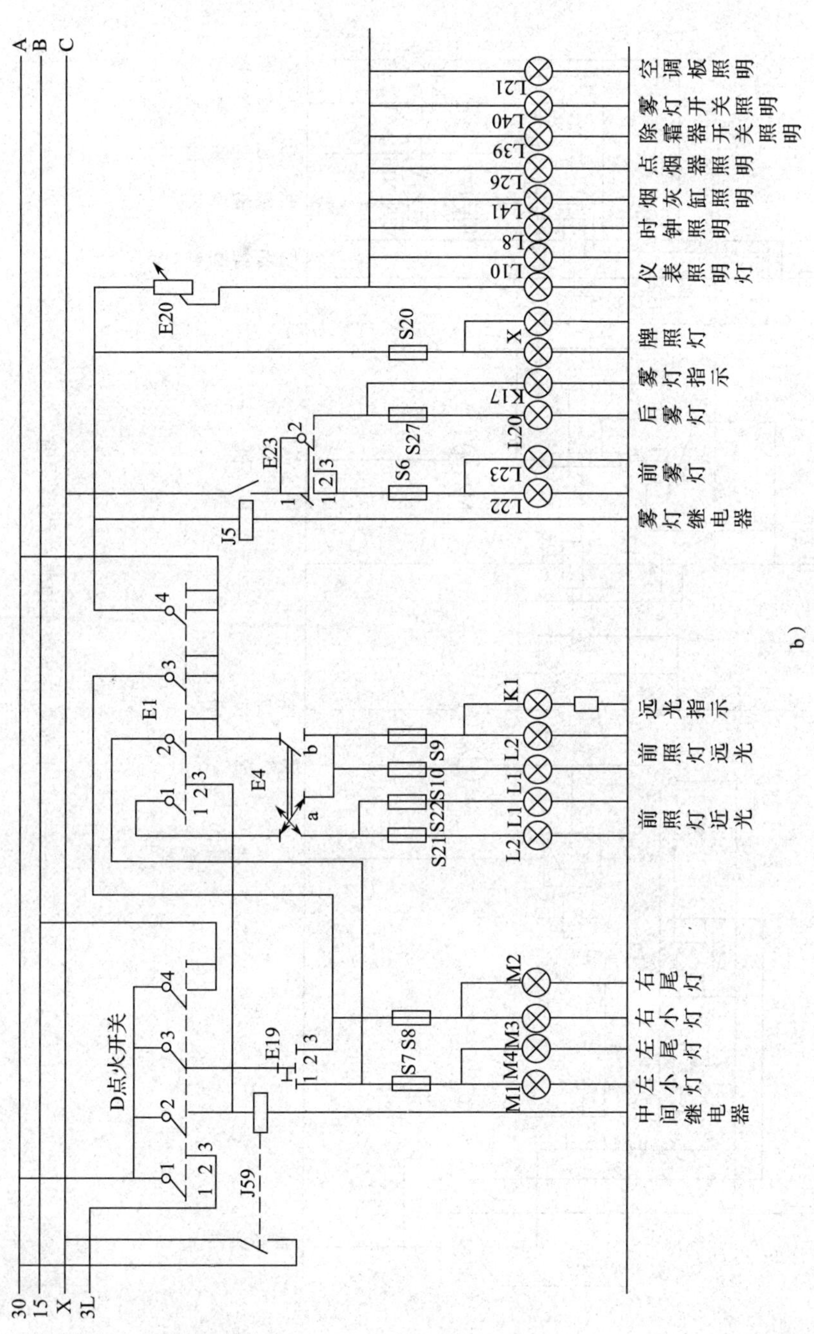

b）

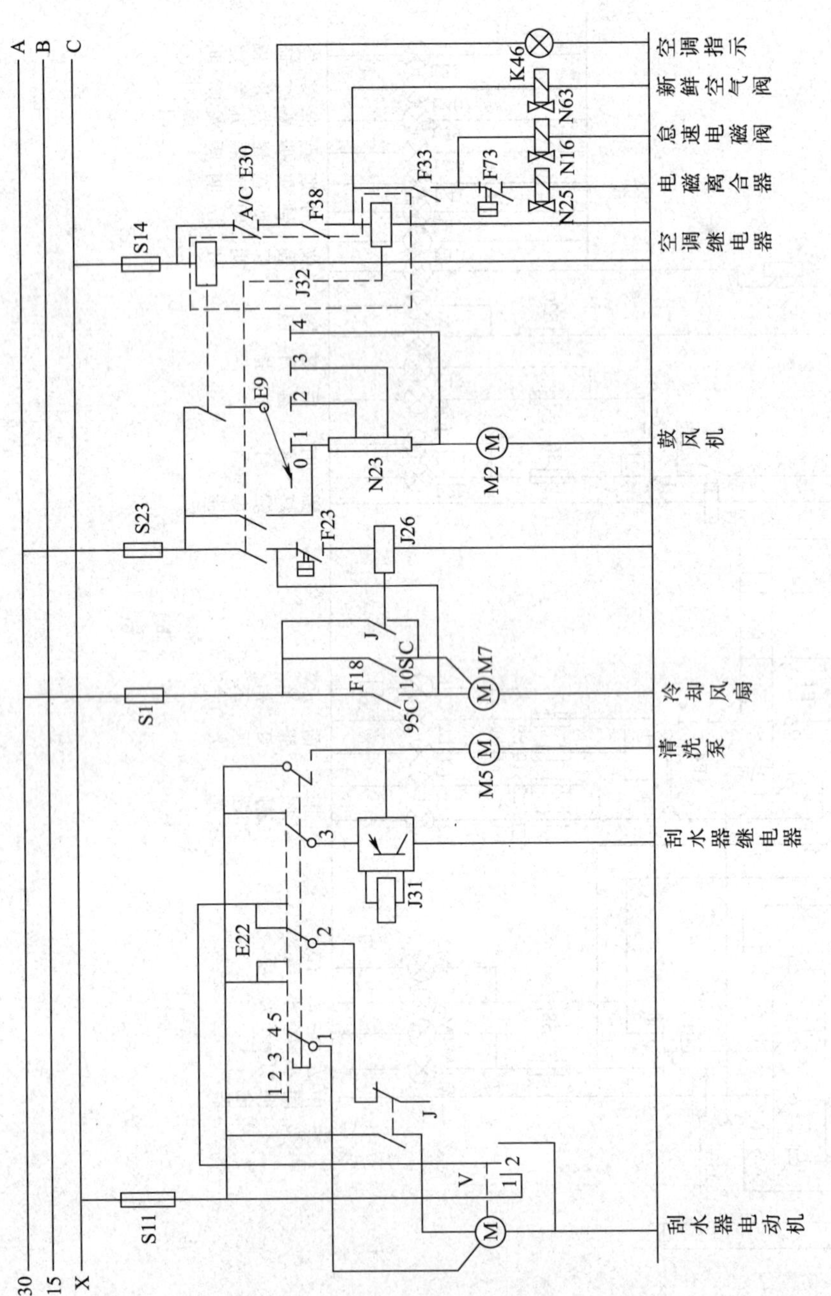

c）

图 9—3—1 上海桑塔纳轿车电气总线路原理

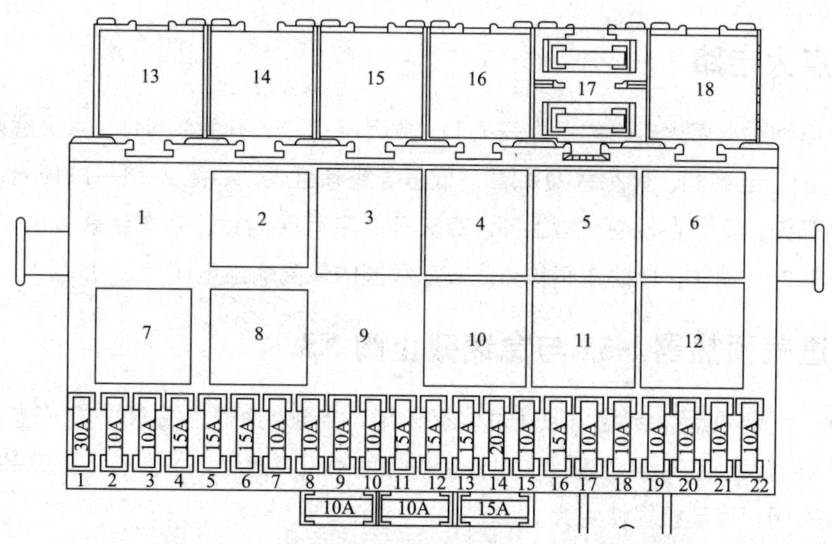

图 9—3—2 上海桑塔纳轿车中央继电器盒（正面）

1、3、4、9、11、13、15、16、17、18 号位—空位

2 号位—进气预热继电器 5 号位—空调继电器 6 号位—高、低音喇叭继电器 7 号位—雾灯继电器

8 号位—减荷继电器（中间继电器） 10 号位—前挡风玻璃洗涤器、刮水器继电器

12 号位—报警及转向继电器 14 号位—冷却液不足指示控制器

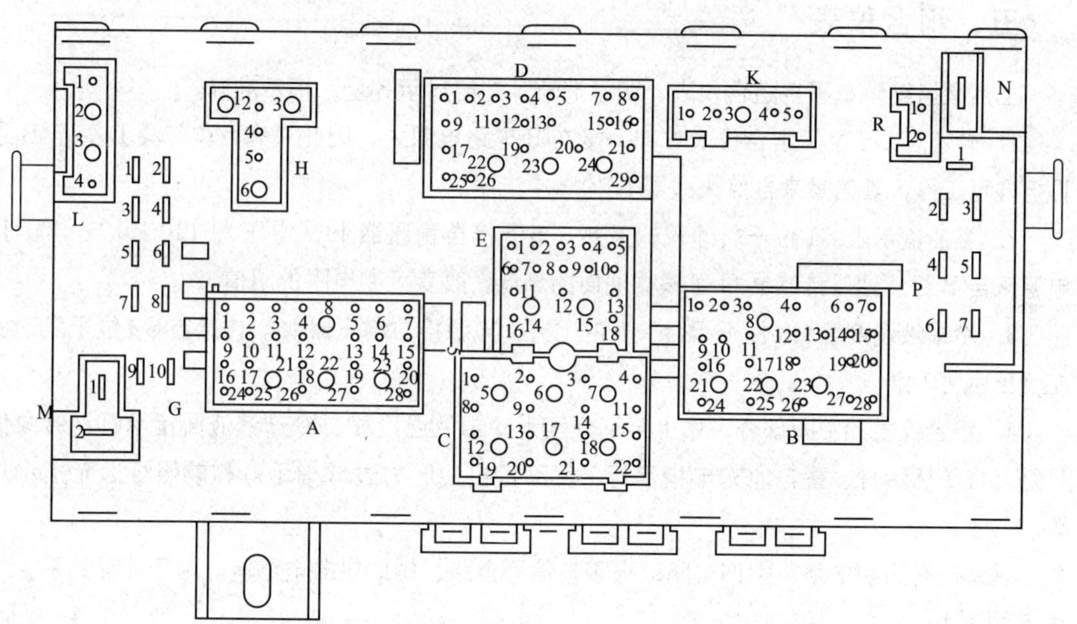

图 9—3—3 上海桑塔纳轿车中央继电器盒（背面）

A—用于连接仪表板线束，插件颜色为蓝色 B—用于连接仪表板线束，插件颜色为红色

C—用于连接发动机室左边线束，插件颜色为黄色 D—用于连接发动机室右边线束，插件颜色为白色

E—用于连接车辆后部线束，插件颜色为黑色 G—用于连接单个插头（主要用于冷却液不足指示控制器）

H—用于连接空调装置的线束，插件颜色为棕色 K、M、R—空位

L—用于连接双音喇叭等线束，插件颜色为灰色 N—用于单个插头（主要用于进气管、预热器的加热电阻的电源）

P—用于单个插头（主要用于蓄电池火线与中央继电器盒“30”的连接，中央继电器盒“30”与点火开关“30”接线柱的连接）

三、点火电路

上海桑塔纳轿车点火电路由点火开关 D、放大器（TSZ 开关）N41、点火线圈 N、带霍尔元件 G40 的分电器 O、火花塞 Q 和高、低压导线等组成，如图 9—3—1a 所示。点火开关为四掷三挡开关，安装在转向柱管上部。点火开关带有转向锁，在车钥匙拔出点火开关时，转向锁可将转向盘锁住，以防车辆被盗。高压线圈的最高输出电压为 30 kV。

四、进气预热器 N51 与怠速截止阀 N3

如图 9—3—1a 所示，B 路电源通过熔断器 S17 接通怠速截止阀 N3，打开怠速油道，当点火开关 D 接通后，化油器怠速油道供油，确保发动机怠速稳定性。在点火开关 D 关闭时，怠速油道被关闭，发动机很快熄火。

温控开关 F35 安装在发动机出水管处上方，当发动机出水温度低于 65℃时，温控开关 F35 闭合，进气预热继电器 J81 工作，位于进气管内带圆锥形散热杆的进气预热器 N51 通电，预热进气，从而改善了发动机冷车起动时的工作状态。当出水温度高于 65℃时，温控开关 F35 自动打开，进气预热器 N51 停止工作。

五、组合仪表

上海桑塔纳轿车采用组合仪表，明了清晰，功能显示齐全，指示准确。

1. 转速表 GS 位于组合仪表右部，接在 B 电路电源内，因此只有点火开关 D 处于 B 或Ⅲ挡才可工作，其信号来自点火线圈 N 的脉冲电压。

2. 燃油指示表 G1 位于转速表的下部，电源接自稳压器 J6，电压为（10±0.5）V。J6 电源来自 B 路。油量传感器 G 可根据油面的高低，改变可变电阻的阻值。

3. 冷却液温度表 G3 位于组合仪表的上方，电源接自稳压器 J6。传感器 G2 位于发动机左侧出水管下端。

4. 组合仪表的中间部分，由上至下分别为冷却液温度表、冷却液液面指示灯、转向信号灯、报警指示灯、蓄电池充电指示灯、发动机机油压力过低指示灯和前照灯远光指示灯等。

另外还有照明电路、空调电路、报警与信号电路、辅助电器电路等。由于篇幅关系，这里不再叙述。

上海桑塔纳轿车电气总线路原理图、中央继电器盒正面继电器的布置和中央继电器盒背面如图 9—3—1、图 9—3—2 和图 9—3—3 所示。